21世纪高等院校网络教育示范教材

中国法制史

苗延波◎编著

知识产权出版社
全国百佳图书出版单位

内容提要

本书是中国农业大学网络教育学院组织编写的供中国农业大学网络教育学院的法律专业学生使用的中国法制史教材。全书力求突出重点，基本上以断代为经，以主要部门法为纬，按历史顺序分为十九章，对历代的法制发展概况做了具体的描述，使读者就若干主要问题有所了解。全书按照中国历史发展的脉络，对中国历朝法制的法制指导思想、立法概况、法律内容与特点及司法制度来分节论述。法律内容又分为刑法、民法、行政法、经济法、商法等几方面扼要介绍，旨在使读者既从横断面上概见一代法制的全貌，而串连相关各节，又可了解历代从指导思想到司法制度，特别是各个部门法的纵向沿革和演变。

读者范围： 本书可作为网络教育学院、高等职业院校、高等专科院校、成人高等院校、本科二级学院、本科院校高职教育法律专业及相关专业学生学习使用，也可供五年制高职院校、中等职业学校及其有关人员参考使用。

责任编辑： 龚　卫　　　**责任校对：** 董志英

封面设计： 张　冀　　　**责任出版：** 卢运霞

图书在版编目（CIP）数据

中国法制史/苗延波编著. —北京：知识产权出版社，2014.3

ISBN 978-7-5130-2610-9

Ⅰ.①中… Ⅱ.①苗… Ⅲ.①法制史—中国 Ⅳ.①D929

中国版本图书馆CIP数据核字（2014）第034381号

中国法制史

ZHONGGUO FAZHISHI

苗延波　编著

出版发行：知识产权出版社有限责任公司

社　址：	北京市海淀区马甸南村1号	邮　编：	100088
网　址：	http://www.ipph.cn	邮　箱：	bjb@cnipr.com
发行电话：	010-82000860转8101/8102	传　真：	010-82005070/82000893
责编电话：	010-82000860转8120	责编邮箱：	gongwei@cnipr.com
印　刷：	北京科信印刷有限公司	经　销：	各大网络书店、新华书店及相关销售网点
开　本：	720mm×960mm　1/16	印　张：	22
版　次：	2014年3月第1版	印　次：	2014年3月第1次印刷
字　数：	406千字	定　价：	55.00元

ISBN 978-7-5130-2610-9

目　　录

导　言

一、中国法制史的概念及其研究范围

中国法制史是研究中国法制发生、发展、演变及其规律的学科。它是中国制度史的一部分，是法学体系中的独立学科，也是历史学中的重要分支。它以研究中国法律的起源，中国各种类型的法律制度的实质、特点、作用及其发展演变过程与规律为主要内容。它一般自夏朝开始，通过对中国奴隶制社会、封建社会和1840年鸦片战争以后中国的半封建半殖民地的法制发生、发展、演变的历程和主要内容的论述，从而揭示出中国法制发展的基本规律，为我国社会主义法制建设提供必要的借鉴，为我国当代法制建设服务。

二、中国法制史的发展历程概述

中国法制史源远流长。

中国地处东亚大陆，是古人类的著名故乡之一，具有四千多年未曾中断过的、有文字可考的历史，因而也是世界上公认的文明古国。

中华民族是以黄河流域为摇篮发展起来的。黄河流域气候温和、雨量充沛、土质松软、地形平坦，具有发展原始农业的良好条件。因此，自公元前21世纪夏朝建立，我国便进入了阶级社会，揭开了奴隶制法制史的篇章。随着国家的形成，中国法制雏形相应出现——夏朝的禹刑即根据氏族晚期习俗陆续积累的习惯法，所谓夏刑三千条，以残害人的肢体，即肉刑为其主要特征。

商、周逐步定型为宗法制的法律制度，即以宗族血缘关系为纽带，与国家制度相结合，以维护贵族世袭统治的制度。西周确立的“亲亲”“尊尊”“出礼入刑”的原则及有关制度，对后世封建法制有深远的影响。

春秋战国时期，社会巨变，各大诸侯国相继实行改革，公布了第一批成文法，并为此发生论争。如郑国子产与晋国叔向等人关于刑书的争论，以及孔子对晋国铸刑鼎的反对。这种争论实质上反映了旧贵族与新兴地主阶级之间的分歧。

战国时魏国李悝编撰的《法经》，是中国历史上第一部比较系统的封建法典，分为盗、贼、网、捕、杂、具六篇，它为以后历代法典提供了蓝本。

商鞅相秦变法，建立并厉行旨在富国强兵且卓具成效的法制，为此后秦扫平六国起了重要作用，并在统一之后推行于全国。

秦始皇统一中国，确立中央集权的封建君主专制制度，一直延续至清末。从此，维护和巩固这种君主专制体制，成为两千多年来传统法制的出发点和中心任务。汉初总结秦朝严刑峻法而致秦朝二世而亡的教训，以黄老之道休养生息，也注重儒法合流在法制上的重要意义，于是提出“德主刑辅”“大德而小刑”的法制思想，以及改革刑制，推行抑商政策，打击商人的势力。三国两晋南北朝逐步引礼入律，礼律结合，为唐律“一准于礼”、礼法交融做了长期准备。

我国封建法制至唐而鼎盛，封建法制也臻于成熟、完备。唐律不仅为后世王朝奉为立法楷模，且被引进东亚诸国。

此后，封建社会进入后期，君主制度不断强化，而商品经济在重重抑制下，在宋、明、清各朝有不同程度的发展，封建法制也愈益缜密，经济立法和民事立法均有进展。

鸦片战争后，中国逐步沦为半殖民地半封建社会。从 20 世纪初清政府“变法修策”到 30 年代南京国民政府陆续公布《六法全书》，这时的法制仿照德、日等资本主义国家大陆法系的形式，大量吸收、借鉴其法律的内容，但也继承和吸纳了不少中国传统法律和制度。

除了上述的我国鸦片战争以来的法制发展脉络外，中国近代法制史的另一个脉络即一百多年来（1840 年以来）中国人民革命斗争不断创造的新型法制，主要有以下两种类型的新型法制。

（1）辛亥革命后建立的南京临时政府颁布了中国历史上唯一的一系列资产阶级民主革命性质的法律，尤其是中国近代唯一一部资产阶级民主共和国宪法性文献《临时约法》，体现了资产阶级的意志，代表了资产阶级的利益，在那个时期是一个比较好的宪法性文献。

（2）在中国共产党的领导下，革命根据地建立的人民民主政权创设了人民民主法制，历经曲折艰辛，逐步走向成熟，并成为中华人民共和国社会主义法制的前驱和渊源。

三、中华法系的主要特征

从《法经》到《大清律》，中国封建法典具有明晰的因果关系，长期自成体系，独具特色，很少受外来影响，并自唐朝起对东亚发生重大影响，素有中华法系之称，为世界五大法系之一。中华法系，主要是以中国封建法制为主要内容，其主要特点可以概括为以下四点：

1. 法律以君主意志为转移

中国古代“法自君出”，君主始终掌握国家最高立法权。一切法典、法规皆以君主名义颁行。皇帝的诏敕往往直接成为法律，皇帝可以修改、废止任何法律。作为国家的象征、统治阶级的总代表，皇帝的人身和权威皆受法律严格保护，不论有意无意，稍有触犯，即是重罪。皇帝不受任何法律的约束，不承担任何法律义务，而法律则是皇帝治理臣民的工具。他又拥有最高司法权，一切重案、要案、疑案，以及一切死刑案件（隋唐以后）皆须皇帝裁决、批准。皇帝可以法外用刑，也可以法外施恩，赦免任何罪犯。

2. 法律以礼教为指导原则和理论基础

中国古代法律不受宗教影响，而强调遵循礼教，强调维护纲纪伦常。礼原是氏族社会末期祭祀祖先神灵的习惯，后来逐渐演化为阶级社会确定人们血缘关系亲疏尊卑和社会等级的行为规范。经过汉儒改造，又成为“礼教”，成为指导立法、司法的原则和理论依据。其要旨即“三纲”——“君为臣纲、父为子纲、夫为妻纲”，以及由此衍生的“亲亲”“尊尊”的政治和伦理原则。在此原则下，礼的很多内容被直接定为法律，“七弃三不去”“八议”以及丧服制度等相继入律，并为后世法典所沿用。依据“礼教”原则，同样的行为不一定同罪，同样的罪名不一定同样处刑，行为人的等级身份和血缘关系成为定罪量刑的必要前提。在民事案件中，直接以礼教原则处断。“三纲”强调维护君、父、夫的特权，而君权高于一切，皇帝之下，尽人皆臣妾，根本无所谓法律权利。礼教力倡“无讼”“息讼”，也导致人们的权利意识非常淡漠。

3. 法律以刑法为主，诸法合体

中国古字“法”写作“灋”，《说文》：“刑也。平之如水，从水；廌所以触不直者去之，从去。”夏、商、周文献中的“刑”即法。春秋时一些著名成文法还称《刑鼎》《刑书》《竹刑》。大约在春秋战国之际，“法”才具有法律的涵义，而直至战国中期以后，“律”也作为成文法的主要形式出现，并逐渐被普遍采用，承传下来。古人刑、法、律三字往往通用。历代正史记述立法、司法活动的“志”，称《刑法志》。法官通称刑官。自隋至清末法制改革前，中央主管司法行政、审判的官署通称刑部。总之，刑始终是中国古代法律的主题。中国古代没有部门法的划分，历代法典——律遂通称刑律，社会生活各个领域各类违法犯罪行为，统统规定于此，统称犯罪，处以刑罚。一部律中，实体法与程序法也不区分，民事诉讼程序与刑事诉讼程序混一，作证与招供同等看待。另外，专制君主无视下民的主体权利，平民百姓也不具有这种意识，并以“对簿公堂”为耻、为累，一般民事纠纷也无关政权安危大局，商品经济又长期不发达，等等，致使中国古代民事立法偏枯，与刑法畸重形成强烈反差。

4. 司法从属于行政

中国古代历代中央虽设司法机构，但辅佐皇帝的重臣，如丞相、宰相、内阁大臣等，完全可以过问司法。中央某些行政长官也可干预或参与司法，而司法长官一般无权过问行政。在地方，一地行政长官兼理同级司法审判。宋元明清对地方路、省一级虽专设司法机构，但仍处于地方行政长官控制之下。狱讼是否得平，自汉以来便是考核地方官员政绩的主要项目之一。

四、学习中国法制史的意义

1. 法学专业课程分为基础法学和部门法学，基础法学为部门法学提供理论和历史基础，是学好部门法学的必要前提

从法学教学体系本身讲，法学专业课程可分基础法学和部门法学两类。基础法学主要是法学基础理论（法理学）和法律史学（法制史和法律思想史）；部门法学即宪法、民法、商法、刑法、行政法、经济法、国际法等。这两类学科构成一个相互融通的整体，基础法学为部门法学提供理论和历史的基础，是学好部门法学的必要前提。

2. 从法学各学科的关系上讲，作为一门基础法学，中国法制史首先与法理学有极为密切的关系

法理学应该是法的历史和现实的高度抽象和概括，离开了这些，法理学便成为了无源之水、无本之木。例如，法理学讲封建制的法确认并维护人际关系中等级森严的不平等原则，学了中国法制史，对于这种在当时被视为“天经地义”的原则，究竟如何表现在中国古代政治和社会生活的各个方面，除了有关的理性认识外，还会留下一系列清晰的具体印象，而且还会了解这种原则在中国历史上是如何形成、如何发展，以及如何被送进历史博物馆的全过程，进而丰富和加深对法理学的理解。

3. 从学习部门法的角度讲，学习中国法制史也为学习法学提供必备的有关历史知识

法律系本科生写毕业论文时，有些同学选题虽然不属法制史范畴，却苦于法制史的知识不足，难以进行较深的研究。有志对某一部门法学作进一步探讨的同学，就更需要有较多中国法制史方面的知识作为研究的素材和基础。

4. 从法制建设的发展角度来看，学习中国法制史，对于加强社会主义法制建设具有历史借鉴意义

我们正在进行中国特色的社会主义现代化建设，加强社会主义法制、建设

法治国家是题中应有之义，当然也应是有中国特色的。“观今宜鉴古”，现实中国是历史的中国的发展。中国古代法制，特别是长期延续的封建法制，为我们加强社会主义法制建设提供了许多非常深刻的历史经验和教训，如封建王朝的盛衰存亡与他们对待法制的关系、封建法制建设的得失利弊及其对当时社会发展和后世的影响、封建宗法关系和封建礼教在封建法制中的作用及其对后世乃至现今的影响等，都有不少原则性的和具体的问题值得深入思考。在鸦片战争后一百多年的半殖民地、半封建法制，既有浓重的封建本色，又带着鲜明的殖民地烙印，后来又装入资本主义框架，对此应该进行深入的反思，以总结出其中可以借鉴的东西。人民民主专政的法制，是我党领导的革命政权在反帝、反封建斗争实践中建立和逐步完善的人民民主法制，是社会主义法制的直接来源。认真学习和研究人民民主法制，有助于更好地发扬优良传统，避免可能的失误。

五、学习中国法制史的方法

中国法制史作为中国史学的一部分，前人已为我们整理和积累了极其丰富的典籍和资料，作为法学的一门基础学科，当代学者也作了可贵的努力，并取得了丰硕的成果。这些对于中国法制史学科的建设和发展起了重大作用，给我们的学习和研究提供了很有利的条件。

学习中国法制史，我们应该注意以下几点。

1. 学习中国法制史，必须坚持以马克思主义为指导

我们应该学习马克思主义的立场、观点和方法，密切结合有关实际，去回答和解决具体问题。因此，要以马克思主义的辩证唯物主义和历史唯物主义的基本原则为指南。力求做到阶级分析和历史分析的统一、观点和材料的统一，力求实事求是地说明和论证中国法制史的基本问题和主要内容，将历史上的法制纳入当时的具体历史条件去考察，不要望文生义、断章取义、穿凿附会。

2. 学习中国法制史，必须严格地从中国历史的具体实际出发

首先要弄清楚有关法制发生、发展和演变的历史条件，特别是重大历史变革的社会的政治、经济背景。不能就法论法，应从历史发展的整体上去掌握法制的沿革及其内在联系。法制总是一定历史条件的产物，为一定统治阶级的政治、经济、思想统治服务，离开这个前提和目的，就不能了解一代法制兴废沿革的客观原因，更无从深入理解它的实质。因此，学习中国法制史的同学，需要阅读一些历史典籍和史学专著、教科书，以充实自己在中国历史方面的知识，这很有助于对中国法制史的学习和研究。

3. 建议初学者从本学科基本教材入手，了解有关学术动态，阅读主要工具书

初学中国法制史的同学，可以首先认真学习本学科的基本教材，在这个基础上，结合自己的爱好或学习中的难点，阅读有关专著和论文及报刊上发表的有关学术动态。同时，可阅读法学和史学的主要工具书，如《中国大百科全书·法学卷》《法学辞典》《辞海》政治法律分册及历史分册，以及汇集成册的中国法律史参考资料和有关中国通史的教材和论著。

4. 掌握一定的古汉语基础知识，是学好中国法制史的一个必要条件

中国古代法制史的基本素材，集中于历代各种典籍、文献以及有关论著、记述和资料中，几乎全是古汉语的读物，甚至近人如王国维、梁启超、章太炎等的著作，也不是现代汉语。因此，培养和提高阅读古汉语的能力，对于学习和研究中国法制史至关重要。如有可能，不妨多读一些古籍，诸如《历代刑法考》《历代刑法志》《唐律疏议》等。

六、关于本教材的说明

本教材是根据中国法制史学科的要求，结合学生的特点，着重介绍历朝历代富有特色的法律思想和具体制度，对一些非朝代的法律制度，以及未成定论的问题则予以省略。同时，注意适度引用古文作为论证，并在每章之前有本章主要内容、学习目标和本章的重点问题，每章后有本章的复习思考题，包括名词解释、自测题和论述题及自测题的答案。

全书力求突出重点，基本上以断代为经，以主要部门法为纬，按历史顺序分为18章。对历代的法制发展概况作了具体的描绘，使读者就若干主要问题有所了解。自秦始皇统一中国至鸦片战争前的清朝，两千多年封建君主专制的传统法制连同先秦部分，通称为中国古代法制，涵盖了中华法系发生、发展和解体的全过程，向来是中外学界研究的重点，也是中国法制史教学的一个重点和难点。教材按历代法制的法制指导思想、立法概况、法律内容与特点及司法制度来分节论述。法律内容又分为刑法、民法、行政法、经济法、商法等几方面扼要介绍，旨在使读者既从横断面上概见一代法制的全貌，而串连相关各节，又可了解历代从指导思想到司法制度，特别是各个部门法的纵向沿革和演变。

我们在此专设导言部分，旨在能够给同学们学习中国法制史的一个基本的脉络和一个大的框架，相信是会有利于大家对中国法制史的学习的。

苗延波

2013年8月

第一章　中国法律的起源

（约公元前30世纪～公元前21世纪）

本章主要内容

本章介绍的是关于中国法律起源的主要观点及其评述，并且论述和指出礼是中国法律的源头之一，军法是中国法最早的一个主要形式。同时，还论述了中国法律起源的主要特征。

学习目标

了解中国法律起源的各种观点和学说，掌握中国法律的源头及其最早的形式，以及中国法律起源的主要特征。

本章的重点问题

1. 中国法律起源主要有几种观点。
2. 如何理解礼化为法。
3. 如何理解刑起于兵。
4. 中国法律起源的主要特征。

第一节 中国法律起源说概述

一、对于法律起源的不同观点

关于法律的起源问题，历史上不同时期的思想家、政治家都分别提出了各种不同的观点与主张。

古代神权法思想认为，德礼行政起源于天意与神道。先秦道家学派认为，法律起源于道，即天地宇宙间客观存在的自然规律或固有法则。先秦法家认为，法律起源于“定分止争”的需要。先秦荀子认为，法律起源于惩恶扬善的需要。宋代理学家认为，法律起源于理。近代以来以苏联为代表的法学理论界认为，法律至少应与国家同时产生，甚或先有国家后有法律，亦即，法律是伴随着国家的出现而出现的，因为，它是国家按照统治阶级的意志制定或认可的。而在中国学界流传最广的观点则是刑始于兵与礼源于祭祀的两种说法。❶

二、对于法律起源不同观点的评述

上述的古代神权法思想认为德礼行政起源于天意与神道的观点，其主要是根据《魏书·刑罚志》：“德刑之设，著自神道。圣人处天地之间，率神祇之意”“是以明法令，立刑赏”和《汉书·刑法志》：“圣人因天秩而制五礼，因天讨而作五刑”。这里所说的天意、神道，多带有神话和虚幻的味道，不足以作为一种理论的客观依据。道家学派的思想，则来自老子《道德经》所提出的“人法地，地法天，天法道，道法自然”的哲学命题，如果将其附会于法律起源的理论依据，似乎亦显牵强。法家所提出的法律起源于“定分止争”的需要之说，来源于《管子》：“法者，所以兴功惧暴也；律者，所以定分止争也”，其这里所讲的似乎又是法律的作用，而非法律的起源问题。荀子的法律起源于惩恶扬善的需要之说，其实质上与管子的思想是一致的。宋代理学所谓的“法者，天下之理”，也是一种哲学的理念，无法去解释法律的起源问题。而以苏联为代表的观点，则似乎陷入了一种将国家的起源与法律的起源混为一谈的泥沼，且无法依据该理论解释中国法律起源的问题。因为无论是国家还是法律起源的过程，都是一个漫长的发展过程，在此期间，也很难证实国家就注定出现于法律（广义的法律，不仅仅指国家统治者颁布的法律文件，也应包括调整部

---

❶ 马志冰．中国法制史［M］．2版．北京：北京大学出版社，2012：16－17．张晋藩，蒲坚．中国法制通史．第一卷：夏商周［M］．北京：法律出版社，1999：6．

落内部关系和部落与部落之间关系的习惯）之前。如果将国家和法律的起源混为一谈，则有可能陷入循环论证的泥坑，也无法正确地去理解法律的起源问题。况且，世界上各国、各地区之间的历史、文化的差异性很大，如果用一种理论去解释所有地区的法律起源问题，恐也无法得出更接近于历史真相的结论。因而，关于究竟应当如何理解和认定中国法律起源的问题，只有从中国历史发展和传统文化的实际状况出发，才能得出最接近中国法律起源的历史真实情况的结论和观点。

第二节　礼化为法

一、氏族纽带日益强韧

中华民族的主体从远古开始便生活在黄河、长江流域。大约在 6 000 年前，已逐渐摆脱狩猎和采集经济，进入以种植经济为主的原始农业经济。在迈入文明门槛的前夕，在交通极不方便的条件下，这里是一个与世隔绝的天地。在这样的环境中，氏族纽带变得更加强韧。氏族社会，是以血缘关系联结起来进行生产和生活，是人类摆脱原始群后最早的组织形式。在人类发展史上，先经过的是母系社会，那时，人们均“知母不知父，无亲戚、兄弟、夫妻、男女之别”。但随着生产力的提高和男子在生产中逐渐处于主导地位，在大约公元前 5000 年左右，中国进入了父系氏族社会，从而使父权家长制逐渐在中国建立起来，因而人们的血缘关系不但未松动、解体，反而越来越牢固，家国一体的格局，也越来越明确。在国家正式形成之后，国家组织的发展，不过是统治者贵族的血缘关系亲疏尊卑的日益制度化、法律化的反映。这个过程开始于夏，经历殷商，至西周趋于完备，最典型的就是西周宗法制度的确立及其发展。这也就是中国以后所谓家国不分的思想观念形成的滥觞与基础。

二、部落联盟首领的权威日益加强

在中国古代传说中，有许多德高望重的英雄人物，他们以“天下为公”，例如尧、舜等，即所谓有关禅让的传说。尧以舜为继承人，接受的是“四岳”的推举，在征得四岳同意后作出决定。而当舜以禹为继承人时，则并未与四岳商议过，可见，到了舜就没有尧时那么“民主”了。例如，在一次部落首领大会上，防风氏迟到了，便遭到了舜的杀害。这里已毫无“民主”可言。禹死，以天下授益，也未与大家商量。后因益根底较浅，天下不服，故诸侯皆去益而朝禹之子启，于是启遂即天子位，成了家天下的始祖。由此可见，从尧到舜再到禹，“帝”的权威在急速膨胀，从而终结了所谓“大同”之世。但此时的“帝”还是松散的部落联盟的君主，他与秦始皇以后的专制君主无法相比，他只不过是众诸侯国的首领。但是，无论如何，这种事由一人而断的制度，是中国走向君主专制的前驱，也是中国专制制度发展的滥觞。此后，所谓“法自君出”也就成为历史之必然。

三、原始的礼由习惯演化为法

在中国的氏族部落中，伴随着氏族纽带的日益强韧和部落联盟首领权威的日益强化，祭祀神灵和祭祀人鬼活动，便成为加强氏族纽带的作用和强化部落联盟首领的权威合法和合理化的一个重要手段和过程。通过这些祭祀活动，可以让部落的普通民众感受到他们首领的所作所为完全是根据上天和神灵的旨意，而非出自他们自己的臆断。比如，在征讨其他部落之前，就需要祭天地，部落首领要向天地神灵讲述这次征讨的必要性，以求得上天的庇佑和理解。同时，通过这些祭祀活动，也让部落的民众更加敬重和服从于他们的首领，以达到强化首领权威的目的。而要进行这些祭祀活动，就必须有一定的规则和程序，这些规则和程序，渐渐转化为礼。

礼，最初是祭祀神灵和祭祀人鬼的器具，后来供祭的酒也叫礼，再后来凡是进行祭祀的一切活动统统叫礼。礼实际上最早的含义也就是为祭祀而举行的仪式，是人们自觉遵循的习惯。《说文解字·示部》解释说：“礼，履也，所以事神致福也”，即指礼仪活动。《礼记·礼运》载：“夫礼之初，始诸饮食，其燔黍捭豚，污尊而抔饮，蒉桴而土鼓，犹若可以致其敬于鬼神”，描述了礼的起源过程——它最初起源于人们的饮食供奉和原始的乐舞活动——人们在石板上烤制谷物畜肉，在地上挖成酒穴掬捧而饮，敲击土制的乐鼓伴舞，以表达对神明的尊崇和敬畏。这是华夏先民们最早的宗教祭祀仪式，后世的宗法礼仪制度及伦理道德规范即源于此。但在当时，不是任何人都可以参加氏族祭祀仪式的，首先外族人不行；其次到了氏族社会晚期，氏族成员之间的财富差别日益明显，掌握权位者也同时占有财富，逐渐形成了氏族的贵族，这些贵族垄断了祭祀的主祭权，同时，也就控制了萌芽状态中的政治权力。在这个转变过程中，政权与神权逐步合而为一，原始状态的礼也逐渐由氏族习惯演化为具有了法的性质和作用、用来区别血缘关系亲疏尊卑的礼。进入阶级社会之后，统治集团为了维护自身的利益，让全体社会成员甘心情愿地服从于他们的统治，规制社会秩序，便不断对礼加以改造，使其日益繁缛复杂，并赋予了一定的强制力，礼遂成为人们必须遵守的制度性规范，与刑等其他法律形式共同维系和调整各种社会关系与法律关系。[1] 自此，礼便由原始习惯演化为法，发展到西周终于形成了宗法制。这是中国古代法制的一个重要特点。因此，礼，是中国法律的源头之一。

第三节 刑起于兵

一、氏族战争促生刑

我国上古时代主要有炎帝族（活动大致南起湖北北部，北到山西南部的中原地区，仰韶文化的创造者）、黄帝族（活动于山西、河北一带的山地，红山文化的创造者）、东夷族（活动于黄河下游和淮河流域，大汶口文化的创造者）和苗蛮族（活动于长江南北，屈家岭文化的创造者）四大部族。

在当时十分低下落后的生产力水平下，农业生产对土地和劳动力的需求十分重要，使得中国史前的各部落对于土地的争夺十分激烈，因而中国史前史上的战争异常频繁和惨烈。

在各部落间进行讨伐战争之前，讨伐者都要发表一番讨伐誓词，一来表明这次讨伐的合法依据，二来以此发布正式的讨伐令，因而，这些誓词本身就是法律。如禹讨伐三苗时誓曰："济济有众，咸听朕言，非惟小子，敢行称乱，蠢兹有苗，用天之罚。若予既率尔群对诸群，以征有苗。"[2] 启在征讨有扈氏时说："有扈氏威侮五行，怠弃三正，天用剿绝其命，令予惟恭行天之罚。"[3]

氏族社会早期，由于生产力水平太低，在战争中被俘虏的奴隶大多被杀或当作祭祀的牺牲。到了氏族社会后期，随着生产力的提高，对劳动力的需求越来越多，因此大量战俘已逐渐不被杀害，而是作为奴隶留下来参加生产。那么如何管理这些战俘，显然氏族传统的礼已无能为力，于是出现了另一种暴力手段——刑，即管理和统治被征服者和战俘的工具。起初这些刑仅用来处置有敌意的被征服者和战俘，但随着社会贫贱和地位的分化的加剧，这些刑也同样用以对付氏族内部成员。由此，作为经常性的具有威慑、处罚和镇压功能的刑的这种暴力手段，才应运而生。另外，战争需要有组织的集体行动，在战争中身兼军事长官的氏族首领，在氏族中自然需要极大的权威。维护和明确这种权威的工具也只能是刑。于是，在对内对外的两方面的暴力，都促成了刑的产生，

---

[1] 马志冰. 中国法制史［M］. 2版. 北京：北京大学出版社，2012：19.

[2] 《墨子·兼爱下》。

[3] 《尚书·甘誓》。

从此它与国家相始终。

兵刑在中国古代经常是并提的。刑起于兵，说的就是刑与战争密不可分。所谓“大刑用甲兵”，就是指最重的刑罚是实行军事讨伐。这主要是针对外族而非本族。正如吕思勉所说：“刑之始，盖所以待异族。”[1] 对内则用斧钺、刀锯、钻凿和鞭扑。刑起于兵，兵刑同制，还表现为司法与兵政的合一。“士”“司寇”“廷尉”等司法官，都是军职，这些官员在平时是司法官，在战时，很多人便是军事指挥官。同时，为了胜利必须有军纪，军法就是中国法最早的一个主要形式。

二、皋陶作刑

到舜的时代，中国原始社会有了更大的进步，舜通过部落联盟议事会，设置了较为系统的社会管理体系，如设立九官，分工管理部落联盟内部事务，让八元管理土地，八恺管教化，契管人民，伯益管山林川泽，伯夷管祭祀，皋陶作刑，并负责司法。“帝舜三年，命皋陶作刑”[2]，“舜曰：皋陶，蛮夷猾夏，寇贼奸宄，汝作士，五刑有服，五服三就；五流有度，五度三居：维明能信”[3]。

根据有关史籍所载，皋陶之刑已有具体罪名：“昏、墨、贼、杀”。昏是恶而掠美，即行贿买直胜诉；墨是贪以败官，指受贿败坏官纪；贼是杀人不忌，指肆意贼杀人命。犯此三种罪行的人，都要处以死刑。为了维护部落联盟的统一和部落首领的权威，“皋陶于是敬禹之德，令民皆则禹。不如言，刑从之”[4]。可见，至尧舜时代，法的胚胎就已经逐步发育成形，自启继位，法便成为阶级镇压的暴力工具，此即所谓“夏有乱政，而作禹刑”[5]，自此法便正式诞生了。

第四节　中国法律起源的主要特征

一、中国法律起源于氏族之间的战争

前面第三节提到的炎帝族、黄帝族、东夷族和苗蛮族四大部族，是中华民族的祖先，他们之间的不断融合才逐渐形成了所谓炎黄子孙和华夏民族。而他

---

[1] 吕思勉. 先秦史［M］. 上海：上海古籍出版社，1982：425.

[2] 《竹书纪年》。

[3] 《尚书·尧典》。

[4] 《史记·夏本纪》。

[5] 《左传·昭公六年》。

们之间的融合除了通过联姻、合并等和平方式之外，主要还是通过战争实现的。

在传说中的炎帝时代，随着东夷部落的向西发展，引发了东夷部落首领蚩尤与黄河流域的炎帝、蚩尤与黄帝及黄帝与炎帝间的战争。战争的第一阶段是蚩尤与炎帝的战争，蚩尤把炎帝打得节节败退。战争的第二阶段是炎帝联合黄帝，打败了蚩尤。战争的第三阶段是黄帝与炎帝的战争，他们二位之间所争夺的是部落联盟的首领的地位，结果是黄帝打败了炎帝，黄帝从此被尊为部落联盟的首领，并四处征伐，维护新的部落联盟："天下有不顺者，黄帝从而征之，平者去之，披山通道，未尝宁居。"[1] 由于黄帝最终战胜了所有的挑战者，把中原地区的炎帝与东夷族之大部结盟，联合在一起，组成了更大的部落联盟，建立起了"万国和"的新秩序。可见，是战争促进了各个部落的联合，也促成了华夏民族的产生。后来，在尧舜禹时代，华夏族与苗蛮族之间也发生了战争，直到禹时，华夏族才最后打败了苗蛮族（三苗）。经过尧舜禹时代的战争，苗蛮族大部退向西南地区，而其中的一部分也融入了华夏族。可是战争并没有因为炎、黄、东夷族结盟而结束，在华夏联盟内部的不同民族之间也发生过激烈的战争。比如舜就曾打败三苗的首领浑敦、东夷族少皞氏后代穷奇、炎帝族后代共工部的首领梼杌等，并将他们流往四裔。

这些氏族间的战争与法律起源有着极为密切的关系，所谓刑始于兵，说的就是法律起源于远古的氏族战争。"刑也者，始于兵而终于礼者也。洪荒之代，生民有兵，如蠭有螫，自卫而已，蚩尤惟始作乱，斯民鸱义，奸宄并作，刑之用岂能已乎？帝尧清问下民，乃命三后恤功于民，伯夷降典，折民惟刑。故曰刑也者，始于兵而终于礼者也。"[2]

二、礼在中国法律起源中具有重要的地位

礼，在中华民族的发展过程中，是一脉相承的。"殷因于夏礼，所损益，可知也；周因于殷礼，所损益，可知也。"[3] 礼到西周已经发展成为一个庞大而复杂的规范体系，其内容包括政治、经济、军事、教育、行政、司法、宗教、祭祀、婚姻、家庭、伦理道德等许多方面。即所谓"道德正义，非礼不成；教训正俗，非礼不备；分争辩讼，非礼不决；君臣上下，父子兄弟，非礼不定；宦学事师，非礼不亲；班朝治军，莅官行法，非礼威严不行；祷祠祭

---

[1] 《史记·五帝本纪》。

[2] 《辽史·刑法志》。

[3] 《论语·为政》。

祀，供给鬼神，非礼不诚不庄。”[1] 这种起源于原始社会末期的宗教祭祀习惯，成为中国法律的源泉之一。

三、中国法律的初始阶段基本是刑法

从现有的考古资料和文献记载来看，起源于氏族战争的中国法律，在其初始阶段基本是刑法。自上古以至春秋的法律、法典均以“刑”字命名，如皋陶之刑、禹刑、汤刑、九刑、吕刑等，均说明了这一点。所以，中国法律起源时期的法律的内容较为单调，主要是罪名和与之相应的刑罚。这也是中国法制的一个鲜明的特征。

综上所述，中国法律的起源是由中国所处的具体历史条件决定的。在生产力提高、私有制出现、社会逐渐划分阶级，以至形成国家的全过程中，氏族血缘纽带的顽强存在和加固、对祖先崇拜的礼的逐渐具有阶级性、频繁的战争促进了刑的形成和发展，氏族首领的权威则随着这些进程的加剧而日益强化。这些因素在中国法律形成中交互作用，并决定了中国法律以君主意旨为转移、强调礼的指导意义、强调维护宗法伦常，以及偏重刑法、行政兼司法等主要特点。至于中国法律起源的时期我们可以定在河南龙山文化时期和尧舜时代，其年代在公元前 2400 年左右。我们在掌握了中国法律起源的内容以后，就会增强我们对于中国法律的特点的认识，从而非常有利于我们对中国法制史的学习。

复习思考

一、名词解释

氏族社会　大刑用甲兵　礼　皋陶作刑

二、自测题

1. 先秦道家学派认为，法律起源于(　　)。

A. 社会需要　　B. 道

C. 定分止争　　D. 理

2. 在人类发展史上，先经过的是(　　)，那时，人们均“知母不知父，无亲戚、兄弟、夫妻、男女之别”。

A. 母系社会　　B. 父系社会

C. 阶级社会　　D. 等级社会

---

[1] 《礼记·典礼上》。

3. 所谓“大刑用甲兵”，就是指最重的刑罚是实行(　　)。

A. 死刑　　B. 天罚

C. 谈判　　D. 军事讨伐

4. (　　)是中国法律最早的一个主要形式。

A. 民法　　B. 刑法

C. 军法　　D. 行政法

5. 起源于原始社会末期的(　　)，成为了中国法律的源泉之一。

A. 军法　　B. 部落首领的命令

C. 宗教祭祀习惯　　D. 神判

6. 根据有关史籍所载，皋陶之刑已有具体罪名：(　　)。

A. 昏　　B. 墨　　C. 贼

D. 杀　　E. 宫

7. (　　)四大部族，是中华民族的祖先，他们之间的不断融合才逐渐形成了炎黄子孙和华夏民族。

A. 赤帝族　　B. 炎帝族

C. 黄帝族　　D. 东夷族

E. 苗蛮族

三、论述题

中国法律起源的主要特征。

(自测题答案：1. B；2. A；3. D；4. C；5. C；6. ABCD；7. BCDE)

第二章 夏商的法律制度

（公元前21世纪～公元前11世纪）

本章主要内容

本章介绍的是夏朝和商朝的法律制度概况。其中就夏商的法制观、法律的基本情况及其司法制度等进行了介绍，反映了中国奴隶制社会法制的基本情况。

学习目标

了解夏商时期的法制观及法律制度的基本情况。掌握中国奴隶社会法制的基本特征。

本章的重点问题

1. 夏朝法制的主要内容。
2. 殷商的法制观。
3. 商朝的刑罚制度。
4. 商朝的民事制度。
5. 夏商朝的司法制度。

第一节 夏朝的法律制度

一、奉“天”罚罪的法制观

氏族社会的信奉天地鬼神的观念，是夏朝解释和论证罪与刑的基本根据。假借天意发布的王命是夏朝法律的主要形式。在征讨有扈氏的誓师大会上，夏王启宣布有扈氏的罪状有两条：首先就是“威侮五行”，所以“天用剿绝其命”。而启与有扈氏的战争，则是为了“恭行天之罚”。这里的“五行”泛指天象，“威侮五行”即不敬上天，是最严重的犯罪，必须加以最严厉的惩罚。对作战人员的赏罚，也充分体现了鬼神崇拜的观念，在“祖”前行赏，在“社”前行罚。祖是供奉启的祖先神位之处，社是土地之神。在鬼神面前施行赏罚，以示秉承天命行事。

二、法制概况

禹刑是夏朝法律的总称。它是启及后继者根据氏族晚期习俗陆续积累的习惯法，具体内容已无可考。所谓“夏刑三千条”，包括大辟（死刑）、膑（挖去膝盖骨，后又称刖即断足）、宫（毁坏生殖器）、劓（割鼻）、墨（刀划面颊或额并涂墨）五个刑种。前四种以残害人的肢体为特征，后世统称为“肉刑”。

夏刑的重要内容包括：

1. 昏、墨、贼，杀

“昏”是自己做了坏事而窃取别人的美名，即嫁祸于人；“墨”是贪得无厌，败坏官纪；“贼”是肆无忌惮地杀人，这三种罪都要处死。

2. 不孝罪

“罪莫大于不孝”，氏族敬老、尊老的传统习惯，在夏朝法律里得到了体现。为了加强亲族的凝聚力，而善待自己的父母，进而才能效忠王朝，这在人们的眼里是天经地义。一个人若不能善待自己的父母，何以能效忠王朝？

3. 军 法

夏朝要求士兵都要严格执行命令，奋力杀敌，驾驭战车的士兵也要驾好战车，否则就要以“不恭命”治罪。凡是认真奉命奋力作战者，在祖先神位前赐给奖赏；不执行王命者，在土地神前予以惩罚。在处罚上要把那些不遵王命的人连同其妻子一并处死。

三、司法制度

夏朝中央最高司法官为“大理”，地方司法官为“士”，基层司法官为

"蒙士"，他们分管着从中央到地方的司法审判工作。

夏朝已有监狱，称作圜土。圜土是用土墙筑成的圆形牢房。夏朝末年的监狱称夏台。夏台又称钧台，在今河南省禹县境内，原是祭祀的地方，后来成为囚禁人犯之所。据《史记·夏本纪》载，商族首领汤曾被夏王囚禁于夏台。

第二节 商朝的法律制度

商是兴起于黄河下游的一个古老部落。其畜牧业和农业已有一定发展。至汤时商的实力已较强大。汤首先灭葛，随后又征服了不少部族。此时正值夏桀暴虐，民怨沸腾，汤于是举兵伐桀，并灭之。汤在亳（今河南濮阳）建立了商王朝，这是中国历史上第一个有文字可考的王朝。

一、神权政治与法制

（一）"率民以事神"

殷商奴隶主贵族极端迷信鬼神，所谓听命于神，是商朝法制的基本特点。殷商统治者每遇大事，必须先行占卜，以求消灾降福。在上帝和王权之间的中介则是巫、史等神职人员，他们代表鬼神，指导国家政治和国王行动。

（二）以天命、祖命宣布王命

将祖先崇拜与上帝崇拜相结合，使神直接为政治统治服务，是商朝神权政治高度发展的重要标志。商朝统治者将日月、山川、风雨、雷电等自然界的神灵统归上帝驱遣，商王代表上帝在人间行使统治权力，具有天之元子的神性，他独自与皇天上帝交往，死后进入祖庙，成为"克配上帝"的"先王先公"。这种将祖先与上帝合而为一的观念，具有其深刻的政治内涵：即违背王命，不但获罪于天，而且为列祖列宗所不容。此观点对后世的封建法制有重要意义。封建社会所谓的"天人合一"就是该观念的翻版。

二、法律的主要内容

（一）假托神意压服臣民

汤伐桀时，当时的群众并不感兴趣，汤为了说服群众，对他们说：我伐夏桀，是因为夏朝犯了很多大罪，是上天命我消灭他，我敬畏上帝，所以不敢不为讨伐事宜，如果你们愿意辅佐我，顺天意，讨伐夏桀，你们将会得到天的奖赏。你们要相信我，我绝不会食言的。

盘庚迁都时，阻力也很大，首先是世家大臣，贪图安逸，不愿流动，因而影响和鼓动了庶民也不愿意迁移。盘庚为此先后发布了三篇文告，对群臣反复强调先王与群臣的祖先是如何协心共政，现在他们也在与先王一起受祭，他告诫群臣不要只顾自己安乐，轻视王命，煽动庶民反对迁都，以免受到神罚。对庶民，盘庚也是提出先王如何顾全庶民的祖先，庶民的祖先又如何体贴先王的苦心，所以才能顺应天时，灾祸很少。接着指出，迁都是安定国家的“长谋”，如不迁都，先王一定要责罚他，同时也要惩罚庶民。又说，只有听天命迁都，上天才不会降灾于大家，大家的生命才得以延续。

（二）严惩违抗天命的行为

商汤在伐桀的宣言中警告众臣民说，如果他们不肯迁都，他就要杀死他们，绝不宽恕。盘庚在处置不听王命、不肯迁都的群臣时，则指出，如果他们不遵王命，他就会处罚他们，到时候他们后悔就晚了。而对于庶民，盘庚则明确声称，对于胡作非为、不遵王命的人，就把他们斩尽杀绝，不让他们的劣种遗留在将要搬迁的新地方去。

（三）镇压“乱政”“疑众”罪

为了维护贵族的统治，商朝规定了以下犯罪必须镇压：

（1）破坏法制、使用邪术以扰乱政治；

（2）用奇异的事物、矫揉造作、貌似博学、狡黠诡诈的言行和装神弄鬼的手段来动摇和蛊惑民心。

对于这些“乱政”和“疑众”的犯罪，一律处以死刑。

三、商朝的刑罚

（1）古老的“五刑”（墨、劓、刖、宫、大辟）。

（2）其他刑罚。包括断手、活埋、沉水、火焚、炮烙、剖心、醢（剁成肉酱）、脯（杀后晒成肉干）等酷刑。

（3）人殉制。屠杀奴隶，用以作为贵族祭祀天地、祖宗和其他神灵的牺牲，人殉在商朝是习以为常的。殉葬的人数从几人至几十、几百、几千都有。这些牺牲，大多是战俘、奴隶和贵族的侍从等。

四、民事法制

（一）所有权制度

商朝奉行“溥天之下，莫非王土”[1]的土地国有制，即全国土地名义上归

---

[1]《诗经·小雅·北山》。

商王一人所有，其他奴隶主只享有使用权。

（二）婚姻家庭制度

商朝时逐步确立了一夫一妻制的婚姻家庭制度。但是，法律允许男性王族纳妾。

（三）继承制度

商朝的继承制度主要是指爵位继承制度。起初盛行“父死子继、兄终弟及”制，且“弟及为主，子继为辅”，即哥哥死了，由弟弟继承爵位；在没有弟弟的情况下，才由死者的儿子继承爵位；在由弟弟继承时，当弟弟也死了，应由死兄之子再继承。但是，在现实中，叔伯兄弟之间为争夺继承权，经常爆发激烈的斗争。此继承制度很难真正地被执行。

五、行政法制

商朝实行内服与外服的政权管理体制。所谓内服是指商王朝直接统治的地区，即以河南为中心，及河北、山东、山西交界处。外服是指臣属于商王朝的一些小国或者部落。

商王朝内服职官很多，有所谓“百执事之人”，包括宰、尹、史、卜、乍册、马、亚、射、臣等。其中宰是辅佐的意思，实际上就是辅商王总管全国政务的相。卜是管理和把持占卜吉凶事务的官员，他们负责主持在国家要举办大事之前的占卜活动，是商王朝联系神和人之间关系的特殊人物，他们通过占卜的手段，宣扬神的旨意，有时甚至可以左右商王的活动，因而，地位很高。亚、射等官，多为统率军队的武官，负责镇压暴动、征伐外族，或者保卫殷都。臣主要是那些管理农业生产的奴隶劳动的官员。

商王朝的外服制度是各诸侯王、卿大夫及士管理各自封地的制度。在商王朝的外服中有侯、甸、男等邦的“邦伯”。他们是臣服于商王朝的诸侯国。这些“邦伯”在各自的封地内，有一定的自主权。但是，他们必须把一部分所得通过贡纳的形式上缴商王，同时，他们要无条件地服从商王的调遣，随时有义务跟随商王征讨或者镇压暴动。

六、司法制度

（一）司法机构

商王朝内的一切大事均由商王决定，王命即是法律，商王的裁断也具有最高的法律效力。但商王的权力和后世的封建专制君主是有本质区别的。后者拥有决定从中央到地方的一切大事的权力，而商王实力所及的主要是“王畿”之内直接统治的地区，称“内服”。王畿周围的“外服”是各诸侯的，对他们的封地商王没有绝对的权威，各诸侯在其封地内享有相当大的独立性。因此，商王的司法权限仅限于王畿内，对畿外则无力干预。

商朝设有专司审判职责的机构。中央专职的司法机构为司寇，司寇设有“正”“史”等审判官。基层司法官为“士”“蒙士”等。商王的诸多判决是通过占卜实行的。占卜官员往往假托神意判罪，实行所谓神判。

（二）司法审判制度

商朝对重大、疑难案件，需经过正、大司寇两个审级。凡此类案件，先由司寇吏预审，预审结果向正报告，由正进行一审；正一审结束后向大司寇报告，大司寇在外朝之地进行二审。大司寇在二审结束后向商王奏告。商王命重臣参听，重臣参听后将案件的处理意见向商王奏告。死亡最后以三宥宽赦之，即一宥不识，二宥过失，三宥遗忘。凡当事人属于不识、过失及遗忘的，都属于宽宥之列。然后决定用刑。可见，商王掌握着国家最高的审判权。

在审理过程中，也形成了一些基本原则，例如，注重证据，如果没有足够的证据，不能对案件定罪量刑。对待疑案主张态度审慎，应首先广泛征求意见，如果大家对案件仍有疑问，应赦免；但还须与同类案件相比较，再作出判决；在对人定罪量刑时，要尽可能从轻，而在赦免他人的罪责时，要尽可能宽大。

（三）监　　狱

在商朝末期出现了“狱”字，商王朝在各地均设有监狱，监狱称冰圄，一般长约 1.6 米，宽 1.1 米，深达 2.7 米，上面有盖子，并开有天窗。这些牢狱往往面积狭小，暗无天日。被关押的人犯要戴械具，以防止囚犯逃跑；对于越狱逃亡的犯人，进行严厉制裁，甚至要被处以死刑。

复习思考

一、名词解释

不孝罪　夏台　人殉制　百执事之人

二、自测题

1. 夏朝称其中央最高司法官为：（　　）。

A. 大理　　B. 士　　C. 蒙士　　D. 司寇

2. 商朝的“五刑”是指：（　　）。

A. 黥、劓、刵、剕、处死　　B. 墨、劓、刖、宫、大辟

C. 昏、墨、贼、杀、宫　　D. 笞、杖、徒、流、死

3. 商朝的中央最高审判机构为：（　　）。

A. 大理　　B. 司寇　　C. 正　　D. 史

三、论述题

试述商朝的立法思想、法律内容。

（自测题答案：1. A；2. B；3. B）

第三章　西周的法律制度

（公元前11世纪～公元前770年）

本章主要内容

本章介绍的是西周时期法律制度的主要内容。其中论述了西周初期法制的指导思想、宗法制及礼与刑的关系、西周各法律制度的基本情况及其司法制度。

学习目标

了解西周初期法制的指导思想，以及宗法制、礼与刑的关系。掌握西周时期刑法和民事法律制度的基本概况。同时，了解西周司法制度的基本特征。

本章的重点问题

1. 西周初期法制的指导思想。
2. 礼与刑的关系。
3. 西周法律的形式。
4. 西周的罪名与刑罚。
5. 西周的婚姻家庭制度。
6. 西周的诉讼和审判制度。

周兴起于适宜农耕的渭水中游、黄土高原上。大约公元前12世纪，由豳（今陕西旬邑）迁移到岐山下的周原（今陕西岐山），发展农业，开始营建城郭宫室，成为商朝的一个属国。公元前1027年，周武王会同许多小国和部落讨伐商纣，战争仅进行两个月便告捷，商朝灭亡。周初统治者从中领悟和总结了深刻的经验教训，为了谋求长治久安，在夏、商的基础上，适应新的形势，对法制进行了重大改革。

第一节　西周初期的法制指导思想

一、敬天保民、明德慎刑

由于接受了商纣倒行逆施导致商朝灭亡的教训，周初统治者从夺取政权和巩固政权的严峻斗争中深刻意识到天命虽然难料，但有规律可循，即天总是寻求能够为民做主的统治者，“天唯时求民主”。周初对周人贵族内部的文告中反复出现强调“保民”“安民”以及类似的提法，他们已将所谓的“敬天”落实在了“保民”上。

周初统治者还从夏、商的兴亡的史实中，悟出天命转移的另一条规律：天命总是归属于有德者。他们认为，夏桀、商纣是由于不敬德而灭亡的，因此，必须时刻小心翼翼地以高标准的德严格要求自己，同时注意将德落实在国家活动的各个方面。运用于法制的便是“明德慎刑”，即：无论立法、司法都必须崇德，慎重从事；制定法规，任用官吏，审理案件，施用刑罚，都必须反复思考，不可轻率。

二、亲亲、尊尊

有鉴于商纣众叛亲离、孤立无援的惨痛教训，商纣曾因禁杀害了多次进谏的箕子、梅伯、比干等亲信大臣，周初统治者认为，统治者内部关系是否和谐，是事关国家命运和政局稳定的决定条件之一，因此，他们十分重视在贵族内部提倡和贯彻“亲亲”“尊尊”，即亲其亲者、尊其尊者的原则。

所谓亲，是相对于疏而言的，亲亲要求父慈、子孝、兄友、弟恭，主要从家庭方面着眼；尊对卑而言，尊尊的含义不仅包括父子、夫妻之间尊卑有别，在贵族之间、贵族与庶民之间，特别是君臣之间，尊卑也截然不同。“亲亲”“尊尊”原则强调，至亲莫如父，至尊莫如君。子对父必须尽孝，臣对君必须尽忠。孝，旨在维护父的权威；忠，旨在维护君的权威。因为，周初统治者认为，家庭中的孝子，是很少去犯上而且决不会作乱的。所以，他们要求的孝于亲，实质是为了忠于君。

通过"亲亲""尊尊"，便把人们的血缘关系同政治关系紧紧联结在一起。他们在贵族内部坚持该原则，为的是使各级贵族奉其上级，所有贵族尊奉周王，全国贵族亲如一家，以巩固其政权。"亲亲""尊尊"因而成为西周立法、司法的根本原则，指导法制的实施。在"敬天保民""明德慎刑"的前提下，将"亲亲""尊尊"原则制度化、法律化，落到实处，是西周法制的基本特点。

第二节　宗法制及礼与刑的关系

一、宗法制

宗法制是以宗族血缘关系为纽带，国家制度相结合，维护贵族世袭统治的制度。宗法制由来已久，在氏族社会后期父权家长制下，便有根据父系血缘关系维护家长世袭权力的传统。围绕着家长，按血缘关系的亲疏尊卑，确定他们在家族或宗族中的身份。在国家形成过程中，氏族血缘关系不但没有解体，反而在新的条件下得到巩固。族权与政权合而为一，宗权和君权难解难分。

夏朝和商朝的王位继承，基本上是父死子继。但是，父死子继的原则以及在诸子中由谁继承的问题，商朝并未完全确定。灭商之后，周王朝面对被征服的广大国土，采取封建诸侯的国策。鉴于商朝属国最后反戈相击，以及历史上因王位继承带来的扰乱，为了加强王室对诸侯国及其下属封邑的控制，为了解决权位继承问题，周初统治者系统地确立了宗法制。周王为周族之王，自称天子，奉祀周族的始祖，称"大宗"，由嫡长子继承王位。其余庶子和庶兄弟大多分封为诸侯，对天子是"小宗"，在其本国则是大宗。诸侯也由嫡长子继位，其余庶子和庶兄弟大多被分封为卿或大夫，对诸侯是"小宗"，在本家则为"大宗"，其职位也由嫡长子继承。从卿大夫到士，其"大宗""小宗"的关系与上同。世袭的长子即是宗子，地位最尊，如此层层分封，大宗率小宗，小宗率群弟。大宗、小宗的宗法关系，同时也是政治隶属关系。对于异姓有功的贵族，则通过联姻，成为甥舅，分封为诸侯，也纳入宗法关系。于是，在全体贵族内部，举国上下形成了以周天子为核心，由血缘亲疏不同的众诸侯国竞相拱卫的等级森严的体制，使政权不但得到族权而且得到神权的配合。"亲亲""尊尊"在此获得了完备、严格的体现，成了宗法制的精神支柱，从而也是周礼的根本原则。

二、礼

礼，在整个中国文化史上，极其引人注目。从西周全面确定礼制，到清末法律改革的“法理派”与“礼教派”之争，3 000 多年来，尽管王朝更替，但凡说起法制，总离不开礼。

周初统治者在夏礼和商礼的基础上，以“亲亲”“尊尊”原则为基准，强调德的要求，进行全面调整，形成了包括宗法制、分封制和国家活动等方面系统的典章制度，以及人们的行为规范和婚姻、丧、冠、祭等的各种仪节。这些仪节无不以礼为依据，以礼为准绳。

西周之礼总称“五礼”：

1. 吉　礼

祭祀之礼，即有关祭祀方面的礼节仪式。要求虔诚敬待鬼神，具体包括 12 种祭祀形式。

2. 凶　礼

即丧葬之礼，是对各种不幸事件进行悼念、慰问等方面的礼节仪式，要求哀痛、忧思，包括丧礼（哀死亡）、荒礼（哀凶荒）、吊礼（哀祸灾）、禬礼（哀围败）、恤礼（哀寇乱）等 5 种形式。

3. 宾　礼

即宾客之礼，是天子款待来朝会的四方诸侯和诸侯派遣的使臣向周王问安的礼节仪式，要求礼貌，“春见曰朝，夏见曰宗，秋见曰觐，冬见曰遇，时见曰会，殷见曰同，时聘曰问，殷眺曰视”。

4. 军　礼

即军队之礼，是军事活动的礼节仪式。

5. 嘉　礼

即冠婚之礼，是饮宴婚冠、节庆活动方面的礼节仪式。

西周的五礼，已经不是专指祭祀时的礼仪制度，而是涉及人们日常生活各个方面的准则，起着规范人们行为、调整人们之间的社会关系并最终维护国家统治秩序的作用。因此，礼在西周实际上具有法的性质，但又不限于法。西周的礼既是根本大法，又是国家机关的组织法和行政法，以及刑事、民事、经济等方面的立法，司法的基本原则也基于礼。同时，国家施政的成败得失，人们言行的功过是非、罪与非罪，统统以礼作为评判的根据。总的来说，则以“亲亲”“尊尊”之义为最高标准。

三、刑

西周的法制主要反映在西周中期穆王时司寇吕侯制作的《吕刑》。《吕刑》的基本精神在于贯彻周初法制的指导思想，在“明德慎刑”方面尤为突出，是对西周法制经验的总结。

《吕刑》首先论述了刑的起源，认为各种肉刑首先是苗民搞的，他们滥用刑罚残杀无辜，已经得到恶报。因此，他们通篇反复强调“中”字，力求不轻不重，其用意也在于结合具体案情，做到“中”正。

《吕刑》以论刑为主题，但同时反复突出崇德，要求司法应效法天德，无所偏私。司法必须慎重是《吕刑》反复着重要求的一个主题。从选择司法官到执法的各个环节都必须十分慎重。为此提出不少具体做法，并指出应防止和惩治营私舞弊、贪赃枉法等犯罪。此外，还具体规定了疑罪的五刑可以用铜收赎的办法，赎刑从此开始制度化。

四、出礼入刑

礼与刑是西周法的两个基本方面。礼主要是贯彻亲亲、尊尊原则，确认和维护封建伦理和等级关系，使之制度化，以稳定权位继承和财富再分配的既定秩序；并就国家、社会和家庭各方面的制度和人们言行的规范等，作了全面的规定。礼主要施于贵族内部，因而要求通过教化，使人们自觉地从积极方面为善。在礼教的潜移默化中，遵行礼教所要求的一切。另外，礼也具有防止被统治者犯上作乱的功能。

刑乃是惩治“已然”犯罪的必要手段。礼作为行为规范，主要属于道德范畴，部分地兼及法律范畴，违礼一般要受舆论的谴责。就是说，礼主要是借助舆论的力量使人就范，但是如被断为严重违礼，即构成犯罪，必须惩之以刑——出礼则入刑，就是指这类违礼的行为而言。因此，刑是礼的必要补充，礼借刑的强制力为后盾，用刑正是为了更切实有效地维护礼。而刑的制定和执行又必须贯彻礼的原则。

五、“礼不下庶人，刑不上大夫”

“礼不下庶人”，说的是庶人以下即忙于生产劳动，又不具备贵族的身份和礼所要求的物质条件，因而不可能按各级贵族的各种礼仪行事，这些礼也不是为他们而设的。但庶人如果严重触犯亲亲尊尊之大义，仍然要处以重刑。

“刑不上大夫”原指大夫以上犯罪，在一定条件下，可以获得某些宽宥，他们一般不处以残损肢体的肉刑；处死时在郊外执行；等等。因为，他们都与贵族有一定的血缘关系，为了在广大被统治者面前保持贵族作为一个整体的尊严，也不宜让他们终身带着曾受刑辱的标记。大夫在这里不是官名，而是对贵族的尊称。但这些礼遇并不意味着大夫以上的人可以不受刑罚制裁。历史上多有官吏和贵族被杀、被刑的记录。与庶人不同的，一是定罪科刑的轻重往往不依刑书之规定，二是刑杀的方法有特殊规定。

以上可见，西周的法制原则是礼主刑辅，这种制度对小农经济很有适应性，因此，对后世的封建刑事立法也发生很大的影响。

第三节　西周的法制概况

一、主要立法

（一）周　　礼

西周建立之初，为了稳固新政权而东征西讨的周公意识到，单靠武力征服或刑罚镇压，是不可能真正实现国家的长治久安的，必须要有一套完善的制度。于是，周公亲自主持立法活动，制定出了一整套典章礼仪制度与宗法等级秩序，此即“周礼”，史称“周公制礼”。周礼是西周最主要的法律制度之一。

（二）九　　刑

据《左传·昭公六年》载：“周有乱政，而作九刑。”《汉书·艺文志》有：“《周法》九篇。法天地，立百官。”这里的“九刑”应是与禹刑、汤刑并列的一部刑书，其是西周法律制度之一。

（三）吕　　刑

西周中叶周穆王时，针对当时社会矛盾加剧、王道衰微、诸侯不睦的局面，周穆王命司寇吕侯立法，所制定出来的法律被称为《吕刑》。《吕刑》阐述了以五刑（墨刑、劓刑、膑刑、宫刑、大辟）与赎刑为基础的刑罚体系及刑罚适用原则，强调用刑适中。此外，还强调了“明德慎刑”的思想，对司法官员的办案提出要求，提出“罪疑从赦”等原则为法律的组成部分。

二、其他主要法律形式

除了礼与刑是西周最主要的法律形式外，西周还有誓、诰、命等其他法律形式。根据《周礼》，誓，用于军旅，其是作战时王命的表现形式。周武王伐纣经孟津时，作有《泰誓》，战于牧野时有《牧誓》等。诰是统治者施政的训令，如周公辅政平息三叔之乱时发布有《大诰》等。命也是统治者发布的训令，有《文侯之命》等。这些法律形式，具有很高的法律效力，也是西周法律形式的重要组成部分。

第四节 西周法律的主要内容

一、刑 法

西周以“誓”“诰”“命”等形式发布的王命具有最高法律效力。

（一）定罪量刑的主要原则

1. 因地因时制宜

为了稳定周初的统治，周初统治者将其领域按占领、开辟的先后和政局稳定程度，大致分为三类地区，制定了因地制宜的原则：对新建立的邦国施行刑罚用轻典，对承平（无重大叛乱、比较平稳的邦国）用中典，对发生叛逆篡杀的国家用重典。同时用刑必须区别对待，应结合犯罪的主观条件和当时客观形势，全面进行衡量，有时从轻，有时从重，不可拘泥。

2. 区分故意和过失、惯犯和偶犯

周初统治者认为定罪量刑要充分考虑犯罪的主观要件，即虽犯的是小罪，却又不是出于过失，而是惯犯，就不可不杀；反之，罪虽大，但不是惯犯，又出于过失，就不可处死。

3. 严惩犯上作乱、杀人越货

周初统治者认为，凡破坏礼法的是贼，隐匿贼子的是藏，窃取财物的是盗，盗用国家宝器的是奸，对于这些严重犯罪，必须加以严惩，决不宽宥。同时对于内奸、外奸、杀人越货等亡命之徒，对于罪大恶极以及不孝不友的人，都必须及时处以重刑，决不放赦。

4. 严禁错杀无辜

处理两可的疑难案件，宁可偏宽不依常法，也不能错杀无辜。他们担心错杀会丧失了好人、贤人，对国家不利。这是“明德慎刑”原则的进一步体现。

（二）罪 名

1. 违抗王命罪

《国语·周语》中有：“犯王命必诛，故出令不可不顺也。”要求臣下必须绝对服从王命，凡违抗王命的，处以死刑。

2. 杀人罪

《周礼·秋官·掌戮》中有：“凡杀人者，踣诸市，肆之三日。”西周规定，对杀人者，要刑杀于市，并陈尸3日以示众。

3. 寇攘奸宄罪

《尚书·康诰》中有："凡民自得罪：寇攘奸宄，杀越人于货，敃不畏死，罔弗憝。"寇为抢劫，攘为夺取，奸为在内为乱，宄为在外作恶。即出于劫货的目的而杀人的，一般处以死刑。

4. 失农时罪

《礼记·月令》中有："是月（中秋之月）也……乃劝种麦，毋或失时；其有失时，行罪无疑。"凡耽误了农时，而影响到了农业生产的，都要受到法律的制裁。

5. 不孝不友罪

《尚书·康诰》中有："元恶大憝，矧惟不孝不友。子弗祗服厥父事，大伤厥考心；于父不能字厥子，乃疾厥子。于弟弗念天显，乃弗克恭厥兄；兄亦不念鞠子哀，大不友于弟。惟吊兹，不于我政人得罪，天惟与我民彝大泯乱，曰：乃其速由文王作罚，刑兹无赦。"西周认为不孝敬父母，不友爱兄弟是罪大恶极者，要严加惩罚。

（三）刑　　罚

1. 死　　刑

西周死刑名目主要有：

斩，分为：腰斩、杀等。腰斩是斩刑最高等级。

焚，将罪犯活活烧死的一种酷刑。

烹，将罪犯扔入鼎内活活煮死的一种酷刑。

搏，将罪犯去衣肢解后而曝晒其尸的一种酷刑。

辜，先杀死罪犯而后再肢解尸体的一种酷刑。

踣，先将罪犯杀死于市而后陈尸3日以示众的一种酷刑。

2. 肉　　刑

西周五刑的罪名，有墨罪、劓罪各3 000条，刖罪500条，宫罪300条，大辟罪200条，共3 000条。这里的刑罚中除了大辟外，墨（在犯人面部刺其肌肤并涂之以墨的刑罚）、劓（割去犯人鼻子的刑罚）、刖（砍掉犯人脚趾或手脚的刑罚）、宫（破坏人的生殖机能的刑罚）都属于肉刑。

3. 赎　　刑

赎刑，用钱财代替或抵消其刑罚的一种制度。西周赎刑基本上以金（铜）赎罪。在西周，凡断罪有疑，可依所疑之罪的轻重，罚以数额多少不等的铜收赎。赎金的数额是：

墨刑，收赎100锊，即铜600两；

劓刑，收赎 200 锊，即铜 1 200 两；
剕刑，收赎 500 锊，即铜 3 000 两；
宫刑，收赎 600 锊，即铜 3 600 两；
死刑，收赎 1 000 锊，即铜 6 000 两。

4. 其他刑种

西周的刑罚除了上述的各类刑种外，还有流刑（将罪犯放逐鄙野并限制其自由）、拘役（对轻罪犯人短期监禁罚服苦役剥夺其自由）、鞭刑（用荆条或株木痛击犯人背部或臀部）、杖刑（用株木扑挞犯人臀部）、收奴（没收罪犯为奴）、髡刑（剃掉犯人头发）等。

二、民事法律制度

（一）土地所有制

西周土地在法律上全属周王所有。周初实行大封建，周天子除划归了由王室直接控制的首都附近的土地外，实行"授民授疆土"，即分别赐给各级诸侯多少不等的土地连同附着于土地上的臣民，诸侯又将其国内部分土地分别赐给卿大夫，卿大夫再将其采邑的部分土地给其臣属。自天子至卿大夫，都把土地分成小块给一家一户的生产者耕种，称井田。土地的授予者有权向接受者征收贡赋、租税，后者有义务向前者纳贡、交租。周天子有权收回所赐田地。诸侯以下所分得的土地只能由嫡长子世袭占有、使用、收益，而不得买卖或转让。因而，就民事权利而言，对于土地，除天子外，一切臣民都不是权利主体，不能缔结买卖或租赁契约。

但是，在西周中期以后已经出现贵族以土地租赁、交换和充当赔偿物的事例，而且实际上得到法律的承认。从此，周初宗法制下的土地绝对王有的局面，正在日趋松动。这也是生产发展的必然结果。

（二）买卖关系

西周商品经济并不发达。民间买卖奴隶、牛马和兵器、珍异之物，要通过"质人"成立"质""剂"。质人是市场管理人员，买卖奴隶、牛马使用较长的契券，称质；买卖兵器、珍异之物使用较短的契券，称剂。质、剂皆由官方制作，可见官方已经对市场交易进行干预。

（三）借贷契约

借贷契约采用"傅""别"的形式。傅即债券，债券一分为二称别。债权人持左券，债务人持右券。法官以债券为凭，审理有关债权、债务纠纷案件。

三、婚姻、家庭和继承

1. 一夫一妻多妾制

西周实行一夫一妻多妾制。所谓一妻，指的是嫡妻只许一个。但男子可以种种名义占有妻以外的多个女子，所谓天子有后，有夫人，有世妇，有嫔，有妻，有妾；公侯有夫人，有世妇，有妻，有妾。买妾也相当普遍。所以，真正实行一夫一妻的，只有平民。所谓“匹夫匹妇”。

2. 结　婚

西周婚姻必须秉承父母之命，经过媒妁之言。在宗法制下，婚姻大事必须父母做主，再加媒人撮合，才算循礼、合法，才能为宗族和社会所承认。

3. 同姓不婚

主要基于两点：一是出于优生的认识，男女同姓不利于子女的健康成长；二是反映了通过婚姻加强与异姓贵族的联系，以巩固权势，并维护宗族内的伦常关系，兼有鲜明的政治用心。

4. 六　礼

此乃西周婚姻成立的条件。六礼依次为：(1) 纳采（男方请媒人向女方送礼品求婚）；(2) 问名（南方请媒人问女子名字、生辰，卜于宗庙，请示吉凶）；(3) 纳吉（卜得吉兆后即定婚姻）；(4) 纳征（又称纳币，男方使人送聘礼到女方）；(5) 请期（商请女方择定婚期）；(6) 亲迎（男子奉父命亲去女家迎接，男先归，候于门外）。但这样烦琐的礼仪，实际上只有贵族才能履行，庶人以下是谈不上的。

5. 婚姻的解除

西周婚姻关系能否持续与夫妻感情无关，而是完全取决于父母。从婚姻的成立到解除，决定权都归父母掌握。在解除婚姻方面，丈夫居主动地位。不仅如此，公婆和丈夫还有种种理由迫使妇女陷于被遗弃的悲惨地位，是为“七出”，即：无子、淫佚、不事姑舅、口舌、盗窃、妒忌、恶疾。七条之中任何一条都足以作为借口把妻子逐出家门。但是已婚妇女在三种情况下，可以不被夫家休弃，即所谓“三不去”：(1) 丈夫在婚前曾靠女方供养或者结婚时妻子把财产带给了丈夫，如果妻子离去又无家可归的，可以不去；(2) 妻子与丈夫一同服过三年之丧，对祖先有大孝行的，可以不去；(3) 娶时贫贱，婚后富贵了的，妻子可以不去。

“三不去”在某种程度上对于任意去妻作了限制，但更主要的是出于维护宗法伦理的需要。

6. 继　　承

宗法制严格确定嫡长子的继承权。在财产方面，其余庶子也只能由嫡长子分给，而无所谓“权”。至于女子，也说不上继承权。但大多给予可观的嫁妆，这同样是出于父兄的赐予，而不是女子的法定权利。

第五节 西周的司法制度

一、司法机构

周天子具有最高统治权和最高司法权。重大案件和诸侯之间的纠纷，都由周王裁决。

中央设大司寇辅佐周王全面行使司法权，为中央最高司法官，下设小司寇掌管具体司法工作。

在地方，有乡士、遂士等掌握司法。

二、诉讼和审判

1. 区别狱与讼

西周对刑事、民事诉讼已作了区分，即狱与讼有别。以罪名相告称狱，以财货相告称讼。无论刑事、民事，一般由原告起诉，轻微案件口头起诉，较大案件则要诉状。

2. 起诉与受理

诉讼均要求由原告提起，司法机关才予以受理。一般诉讼，原告口头诉说即可；重要的案件，原告必须持有书面的诉状，称为“剂”，官府才会受理。同时，要使案件得以继续进行，还必须缴纳一定的诉讼费，称为“束矢”和“钧金”。

3. 审　　理

西周审理案件要求“两造具备”，两造即原告和被告双方当事人，只有双方当事人都到庭，才开始审理案情。

在审判中要求法官察言观色，注意当事人的表情，通过五听，即辞听（理亏时言语错乱）、色听（理屈则面红）、气听（无理则喘息）、耳听（理亏则法官的话听不清）、目听（无理则双目失神）。在此基础上，结合其陈述，核实证据，然后进行判决。

西周审理案件，很注重证据，当事人的盟誓是主要证据之一，此外还有借贷契约的傅别等文件也是民事法律行为的证据。

当遇到重大疑难案件时，要用“三刺”之法处理，即“一曰讯群臣，二曰讯群吏，三曰讯万民。”意即遇到疑难案件，要听取朝廷大臣、百官及百姓的意见，再对案件作出决断。

4. 判　　决

案件审理完毕后，会制作判决书，并由法官向当事人宣读，称为“读鞫”。宣读完判决书后，如果当事人对判决不服，可以要求重新审理，称为“乞鞫”。

5. 刑罚的执行

西周死刑执行一般是公开执行，还要曝尸 3 日。从敬天的观点出发，西周注意执行刑罚要配合时令。秋冬象征“肃杀”之气，故执行死刑一般在秋冬，以应天道。

西周的监狱称为圜土或囹圄。囚犯在监狱内要带狱具，有桎、梏等。在监狱内的犯人还必须从事一定的劳动，服刑的时间为 1 年至 3 年不等。

复习思考

一、名词解释

明德慎刑　　亲亲、尊尊　　宗法制　　五礼　　出礼入刑

礼不下庶人，刑不上大夫　　周礼　　九刑　　吕刑　　髡刑

六礼　　七出　　三不去　　五听　　三刺　　读鞫　　乞鞫

二、自测题

1. 婚姻六礼作为中国古代婚姻成立的形式要件始于哪个朝代？（　　）

A. 西周　　B. 西汉　　C. 晋朝　　D. 唐朝

2. 西周时期的借贷契约采用(　　)的形式。

A. 质　　B. 傅　　C. 别　　D. 剂

3. 在西周时法官审案中判断当事人陈述真伪的方式是(　　)。

A. 五行　　B. 五过　　C. 五刑　　D. 五听

4. 西周的婚姻制度是(　　)。

A. 一夫一妻制　　B. 一夫多妻制

C. 一夫一妻多妾制　　D. 一妻多夫制

5. 男方使人送聘礼到女方被称为(　　)。

A. 纳采　　B. 问名　　C. 纳吉　　D. 纳征

6. 西周时中央的最高司法官称为(　　)。

A. 大司寇　　B. 小司寇　　C. 大理　　D. 蒙士

7. 西周时期审理刑事、民事案件都要将判决书内容作成判决书，这种判决书被称为：（　　）。

A. 成劾　　B. 读鞫　　C. 乞鞫　　D. 爰书

8. 周礼的“五礼”包括：（　　）。

A. 吉礼　　B. 凶礼　　C. 宾礼　　D. 军礼

E. 嘉礼　　F. 敬礼

9. 西周的诉讼费称为：（　　）。

A. 傅别　　B. 钧金　　C. 束矢　　D. 质剂

E. 嘉石

10. 下列有哪几项属于“七出”的范围：（　　）。

A. 无子　　B. 淫佚　　C. 不事父母　　D. 口舌

E. 妒忌　　F. 恶疾

11. 西周的“三刺”之法是指：（　　）。

A. 讯群臣　　B. 讯群吏　　C. 讯万民　　D. 讯君王

三、论述题

1. 试述西周时期的法律形式和主要罪名。

2. 试述西周时期的司法机关及其主要诉讼制度。

（自测题答案：1. A；2. BC；3. D；4. C；5. D；6. A；7. B；8. ABCDE；9. BC；10. ABDEF；11. ABC）

第四章　春秋战国时期的法律制度

（公元前770年～公元前221年）

本章主要内容

本章介绍的是春秋战国时期法律制度的主要内容。其中论述了春秋和战国时期各国法律制度的变革情况，以及商鞅变法的基本过程和主要内容。

学习目标

了解春秋战国时期各国法律制度的变革情况，重点掌握商鞅变法的主要内容和对于后世的影响。

本章的重点问题

1. 春秋时期各国成文法颁布的情况。
2. 战国时期的法制指导思想。
3. 魏国李悝变法的基本情况。
4. 秦国商鞅变法的基本情况。
5. 商鞅变法的抑商政策主要内容及其影响。

第一节　春秋时期法律制度的变革

公元前770年，周平王把国都东迁雒邑（今河南洛阳），史称“东周”。从东周开始至公元前476年的290余年，史称“春秋”。

春秋，是我国奴隶制瓦解、封建制逐步确立的时期。井田制遭到破坏，郡县制逐步取代分封制，王权旁落，政权下移，宗法制日益衰落，等等，是这一时期政治、经济、文化上的基本特点。春秋之世，奴隶制社会从经济基础到上层建筑都发生了重大变化，这种变化标志着奴隶制开始瓦解，封建制逐步兴起。

一、成文法的公布及郑、晋、楚各国的立法概况

春秋初期，各诸侯国基本上沿用西周的法律。到中叶以后，由于经济基础的变革，阶级关系的变化，从而引起法律制度的变革。总的来说，这一时期法律制度的一个重大变革，就是各诸侯国公布了以保护私有财产为核心的成文法。下面主要简述郑国、晋国、楚国制定法律的情况。

（一）郑　　国

郑国曾两次制定法律。第一次是郑简公三十年（公元前536年），郑国执政子产，鉴于当时社会关系的变化和旧礼制的破坏，因而“铸刑书于鼎”。这是我国古代第一次正式公布成文法。

第二次是郑献公十三年（公元前501年），郑国公布了邓析所作的竹刑，使得原来由邓析私造的竹刑，为国家所认可，并具有了法律效力。他把法律条文写在竹简上，所以史称竹刑。竹刑较刑鼎便于携带和流传，乃是法律发展史上的一大进步。

（二）晋　　国

晋国自文公以后，曾4次制定法律。第一次，是晋文公四年（公元前633年）作被庐之法，内容符合礼的要求。但此法未能公布于众。

第二次，是赵盾为晋国执政时制定的《常法》。

第三次，是范宣子制定的刑书。这部刑书在当时也未公布。

第四次，是公元前513年，赵鞅等把范宣子所作的刑书公布于众。

（三）楚　　国

楚国在春秋时期曾两次制定法律。第一次是楚文王时（公元前535年）作的《仆区法》。仆区法为隐匿逃亡人之法。此乃仿照周文王“有亡荒阅”之法

而制定的，即严禁奴隶逃亡的法律。但《仆区法》又规定，凡隐匿偷盗所得器物，与盗同罪，可见，其犹如近世的窝藏法。

第二次，是楚庄王时作的《茆门法》。这实际上是一部行政法，专门规定诸侯、大夫、公子入朝时所应遵循的规则，目的是保障国君的安全。

二、公布成文法所引起的争论

各国相继颁布成文法之后，在各国引起了一场激烈的有关是否应该颁布成文法的争论。例如，郑国子产公布刑书时，便遭到了晋国太傅叔向的反对。叔向曾写信给子产说：过去先王未将刑法公之于世，就是为了使民众对法律有畏惧之心，如果民众对法律已然了解，那么他们对国王和法律就不会再有惧怕的心理，到那时，国家就很危险了。很明显叔向是要坚持奴隶制度，以保证奴隶主贵族垄断法律，以便于他们仍存有对奴隶和平民任意滥施刑罚的特权。

子产答复叔向说，他承认叔向所说的道理，但为了缓和当前的矛盾，挽救正在没落的贵族统治，即所谓“救世”，不得不如此。他这里所说的救世，就是顺应历史发展，进行法制改革。

此后不久，晋国铸刑鼎，遭到了孔子的反对。他认为，如果晋国灭亡的话，就在于其丧失了社会尊卑贵贱的等级制度。因为，成文法的公布打破了这种制度，那将直接威胁贵族政权的存续。他还认为，晋国应该永远用《唐诰》来统治民众，这是晋国始受封君主唐叔从周天子那里带来的法度。晋国的贵族应该遵守这法度，这样，晋国的民众才能够服从这些贵族。如果搞出个刑鼎，民众就要依鼎办事，就不会服从贵族了，贵族的地位和利益也就保不住了，贵族的等级地位破坏了，那还会有国家吗？可见，他的言论和叔向如出一辙。

成文法的公布，限制了旧贵族的特权，标志着奴隶制的瓦解，新兴地主阶级开始掌握了政权，从而也促进了封建生产关系的发展，同时也加强了对劳动人民的统治。

第二节 战国时期的法律制度

周元王元年（公元前475年）到公元前221年秦始皇统一六国，该时期为战国时期。从春秋时期以来，由于连年争战，原来一百多个诸侯国，到战国时期只剩下二十多个，其中最强大的有秦、楚、齐、魏、赵、韩、燕七国，史称“战国七雄”。

一、法制指导思想

（一）不别亲疏，不殊贵贱，一断于法

所谓“亲疏”，是按血缘关系而规定的特权；“贵贱”爵位的有无和高低享有不同的待遇。“一断于法”，是要求自卿相将军以至大夫庶人，有不从王令者，犯国禁者，一律严惩不贷。就是说，不论是谁，只要违反法律，都要按律论罪处刑。这开始打破了奴隶制“刑不上大夫”的壁垒。

（二）法要公布于众

制定成文法，并将其公布于众，使人人皆知法而又有法可依，从而否定了“刑不可知，则威不可测”的秘密法。

（三）在执行刑罚时，加重对轻罪的刑罚

法家（如商鞅）认为，加重刑于轻罪，轻罪就不致产生，重罪也就无从出现，从而达到预防犯罪的目的。这一思想对后世各朝的立法有很大影响。

二、各诸侯国的变法

随着社会生产力的发展，封建生产关系也得到了进一步的发展。各诸侯国中取得了政权的地主阶级，又运用政权的力量先后在各国进行旨在发展、巩固封建生产关系，建立封建政治的变法运动。

（一）魏　　国

1. 李悝变法

公元前445年，魏文侯任用李悝为相，推行新政。李悝的新政主要有三点：

（1）鼓励开荒地和提高单位面积产量，废除井田制，发展土地私有制。

（2）国家在丰收之年收购一定数量的粮食，用来备荒，荒年由国家出售一定的粮食，以平衡粮价，防止旧贵族和大商人囤积居奇。

（3）制定《法经》，以维护新政权所建立的统治秩序。

2.《法经》

魏文侯时李悝制定的《法经》，分为盗、贼、网（囚）、捕、杂、具六篇。古代盗主要指侵犯财产所有权的犯罪，贼主要指伤害人身及反抗朝廷等严重犯罪。盗、贼需要缉捕，于是专列《囚法》《捕法》。《杂法》用以概括盗贼以外的各种犯罪行为。《具法》的内容为统一规定以上各篇定罪量刑的通例与原则，类似于近代刑法典中的总则，而《具法》以外的五篇皆“罪名之制”，类似于近代刑法中的分则。采用将法律的总原则、通例专列一篇，而与其他篇章相对

应的编制体例，可见《法经》的立法技巧已经初步走向成熟，是中国历史上第一部较系统的封建法典，为以后历代法典的滥觞。

（二）楚　　国

楚国在悼王时任用吴起为令尹，实行变法，吴起变法主要有两方面。

(1) 逐渐废除旧奴隶主贵族特权，针对楚国众臣权力太大、封国太多、奴隶主压迫民众太甚的情况，吴起提出两项措施：第一项，封君子孙历三世而收爵；第二项，用节省下来的钱，以抚养战斗之士。

(2) 明法审令，推行法制，整治政治机构，裁减不必要的官员。

（三）秦　　国

在孝公时，任用商鞅为左庶长先后两次发布变法令。第一次是公元前359年，第二次是公元前350年。

第三节　商鞅在秦国的法制改革

商鞅在秦国辅佐孝公进行法制改革，分两次进行。第一次主要以剥夺旧贵族的特权为主，兼及其他；第二次是以废除旧贵族赖以统治的经济基础为主，兼及其他。他的两次改革的主要内容有以下几个方面。

一、剥夺旧贵族的特权

（一）改法为律

商鞅携《法经》入秦，并在变法中将《法经》改编为秦律，史称“改法为律”。律字最早的字义是指定音的竹笛，转指音乐的旋律、节拍、节奏，具有稳定、恒常、“均布”的含义。商鞅以律字取代法字，目的在于突出强调法律的普遍适用性、稳定性、必行性，是稳定而普遍的规则。这对于秦国法制的统一和发展具有积极的意义，并为我国古代的所有法典所采用。

（二）废除“世卿世禄”制度

所谓世卿世禄制，是商周以来按照宗法血缘关系的亲疏实行分封，且父死子继，世代为官，并世代受禄的制度。这种制度阻碍着新的生产关系的发展，到春秋时期一些锐意改革的新兴贵族，在任官方面就已废除世卿世禄制度，实行选贤任能。商鞅新法规定：“宗室非有军功论，不得为属籍。”除国君嫡系以外的宗室贵族，若无军功，就撤销其爵禄和贵族的身份。

（三）奖励军功

商鞅新法规定，不论贵族、平民，只要有军功，就按功劳大小赏给爵禄、田宅和官职。重订二十等爵制，以“明尊卑爵秩等级”。这样就出现了一大批新的军功地主，从而扩大了新兴地主阶级的社会基础。

（四）取消“刑不上大夫”的特权

商鞅向秦孝公建议，不论是谁违反国法，统一按律治罪。这是对旧贵族在法律方面特权的剥夺。商鞅曾经将太子的师傅公子虔、公孙贾等人处以黥之刑，从而得罪了权贵，以至自己遭车裂刑而惨死。

二、废除井田制，发展农业生产

井田制是旧贵族赖以统治的经济基础。自春秋以来，随着新的生产关系的萌芽与发展，井田制逐渐不适应社会生产力的发展，不断受到破坏。春秋中后期，各诸侯国相继出现了税亩制，土地按亩收税，实物地租取代劳役地租，提高了农业生产的积极性，促进了社会生产力的发展。战国时期，秦国在商鞅变法之前，经济发展一直落后于关东六国。商鞅新法规定，废除原来井田制的田界，确立封建土地所有制，国家按亩收税作为财政的来源，从而废除了旧贵族赖以统治的经济基础。同时，允许土地自由买卖。这一规定，更有利于封建生产关系的确立与发展。

为了发展农业生产，商鞅采取了以下措施：

（1）奖励从事农业生产。规定凡努力从事农业生产者，如果增加了粮食和布帛的产量，可以免除其本身的徭役和赋税。反之，从事工商业及懈怠而致贫穷者，经纠举而将其本人连同其妻子没入官府做奴婢。

（2）颁布“分户令”以改变秦国父子无别、同室而居的旧习俗。规定民有2男以上不分居者，加倍他的赋税。要求家有成年男子2人以上者另立户籍，使每个劳动力都发挥应有的潜力，以增加户税来源。

三、推行郡县制，加强中央集权

战国时期，各诸侯国进一步废除封邑制，普遍设立郡县制。郡县是中央直接管辖的地方机构，长官由国王任免，其行政、军事权力都控制在国王手里，统一由国王掌管。商鞅在秦国变法时，又对县以下基层政权进行整顿和改革，将小乡、邑聚集为县，设置令、丞，共31县。秦国在地方进一步完善郡县制的行政管理体制。郡设郡守为长官，皆由国王任免。

战国时期，一家一户的小农经济得到发展，居住比较分散，在县以下建立了一套管理居民的行政组织，大抵皆设乡，乡设啬夫主一乡之事。乡下设里，设有里正管理里内事务。商鞅新法规定，里内居民按什伍编制。编入伍的居民称“伍人”（也叫“四邻”），各家男丁叫“士伍”。每里有门，设监门负责看守。颁布了“连坐法”，即因一人犯罪牵连亲属、邻里、同伍以及其他与之有联系的人都要承担罪责的刑罚制度。连坐的范围很广，有同居连坐、邻伍连坐、军伍连坐、职务连坐等。并规定同伍有罪互相纠举，奖励告奸，不告奸者腰斩，告奸者受赏，匿奸者与降敌同罪。

在地方实行这样一套严厉的管理体制，有利于中央对全国的管理，从而加强了中央集权制。这种管理体制，为秦统一后所沿用，并推行到全国，而且对后世封建王朝的地方行政管理体制有深远的影响。

四、推行法治，执法不别亲疏

（一）立木为信

商鞅在秦国为推行法治，首先从立法要取信于民着手，叫人们相信，立法必须严格执行。为此，令人立一根三丈长的木头于国都后面市场的南门，公开招募能将此木移至北门者，赏金十金。后来又增至五十金，果有一人将此木移至北门，当场得金五十。此为“立木为信”，表明令出必行。

（二）刑无等级，执法不别亲疏

商鞅新法规定：自卿相将军以至大夫庶人，不分职务和身份的高低，凡不服从国王命令、触犯国家法律、破坏国家制度的，“罪死不赦”，即该处死罪的也决不宽赦。推行新法的结果，使得秦国出现了“道不拾遗，山无盗贼，家给人足”的强盛局面。秦国从此一跃而为七国之首，为后来秦王政统一中国奠定了基础。真所谓“商鞅虽死，秦法未败”，商鞅变法，开秦一代帝业。

第四节 商鞅变法的抑商政策

一、商鞅推行抑商政策的背景

变法前的秦国和东方各国有相同之处，也有不同之处。当时七雄并峙，争城略地，最需要的就是兵和粮，兵和粮又以农民的力役和力耕为来源。而当时的农民既要负担国家极重的征役，还要受到商人的盘剥。商人们以不等价交换、高利贷和囤积居奇等种种手段加速了农民的贫困化。这种情况在东方如此，在秦国也不例外。在秦国，在粮食价格低钱重的情况下，徒然肥了商人，这种农商苦乐不均的情况在商鞅变法以前极为严重。正因为商贾可以富家，而导致人们避农而行商，一部分农民也因为商人的盘剥而破产，被迫流亡到城市，或沦为商人的奴婢。这就减少了政府徭役和兵役的负担者，因此，商鞅认为，要想国家富强就必须使原来处于最困苦地位的农民得到好处，只有这样他们才能够成为国家耕种和用兵的人力来源。

秦国秦地居关中沃野，是天然的农业区，当时地旷人稀，劳动力很缺乏，弃农就商的风气使得原本劳动力不足的现象越发严重。所以，商鞅认为，国家要振兴，就要实行“农战”；要保证国家的财源和兵源，做到丰衣足食，就必须增加农业人口，让农民安于生产，不弃农经商；而要使农民不弃农经商，就必须抑制商人的活动，防止商人逼迫农民失去生产的条件或诱使农民脱离生产。如果对这些商人不加抑制，就无法贯彻农战方针，也无法使秦国迅速壮大和发展。

二、商鞅的抑商政策的主要内容

商鞅变法诸项政策中的一个最重要的方面就是重农抑商政策，其主要包括以下几个方面。

（一）严格限制商人的数量

商鞅从法令上规定不允许国内从事商贾技巧的人增多，其具体做法是按照商贾家庭（包括仆役）加重其劳役负担，对商人家属要分配徭役，商人家里的奴仆也要依名册应役。这就直接限制了商人的人口数量，商人家里的人口越多，所缴纳的赋税也就越多。为了防止农业人口随意流向城市，商鞅“废逆旅”，不许随便开设旅店饭馆，为外出经商者的活动设置障碍。这些措施严重限制了商人的数量和活动范围，对于抑商起到了重要的作用。

（二）对商人课征重税

商鞅主张对商人征重税是发展农业的保证。一方面，对国内的商人加重关市之税，以限制商人的活动，防止农民弃农经商；另一方面，通过大大提高某些商品（酒、肉）的税率，使它的价格 10 倍于成本，是借以限制消费，使农民能够集中精力生产，并使贩卖酒、肉所得的高额利润归于国家，而不致落入私商的腰包，这些利润又可以用于发展农业生产，减轻农民的负担，使农民安心劳动，为国家耕种土地，收获更多的粮食。

（三）国家独占山泽之利

具体做法是，对于一般的山泽产品征收重税，使之无利或少利可图。就是通过收税的方式来限制民间对山泽的开采，而力图将山泽之利收归国有。但此时还没有采取完全封禁的办法来限制民间对于山泽的开采。

（四）实行专卖制度

秦国设有主管铁矿开采的右采铁、左采铁职官，负责铁矿的开采。设置这些管制的目的是防止民间私铸私煮铁和盐，开采盐铁所获之产品也不许私人自由经营。商鞅是继管仲之后实行盐铁专卖政策的第二人，其目的还是防止经营盐铁的人太多而妨害农业生产，防止民间因盐铁之利而出现豪民，而动摇国家统治的根基。

（五）管制粮食贸易

秦国对粮食贸易实行管制，不准商人从事粮食买卖。商鞅认为，只要禁止商人参加粮食贸易就可杜绝他们利用年岁丰歉进行粮食投机，即丰年不能因贱价收粮而得暴利，荒年不能用丰年囤积的粮食而有余利可图。这样一来，商人就会因为粮食贸易没有利润可图而自愿地去当农民。而农民也会因为不能通过商人购进粮食而懒惰于耕耘。农民应当通过自己的努力生产，获得所需的口粮，并把余粮售予政府。这样，只要农民没有余粮去做买卖，就会促使他们去勉力、勤快地搞好耕作。其目的还是鼓励农业生产，保证国家的兵源。这种将禁止商人参与粮食贸易的政策作为一项国策，在中国古代历史上尚属唯一。

三、商鞅抑商政策的后果

商鞅的重农抑商政策和其他一系列的改革，使得秦国的农业得到了大发展，政府财政收入大大增加，军事实力大大增强，为百年之后秦王政统一六国奠定了基础。

综观商鞅变法中推行的重农抑商政策，对于秦国当时的发展应当说还是起到了积极的推动作用。比如，商鞅颁布的法令规定，生产粮食和布帛多的，可免除本人劳役和赋税，以农业为“本业”，以商业为“末业”。因弃本求末，或游手好闲而贫穷者，全家罚为官奴。商鞅还招募无地农民到秦国开荒。为鼓励小农经济，还规定凡一户有两个儿子，到成人年龄必须分家，独立谋生，否则要出双倍赋税。禁止父子兄弟（成年者）同室居住，推行小家庭政策。这些政策有利于增殖人口、征发徭役和户口税，发展封建经济。

毋庸讳言，商鞅所力推的重农抑商政策，为中国历朝历代的抑商政策开辟了先河。但是，商鞅变法还是顺应了历史发展的潮流。春秋战国时期是奴隶制崩溃、封建制确立的大变革时期，商鞅变法顺应了时代的要求和历史发展的潮流，是其变法成功的根本原因。商鞅所确立的“治世不一道，便国不法古”这一正确的变法指导思想，以及取信于民、执法如山、不避权贵的理念和做法，还是值得我们深思和效法的。

复习思考

一、名词解释

竹刑　《法经》　商鞅变法　铸刑鼎　立木为信

二、自测题

1.《法经》六篇中类似于近代法典中的总则篇的是：(　　)。

A. 囚法　　B. 贼法　　C. 杂法　　D. 具法

2. 在中国古代第一次正式公布成文法的人是：(　　)。

A. 郑国子产　　B. 晋国赵鞅　　C. 郑国邓析　　D. 叔向

3. 郑国子产公布刑书时，遭到了贵族阶级的反对，其中代表人物是：(　　)。

A. 范宣子　　B. 叔向　　C. 孔子　　D. 赵盾

4. 竹刑的著作人是：(　　)。

A. 李悝　　B. 子产　　C. 商鞅　　D. 邓析

5. 下列哪些篇目是《法经》六篇的篇目：(　　)。

A. 盗　　B. 贼　　C. 捕　　D. 杂

E. 昏

6. 楚国在悼王时主持变法者是：(　　)。

A. 吴起　　B. 李悝　　C 申不害　　D. 商鞅

7. 在战国时期推行重农抑商政策最有成效的国家是：(　　)。

A. 楚国　　B. 魏国　　C. 齐国　　D. 秦国

三、论述题

1. 试述春秋时期围绕公布成文法所引起的争论的基本情况。

2. 试述商鞅变法中推行抑商政策的背景及其主要内容。

(自测题答案：1. D；2. A；3. B；4. D；5. ABCD；6. A；7. D)

第五章　秦朝的法律制度

（公元前221年～公元前206年）

本章主要内容

本章介绍的是秦朝法律制度的主要内容。其中论述了秦朝法制的指导思想、秦朝的立法概况、秦朝法律的主要内容和特点、秦朝司法制度。

学习目标

了解秦朝的立法概况及其法律的主要内容和特点。

本章的重点问题

1. 秦朝法制的指导思想。
2. 秦朝的立法活动。
3. 秦朝的法律形式。
4. 秦朝的刑事立法概况。
5. 秦朝的行政立法概况。
6. 秦朝的经济立法概况。
7. 秦朝的司法制度概况。

公元前 221 年，秦始皇完成了统一中国的大业，建立了中国历史上第一个统一的多民族的专制主义中央集权的封建国家。

政治方面，在全国建立统一的政治体制，把原来秦国法律推行到全中国。

经济方面，在全国确立封建土地私有制，继续推行商鞅变法以来的重农抑商政策，并统一车轨、货币和度量衡，以利于封建经济的发展。

文化思想方面，统一文字，促进了全国文化交流和经济、政治的发展。下令焚毁除《秦记》以外的史书和非博士所藏的“诗、书、百家语”，并以残忍的手段坑杀了政治上持异议的四百多儒生，以加强文化思想领域的专制统治。

这些措施，有其进步和促进经济、文化发展的一面，但由于这些措施是建立在残酷压榨和劳役广大人民的基础之上，因此，又有其反动的一面，使得农民同地主阶级的矛盾日益尖锐，导致秦朝二世而亡，秦朝前后仅存在了 15 年。

第一节　秦朝法制的指导思想

秦朝建立以后，继续推行商鞅变法以来的法学思想和政策。其中韩非的以法治为中心，法、术、势相结合的思想，对秦始皇政权和法制活动影响极大，成为其指导思想。

韩非的法、术、势是法家理论中不可分割的三个组成部分，是专制君主缺一不可的工具。法家认为，所谓法，是依靠国家机关的强制力加以推行，而立法权却集中于帝王手中，为帝王统治之工具，且公布于百姓，其基本内容以“赏”与“罚”为限。

术，是君王选用和考核官吏的方法，是君王控制、驾驭官吏的手段，即所谓阴谋权术，包括“七术”：其一是“众端参观”，即为了考核群臣的忠诚，多方面听取反映，然后作出判断；其二是“必罚明威”，即必须对违法和不忠的官吏实行严刑峻法，以立威望；其三是“信赏尽能”，即只有赏罚严明才能驾驭群臣；其四是“一听责下”，即对群臣必须逐个进行具体考察，以杜绝滥竽充数；其五是“疑诏诡使”，即利用疑似的情况，自作神明以诈使臣下不敢隐匿真实情况；其六是“挟知而问”，利用已经掌握的情况，威胁、挟持或试探臣下，使他们不敢为非，为了掌握情况可以不择手段，包括派坐探；其七是“倒言反事”，为了弄清忠奸与廉贪，甚至可以用谎言和贿赂及其他方法去试探和考验。实行这“七术”的目的，是为了巩固和加强君主的专制统治。

所谓势，即力，就是政府的权力、权势、这是不可以借人的，只能由君主独占。

三者的联系是，君主用法实现对人民的统治；用术驾驭群臣，使他们对君主畏惧；而“操法”“用术”所凭借的物质力量就是势。法、术、势的理论就是法家为适应封建君主专制制度的客观需要而提出的，反映了专制政治制度下国家机器运转的规则，是一个为专制君主服务的严整的理论体系。

秦始皇不仅接受了这些法家思想，而且发展了法制思想。

一、实行统一的法令

这有两层意思，其一是全国都要实行统一的、战国时秦国的法律令；其二是最高立法权属于皇帝，由皇帝制定法律，并且在全国范围内实行独裁，用以巩固专制主义中央集权制度。

二、事皆决于法

秦始皇规定以吏为师，事皆决于法。秦朝建立后，以“以法治国”的主张为指导思想，加强立法，做到凡事皆有法式。

三、以刑杀为威

一是法网严密，以至人们动辄触犯法律；二是严刑重罚。这是商鞅轻罪重刑思想的继续和发展。

第二节　秦朝的立法概况

要研究秦朝的立法概况，首先应该追溯到秦朝建国以前，因为，秦朝的法律主要是沿用自秦简公以来，至商鞅变法，直至秦朝建立这近200年来的法律令。

一、立法活动

（1）秦简公时期颁布的“初租禾”的法令，确认土地私有的合法性。

（2）秦献公时颁布的“止从死”的法令，禁止用奴隶殉葬。

（3）秦孝公时商鞅颁布的大量的法律令。如：以《法经》为蓝本制定的《秦律》;《垦草令》《为田开阡陌令》《分户令》等。

（4）秦王嬴政即位后制定的许多新的法令。

（5）秦朝建立后陆续制定的新法律令。

①《秦律十八种》：《田律》《厩苑律》《仓律》《金布律》《关市》《工律》《工人程》《均工》《徭律》《司空》《军爵律》《置吏律》《效》《传食律》《行书》《内史杂》《尉杂》《属邦》。

②《秦律杂抄》：包括《除吏律》《游士律》《除弟子律》《中劳律》《藏律》《公车司马猎律》《牛羊课》《傅律》《屯表律》《捕盗律》《戍律》共 11 种律文的摘录。

③《法律答问》是以问答形式对秦律某些条文、术语以及律文的意图所作的解释。

④《封珍式》是关于审判原则以及对案件进行调查、勘验、审讯、查封等方面的规定和文书程式。

二、法律形式

（一）律

商鞅改法为律，秦在统一前就有《盗》《贼》《囚》《捕》《杂》《具》六律，后来又制定了名目繁多的律，如前面所讲过的《田律》《仓律》《金布律》《徭律》《傅律》《军爵律》等都是。在《法律答问》中也屡见“律曰”，可见当时律已成为主要的法律形式。

（二）令（制、诏）

秦始皇曾宣布：“命为制，令为诏”。当时命、令、制、诏，从法律上讲并无区别。制多用于皇帝对某件事的批定，但作为一种法律形式则通常用令，如《焚书令》等。当时律与令经常并列使用。

（三）式

式作为一个法律形式，最早出现于秦，如上述《封珍式》，其中也有对司法官吏“治狱”的要求。

（四）法律答问

《法律答问》对秦律的某些条文、术语和律义以问答的方式作了明确的解释。这对正确运用法律，更有效地贯彻立法意图，具有重要作用。当时由官吏统一解释法律，《法律答问》具有同样法律效力。

（五）廷行事

廷行事是司法审判的成例。行事，即指已行之事，由旧例而成法律，有判例的意思在内。廷是指朝廷或中央司法机关“廷尉”。《法律答问》中多次提到“廷行事”，这说明《廷行事》在当时的司法实践中已成为律文之外可以援引的成例。

此外，还有“程”“课”等法律形式。程是关于劳动定额等确定额度的法规，如《工人程》。课是关于工作人员考核标准的法规，如秦简中的《牛羊课》，即是考核、督课畜牧人员饲养管理牛羊的专门法规。

第三节 秦朝法律的主要内容和特点

一、刑事方面

（一）定罪量刑的主要原则

1. 关于责任年龄

秦以身高确定责任年龄。据《法律答问》，凡身高未足六尺，不负刑事责任，身高超过六尺，则要负法律责任。古时一般认为男子15岁身高6尺，6～7尺相当于十六七岁。据《仓律》，男6尺5寸、女6尺2寸为成年人，达到此身高者开始负刑事责任，否则不负刑事责任。

2. 区分有无犯罪意识

有无犯罪意识，也是认定是否构成犯罪的标准。例如，乙知甲盗窃，虽未分到一文钱，要与甲同样以盗窃罪论处；如乙虽为甲寄存赃物，但不知其为盗窃所得，不以论罪。可见，两者的区分在于有无犯罪故意。

3. 区分故意与过失

秦律中故意称“端”，过失为“不端”。例如，甲控告乙杀人，经过了解，不实，如果控告者是故意，就构成诬告罪，不是故意，则属于控告不实，比诬告罪处的刑罚要轻得多，体现了故意从重，过失从轻的原则。

4. 并合论罪

是在数罪并发的情况下，将数罪合并在一起处刑的原则。例如，先犯有诬告罪，尚未判决，又发现该犯还有盗窃罪，赃值100钱，两罪合并在一起论罪。相当于今天的数罪并罚。

5. 共犯加重

共犯，指2人或2人以上所实行的犯罪。对共犯处刑较重。5人以上共同犯罪为重大犯罪。

6. 自首减刑

例如，携带借用的官府财物逃走，如能自首就以逃亡罪处罚，如果被捕获就以赃数定其盗窃罪。如因赃数较少，按盗窃罪处罚比逃亡罪轻，就按逃亡罪处理。可见，自首可以略为减轻罪罚。

7. 诬告反坐

诬告，秦律称“诬人”。诬告罪成立必须是故意捏造事实，向司法机关控告他人，使无罪者入于罪，或使罪轻者入于重罪。依秦律对诬告者要处以与所诬罪名相应的刑罚，这就是诬告反坐。秦律将控告别人犯罪而与事实不相符，但又非出于故意者，称作“告不审”，处罚较轻。

（二）罪　　名

1. 不敬皇帝罪

据秦律令，不仅对皇帝本人有失恭顺，而且对其命令有所怠慢，都视为对皇帝不敬。大臣在听皇帝命令时，要下席站立，表示恭敬，否则，将被罚钱、撤职，并永不录用。

2. 诽谤与妖言

即禁止人民诽谤、议论皇帝，或以妖言以乱人心。始皇三十五年（公元前212年），侯生、卢生等在背后议论秦始皇杀人太多，秦始皇便以诽谤和妖言惑众的罪名，逮捕了460余人，皆坑杀于咸阳。

3. 盗窃罪

盗是以公开或秘密方式把他人的财物据为己有的行为。秦律为严防和严惩盗窃，规定凡知情者或家属也要处刑。知情者虽分赃不足一钱，也要和盗千钱者同样论处。妻子对丈夫的盗窃行为无论知情与否，都要负连带责任。妻知道丈夫盗窃，则与丈夫同罪；不知，则以保存赃物论。

4. 贼杀伤罪

当贼入甲室，伤了甲，甲呼救，而四邻在家而不闻呼救声而追捕，也要负刑事责任。这一规定是商鞅变法时“相收司连坐”的继续和发展。

5. 盗徙封罪

就是偷偷移动田界标志。构成此罪，科以赀赎的四年徒刑。

6. 以古非今罪

就是以过去的事例，指责现时的政策和制度。凡是引用与当时政策相违的各家学说，议论当时的政策和制度，都构成“以古非今”罪，要处以族刑。

7. 妄言罪

指发布反对或推翻秦朝统治的言论。此罪也是处以族刑。

8. 非所宜言罪

即说了不应该说的话。至于什么话是不应该说的，秦律无明文规定。这是典型的封建专制主义的法律，后世多沿用。

9. 投书罪

指匿名信。秦律规定，见匿名书信，不要拆开观看，要马上烧掉，以防止危害统治者的言论扩散。如果能够捕获投匿名信的人，奖给男女奴隶2人，把投信人囚禁，进行审讯。

10. 乏徭役

就是逃避徭役。秦律规定，凡应服徭役并已得到通知而不去报到的叫“逋事”；已经到达服役地点而又逃跑的叫“乏徭”。据秦制，凡年满23岁的男子，要给郡县服1个月的徭役，谓更卒；给中都服1年的徭役，谓正卒；屯边1年，谓戍卒。

11. 匿户罪

即隐匿户口，不征发徭役，不缴纳户赋。

（三）刑　　罚

1. 死　　刑

(1) 具五刑。这是一种以极端残忍的肉刑与死刑并用的刑罚。其方法为：先黥（脸上刺字或涂墨）、劓（割鼻子）、斩左右趾，笞杀之，斩去首级，再把尸体跺成肉酱，抛于街市之上，如受刑人有辱骂行为，可先截断他的舌头。李斯就是受“具五刑”而死。

(2) 族诛。即一人犯罪而诛灭其亲族的刑罚。秦始皇时嫪毐及其同党，皆灭其宗。

(3) 枭首。即将犯人的头颅砍下，悬于木杆示众的刑罚。

(4) 弃市。即在人众聚集的闹市，对犯人执行死刑，以示为大众所弃的刑罚。

(5) 车裂。分裂肢解罪犯人体的刑罚。

(6) 腰斩。即斩腰处死。

2. 肉　　刑

秦朝除去沿用过去的墨、劓、刖、宫以外，还广泛使用肉刑与劳役刑并用的刑名，如：斩左趾黥城旦，即先斩左足，然后黥，再处以城旦的劳役；其他还有斩左趾为城旦；黥、劓城旦；黥为城旦舂；髡钳城旦等。

3. 作刑（劳役刑）

(1) 城旦、舂。即早起服筑城的苦役。往往在处肉刑后再服役。不加肉刑但男子须剃须鬓叫“完城旦”。舂，即妇人犯罪应处城旦者，根据生理条件，不去筑城，而服舂米的劳役。

(2) 鬼薪、白粲。鬼薪是强制男犯去山林砍柴，白粲是强制女犯择米使正白，两者皆用以供奉宗庙祭祀。

(3) 司寇、作如司寇。即强制男犯到边远地区服劳役，并以防外寇；女犯作如司寇，指服相当于司寇的劳役。

(4) 罚作、复作。即强制男犯到边远地区戍守，女犯到官府服劳役，刑期3个月至1年。

(5) 隶臣、隶妾。即强制犯人从事不同场所的劳役的刑罚。男犯为功臣的男奴隶，女犯为功臣的女奴隶。

(6) 候。秦时最轻的劳役刑，是将犯人发往边地伺望敌情的刑罚。

4. 迁

即把犯罪者迁到边远地区的刑罚。它类似以后的流刑，但迁刑无道里远近之别，除本人外，家属也多随迁。

5. 赀

就是强制犯人缴纳一定的财物或服一定的徭役的刑罚。

6. 谇

即训诫，多用于轻微犯罪的官吏。

此外，秦朝还广泛沿用过去的赎、髡（强制剃除鬓发胡须）、耐（强制剃除鬓毛胡须而保留头发）等刑罚。

二、民事方面

（一）所有权

秦时所有权的内容主要就不动产而言，主要是土地房屋，即所谓田宅。动产除其他财物外，还包括奴隶。

秦国自商鞅变法以来，一改奴隶制时代的分封制，规定以军功多少受爵位，有爵位就有田宅，即按爵秩等级，确定占有田宅、臣妾的多寡。并规定，以“封”作为公私土地所有权的标界。所谓“封”是长 4 尺高 4 尺的土台。田界除了以封作为标志外，封与封之间还有高 1 尺下宽 2 尺的矮墙相连，使各户所占有的土地界限很明确。秦统一以后，又下令，要人民向政府据实登记所有田地，政府承认其土地所有权。该法令促进了土地私有制的进一步发展。

（二）债

1. 买卖契约

奴隶在当时仍是主人的私有财产，可以随意买卖。但必须按照市场价格并在县丞面前将奴隶买下。

2. 借贷契约

百姓间有债务关系，不准擅自强行索取人质作为债务担保，即使是双方同意以人质作为债务担保，同样视为犯罪，均处以刑罚。

欠官府债务，无力偿还，可以劳役抵偿。每劳役一天，抵偿八钱。如在服劳役时，官府供给饭食的，每日劳役则抵偿六钱。还规定，如果为抵偿债务而服劳役的人是种田的农民，则在每年播种、治苗农忙时，允其每次回家干农活 20 天。可见对农业的重视。

3. 雇佣契约

秦朝存在雇佣劳动关系的契约。

4. 租借契约

秦律规定，允许官府出借财物给私人使用。但百姓借用官府财物，约定期满而未收回，该人死或者逃亡的，令该官府啬夫和主管其事的吏代为赔偿。

（三）婚　　姻

1. 无后世良贱身份地位的限制

据秦律，若女子为自由人，而其丈夫可以是隶臣，但其后代应被认定为隶臣（官府的奴隶）。

2. 不得与他人之逃亡妻为婚

3. 歧视赘婿

赘婿，指男子到女家就婚做女婿。赘婿在秦时社会地位很低，被人歧视。一般赘婿都不予独立为户，而且不予田宇。

三、其他方面

（一）行政立法

秦统一全国后，创建了一整套适应专制主义中央集权需要的行政管理体制和官吏管理体制，以后历代王朝的有关制度，都是在此基础上不断发展完善起来的。

1. 确立皇帝制度

秦统一六国以前，国家的最高统治者叫“王”“帝”“君”。秦王政统一全国以后，才确立了皇帝制度。秦始皇自称皇帝，意即即使三皇五帝也无法与他的功德相比，即德兼三皇、功包五帝之意也。自此，直至清朝末年，“皇帝”一直是封建君主的专称，皇帝制度在中国延续了二千多年。皇帝是封建国家的最高统治者，他独揽全国政治、经济、军事、行政、立法、司法、监察等一切大权。一切政务皆由皇帝个人独断专行。丞相诸大臣皆受命办事。

2. 行政管理体制

（1）三公。即中央直接受命于皇帝的大臣。包括：辅佐皇帝掌管全国行政的丞相；辅佐皇帝掌管中央军事的长官太尉；地位相当于副丞相，可参与商讨军国大事，管理图籍、章奏、监察文武官吏的御史大夫。

（2）九卿。具体掌管祭祀、礼仪、军事、行政、司法、文化教育事务之官。主要有：①奉常，掌理皇帝祭祀宗庙，司礼仪；②郎中令，负责宫廷警卫之官；③卫尉，武官，统率卫士，负责皇城警卫；④太仆，管理皇帝的车马和马政，皇帝出行，亲自为皇帝御车；⑤廷尉，负责司法审判；⑥典客，掌管与少数民族的交往；⑦宗正，掌管皇帝亲属事务；⑧治粟内史，掌管全国农田谷物和财政经济等事务；⑨少府，掌管山海泽池的税收，进奉皇帝。

（3）地方官员。在全国推行郡县制。以郡为地方行政机关，分全国为36郡，后来增至40郡。

郡设：①郡守，是郡的行政长官；②郡尉，协助郡守工作，为一郡之武官，主要负责郡内武装；③郡监，由中央所派，负责监察郡守及其他官吏，受中央御史中丞领导，并向他报告工作。

秦朝地方行政机构在郡下实行县、道并行的制度。县是地方基层政府，设令长为县的行政长官。万户以上为令，万户以下称长，皆由中央任命。属官主要有丞、尉。县丞是文官，负责县内的钱粮司法；县尉是武官，掌军事，维持全国治安。道是少数民族聚居地区县一级的行政机构。道的长官叫“啬夫”，也由中央任免，并向中央负责应尽义务。

县以下有乡、亭、里。乡是县下一级的地方基层组织，设三老，掌“教化”；设有秩，掌诉讼，处理轻微民刑纠纷；设啬夫，掌赋税；设游缴，掌治安禁盗贼。亭是过路人休息的地方，主要负责接待过路的官员、传递信件以及捕捉盗贼。沿道路每十里设一亭，亭设亭长，主一亭之事。里为最小的地方行政管理单位，里内居民按什伍编制，十家为什，五家为伍，各设长以监视居民。里设里典负责里内一切工作，包括督促农民按时服徭役、参与户口管理等。里内若发生案件，里典协助县史令把被告人的姓名、身份、籍贯、曾经犯过什么罪、判过什么刑，以及是否经过赦免等，写成书面报告，需要查封的，里典还要帮助查封。

3. 官吏管理制度

（1）任官的标准与限制。任官的标准有：第一，道德方面。“五善”：即“忠信敬上”，就是忠于皇帝；“清廉勿谤”，就是廉洁奉公；“举事审当”，就是审慎地做好每项工作；“喜为善行”，就是愿意做好事；“恭敬多让”，就是彼此之间恭敬谦让。凡上述五者做得好的官吏必有奖赏。第二，明悉法令。秦统治者强调以法治国，以吏为师，要求官吏通晓法律令，并以是否明悉法律令，作为区分“良吏”“恶吏”的标准。

任官的限制有：第一，不准任用废官，即不准任用不称职或不够条件的官吏。例如，不得保举被撤职永不叙用的官；不得任用因犯罪被司法机关判处刑罚而降为“下吏”的人为官。第二，官吏必须正式任命才能到任行使职权。第三，长吏调任新职，不准带走原属佐吏，以防止形成个人派系。

（2）选任的方式。第一，荐举，秦律规定只有具备封建德行和拥有一定财产者才能被举荐为官。第二，征召，朝廷对各地有名望的人士采取征召的方式任官。第三，任子，2 000石以上的官可保举一子做郎官。

（3）考课与奖惩制度。地方每年定期向中央汇报情况，并且对诸官吏结合具体职司进行定期或不定期的考核。按照考核结果，给予奖赏或惩罚。例如，四月、七月、十月和正月评比耕牛。满 1 年，在正月举行大考核，成绩优秀者，赏赐田啬夫酒 1 壶，干肉 10 条；成绩低劣者，申斥田啬夫，罚饲牛者资劳两个月。如用牛耕田，牛腰每减瘦 1 寸对主事者处笞刑 10 下。又在乡里举行考核，成绩优秀的，有赏赐。

（二）经济立法

1. 关于自然资源保护方面

秦律规定，春二月林木生长，不得砍伐；此时土地干旱需要水，不得堵塞水道。不到夏天，不准取草烧灰，免得影响幼草生长，不准采摘刚发芽的植物。不准捉取幼兽、鸟卵和幼鸟；不准毒杀鱼鳖；不准设置陷阱和张网捕捉鸟兽。到七月便解除禁令。居邑靠近养牛马的苑囿里，幼兽正在繁殖期，不准带狗去打猎。百姓的狗跑进禁苑，如未追兽、捕兽，不准打死；如追兽、捕兽，要打死。

2. 关于农业生产管理方面

秦始皇十分重视发展农业生产，要求各级官吏掌握农业生产情况。秦律规定，下了及时雨以及谷物抽穗，应尽快书面报告受雨、抽穗的顷数和已开垦而没有耕种的田地顷数。庄稼生长后下了雨，也要立即报告雨量多少和受益田地的顷数。如遇蝗灾、暴风雨、涝灾、旱灾等自然灾害损伤了庄稼，也要报告受灾顷数。报告由专人速递中央，使秦廷能及时了解全国农作物生长的情况，以便采取相应的措施。

3. 关于官营手工业管理方面

官营手工业作坊主要是为封建国家和皇室提供各种手工业产品，如武器、器物和日用消费品等。规范该方面的法律主要是《工律》《均工律》《工人程》等法令。

《工律》规定，产品规格要一致，凡制作同一种类器物，其大小、长短和宽窄必须相同。

为保证产品质量，秦朝还建立生产责任制和产品检查评比制度。产品要按不同规格登记入账，不得混杂，以便于检查核对。对产品每年评比一次。凡每年产品质量被评为下等的，有关人员要分别受到赀罚；连续 3 年评为下等的，主管官吏不仅要受到惩罚，而且撤职永不叙用。为可以追查产品生产责任，在生产的器物上须刻有制作官署或工匠名，以便实行以物考核之制度。

《工人程》规定，冬天 3 天的劳动时间相当于夏天 2 天，因为冬天昼短夜长。并根据劳动工种、性别、年龄、熟练程度用不同的折合办法计算产品数量。如干杂活的官府的奴婢 2 人的劳动当正式工匠 1 人的劳动数量，未成年人 5 人的劳动当正式工匠艺人的劳动量，善于做刺绣等产品的女子当男子 1 人的劳动量计算。对新工匠和老工匠的要求也不同。新工匠第一年要求达到老工匠的一半，就算完成生产定额；第二年所收产品数额便与老工匠一样。

4. 关于市场贸易管理方面

为维护正常的贸易，秦律制定了有关商品价格、货币比价、度量衡误差限度等法令。

《金布律》规定，在出售的商品上须系签标明价格，但价格不到 1 钱的小商品可不标价。

《关市律》规定，接受买主的钱要将其钱放入一个特制的小孔瓶中，此种盛钱的瓶子易放进钱但不易取出，并且要求卖主当着买主的面让其看着放进瓶中，否则罚款。

《工律》对度量衡从制造到使用都有严格的规定。有关官吏每年对石累、斗桶、升等量具至少要检查校正一次。但《效律》规定，在使用度量衡时允许有一定误差。当时衡制统一标准 1 石是 120 斤，合 1 920 两，如果误差超过 8 两，主管官吏要受罚。误差允许在 4‰多一点，超过这个幅度就要受罚。

四、法律的主要特点

（一）对奴隶制的剥削制度仍加以保护

秦朝有大量奴隶存在，使之分属于官府和私人。官府的奴婢叫“隶臣妾”，私人的奴婢叫“人臣妾”。奴隶可以买卖，主人杀死奴隶，法律不追究。奴婢的地位一般不准改变，其所生子女仍为奴婢。

（二）继续实行轻罪重罚

秦朝广泛使用割裂肌肤、残害肢体的墨、劓、腓等肉刑。

（三）注意运用法律调整经济关系

在农业方面，继续推行奖励农战政策。在自然资源方面，上述《田律》规定春天不得砍伐林木，不准采摘刚发芽的植物，不得捕捉幼鸟兽，不准毒杀鱼鳖等，对保护生态平衡具有重大意义。上述在《金布律》《关市律》《工律》等法律中对手工业和商业管理制度上的明确规定，在保证手工业生产和商业交换方面起着积极作用。

第四节 秦朝的司法制度

一、司法机构

（一）中央司法机构

秦始皇拥有最高审判权和最终裁决权。重大案件均由皇帝亲自裁决。

秦朝的中央司法机构，由廷尉和御史大夫等组成。秦始皇重用法吏，作为推行重刑政策的工具。廷尉府是中央司法机关，廷尉是最高司法官。其主要任务：一是负责诏狱，即皇帝诏令审理的案件；二是审理地方的上诉案件和复审郡县不能决断的疑难案件。

（二）地方司法机关

秦朝的郡县既是地方行政机关，又是地方司法机关。郡县的司法审判由郡守、县令兼理，一般案件自行处理，重大疑难案件报请中央廷尉处理。

郡守之下，设辞曹掾史和决曹掾史，县则设有辞曹掾史和狱掾，协助郡守、县令审理案件。

乡、亭也有一定司法管辖权，如设有秩、啬夫。大乡达 5 000 户的，郡给指派有秩；小乡不到 5 000 户的，县给指派啬夫。二者不同时设置，但职责相同，主调解纠纷、平断曲直、收赋税、征徭役。

二、诉讼审判制度

（一）诉讼的提起

分为两种诉讼形式：一是官吏，他们纠举犯罪，提起诉讼，类似于近世的公诉；二是一般平民，类似于近世的自诉人。但其他任何人都有告发犯罪的义务。秦律规定，同是四邻发生贼杀事件，里典、伍老即使未在家，也要负连带责任，目的在于强制人们彼此监督，相互纠举。

秦律对诉权进行限制：

（1）禁止子告父母，臣妾告主。凡是子女告发父母、奴婢告发主人，一律不予受理。

（2）为了防止诬告他人，规定凡控告罪人，所控告的已属不实，又以其他事控告，不应受理，而且还要追究责任，即以所告不实论罪。此即诬告反坐原则。

（二）诉讼程序

秦朝凡诉讼者要到郡、县廷去起诉。还有就是群众或受害人把犯罪者直接扭送到司法机关。

秦律诉讼有“公室告”和“非公室告”之分，凡贼杀伤、盗他人的诉讼为公室告，而主人擅杀、刑他的子、臣妾，为非公室告。属于公室告的案件，官府应予受理，非公室告案件则不予受理。反映了尊卑关系和主奴关系的不平等。

案件发生后，当地的里典要把司法机关决定受理案件的被告人的姓名、身份、籍贯，曾犯过什么罪，判什么刑，是否赦免，以及曾是否逃亡等，写成书面报告。县司法机构接受案件后，通常是由县丞前往调查或勘验，然后作出笔录，称为“爰书”，需要查封的，还要“封守”。

（三）审判程序

1. 听取当事人的口供

2. 根据口供中的矛盾之处和不清楚的地方提出诘问

诘问时，又要把其辩解的话记录下来，再看有无其他不清楚的问题，再继续进行诘问。

3. 对多次改变口供、不老实认罪服罪者，施加刑讯

他们把审讯效果分为“上”“下”“败”三类。即能根据口供而查证，弄清楚犯罪事实的是最好的，是为“上”；审讯时动用刑具才能清楚案情的为低劣，是为“下”；通过恐吓手段进行审讯的，则是“失败”。

但实际上，秦统治者经常是以非常残忍的刑讯逼供手段审判案件，而定罪量刑的。

另外，当时已很重视证据在诉讼中的作用，如对死伤尸身的检验爰书、麻风病人的医学鉴定、犯罪现场的勘验笔录等，已作为证据被广泛使用。

（四）判决与再审

审判后，作出判决，并宣读判决书，称为“读鞫”。宣读后，当事人服罪，照判决执行；如称“冤”，可以请求再审，叫“乞鞫”。乞鞫可以由当事人提出，也可由第三人提出，犯人的家人也可提出。

复习思考

一、名词解释

法律答问　廷行事　城旦舂　鬼薪白粲　赀　谇　三公　九卿

御史大夫　公室告　非公室告

二、自测题

1. 中国古代确立以身高为标准承担刑事责任的这一刑罚原则的是哪个朝代?(　)。

A. 西周　　B. 隋朝　　C. 秦朝　　D. 汉朝

2. 秦朝法律中强制男犯去山林砍柴以供祭祀，女犯择米使正白的刑罚被称为：(　)。

A. 城旦舂　　B. 鬼薪白粲　　C. 司寇　　D. 隶臣妾

3. 秦朝法律中有关审理案件的原则，以及对案件进行调查、勘验、审讯、查封等方面和文书程式方面的法律规定是：(　)。

A.《封珍式》　　B.《法律答问》　　C.《秦律杂抄》　　D.《秦律十八种》

4. 在人众聚集的闹市，对犯人执行死刑，以示为大众所弃的刑罚，在秦朝被称为：(　)。

A. 枭首　　B. 定杀　　C. 弃市　　D. 车裂

5. 一种以极端残忍的肉刑与死刑并用的刑罚，在秦朝被称为：(　)。

A. 族诛　　B. 枭首　　C. 腰斩　　D. 具五刑

6. 秦朝自诉案件中的“公室告”是指：(　)。

A. 控告他人的杀伤和盗窃行为　　B. 父母控告子女盗窃自己财产

C. 子女控告父母　　D. 奴妾控告主人肆意加诸各种刑罚

7. 秦朝法律中对轻微罪适用的强制缴纳一定财物的刑罚是：(　)。

A. 赀刑　　B. 谇刑　　C. 作刑　　D. 迁刑

8. 秦朝有关官营手工业管理与市场贸易管理方面的法律有：(　)。

A.《工律》　　B.《均工律》　　C.《工人程》　　D.《金布律》

E.《关市律》

9. 秦朝的郡设：(　)。

A. 郡守　　B. 郡尉　　C. 郡监　　D. 郡长

10. 秦朝法律规定任官的标准中有关道德方面的“五善”是指：(　)。

A. 忠信敬上　　B. 清廉勿谤　　C. 举事审当　　D. 喜为善行

E. 恭敬多让　　F. 信义为上

三、论述题

1. 试述秦朝定罪量刑的主要原则及其主要罪名。

2. 试述秦朝的审判诉讼制度。

3. 试述秦朝经济立法的主要内容。

(自测题答案：1. C；2. B；3. A；4. C；5. D；6. A；7. A；8. ABCDE；9. ABC；10. ABCDE)

第六章　汉朝的法律制度

（公元前 206 年～公元 220 年）

本章主要内容

本章介绍的是汉朝法律制度的主要内容。其中论述了汉朝法制的指导思想、汉朝的立法概况、汉朝法律的主要内容和特点、汉朝的司法制度。特别是较为详细地介绍了汉朝推行抑商政策，打击商人的势力的政策和法律制度，此为一般法制史教材不予涉及的内容，可扩展学生的知识面并且有助于启发学生独立思考能力。

学习目标

了解汉朝法制的指导思想、立法概况及其法律的主要内容和特点。

本章的重点问题

1. 汉朝法制的指导思想。
2. 汉朝的立法概况。
3. 汉朝法律的主要内容及其特点。
4. 汉朝推行抑商政策的情况。
5. 汉朝的司法制度概况。

西汉与东汉时期是封建专制主义中央集权巩固和发展的时期。两汉统治者在王朝建立初期，实行轻徭薄赋政策，社会经济很快得到恢复和发展。长期的统一的局面的出现，使得社会比较稳定。汉惠帝废除秦朝以来的限制学术发展的政策和法律，学术思想又开始活跃起来，尤其是儒家的经学得到广泛传播。

第一节　汉朝的法制指导思想

一、汉高祖至文景时期

这一时期，是以黄老思想为主，并辅之以法家思想为法制的指导思想。黄，指传说中的黄帝；老，指老子，即老聃。黄老思想的特点是“无为而治”。

汉初，由于秦朝的苛政和连年战争，社会生产力遭到严重破坏，统治者需要一个相对稳定的局面，使人民得以休养生息，恢复和发展生产，以巩固刚刚建立的封建政权。刘邦的大臣陆贾根据黄老思想，结合当时的社会情况，提出治国之道莫大于无为。当时从皇帝到丞相无不尊崇黄老思想，到文景时期更为显著。无为而治的思想，反映在立法指导思想上就是“轻徭薄赋”“约法省刑”。

高祖时，规定田租十五而税一。景帝时，又把田租减为三十而税一。在约法省刑的思想指导下，刘邦进咸阳时曾宣布废除秦朝的苛法。后又废除了三族罪、妖言令、《挟书律》、相坐律令、盗钱律令及肉刑等。其结果是出现了生产发展、人民生活改善的繁荣景象。

二、汉武帝以后

该时期是以儒家思想为主，并辅之以法家思想为法制指导思想。其核心是“德主刑辅”。

汉初社会经济经过七十年的恢复与发展，国家积累了大量物质财富。这一时期，封建专制主义集权制的地主阶级政权得到巩固，但汉初分封的诸侯王势力也逐渐强大，同中央发生了尖锐的矛盾。于是，最高统治集团要求进一步加强中央集权。汉大儒董仲舒认为，要建立大一统的中央集权制，首先要有统一的思想，否则便无法实行统一。他提出“罢黜百家，独尊儒术”。他把儒家思想与阴阳家思想结合起来，使儒家思想神秘化。他解释“德”与“刑”的关系时，认为德为阳，刑为阴。两者关系是：“刑者，德之辅；阴者，阳之助也。”也就是说“德主刑辅”“大德而小刑”。

他还认为，人性分为三等：“圣人之性”，不经过教化便可从善；“中人之性”，身兼善恶两性，经过教化可以成为善者；“斗筲之性”，恶性顽固不化，必须运用刑罚。因此，统治应以教化为主要手段，法律制裁为辅助手段，实行“德多而刑少”，同时，刑不可废。

董仲舒的上述建议，基本上被汉武帝所采纳。由此，也就总结了秦朝“专任刑罚”的教训。也就是把德与刑结合起来，先用德礼进行教化，教化无效再辅之以刑罚。这种刚柔相济的治国之道，便成为汉武帝以后历代王朝法制的指导思想。该思想对后世影响很大。

第二节　汉朝的立法概况

一、立法活动

汉朝的立法活动，大致可分为三个时期。

（一）西汉初期的立法活动

汉初，主要是废除秦朝苛法，减轻人民负担，使百姓得以休养生息，以巩固封建政权。

早在刘邦攻进秦都咸阳以后，即派萧何接管秦朝的法律文书档案，并以废除秦朝苛法为号召，与关中父老“约法三章”：“杀人者死，伤人及盗抵罪”。这与繁苛的秦法相比，简便易懂，赢得了秦人的欢迎。汉朝建立后，汉高祖感到“约法三章”太过于简单，于是命萧何参照秦律，作《九章律》，即在《法经》6 篇基础上增加了主要规定户籍、赋税和婚姻之事的《户律》、规定征发徭役、城防守备之事的《兴律》和规定牛马畜牧、驿传之事的《厩律》3 章，合为九章。通常所说的汉律，主要指《九章律》。此外，还有韩信制定的军法，张仓制定的章程，叔孙通制定的朝仪，即《傍律》18 章。

（二）武帝及西汉中后期的立法活动

汉武帝时期，为了加强中央集权，又陆续修订旧律并颁布了一些新律，如张汤制定的《越宫律》27 篇，赵禹制定的《朝律》6 篇，连同上述的《九章律》和《傍律》，合计 60 篇，奠定了汉律的规模。这时，律令共 359 章，大辟 409 条，1 982 事，死罪决事比 13 472 事。此外，为了打击和控制诸侯王的势力，文帝时制定了《酎金律》，武帝时又定《左官律》等。除此以外，两汉时期还颁布了大量的诏令，作为律的补充。

（三）东汉时期的立法活动

东汉基本上仍沿用西汉旧律。初期，为了缓和阶级矛盾，几次颁布释放和禁止残害奴婢以及废除苛法的诏令。但之后直到东汉末期，基本上再未进行有效的较大的立法活动。但是东汉中后期，屡兴大狱，坐杀无辜，使得社会矛盾又进一步激化。最终导致东汉末年黄巾大起义，并导致军阀混战和三国鼎立分崩离析的局面。

二、法律形式

（一）律

律是汉朝经常适用的基本法律形式，即所谓的法典。律内容广泛，具有相对稳定性和普遍性。

（二）令

即皇帝的命令，也叫诏或诏令。它是根据需要，随时颁布的单行法规，它的法律效力高于律，可以变更或代替律的有关规定。且具有灵活性，可以补充律之不足，并往往成为以后修律的根据。

（三）科

科是针对某类事的一个方面制定的单行法规，是关于规定犯罪和刑罚的一种条文，称为“事条”或“科条”。这一形式在汉朝已广泛使用。

（四）比

即可以用来比照断案的典型判例，也叫“决事比”。决事一词包括处理各种类型的事务，由之派生出来的决事比，在理论上既包括行政先例，又包括司法判例。作为司法判例的决事比是指，在法律没有正式规定的情况下，援引以往已经判决执行的典型案例作为判决依据。比，作为司法实践的重要依据，能补充律令的不足，具有相当的灵活性，但也因为其缺乏统一的制约因素，为司法官吏破坏法制提供了方便。到汉武帝时，仅死罪决事比就高达 13 472 事，东汉时又不断增加，仅嫁娶词讼决事比就达 906 卷之多。

除了以上四种形式外，汉朝还出现了律学，一些学者开始解注法律条文。汉朝廷虽未对法律作统一的解释，但已经出现了很多解释法律的经学家。如，西汉的杜周、杜延年父子，东汉时的叔孙宣、马融、郑玄等。他们以注解经书的方式，逐章逐句地解释律文。东汉时，曾规定以郑玄的注释为准。

第三节　两汉法律的主要内容和特点

一、刑事方面

（一）定罪量刑的若干原则

1. 刑事责任年龄

秦律以身高确定刑事责任，而汉朝则直接按年龄确定刑事责任，并有最低年龄和最高年龄的区别。其刑事处罚年龄大体上分为 8 岁以下 80 岁以上、7 岁以下 70 岁以上，或者 7 岁以下 80 岁以上、10 岁以下 80 岁以上。在此年龄之内，根据犯罪情节，确定科刑轻重。但一般都处以较轻刑罚或者免除刑罚。这些人对社会危害性较小，所以，这些人同正常犯罪在处刑上有所区别。

2. 法律时效

汉朝基本实行法律不溯既往，即应对法律颁布以前之犯罪实行兼顾“从轻”原则。

3. 亲亲得相首匿

指在三代血亲之间和夫妻之间，除犯有谋反、大逆外，均可互相隐匿犯罪行为，而且减免刑罚。根据这一原则，卑幼首匿尊亲长，不负刑事责任；尊亲长首匿卑幼，除死罪上请减免外，其他也不负刑事责任。这一原则为后世封建法典所继承。

4. 先自告除其罪

自告即自首。犯罪者在其罪行未被发觉以前，自己到官府报告其犯罪事实，可以免除其罪，故叫“先自告除其罪”。对犯罪集团，只要其中有人自首谋反之事，即可免除其罪。这一原则还规定，一人犯数罪，只免其“自告”之罪，其余未“自告”者，仍依律科刑。

5. 贵族官员有罪先请

两汉时期，多次颁布贵族官员有罪“先请”（即先请示皇帝裁断）的诏令，以便维护他们在法律上的特权。具体讲，两汉时期，凡公侯及其嗣子和官吏三百石以上者在法律上皆享受有罪先请的特权。凡经上请，一般都可得减刑或免刑。

（二）罪　　名

1. 危害中央集权制的犯罪

汉初统治者认为，秦二世而亡，是由于“孤立无藩辅”，因此采取分封制。后来诸侯王国实力不断加强，逐渐形成与中央分庭抗礼的封建割据势力，景帝时终于发生了“七国之乱”。这次叛乱虽然被平定下去，但是诸侯王仍有很大的势力。因此，汉王朝制定了许多单行法律，加以约束，凡是对抗朝廷，危害中央集团的行为都视为犯罪。

（1）阿党与附益。所谓“阿党”，指“诸侯有罪，傅相不举奏”。所谓“附益”，指中央朝臣外附诸侯。阿党附益诸侯王，就是与诸侯王结党，共同对付朝廷，这是对中央集权制的最大的威胁，犯此罪者皆处重罚。此外，《酎金律》和《左官律》，也分别对诸侯在祭祀宗庙时贡金质量不合标准及舍弃朝廷的官职而奉事诸侯等行为规定了处罚标准。

（2）事国人过律。依汉律规定，诸侯王每年役使吏民有一定限额，超限者免为庶人。

（3）非正。就是非嫡系正宗而继承爵位，依律免为庶人。

（4）僭越。两汉诸侯百官的器用、服饰、乘舆各有规制，如有“逾制”，即构成僭越罪。

（5）出界。即诸侯王擅自越出其封国国界。凡出国界者，轻者免为庶人，重者处以死刑。其目的在于防止诸侯王彼此串通，危害朝廷。

（6）漏泄省中语。即泄露朝廷机密事宜，处腰斩、弃市。

2. 危害君主专制的犯罪

（1）欺瞒、诋欺、诬罔。欺瞒是对皇帝不忠、欺骗、轻慢的行为；诋欺是对皇帝的毁辱行为；诬罔是对皇帝有诬蔑欺罔的行为。汉律对这些犯罪的惩罚非常严厉，一般都要受弃市之刑。

（2）非议诏书，毁先帝。即不仅不执行诏书，而且妄加议论诋毁先帝，依律从重处罚。

（3）怨望诽谤政治。即因怨恨不满而诽谤政治，也属重大犯罪，当弃市。

（4）左道。即邪道，凡以左道蛊惑民众者依律皆处死刑，如腰斩、弃市等。

（5）废格诏书。指官吏不执行皇帝诏令，视为侵犯皇权的犯罪，处弃市之刑。

3. 危害皇帝尊严和皇帝安全的犯罪

（1）不敬、大不敬。不敬，即对皇帝轻蔑失礼。对皇帝已亡父祖以及皇帝的近臣亲信，甚至皇帝使用的器物、牲畜等，都要毕恭毕敬。依礼，至宗庙门要下马，否则即犯“不敬”罪。

（2）阑入宫殿门。即无凭证擅自闯入。宫殿是皇帝居住和处理政务的地方，为了保证皇帝的人身安全，门禁森严。凡阑入殿门者处弃市，并且罪死不赦。

（3）犯跸。即冲犯皇帝仪仗、车骑影响通行。

4. 危害封建统治的犯罪

（1）大逆无道。即指反抗封建统治的农民起义，所谓“盗贼”“群盗”，对此类犯罪加以严厉镇压，父母、妻子皆弃市。

（2）群饮酒罪。为防止农民造反，规定 3 人以上无故群饮，罚金 4 两。

（3）首匿罪。指主谋藏匿罪人。主要指隐藏“谋反”“谋大逆”等危害统治的严重犯罪。凡犯“首匿”者，皆处以弃市等重刑。

（4）通行饮食。即为起义农民通情报、当向导、供给饮食，皆处以斩首之刑。

(5) 见知故纵。即无论是民众与官吏，见知有人犯法，特别是“盗贼”，必须举告，否则就是故纵，依律与犯法者同罪。武帝时，特有《沈命法》就是惩处隐匿“盗贼”之法。其目的是督促官吏及时发觉和缉捕盗贼。如果“群盗起”，有关官吏未发觉或发觉了而未全部捕获，郡守以下皆处死。

5. 危害以纲常礼教为核心的婚姻家庭制度的犯罪

不孝是汉朝最严重的犯罪之一，即使揭发父亲谋反，仍要以不孝罪处死。若是殴打父亲，则以枭首处罚；若是子女杀父母，则构成大逆罪，本人腰斩，妻与子弃市。父母死，子女在丧期内改嫁，皆处以死刑。

汉律规定，丈夫与人通奸，最多处以“耐为鬼薪”（强制剃除鬓毛胡须而保留头发后罚作上山砍柴之劳役），而妻子与人通奸或者私自改嫁，或丈夫死后未葬改嫁，皆处以死刑。

（三）刑　　罚

1. 汉初的刑罚制度

汉初沿用秦或前代的肉刑制度，如墨、劓、腓、宫等。

汉朝死刑刑名多沿秦朝或前代之制，如族刑、枭首、腰斩、弃市等皆继续沿用。唯汉朝有“殊死”这一刑名，用以处决死刑犯人，殊死即斩刑。

关于徒刑，汉初也沿用秦之城旦舂、鬼薪、白粲、司寇、罚作等刑罚。但汉另有“顾山”，即女犯可放归家，如不亲自服役，可令一月出钱300，此即为“女徒顾山”。

此外，还有罚金、徒边等刑名，也都是沿用秦或前代的制度。

2. 汉文帝的刑制改革

汉文帝十三年（公元前167年），文帝下诏废除肉刑，开始着手改革刑制。改革的起因即历史上有名的“缇萦救父”的故事。齐地太仓令淳于公有罪当刑，诏令押解长安。淳于公无男，只有五女，其幼女缇萦非常悲痛，便随父到长安，上书文帝，表示愿意没为官婢，以赎父刑。文帝怜其悲意，下诏说：肉刑残害人的肢体，使人终身痛苦不堪，是不讲德行的，应以其他手段代替肉刑。丞相张仓等于是提出改革方案，以城旦舂、笞等刑罚代替黥、劓、斩左趾等肉刑。这样，我国奴隶社会以来的墨、劓、腓开始发生了变化，从而也改变了原来的“五刑”制度。

此后，汉景帝又曾两次下诏减少笞数，而且还规定了刑具规格、受刑部位以及施刑中途不得换人。改革的具体内容为：将取代斩左趾的笞500减为笞300，取代劓刑的笞300减为笞200，笞200减为笞100。

当时除死刑改革以外，还有笞刑，而宫刑未改。到东汉初，明帝又以斩右趾代替弃市。至此，两汉肉刑仅有宫刑和斩右趾。

对汉初文帝的“除肉刑”之举，后世多有评说，但这一刑制改革，在中国法制史上意义重大，它是中国古代刑制由野蛮阶段进入较为文明阶段的转折点。这一改革，更加适应了封建经济基础的需要，同时为封建刑制向新“五刑”的过渡奠定了基础。

二、民事方面

（一）行为能力的确定

男子从23岁起便要在政府登记，开始为公家服徭役，景帝时改为20岁。未满法定服徭役的年龄或56岁以上的人，为弱，为老，不用服徭役。

两汉时期，由于人们的社会地位不同，享受的民事权利范围也不一样。汉初规定商人不得衣丝乘车，即不得穿丝织衣服，也不得乘坐马车；他们的子弟也不得权威官。奴婢仍然是主人的私有财产，主人不得随便杀死奴婢，但主人可随时把他们卖掉或赠给别人。因此，汉律把奴婢作为民事法律关系的客体。

（二）所有权

1. 土地所有权

对于土地制度，除国家掌握一部分土地即所谓“官田”外，大量土地掌握在地主阶级手里，他们大肆掠取、兼并土地。针对此情况，武帝以来屡次颁布“限田”“抑兼并”诏令和“田律”“田令”“田租税律”等法律，对公私土地所有权严加保护。

盗卖土地也是严重侵犯土地所有权的行为，犯此罪者处以重刑，直至死刑。

保护土地所有权的一种有效方式，就是保证“官田”和“私田”的租税收入。要求人们如实报告应交纳的租税数额。如报告不实，处罚金，并把未报的农作物及价钱没入国家。

2. 对其他财物的保护

凡侵犯官僚贵族的其他财物，都要处以重刑，以盗论罪。

3. 一般财物的损害赔偿

如果因过错给他人财产造成损害，不仅要按对方损失的价值和数量赔偿，而且，在赔偿不足以弥补对方的损失时，还可以劳役抵偿。

4. 拾得遗失物

凡拾得遗失物以及家禽家畜者，要送到乡亭或县廷地方官府招领，10日内无人认领，贵重的物件由官府收为公有，小的物件则归拾得人。

（三）债

1. 买卖契约

汉朝的买卖契约叫“券书”。买卖关系的建立，要订立契约，一式两份，买卖双方各执一份，日后发生纠纷，则以契约为证。

关于土地买卖，都要订立契约，对于买方来说，只有握有买契，才算取得了土地所有权。

不仅土地买卖如此，其他物品的买卖也大都如此。凡属个人所有财物，均可自行买卖，成交之后订立契约。各种买卖契约，格式大体一致，其包括买卖日期、标的、价钱、双方姓名、见证人等。甚至对见证人（或介绍人）沽酒若干作为酬谢，也得写入契约。

2. 借　贷

汉朝关于借贷方面的法律，主要是保护债权人的利益不受损失。规定债务人如违期不还，要承担法律责任。就连功臣列侯负债违期不还，也要夺侯除国。

对于放债，高利盘剥，汉律曾明令限制利率，超过法定利率的行为叫做“取息过律”，要受到惩罚，对于诸侯甚至有夺侯免国之罚。

3. 租佃契约

汉朝租佃关系已非常普遍。汉律对地租额也作了限制。为鼓励农民生产，汉政府曾诏令减轻地租。如有的租田 65 亩，每年收租 26 石，每亩合地租四斗。很多农民因交不起地租，而沦为地主的“徒附”。

（四）婚姻与家庭

1. 婚　姻

（1）婚姻的成立

汉律规定，女子年 15～30 岁以内不出嫁，便采取多收口赋的办法进行惩罚。这是为了增加劳动力而采取的一项措施。因此，两汉时期的早婚现象极为普遍。

汉朝依然存在招赘婚姻，即男子被招入女家为赘婿。赘婿的社会地位也和秦朝一样，受到歧视，他们皆不得为吏。

（2）一妻多妾制

汉律规定，男子可一妻多妾。皇帝自不必说，所谓“后宫三千人”。其他贵族官僚妻妾的数量也以数十上百计。如丞相张仓就是妻妾以百数。妾的名称有小妻、小妇、下妻等。妻妾地位不同，妾地位很低，汉律规定不准“乱妻妾位”，否则要受到惩罚。

（3）婚姻的解除

汉律仍以“七出”“三不去”为弃妻的基本原则。由于受儒家思想的影响，妇女在婚后使公婆稍不欢心，便可强迫夫妻离异。古乐府《孔雀东南飞》中的焦仲卿与妻刘兰芝的悲剧，就是一例。

同时，男子可以找各种借口，抛弃妻子，而在一般情况下，即使丈夫有恶劣的行为，也不准妻子离开丈夫。

关于离婚后的财产问题，由丈夫提出离婚，允许女方将出嫁时的财物带走。

2. 家　　庭

在封建社会自给自足的自然经济条件下，家庭是社会的基本单位。他们认为“欲治其国，必先齐其家”。为了维护父系家长制，汉律有“不孝”罪。根据汉律，无论在什么情况下殴打了父母皆处死刑，殴死父母要枭首，杀父母者以大逆论，处腰斩，甚至居父母丧期间与人通奸也要处死刑。但在一般情况下，常人通奸，仅处 3 年徒刑。

为了推行孝道，提倡同居共财，即不与祖父母、父母析财。

汉统治者为了加强家庭中丈夫的统治地位，还制造了“夫为妻纲”的理论。就是说妻子要无条件地服从丈夫，服侍丈夫。丈夫可以大量蓄妾，妻子则只能“专心正色”，保守贞操。妻子死了，丈夫可以再娶，而丈夫死了妻子不能再嫁。

（五）继　　承

1. 爵位继承

两汉基本上仍实行嫡长继承制，而且强调父死子继。汉律不承认非亲生子和非嫡妻之子的爵位继承权。凡有爵位的王侯，让他们继承爵位，要处以免爵除国。这样规定旨在保障贵族的权位传给真正的后代，不致紊乱纲纪。

2. 财产继承

主要是土地和其他财物的继承。其中出现了诸子均分财产的情况。同时已出现遗嘱继承，但这个遗嘱是家长立的，反映了家长的意愿。庶子、女儿都有继承权。

此外，汉朝也出现了收养制度。

三、其他方面

（一）行政立法

1. 皇帝的神秘化和皇权的加强

汉朝继承了秦朝所建立的统一的专制主义中央集权的封建国家，随着封建经济的发展，相应的上层建筑也逐渐地建立起来。

尤其是董仲舒提出了一套“君权神授”理论。他称皇帝为天子，天子的王位是上天赐予的，皇帝是上天在人间的代表。这种理论的目的是维护封建君主专制制度。

从皇帝的称号上说，汉朝对皇帝的称号作了明确的界定：汉天子正号曰“皇帝”，自称曰“朕”，臣民称之为“陛下”，其言曰“制诏”，史官记事曰“上”，车马、衣服、器械、百物曰“乘舆”，所在曰“行在”，所居曰“禁中”，印曰“玺”，所至曰“幸”，其命令曰策书、制书、诏书、戒书。这些体现了皇帝至高无上的尊严和权威。

2. 中枢机构

（1）丞相。又称宰相，其职权是辅佐皇帝、总理百政。

（2）太尉。最高武官，掌全国军事，其地位与丞相同。具体职掌全国军事行政和武官的赏罚。

（3）御史大夫。为监察官之首，宰相之副，九卿之右。

（4）诸卿。汉朝诸卿制度沿袭于秦，有的只是在名称上略有变化。例如，改秦奉常为太常，改秦郎中令为光禄勋，改秦典客为大鸿胪，改秦治粟内史为大司农。

（5）尚书台。这是汉朝中枢机构最具特色的地方。汉武帝为了加强君权，亲自过问军国大事，而一些重大问题又需要同有统治经验的大臣商量，但对三公已不信任，于是武帝后设立了领尚书事和尚书台组织。东汉初期，扩大了尚书台组织，成为封建国家的中枢机构。

尚书台设尚书令一人，称中书令，副手为仆射，协助尚书令工作。下设各曹，分别处理各项政务。至东汉已有六曹，而且分工进一步明确。主要有：

（A）常侍曹，负责各级官吏的任免与考课等事。

（B）二千石曹，主管郡国上报的各种事项。

（C）民曹，主管吏民上书事。

（D）三公曹，主管断狱之事。

（E）客曹，主管外交事宜。

每曹设尚书 1 人，左右丞各 1 人，侍郎 6 人。

3. 地方行政机构

（1）王国与侯国。秦亡以后，为了战胜项羽，扩大自己的势力，刘邦曾采用以功封王的权宜之计，史称“异姓诸王”。他们在西汉建立政权后，各自仍然拥有重兵，自统郡县，实际上是称霸一方的割据势力，对刘氏政权造成严重威胁。为了解决这个矛盾，从汉高祖六年（公元前 201 年）至十二年（公元前

195 年)，先后剪灭了楚、韩、赵、梁、燕、淮南六大异姓王。但在消灭异姓王后，汉高祖认为只有分封同姓子侄及功臣为王侯，才能确保国家的长治久安。于是，立誓曰："非刘氏而王者，天下共击之。"对刘姓子侄及功臣分封，建立了许多王国和侯国。

（2）郡县。西汉初，一面实行分封制，一面实行郡县制。但缩小了秦时郡的规模，增加了郡的建置，最多时达 103 郡，县邑达 1 314 个，道 32 个。

（3）州。东汉将由秦朝以来的郡、县二级制，发展为州、郡、县三级制。州本来是西汉武帝时设置的监察区，州设刺史，后该为州牧。后来州牧逐渐取代了武帝创设的刺史制度，掌管辖区内的行政、财政、军事、司法等权，州遂成为郡之上的一级地方行政机关。

4. 官吏的管理制度

（1）官吏选任制度。汉朝选拔统治人才和任用官吏，大致有如下几种途径：一是从开国功臣中选拔，二是通过学校培养，在中央设立"太学"，招收贤俊好学者入学学习，经过考试成绩优良者，可以补官。此外，还有如下几种：

（A）征召。有两种形式：一种是皇帝诏令各郡推举良才，经过皇帝面试后，任用为官，叫诏举；一种是皇帝特诏征用有特殊才能或德高望重之士，这是选拔特殊人才任官的制度。皇帝所下的特诏聘书，叫做"辟书"，由皇帝派遣使者专程聘请。

（B）辟举。是高级主管官吏或地方郡守以上的官吏在其辖管内对有名望而又有统治才能的人，向中央推荐人才或自选属吏的制度。

（C）察举。始于西汉而盛于东汉，由郡国每年向中央推举一定数量的人才选用为官。被举人的条件，往往因时因事而定。主要方式有举"孝廉""秀才""贤良方正""明法""明经""文学"等。

（D）官吏选任中的回避制度。为此制定《三互法》，规定：甲州人士不得到乙州做官，乙州人士也不得到甲州做官，与两州有婚姻关系的也不得到这两州做官。其目的是为了防止在任官过程中，亲属间互相庇护，结党营私。

（2）考课制度。汉朝对官吏的考课，主要考核其政绩。一般官吏，主要按照法律考核其所担任之工作完成的如何。对地方郡国守相和县令的考核，仍沿秦制，通过上计的方式进行考课。汉朝《上计律》规定，年终由郡国上计史携带上计簿到京师上计，即汇报工作。上计的范围包括户口、赋税、盗贼、狱讼、选举、农桑、灾害、道议等。考课结果，根据政绩的情况，决定迁降赏罚。

(3) 致仕制度。中国古代官吏退休叫致仕，即告老还乡。致仕的年龄为70岁，退休后，多给予一次性的很高的赏赐，以示养老敬贤。有些功高望重的老臣退休以后，仍可按时朝见皇帝，朝廷有重大问题，也可请教他们，以备顾问。

5. 官吏监察制度

(1) 中央监察机关。西汉初期，监察制度仍沿秦制，中央设御史大夫，其下设两丞，即御史丞和中丞。他们与侍御史、监察御史分别监察中央和地方官吏。此外，他们还参与司法审判，有时还率兵征讨。可见，汉朝还没有形成单一的专门的监察机关。

(2) 地方监察机关。① 司隶校尉。负责察举百官以下，及京师近郡犯法者。他受御史大夫节制，但权位很重，与御史中丞大致相仿，并可纠举包括丞相在内百官，直接弹劾三公。东汉时，司隶校尉在皇帝面前与尚书令、御史中丞均专席独坐，被称为“三独坐”。

其属官有：都官从事、功曹从事、别驾从事、簿曹从事、兵曹从事、郡国从事等。这反映了两汉加强了皇帝对整个官僚机构的控制。

② 州刺史。汉初废除秦朝常驻地方的监御史，由丞相府派遣“丞相史”监察郡、县。

武帝时，废除丞相史，分全国为13州部，除京师所在的州长官称司隶校尉外，余12州，每个州部设部刺史1人，直属御史大夫。所谓刺史，即天子所遣，刺举、侦视揭发不法的使者。他所监察的事项：一是豪强田宅逾制，以强凌弱，以众暴寡；二是官吏不奉诏书，遵承典制，背公向私，鱼肉百姓，聚敛为奸；三是不恤疑狱，风厉杀人，草菅人命，怒则任刑，喜则淫赏；四是蔽贤宠顽，豢养恶人；五是其子弟仗势胡为，请托所监；六是阿附豪强，接受贿赂，结党营私。这些规定主要是防止郡国守相与地方豪强勾结，形成地方割据势力，威胁中央集权制的统治。

后来，部刺史的权力越来越大。

刺史的属官有别驾从事史1人，辅佐刺史进行工作；治中从事史1人，协助刺史处理文书；主簿1人。其他还有功曹书佐、律令师等。到东汉后期，刺史已称州牧，变成地方最高一级的行政长官。

(二) 经济立法

1. 赋税立法

(1) 田租。即田赋，汉初采取轻徭薄赋的政策，将秦朝的10税1田租，改为15税1。后来，文帝时又改为30税1，直至西汉末年未作变动。东汉初年，曾实行10税1，后又改为30税1，一直沿用至东汉末年。

（2）口赋与算赋。口赋，也叫口钱，即人头税，汉朝的口赋是专指对 3～14 岁未成年人所征的口钱，每人每年纳 23 钱。

算赋，是对成年人所征的人头税，其对象是 15～56 岁的成年人，每年每人交纳 120 钱为 1 算。

另外，为了推行抑制富商大贾和豪强的政策，规定商人和奴婢要交纳比一般人多出一倍的算赋。为了增加劳动力和兵员，惠帝时规定，女子年 15 以上至 30 岁不嫁，要交纳比一般人多出 5 倍的算赋。

为了使流民各安生业，规定如果流民回乡，可以借公田种食，并且不用交算赋，有时还将每人 120 钱减为 80 钱。

（3）关税。即对出入关口的财物所征收的通过税。汉朝在沿边境地区设有关口，如西北边疆敦煌郡的龙勒县的阳关、玉门关；同时在内地也设有关口，如太原郡的上党关、壶口关。关最初是防止敌人或奸细出入的安全设施，大约在春秋时期开始开始兼收关税，后来历朝都将关税作为国家财政的重要来源之一，并逐渐形成制度。汉朝出入关的凭证叫“传”，持证人经检验无误，方准放行。

汉朝的关税税率，史无明确记载，但从相关的史料里，可以知道以下几个问题：第一，汉朝关税是十分取一；第二，携带什么，征收什么；第三，每出入一关征税一次。

2. 手工业生产管理立法

汉朝在冶铁、煮盐、纺织、漆器等手工业方面有了较大的发展。

首先，在管理机构上，中央设大司农，即秦之治粟内史，主要掌管农业生产，也负责采矿、冶金、盐、酒等生产的政令。下设斡官、铁市通管盐铁等手工业。另有少府负责各种手工业生产管理，凡皇帝后妃及宫廷所需各种手工业品均由其供应。其下属的手工业作坊分为东织、西织，就是专门织造和缝制皇室用的各种纺织品和服装的作坊。还有将作大匠和水衡都尉，是分别掌管土木兴缮和炼铜、铸造铜器的机构。

在地方，京师和郡县都设有京兆尹等机构专门管理手工业生产的官吏。

其次，度量衡的规定。汉朝手工业生产制作器物，在长短、轻重等规格方面都有全国统一的标准。

再次，有关的刑罚规定。汉朝各地有卒徒从事劳动之记载。卒是各地每年服役一月的更卒，更卒可以出钱雇人代役；徒是因犯罪被判刑的刑徒，他们在判刑以后在铁官的驱使下从事各种生产劳动，有的还戴着刑具。他们的生活条件很差，死了就埋在作坊附近。汉朝，在武帝以后不准私人开矿冶铁，违反者要被戴上刑具，且没收其器物。

3．商业管理立法

汉朝的商业有了一定的发展，因而汉朝商业立法也有进一步的发展。

（1）均输法与平准法。均输与平准是武帝时封建国家运用行政手段干预市场、调剂物价的两项措施。均输是在中央大司农下置均输令、丞统一负责征收、买卖和运输货物，同时在各郡置均输官。凡地方上应向中央交纳的贡赋，折价交给当地均输官，均输官以此为本钱，在地区之间移贵就贱，对物价进行调剂。平准，是指由中央大司农下属官平准令、丞，具体负责京师和大城市的平抑物价。根据物价行情，贱时国家收购，贵时国家以平价卖出，从而致使富商大贾无法牟取暴利，物价不致暴涨。这在打击大商人投机倒把和平抑物价方面收到了一定的效果。

（2）盐铁酒专卖法。汉武帝时为了增加国家收入，抑制商人资本，将盐、铁、酒有关民生的产品，从煮制、冶炼、酿造直至销售，完全收归国家经营管理，制定法令严加限制私人经营。

① 盐铁专营。为了增加国家财政收入，汉王朝对盐、铁强行收归国家专营，以防止大商人在政治、经济上形成与中央的对抗。

② 酒的榷酤。从汉武帝开始酒的产销由国家垄断，以后历代王朝沿此。榷酤，指酒只有国家才能制造和销售。由于制酒的利润很高，过去一直由商人操纵，榷酤不仅能使国家增加财政收入，也是政府抑商的一项措施。汉昭帝时，改酒专卖为课税，其办法是卖酒者自行如实申报，税率每升四钱，纳税后便取得卖酒的权利。王莽时又恢复专卖制。

（3）抑商政策。重农抑商是春秋战国以来一直奉行的政策。秦朝进一步发展，把商人和罪犯看做是一类人。汉朝继续推行这一政策，具体表现在下列几个方面：

第一，不许商人穿丝绸衣服，不许乘坐车或骑马。

第二，不许商人购买土地，违反者以犯罪论，凡土地和奴婢超过法定数额则没收入官府。

第三，不许商人及其子女到官府去做官，违反者以犯罪论。

第四，法律规定，商人所交纳的算赋比老百姓要增加一倍。

第五，迁徙商人到边远地区戍守。汉武帝曾下诏，规定七种人要去边关戍守，这七种人是：有罪的官吏；逃亡的罪犯；赘婿；有“市籍”的商人；曾经有“市籍”的人；父母曾经有“市籍”的人；祖父母曾经有“市籍”的人。其中四种人都是商人及其子孙。

第六，颁布“告缗令”。“缗”即穿钱的绳子，算缗，就是向商人征收财产税。“告缗令”规定，凡商人不论有无市籍，均须将自己的财产据实向官府申报，官府根据其财产多少，按 2 000 钱征收 1 算的缗钱。手工业者 4 000 钱征收 1 缗。为了防止和打击商人隐瞒自己财产真实情况的行为，汉政府又颁布“告缗令”，奖励人们告发对自己财产隐瞒不报或报而不实的商人，告发者可获得被告财产的一半。因此当时中产以上的商人之家大都破了产。

汉朝的抑商政策，收到了一定的效果，但是，挫伤了商人的积极性，影响了商业的发展，而且对后世产生了重大的影响。

4. 对外贸易立法

(1) 中国古代对外贸易是从汉武帝时代开始的。汉武帝一方面通过和亲与互市加强友好往来，缓和与匈奴的矛盾，同时，与西域各国建立友好关系，以牵制北方的匈奴。汉武帝多次派遣使者四处探寻通往境外各国的途径（如著名的张骞通西域，就是生动的一例），并通过军事、外交、政治等手段打通了通往中亚、西亚的交通要道，闻名于世的“丝绸之路”就是这时开辟的。这条道路以京城长安为起点，可通往中亚各国，再往西可达大秦（罗马）。据史料记载，当时丝绸之路上十分繁忙，贸易往来十分频繁。

同时，汉朝还和东亚邻国（日本、朝鲜）开展了对外贸易，他们获得中国的丝织品、漆器以及铁器和先进的手工业生产技术。中国商船也曾往来于马来半岛、缅甸西部沿海和印度南部东海岸。

(2) 对外贸易的管理。西汉政府把贸易放置于为政治和外交服务的地位上，他们为了把商业贸易纳入政府管辖之下，规定凡参与互市的私商，必须领取符传（凭证），得到政府许可，方可参加贸易。对境外贸易，参加者都是经过汉政府准许的随使节同行的商队，不准私商随便输出输入。

汉律规定，不准以违禁品与匈奴互市，主要是不准内地商贾以铁、兵器、马匹、铜钱与匈奴贸易，违者治罪。因为，铁是制造兵器的材料，其他各种也属战略物资。可见，汉朝廷对匈奴防范甚严。

但是，汉政府在同西域和中亚各国的贸易中，却采取优惠的政策，如在与匈奴互市中不准输出铁器和铜钱，却允许在与西域和中亚地区的贸易中输出，且无数量的限制。对来汉朝进行贸易的使臣和商贾，由专司外事的机关的大鸿胪负责接待。汉天子设酒宴招待四方之客，并为他们上演中国的传统杂技技艺。对于外商给予这样的礼遇，反映了汉王朝对西域和中亚各国友好关系的重视，也为汉以后各王朝与各民族及境外各国的友好往来奠定了良好的基础。

四、汉朝法律的主要特点

1. 以“德主刑辅”作为法制指导思想

汉朝从武帝开始把儒家思想定为一尊后，便以“德主刑辅”作为法制指导思想。东汉章帝时把董仲舒的理论进一步制度化，从而也使儒法进一步结合。这时，许多经学大师纷纷以经解律，或以律解经，甚至引经决狱，成为两汉时期法律制度的特点。

汉朝提出“德主刑辅”的法制指导思想，是有着其深刻的社会背景的。西汉初期，经过高、惠、文、景各代以黄老之学为指导的统治，在经过近七十年的发展，经济得到了恢复和发展，农民和地主阶级的矛盾相对缓和。同时，由于采取了削藩的政策，在平定吴楚七国之乱以后，也使得封建中央得以站稳脚跟，整个中国，逐步形成了大一统的局面。但是，这种大一统是有限度的，正在这时，原来存在的老矛盾又暴露出来，特别是农民和地主之间的阶级矛盾，由于封建剥削压迫的加强和农民起义的不断爆发而日益尖锐起来了。这种趋势严重妨害着封建大统一的进一步的巩固和加强。在思想领域，汉初虽然推崇黄老，但先秦时各家各派的学说，仍在到处流传。这样便出现了思想混乱、法制数变、上下不知所守的局面。此时，统治者不得不除在政治、经济方面采取新的措施以外，还要力图造成一种同封建宗法制度和君主专制制度的统一政权相适应的意识形态，来统一思想，既以麻痹和束缚广大劳动人民的反抗意志，又以驾驭和统制统治集团内部的离心力量。这样，董仲舒提出的“罢黜百家，独尊儒术”“天人感应”“德主刑辅，先教后刑”等可以上溯到商、周以至更早年代的思想，便得到了汉政府的认同和支持，并使之以法律的形式肯定下来。

但应该看到的是，汉朝“德主刑辅”法制指导思想的提出，其目的之一，是为了避免秦朝专任刑罚之失误，以期稳定社会秩序。他们认为，治国应以德礼教化为先，人有了犯罪再施之以刑罚，采用刚柔相济的两手，以缓和矛盾，教化人民。这里的“德”的具体内容，不外乎孔、孟提出的省刑罚、薄税敛、去酷吏、兴教化等主张。它与汉初黄老学派所讲求的不干涉、少干涉主义是迥然不同的。董仲舒是在总结了前代历朝统治经验，尤其是吸取了秦亡的深刻教训之后，才得出这上结论的。因而，他以“奉天法古”作为“德主刑辅”的理论根据。这一较为成熟的统治经验为汉朝以后历代王朝所承袭。

2. 加强君主专制

两汉时期为加强君主专制的中央集权制采取了许多措施。首先，确立统一的思想，罢黜百家，独尊儒术，这是建立统一君主专制中央集权制的理论基础。其次，打击封建割据势力，防止结党营私。再次，在全国设立 13 州部监察区，派刺史“六条问事”，以打击强宗豪右和郡守的不法行为。

3. 改革刑制

自汉文帝废除肉刑后，景帝时又进一步改革，从而使刑制发生了重大变化，这一变化标志着中国古代刑罚制度从野蛮走向文明。为以后隋朝《开皇律》中封建五刑制的确立，打下了良好的基础。

4. 推行抑商政策，打击商人的势力

在西汉初期，一些不法商人确实利用战争和灾荒之机，大发国难财，他们囤积居奇，操纵市场，使物资缺乏，物价猛涨，人民饿死无数，严重影响到新政权的稳定。当时的米价上涨百倍，马价上涨 50 倍。由于物价飞涨，经济萧条，要找到四匹同样毛色的马为皇帝驾车都做不到，将相也只能乘坐牛车。

不仅如此，各封地的王侯，为了获得商人的厚贿，对商人网开一面，使得一些大商人趾高气扬，令当地官吏难以管束。商人的活跃和富庶引起了汉政府的警觉。更为刘邦感到不安的是，这些商人随时可以资助那些封地的王侯，对中央政权构成威胁。这时，刘邦最信任的重臣之一刘敬就向刘邦进言，说：当年齐国强大，全靠田氏家族等商人的支持。楚国国力强悍，有赖于昭氏、屈氏和景氏等商人的支撑。秦地久历战火，人口稀少，寻奴时常骚扰边境，应该仿效秦始皇，将各地的富商大贾一并迁入关中，放在天子脚下，便于监督。如果将他们留在原地恐不利于国家的长治久安。刘邦听从了刘敬的建议，不仅强徙田氏、昭氏、屈氏、景氏、怀氏五大家族等商人 10 万人口入关中，而且于高祖八年（公元前 199 年）三月颁布“贱商令”，规定“贾人不得衣丝乘车”，并规定对商人的算赋加倍，“重租税以困辱之”。商人还被规定不得操兵器，本人及子孙不得“仕宦为吏”；商人买饥民子女为奴婢的，要无偿释放。其时有七科谪戍之法，“吏有罪一，亡命二，赘婿三，贾人四，故有市籍五，父母有市籍六，大父母有市籍七。”从此，贱商之风盛行，甚至有身份的士人都不愿与商人碰面，而让家仆到市场购买东西。原来“士农工商”只是社会行业分工的概称，现在却成为了社会人员的等级排序。从此，商人的法律地位被打入社会的最底层，商业也因此而受到严重伤害。

西汉前半期的抑商政策可以概括为：

（1）改革币制。西汉前期，由于西汉政府允许私人铸钱，豪民富商私家铸钱蔚然成风，但是，他们所铸造的钱掺杂减重，从中非法牟取铸钱的厚利，而且，通过放高利贷、兼并土地、做投机买卖，来扩大资本，造成了贫者愈贫富者愈富的局面，严重影响了农业生产。针对这种情况，景帝曾下令禁止私铸，但盗铸钱币仍然风行。私铸的铜钱不但掺杂减重，而且他们竟然用磨取官钱的铜屑来铸钱。劣币驱逐良币，导致被盗磨的官钱和质量俱次的私钱充斥市场，致使物价飞涨，商人们浑水摸鱼，从中投机渔利。因此，西汉政府便从改革币制入手打击商人，抑制商人的兼并势力。

仅汉武帝时期，西汉政府就先后进行了3次币制改革。但是，西汉政府3次改革币制，终以失败告终。究其原因，主要是因为天下私铸币者众多，法不能尽诛之，仅因盗铸钱判死刑适逢大赦而免死者达数十万人，自首赦罪者达100多万人，不敢自首者比自首者还要多。而且，盗铸金钱的豪强之间为了争夺铸钱的资源和利益而互相斗杀者不可计数，扰乱了社会秩序，而商贾则利用此变故，多积货逐利，抢购物资，操纵物价，牟取暴利，助长了市场的混乱，受害的自然是普通民众。因而，由张汤主持的试图抑制商人势力的第一个行动，以官府的失败而告终。

（2）算缗告缗。币制改革没有起到预期的作用和目的，汉武帝又颁布了"算缗令"，再一次向商贾发动了正面进攻。

西汉时期用线连串的钱叫做缗钱，每1 000钱为1缗。算缗，就是向商人、高利贷者加重征收财产税。汉武帝以前，西汉政府对财产在30 000钱以上的农民、地主、商人征收财产税，叫做"赀算"或"息赀"，税率一般是1.2%（万钱1算，1算为120钱）；商人的税为1贯千钱出20钱，即2%。这次改革，以缗钱2 000钱为1算，对于铸钱的商人则4 000钱为1算。对于商人、高利贷者、货物囤积者所拥有的现钱、货物、放出的债款、牲畜、房舍、土地、奴婢以及其他所有财产以钱为单位计算出其总额，在总额的基础上每2 000钱收120钱，税率为6%，手工业者的税率为商人、高利贷者之半，非商人的财产仍实行1.2%的"算赀"，使商人的负担大大加重。

西汉时期开创了中国经济史上征收商船税的先例。张汤请准武帝开征车船税（算车船）。其具体办法是：非商人有轺车（一匹马驾的车）的，1乘（辆）征税1算（一辆轺车价值1万钱，税1算，即税率为1.2%），而商贾则是2算（税率为2.4%），商人的船只如果长度超过5丈，也要收税，税率也为1算（1.2%）。之所以对商人的车船课以重税，是因为西汉政府欲以此来限制商人的发展规模，因为，在远距离的贩运贸易中，车船是重要的运输工具，其数量多少是当时商人财产多少的一个标志。

为了抑制商人兼并农民的土地，防止他们在算缗中把钱财向土地转移，西汉政府规定，在算缗时商人的土地也包括在财产估价总数之内，上税6%，5倍于其他地主所上的税（1.2%）。

算缗钱和算车船都是一年算一次，为了防止商人的消极对抗，政府严令不准许瞒产漏税，并颁布"告缗法"，即如果商人隐匿财产以逃避纳税的，要成边 1 年，没入缗钱，有能够告发商人隐匿财产而逃避纳税的，把追缴来的一半财产给举报人予以奖励。“告缗法”公布后，中等以上商人皆被举报，他们的财产被没收。据史载，西汉政府因而获得的财物以亿计，奴婢以千万计，田宅大县数百顷，小县也达百余顷。这一措施确实达到了“排富商大贾”“锄豪强兼并之家”的目的。其后果是商贾中等财富以上大都因此而衰败。西汉前期以来依靠兼并农民土地而发家的商人遭遇到了一次前所未有的沉重打击。

此政策在汉武帝元鼎五年（公元前 112 年）后，在桑弘羊的建议下才得以停止执行。到了元封元年（公元前 110 年），桑弘羊再次明令不告缗，以后西汉政府不再采取这种做法。

桑弘羊与张汤在理财方面的主张不同，桑弘羊主张更多地借助经济手段来解决财政问题，把财政收入的增加建立在经济发展的基础之上，即发展官营手工业和农业生产；而张汤则主张依靠法律和行政命令来理财。事实证明，桑弘羊的理财主张使得西汉政权的财经面貌得到了根本性的改观。因为，桑弘羊主张依靠发展手工业和农业生产来增加国家财政收入的方法，更加符合当时社会发展的需要，在生产力不是很发达的西汉时期，如果不依靠手工业和农业生产的发展，国家是无法得到更多的财政收入的。发展生产、鼓励创造财富，才是社会发展的真正动力。

（3）盐铁专卖。桑弘羊自元狩三年（公元前 120 年）起，终武帝之世，历任大司农中丞、大司农、御史大夫等重要职务，与担任大农丞的大盐铁商东郭咸阳、孔仅二人深得武帝宠信。元狩年间以后，在桑弘羊的参与和主持下，先后实行了盐、铁、酒官营，均输、平准、算缗、告缗，统一铸币等经济政策。此外，还组织了 60 万人屯田戍边，防御匈奴。这些措施都在不同程度上取得了成功，暂时缓解了西汉政府的经济危机，史称当时“民不益赋而天下用饶”。桑弘羊以此赐爵左庶长。武帝后元二年（公元前 87 年），桑弘羊由搜粟都尉迁任御史大夫，与霍光、田千秋、金日磾、上官桀四人同受遗诏辅佐昭帝。始元六年（公元前 81 年），昭帝召集各地贤良文学至长安，会议盐铁等国家大事。贤良文学反对盐铁官营和均输平准等与民争利的政策，力主改弦更张，桑弘羊与之展开辩论。由于桑弘羊的坚持和封建国家财政方面的需要，当时除废止酒类专卖改为征税外，盐铁官营等各项重要政策仍沿袭不变。次年，桑弘羊因与霍光政见发生分歧，被卷入燕王旦和上官桀父子的谋反事件，结果被处死。

桑弘羊是中国历史上第一个提出不依靠农业富国的思想家。他指出：“富国非一道”，“富国何必用本农”，“无末业则本业何出？”主张由政府经营工商业以增加经济性收入。他认为，盐铁专卖作为国家统一的财政收入，可“足军旅之费，务蓄积以备乏绝”，而不必增加农民的赋税负担；可防止豪商垄断生产经营，操纵物价，阻塞他们的“利途”；可缩小贫富差别，“以齐黎民”，缓和阶级矛盾。

盐铁专卖是桑弘羊推行的财政政策的核心。桑弘羊年轻时对管仲在齐国的“官山海”事业十分景仰，他立志要协助汉武帝实现“通汉川之利而万物殖”的目标。他认为，秦国之所以实现了“国富民强”，其经济支柱即是对盐铁实行专卖制度，汉初以来的开放盐铁私营政策，是造成汉初经济动力不足的根本原因，所以，应当改变汉初以来盐铁开放私营的政策，由政府实行盐铁专卖。如果实行了盐铁专卖，既可以“佐百姓之急”，又可以“足军旅之费”，有益于国。其根本目的在于防止富商大贾垄断生产，操纵市场，缩小贫富差距，从而抑制豪强的兼并势力，防止贵族诸侯借工商之利扩充经济力量与中央对抗。元狩三年（公元前 120 年）秋，西汉政府终于作出决策，于下一年在颁布算缗令的同时，宣布实行盐铁专卖。

盐的专卖采取民制官收的做法，招募平民自己准备生活和生产费用去煮盐，官府作价供给主要生产工具（铁锅），煮成的盐由官府按照铁锅（盆）的数量给予一定的工价（牢），盐则全部收归官有。

铁矿的开采、冶炼和铁器的铸造，由官吏指挥被罚作苦力的罪人和服役的民夫来从事生产和运输。铁器全部归官府所有，由官府统一运销，任何人不得私自铸铁、煮盐，违者要被罚作刑徒，剥夺政治权利，甚至戍边，其所使用的工具和生产出来的成品、物件没收入官。为了管理盐铁专卖，政府设置盐官和铁官，负责回收废铁重铸。盐铁之利完全收归中央。

盐铁专卖为西汉政府提供了大量的财政收入，汉武帝四方征讨的军费动辄以亿计，盐铁之利是其主要的来源。可以说，如果没有盐铁专卖，西汉政府防御和打击匈奴的战争也不会进展得那么顺利。

盐铁专卖对抑制富商大贾和豪强的势力起到积极的作用，有利于维持和发展生产；同时，也打击了贵族诸侯的势力，巩固了中央集权政权。

（4）创办均输制度。均输法是桑弘羊向汉武帝提出的又一个财政政策建议。均输，就是政府利用各地贡赋收入作底本，来进行某些大宗商品地区间的远程贩运贸易，以调剂物资余缺的一种经营方式。元鼎二年（公元前 115 年）均输法开始试行，5 年以后（元封元年，公元前 110 年）在全国推广。

据汉制，各郡国每年对中央政府都有“方物”贡输的任务。但各郡国苦于远道运输，运费要由赋税收入中抵付，弊病甚大。桑弘羊灵活地运用了商人在地区间从事贩运贸易的经验，创设了“均输法”，规定：郡国把应缴纳的贡物连同运费所抵充的财政上缴额，按照当地正常的市价折合为一定数量当地出产的土特产品，这些产品是由商人贩运出境的物品；郡国只要就地缴给均输官就行了，均输官像商人那样将这些土特产品运往需要该项物资的其他地区出售。这样一来，除了一些体积小、价高、质优、轻便的土特产品和中央所需要的物品要上贡京师外，其余土特产品就不必运往长安了。这就解决了过去实物贡输时因道路远近不同而劳逸不均的问题，因此叫做“均输”。这样，私营商业的贩运贸易部分地被官府所取代。但其在平衡国家财政收入、加强中央集权的统一方面起到了很大的效益。同时，又解决了过去人民要“义务”参加长途运输、担任徭役、出运输工具、耽误生产、加重了农民负担的问题。

在全国实行均输法后，物资的辗转贸易一概由直属中央的均输令丞总管，同时，中央派出数十个大农部丞，充当专使，分别主管各郡国的官营商业和农业，各地的均输官和盐铁官受大农部丞的管辖。均输法在全国的推行，进一步活跃了各地区之间各种物资的交流，使得西汉政府的财产收入大为增加，还减少了原先各郡国贡输时人力和物力的浪费，从而造成私营大批发商的贩运贸易活动受到极大的限制，也抑制了商人资本的投机活动。

（5）建立平准机构。平准法是与均输法密切相连的，是桑弘羊向汉武帝建议的另一个限制商人的措施。所谓平准法就是由官府来吞吐物资，平抑价格。其具体做法是：在大农的领导下在长安设置一个平准机构，各地送来的贡物，均输官收购的物品送往京师的部分，大农诸官所掌握的物资，以及官营手工业制造的器物、织物，都储存在这个机构里。当长安市场上某种商品价格上涨，平准就以较低价格抛售；反之，如果某种商品价格过低，就由平准收买，使物价保持在一个比较稳定的水平上。该做法的目的是为了“平万物”，从而以稳定货币的价值来达到稳定商品价格的作用。两者一是管理零售市场，一是掌握批发环节，内容有所不同，但两者又是互相配合的。平准依靠均输来提供货源，均输的利润多折成织帛上缴京师，很大部分要通过平准在京师的市场上出售；均输官所征收或收购的送往京师的物资，还要通过平准出售。因而，均输和平准构成了西汉时期官营商业的统一体系。

平准法限制了商人玩弄价格、投机倒把的活动，打击了囤积商和垄断性经纪商操纵市场的行为，对于经济发展和稳定社会是有益的。

（6）酒类专卖。酒在汉朝还不是一般人民的生活必需品，而是有钱人的奢侈品和消耗品。从天汉三年（公元前 98 年）开始，西汉政府根据桑弘羊的建议又开始施行一项新的理财措施——酒类专卖，当时称为“榷酤”。其做法是由官府控制酒的生产和流通，实行官酿官卖，不准私人自由地酿酒酤卖。具体事务由地方的榷酤官办理，利润作为中央政府的收入。

从元封元年（公元前110年）到天汉三年（公元前98年）的12年间，桑弘羊独掌财权，大力推动盐铁专卖、均输、平准等政策，获得了大量的粮食，国库富饶，西汉的国力达到鼎盛。由于有了充足的物资作后盾，西汉对匈奴的战争也取得了决定性的胜利，桑弘羊功不可没。但是，由于桑弘羊所推行的一系列财政措施，使原先的富商大贾，如田氏、栗氏、杜氏、卓氏、孔氏等从此一蹶不振，出现了“前富者既衰”的局面。自西汉初期以来的西汉政府同富商大贾豪强势力的斗争至此终于获得了最终的胜利。其后果就是彻底抑制了巨商大贾的兼并、投机行为。尽管桑弘羊为此遭到了以卜式为代表的大商人的反对和诋毁，甚至发出了“烹弘羊，乃天雨”的诅咒，但总的来讲，桑弘羊所采取的这些财政措施，对于增加当时西汉政府的财政收入、打击匈奴、稳定社会还是起到了一定的促进作用的。但是，这些抑商政策严重地阻碍了商品经济的发展，并且影响到中国以后的各个朝代。

第四节　汉朝的司法制度

一、司法机构

（一）中央司法机构

1. 丞　　相

汉初规定丞相有诛罚之权，并且文武众臣不得对丞相无礼，否则丞相可以处罚他。

汉武帝以后，为了限制相权而特别赋予尚书以司法审判权。汉成帝时设“五曹”，“三公曹”主断狱；东汉以后，尚书台成为封建国家的中枢机构，并专设官吏主辞讼。从此，司法审判权由廷尉和尚书共管。

2. 廷　　尉

它的职责是掌管刑狱，为最高法官。其主要职责是负责审理皇帝交办的诏狱，同时审理地方上报的疑难案件。其属官有廷尉正，主决疑狱；左右监，管逮捕；左右平，掌平诏狱；还有廷尉史等官员。

3. 御史大夫

为御史之长，下设御史中丞，主要职掌的是举劾案章，监察各级官吏的违法行为。同时，他还有权与廷尉等一起奉诏审理案件。

（二）地方司法机构

地方司法机构基本上是郡、县两级。

汉初，封国享有相对独立的审判权，但不构成独立的司法管辖机关。

郡太守的职掌包括赏罚、司法、监察等权。在郡县下均设有专门司法机关。如贼曹，主管捕拿惩治盗贼；辞曹，主管辞讼；决曹，负责惩治犯罪；仁恕掾，掌管决狱和断狱。可见，汉朝从中央到地方的司法机关系统已很完备。

二、诉讼与审判制度

（一）告　劾

汉朝的起诉叫“告劾”，一方面是指当事人自己直接到官府告诉，即今天的“自诉”；另一方面指官府官吏，主要是监察官吏御史和司隶校尉，察举非法，举劾犯罪，即今天的“公诉”。武帝时，为了加强司法方面的镇压，制定见知故纵、监临部主之法，以加强各级官吏纠举犯罪之责任。同时，还制定了有关奖励吏民告发犯罪的法令，如前面所讲过的《告缗令》规定，凡是对自己的财产隐瞒不报或呈报不实者，被人告发以后，罚戍边一年，财产没官，而其中一半赏给告发者，以资奖励。

但在一般情况下，必须按司法管辖逐级告劾，但有冤狱，可以越级上书皇帝。然而，当时有往往因不远千里而越级上告者，百告而不达，结果劳民伤财，有冤难申。同时，根据汉律“亲亲得相首匿”的原则，除大逆、谋反之外，在一般情况下不准卑幼告发尊长，凡告者要受到惩处。

（二）逮捕和羁押

官府接到告劾，就要立即逮捕，进行羁押。对身份不同的犯人，在逮捕、羁押方面采取不同的程序。

第一，对普通犯人，有人告发或官吏告劾，即随时予以逮捕。对于暴动、谋反等重大犯罪，不仅立即逮捕犯罪者本人，而且凡与事相连及者，也要逮捕归案。

第二，对封建贵族官僚的犯罪，如需要逮捕，得先奏请皇帝，即所谓“有罪先请”。他们即使被批准逮捕，也不施加刑械，以示宽容。

对于民间的争讼，一般不予逮捕，往往采用“德化”，即用封建道德“教化”的办法，以息事省讼，很像近世的调解。

（三）审理和判决

汉律有“鞫狱”和“断狱”，即对被告人进行审讯和判决。两汉时期，主要按西周的“五听”的方法，根据犯人口供进行判决。在审讯过程中，多施加以酷刑，使得被告人不胜其痛，不得不诬服，而致使冤狱横行，屈打成招。

经过审讯，得到口供，3 日后再行复审，叫“传复”，目的看其供词与上次是否相同。复审后便进行判决，然后向被告人宣读判词，叫做“读鞫”。假如被告人喊冤，允许其本人或其家属请求复审，即所谓“乞鞫”。

（四）上书复审

汉律有“乞鞫”的规定，即对原司法机关的判决不服，允许当事人上书，向上级司法机关请求复审。乞鞫的期限为 3 个月，过了 3 个月，便得不到复审。

（五）执　　行

司法机关作出判决以后，重大案件有的须经皇帝裁决后方能执行。一般案件由郡、县执行，甚至死刑案件郡也可执行。对死刑的执行，实行“秋冬行刑”制度。根据“天人感应”理论，规定春、夏不得执行死刑。除了谋反大逆等重大犯罪外，一般须在秋天霜降以后、冬至以前执行。因为，这时“天地始肃”，杀气已至，便可“申严百刑”，以示所谓“顺天行诛”。

三、春秋决狱

（一）概　　述

“春秋决狱”是董仲舒在《春秋决狱》一书中提出来的，但此书约在隋唐之后失传，其内容无从得知。但是，从《春秋繁露》中阐明的原则，从散见于《太平御览》《通典》等古籍中的零散案例，可以看出它的要旨是：把儒家经典中所集中体现的封建伦理观念运用在审判中，其基本原则即绝对的尊君、亲属相隐和论心定罪等，认为司法官在审理案件时，必须根据案情事实，追究行为人的动机；动机邪恶者即使犯罪未遂也不免刑责；首恶者从重惩治；主观上无恶念者从轻处理。这里在着重考察犯罪者的动机的同时，首先是依据事实，还要区分首犯、从犯和已遂、未遂。

“春秋决狱”与汉律的所谓“亲亲”“尊尊”等总原则是相通而且互补的。它是汉律儒家化的反映。在当时法律尚不完备之时，以经义决狱，对于司法的公正是有其积极意义的。应该说，该理论在当时还算是“依事实，同情理”的。它表现了两汉时期封建法制、法律思想的新特点。

（二）两则案例

1. 殴父案

甲父乙与丙争言相斗，丙以配刀刺乙，甲即以杖击丙，误伤乙，甲当何论？有的人说殴打父亲，当枭首。但董仲舒引用《春秋》许止进药于父（许止进药于父，而父饮下药后而卒，《春秋》认为许止原是出于好心为父治病，故赦而不诛。）之事例，论证甲动机是好心救父，实有可原谅之处，不应论罪。

2. 私为人妻案

甲夫溺水而亡，还未下葬。甲母丙即将甲嫁于了他人。有人认为，据汉律，夫死未葬，擅为人妻者，当弃市。董仲舒断之，依据《春秋》之义，夫死无男，有改嫁之道；而甲的改嫁是遵其长（甲母丙）之命，无淫心，因此，甲母丙及甲均无罪。

（三）对后世的影响

一方面，春秋决狱的实施，在一定程度上纠正了秦朝以来法律严酷的现实情况，缩小了刑罚适用范围，所贯彻的“原心定罪”原则，定罪量刑时注意犯罪者动机、目的和心理状态等，矫正酷吏横行、草菅人命的弊端，具有合理性及进步性。但是，另一方面，直接将儒家思想作为定罪依据，而儒家经典简约深奥，缺乏法律条文的明确性，使得司法官员容易产生望文生义、牵强附会的现象，在一定程度上反而容易产生酷吏任意断案、营私舞弊的司法腐败的弊端。总之，春秋决狱是我国法制史上一个独具特色的现象，值得我们予以较为详细的了解。

复习思考

一、名词解释

约法三章　九章律　黄老思想　春秋决狱　告缗令　廷尉　告劾

二、自测题

1. 春秋决狱的首倡者是：（　　）。

A. 董仲舒　　B. 汉景帝　　C. 汉文帝　　D. 萧何

2. 汉律九章是在《法经》六篇增加三篇而成，这三篇包括：（　　）。

A. 户　　B. 兴　　C. 具　　D. 厩

3. 汉朝专指对三岁至十四岁未成年人所征的口钱，被称为：（　　）。

A. 口赋　　B. 算赋　　C. 田赋　　D. 徭赋

4. 汉武帝曾下诏，规定七种人要去边关戍守，这七种人中包括：（　　）。

A. 有罪的官吏　　B. 有“市籍”的商人

C. 赘婿　　D. 父母曾经有“市籍”的人

5. 到东汉后期，地方最高一级的行政长官是：（　　）。

A. 巡抚　　B. 知府　　C. 郡守　　D. 州牧

6. 汉朝御史大夫是：（　　）。

A. 监察官之首　　B. 宰相之副　　C. 九卿之右　　D. 最高武官

7. 中国历史上第一个提出不依靠农业富国的思想家是：（　　）。

A. 桑弘羊　　B. 管仲　　C. 荀子　　D. 董仲舒

8. 汉朝选拔统治人才和任用官吏，大致有如下几种途径：（　　）。

A. 征召　　B. 辟举　　C. 察举　　D. 科举

9. 汉朝在皇帝面前与尚书令、御史中丞专席独坐，被称为“三独坐”的官员是：（　　）。

A. 丞相　　B. 司隶校尉　　C. 太尉　　D. 太常

10. 汉朝的买卖契约叫：（　　）。

A. 合同　　B. 傅别　　C. 契约　　D. 券书

三、论述题

1. 试述汉朝定罪量刑的若干原则及其主要刑罚。

2. 试述儒家思想对汉朝司法的影响。

3. 试述汉朝推行抑商政策，打击商人的势力的具体措施和政策。

（自测题答案：1. A；2. ABD；3. A；4. ABCD；5. D；6. ABC；7. A；8. ABC；9. B；10. D）

第七章　三国两晋南北朝的法律制度

（公元 220 年～公元 581 年）

本章主要内容

本章介绍的是三国两晋南北朝时期法律制度的主要内容。其中论述了三国两晋南北朝法制的指导思想、立法概况、法律的主要内容和特点，以及三国两晋南北朝的司法制度。

学习目标

了解三国两晋南北朝法制的指导思想、立法概况及其法律的主要内容和特点。特别是要掌握和领会这一时期的法制变革在整个中华法系中所处的承上启下的独特地位。

本章的重点问题

1. 三国两晋南北朝时期的法制指导思想。
2. 三国两晋南北朝时期的立法概况。
3. 三国两晋南北朝时期法律的主要内容和特点。
4. 三国两晋南北朝时期的司法制度。

三国，指相继东汉而出现的魏、蜀、吴 3 个王朝。魏的统辖区主要在中原一带，传 45 年，为司马氏的晋所取代。蜀的统辖区主要在西南一带，传二世，便亡于魏。吴的统辖区主要在东南一带，传四世，公元 280 年亡于晋。公元 265 年，晋王司马炎篡魏建晋，公元 280 年平吴，结束了三国鼎立的分裂局面，统一了全国。但晋统一全国的时期十分短暂，公元 316 年，晋便为匈奴刘氏所灭。自公元 265 年至 316 年，晋政府先定都洛阳，后迁至长安，史称“西晋”。西晋亡后，北方陷入五胡十六国的争乱之中。南方琅玡王司马睿即晋武帝，建都建康，史称东晋。东晋政权建于公元 317 年，公元 420 年为刘裕所灭，自此进入南北朝时期。

南北朝指公元 5 世纪至 6 世纪末在中国出现的南北朝对峙的王朝。南朝的统治区大约在淮河以南，长江一带，历宋、齐、梁、陈 4 个朝代，政治制度基本沿用东晋，与北朝的战争也时断时续。北朝的统治区基本在北方。公元 386 年鲜卑族拓跋珪建国称魏，公元 439 年，魏太武帝拓跋焘统一北方。其后北魏分裂为东魏与西魏。东魏为北齐所取代，西魏为北周所取代。北周统治者重新统一了北方。公元 581 年，外戚杨坚迫周静帝禅位，自立为帝，建国称隋，公元 589 年灭陈，结束了南北朝对峙的局面。

这一时期的历史发展有几个显著的特点：

第一，这是中国古代社会自秦统一后的第一次大分裂时期，体现了中国古代政权“分久必合，合久必分”的特征。

第二，这是中国古代社会自秦统一后的一次民族大融合时期。

第三，三国两晋南北朝是士族政治时期。士族政治的特征是以出身门第和学术文化相标榜。因此，经学发达是这一时期的主要文化特征。

三国两晋南北朝时期，政权更迭频繁，战争连绵，使得各项制度，包括法律制度得到充分的补充，为隋唐时期各项制度的进一步发展奠定了基础。这一时期是中国历史发展中承上启下的时期。学习本章应注重士族政治与法制的关系，以及礼律结合的要求及其对后世的影响。

第一节　法制的指导思想

一、三国：“拨乱之政，以刑为先”

三国时期，战乱不止，三国的统治者格外强调法律在治理乱世、拨乱反正中所不可替代的作用。如曹操认为：治理太平之世，统治者应致力于礼乐教化；而治理乱世，则应首先树立法律的权威，以安定社会。所以，三国时期的统治者大都主张建立完备的法律制度，尤其魏制定的《新律》对后世影响很大。同时，统治者主张执法从严，依法行赏罚，务使百姓相信令必行，禁必止。如诸葛亮认为，治乱国必须“威之以法”，而执法必须严明公正，无私无偏。他还认为，要正确运用赏罚的原则，只有赏罚严明、公正、得当，才能使法制得到贯彻，达到预期的目的。所以，君主和各级官吏要遵守法制，不以个人的喜怒偏私干扰法令的实施，同时法不可阿贵，刑赏要不别亲疏贵贱，信赏必罚，令出则行，但执法时要审时度势，宽严适中。

二、两晋：纳礼入律

建立晋朝的司马氏集团，是东汉末年发展起来的世家大族，他们以精通儒学而在社会上占有特殊的地位。所以，在掌权以后他们格外注意以法律反映、确立和保护士族的特殊利益。于是，儒家的“礼治”思想成为晋朝法制的指导思想。

（一）“礼治”是法制的灵魂

西晋著名法律注释家张斐在总结晋律时认为，晋律体现了这样一种指导原则：即君主立法应处于居高临下的地位，贵族百官须遵君主之法而统治百姓；立法与执法都必须体现礼乐的精神，以礼为指导思想。

（二）立法与执法社会效果的优劣，完全系之以礼

两晋的统治者认为，只有正确理解法律之“理”，法律的实施才能准确。而这里的法律之理，就是“贵贱有等，长幼有序”的礼。礼是法律产生与执行的依据。他们认为，断狱不可呆板地遵用律条，而应先以礼的原则去裁断是与非、罪与非罪。由于重视律之理，所以晋朝的律学十分发达，律典体例、立法技巧、法律术语的解释也得到了充分的发展。当时，著名的律学家有杜预、刘颂、张斐等，杜预以强调立法简约，提出礼、律并重，纳礼入律而著称；刘颂的法律思想以主张立法应因人随时、法令划一、有法必依、执法必信为其主要特色；张斐在总结秦汉以来的法制经验和法律理论，注解晋律，对立法体例理论的研究和一些法律概念的解释，如故意、过失、共谋、误伤等概念，以及审判心理等方面都作出过很大的贡献。

（三）在立法实践中，使礼、律合一的思想得到充分体现

在晋朝以前，许多人都作过统一礼、律的尝试，如汉朝的“春秋决狱”、曹魏的“八议”入律等。晋朝统治者将维护士族利益的礼大量入于律中，使礼直接成为法律的条款，礼、律已成为法律中的重要部分。如晋律将准五服以制罪的条款直接写进了法律，从而完整地体现了礼治的“亲亲”原则。因此，晋

律成为中国古代社会中第一部儒家化的法典，在中国法制史上占有重要的地位。

三、南北朝：礼律进一步结合

南朝统治者的法制思想多拘守于魏晋，因而无大建树。北朝统治者是异族入主中原，对中原文化，尤其是儒学充满兴趣。他们既吸取了汉文化来改造自己的传统，又用本民族的传统丰富了汉文化。故有“中原律学，衰于南而盛于北”说法。

北朝更加注重礼对法的指导作用，注重礼与律的统一。北魏时，统治者认为他们原有的在执行刑罚时要求犯人裸体受刑的习俗，有伤风化，违背礼仪，因而下令更改此制。根据礼治“恶恶止其身”的原则，他们修改了一人犯罪，满门抄斩的“门房之诛”，只要不是谋反、大逆等重罪，一人犯罪，一人承当，即“罪止其身”。另外，如北魏孝文帝拓跋宏大刀阔斧地采取了一系列改革措施，例如：统一官制；取消拓跋部落原来对日月星辰水火等40余种神的膜拜的旧礼仪，而以汉族皇帝祭祀天地的仪制取代之；禁穿胡服；改姓氏、祖籍；杜绝同姓为婚；在民间改革鲜卑的落后风俗，推崇父慈、子孝、兄友、弟顺、夫和、妻柔的中原儒家文化等。北齐还曾设“重罪十条”，对违背礼的行为从重处罚。

第二节　立法概况

一、三国时期

蜀国有诸葛亮等制定的《蜀科》；吴国曾制“科条”，并修订过科、令。蜀、吴两国基本沿用汉朝法律。相比之下，魏国的立法较有成效。

（一）魏　　国

魏建国之初，基本沿用汉朝法律，但是，随着时代的变化及形势发展的需要，汉律越来越不能适应社会的需求，于是，魏国便开始制定新法。魏明帝曹丕建国后，仿照汉律制成《魏律》《州郡令》《尚书官令》《军中令》等共180余篇法律法规。内容涉及刑事、民事、军事、行政等方面。

《魏律》，亦称为《新律》，其以汉朝《九章律》为基础，修改来了13篇，沿用了5篇，共计18篇：刑名、盗律、劫略、贼律、诈律、毁亡、告劾、系讯、断狱、请赇、兴擅、乏留、惊事、尝赃、户律、捕律、杂律、免坐，克服了《九章律》篇少漏罪的缺陷，提高了国家基本法典的主导地位，并把不宜列入《魏律》的重要法令，分门别类编成各种单行法规，建立了“于正律九篇为增，于旁章科令为省”的律令体系。其与汉律相比，其内容和体例作了一些调整。

1. 增加篇条

由汉律 9 篇增为 18 篇。

2. 规范体例

将《九章律》中的原来排在第 6 篇的既不突出也不显得重要的《具律》改为《刑名》，并列于律首，起提纲挈领的作用。这种将叙述刑名、罪名、断罪原则的篇目放于律首的立法体例，一直为后世所沿用。此外，还删除了不合时宜的条款，合并了内容相同的律、令、科条。

3. 改革刑制

《魏律》使刑罚进一步规范化，取消了汉律中的宫刑，减轻了对某些犯罪的处罚，将刑定为死、髡、完、作、赎、罚金、杂抵 7 种，为旧五刑向新五刑的过渡创造了条件。

4. 缩小族刑连坐的范围

对大逆无道重罪，不再诛及祖父母及孙辈等三代以外血亲，并把夷三族排除于律令的法定刑名之外。

5. 八议入律

《魏律》使礼律进一步融合。为了维护封建等级制度，《魏律》将《周礼》中的“八辟”制度直接作为律条，纳入律中，开辟了礼律结合的新途径。

（二）蜀　　国

蜀国定都成都后，便着手制定法律，昭文将军伊籍，与诸葛亮、法正、刘巴、李严共造《蜀科》及“法检”“科令”“军令”等法规，但除了部分“军令”外，《蜀科》及其他法律、法规均已佚失。但总体上未改变汉律的根本。

（三）吴　　国

吴国两次修订法律：第一次是黄武五年（公元 226 年），陆逊认为刑法太重，劝孙权要施德缓刑，孙权即令有司修订科条，以调整相关的法律、法规；第二次是嘉禾三年（公元 234 年），孙权长子（庶出）孙登提出为了防御盗贼而修订法律。这两次的修律，分别对刑罚略作调整，并对盗贼的刑罚予以了重点修订，但并未触及汉制。

二、两晋时期的立法概况

（一）两晋的法律形式

两晋的法律形式主要有：

（1）《晋令》40 篇，是暂时性的制度；

（2）《晋故事》30 卷，是律令之外制书、诏诰等法律文书的汇编；

（3）式，主要是有关户调、占田、课田等方面的规定；

（4）《晋律》（又称《泰始律》），是司马昭辅政时命人参酌汉、魏之律修撰的。

（二）晋　　律

1. 晋律的颁行

曹魏末年，司马氏执掌大权，晋王司马昭以魏律“烦杂”“科网本密”，于魏元帝咸熙元年（公元 264 年）下令贾充等 14 人制定“新律”，至晋武帝泰始三年（公元 267 年）完成，次年颁行，是为晋律。

2. 晋律的特征

晋律参考魏律编订而成，共 20 篇 620 条。其中保留《九章律》的盗、贼、捕、杂、户、厩、兴 7 篇，新增或改定 13 篇，即改具律为刑名、法例两篇，分囚律为告劾、系讯、断狱 3 篇，从盗律分出请赇、诈伪、水火、毁亡 4 篇，新增卫宫、违制、诸侯、关市 4 篇。与汉、魏律相比，晋律具有如下特点。

（1）体例设置更加合理。《晋律》将《新律》的《刑名》篇分为《刑名》与《法例》2 篇，置于律典之首，进一步完善了作为总则的《刑名》篇。这两篇的主要内容是阐述用刑轻重的原则与依据，简述各篇的主要内容与宗旨，对律文中未能涉及的内容作原则的补充，以便划一制度，该体例对后世产生了很大的影响，它充实了刑法适用制度的规定，丰富了法典总则内容，规范了法典的体例结构。

（2）精简了律令体系。自西汉创立春秋决狱制度后，经学家们纷纷引经注律，致使律令章句之学日盛，到东汉已有 26 000 余条、773 万多字，出现了“言数益繁，览者益难”的问题。西晋对晋律之外尚未废止的重要内容，编成《晋令》40 卷，将律令精简为 60 卷、2 926 条、126 300 字，取得了刑宽禁简的立法特点。

（3）法律概念更加规范、准确。由于律学的发达，晋朝对律之理的研究很深入，他们首先区别了律与令的性质，即将律作为以定罪量刑为主的法典，将令作为规定国家各项制度的法典。从此，令是与律并行的法典，而不再是君主诏令的简称。法律注释在这一时期也格外发达，《晋律》颁行后，张斐、杜预两大律学家为之作注，颁行天下，与《晋律》具有同等效力，称为《张杜律》。

（4）刑罚制度更加科学、合理。晋律在曹魏《新律》首创新五刑制度的基础上，将其刑名由 7 种 37 等精简为 5 种 20 余等；缩小了亲属连坐的范围，养子女与出嫁女不再受生父母弃市罪的株连，使刑罚制度向着相对文明的方向进步。

（5）礼律进一步融合。为了维护士族利益，晋朝将礼入于律中，并且设立了“杂抵罪”，即以夺爵、除名、免官等来抵罪。这一规定使贵族、官员犯罪享有减、免刑罚的法定特权，是后世“官当”制度的雏形。

三、南北朝时期的立法概况

（一）南朝的立法

由于南朝统治者偏安江南，在政治上无所作为，在立法上亦拘限于晋制，无所建树。宋、齐两朝皆沿用《晋律》。梁代曾编定梁律、梁令、梁科，梁律亦沿袭《晋律》，只是在篇目上略有改动。陈亦对律令进行修订，但并不成功，纲其目，但条流冗杂，只有陈朝设的“官当”之制，为后世所继承。

（二）北朝的立法

与南朝相比，北朝统治者比较注重对汉、魏、晋律的吸收，他们的立法，为隋唐封建法制的进一步完善创造了条件。

1. 北魏的《北魏律》

以鲜卑拓跋氏贵族为主建立的北魏政权，为稳固对广大中原地区的统治，迅速扫尽游牧部落的习惯法，十分重视法律的修订，以法律手段维护其封建化过程中的成果。

北魏政权前后较大的立法活动不下 7 次。孝文帝太和年间，由崔浩等数十位律学家编修，经过多年的斟酌增删，修成律典，于公元 495 年颁行天下，史称《北魏律》，共 20 篇，其篇名可考者仅刑名、法例等 15 篇。它总结了历代及当世通行律典的经验与不足，在刑名、罪名、刑罚原则诸方面均有新的发展。其指导思想是“纳礼入律”，因此综汇了中原、河西、江东诸地的儒学文化，集当时律典之大成，为隋唐律典的渊源。著名的《北齐律》就是以《北魏律》为基础而制定的。

2. 东魏的《麟趾格》

北魏分裂后，东魏孝静帝兴和三年（公元 541 年），命百官议定新法，“以格代科”。格成为一种新的法律形式。因新格议定于麟趾殿，故称《麟趾格》。

3. 西魏的《大统式》

北魏分裂后，西魏太祖曾于大统元年（公元 535 年）、七年（公元 541 年）先后对以往的制度进行损益，大统十年（公元 544 年）又命苏绰加以修订，颁行天下，故称《大统式》。《大统式》共 5 卷。这种以“式”为法典名称的编纂方式，是我国立法史上的一个发展。

4. 北齐的《北齐律》

北齐代东魏后，便着手制定律令，经过40年的努力，终于制成《齐律》，史称《北齐律》。与律同时修订颁行的还有令、格等，但以《北齐律》对后世的影响最大。

《北齐律》于武成帝河清三年（公元564年）颁行天下，共12篇，940条。其篇目为：名例、禁卫、户婚、擅兴、违制、诈伪、斗讼、贼盗、捕断、毁损、厩牧、杂律。它集北朝立法经验之大成，其成就可以概括为：第一，确立了重罪十条，为后世改为“十恶”；第二，合《刑名》《法例》为《名例》篇，置于律首，将律典的篇目也减为12篇，该体例为隋、唐、宋所沿用；第三，确立了死、流、徒、杖、鞭五刑，为隋唐笞、杖、徒、流、死的五刑体系奠定了基础。可以说，自魏晋以来法典体系由繁而简的改革，到北齐律已臻完成，它是一部上承汉魏律之精神，下开隋唐律之先河的重要法典。

5. 北周的《大律》

北周代西魏后，沿用《大统式》，至周武帝时开始修撰律令，其律因仿《尚书·大诰》而作，故称《大律》。

《大律》是北周时的主要律典，共25篇。《大律》条目繁多，篇目庞杂。因而，隋建国后，舍《大律》而用《北齐律》。但《大律》首创流刑五等之制，为后世所沿用。

四、三国两晋南北朝立法的主要成就

这一时期立法的主要成就表现于：

（一）封建法律形式日趋完备

明确区分了律令的不同性质，建立律、令相辅相成的两大法典体系，对于后世法律发展有重要意义。于律、令、科、故事外，又出现了格、式等新形式，这是对汉朝律、令、科、比的继承和发展，又为隋唐法律形式的整齐划一奠定了基础。

（二）篇章体例的设置日趋科学

首先，改《具律》为《刑名》《法例》，再改为《名例》置于篇首，统领诸篇。其次，又由9篇增为18篇、20篇，再简为12篇，使律典简明扼要，疏而不漏。

（三）刑罚制度日趋规范

基本上使封建五刑制得以确立。

（四）法律概念日趋准确

如首次区别了律与令的不同，又对法律术语作了精确的解释，丰富和发展了刑法理论，这是律学发达的结果。

（五）礼律日趋融合

“八议”“准五服以制罪”“重罪十条”“官当”等入律，使礼的原则法律化，为《唐律》“一准乎礼”打下了基础。

五、律学的发展

秦汉时期，中国的律学初具雏形，尤其是汉朝时期引经决狱，以经释律，标志着律学的正式形成。三国两晋南北朝时期社会的动荡给律学的发展提供了肥沃的土壤，魏晋以来形成的门阀士族，培养了大批专门从事法律研究的律学家，使得律学的发展在三国两晋南北朝时期成为可能。此时，出现了以西晋的张斐、杜预为代表的律学家，他们侧重于研究律典的篇章、体例、法律概念及法律原则等具体问题，使律学获得长足的发展。其具体表现为以下几个方面。

其一，法律注释水平明显提高。据《晋书·刑法志》记载，张斐对《晋律》的 20 多个名词进行解释：“其知而犯之谓之故，意以为然谓之失，违忠欺上谓之谩，背信藏巧谓之诈，亏礼废节谓之不敬，两讼相趣谓之斗，两和相害谓之戏，无变斩击谓之贼，不意误犯谓之过失，逆节绝礼谓之不道，陵上僭贵谓之恶逆，将害未发谓之戕，唱首先言谓之造意，二人对议谓之谋，制众建计谓之率，不和谓之强，攻恶谓之略，三人谓之群，取非其物谓之盗，货财之利谓之脏。凡二十者，律义之较名也。”后经朝廷批准，这些解释被下诏颁行天下，与《晋律》具有同等的效力。这些解释直到今日仍是经典之解释。后人将这些注释与晋律文本合为一体，称之为《张杜律》。

其二，法典编纂技术渐趋成熟。三国两晋南北朝时期，从曹魏《新律》《晋律》到《北齐律》，法典的篇数及体例经过不断的调整，逐步定型，最终确立起以《名例律》为首篇，作为法典总则，法典分为 12 篇的体例，法典编纂模式基本定型，为隋唐所继承。

此外，律学家们还对法的性质与作用，法典总则的性质、内容与地位有了明确的认识与阐述，对不同法律形式及其彼此之间的关系有了清晰的界分，使中国古代的律学水平达到了一个前所未有的高度和新的发展阶段。

第三节　法律的主要内容和特点

一、刑事方面

（一）“八议”“官当”入律

1.“八议”入律

魏制《新律》时，以《周礼》中的“八辟”为依据，规定了“八议”制度，“八议”首次入律。自此，历朝历代相沿不改，“八议”成为封建法典的最基本内容之一。所谓“八议”，是指八类人犯罪，依法享有免刑和减刑的规定，即“议亲”“议故”“议贤”“议能”“议功”“议贵”“议勤”“议宾”。这八类人指：皇帝宗室亲戚（亲）、皇帝故旧（故）、德行卓著者（贤）、才能过人者（能）、有大功勋者（功）、高级官员贵族（贵）、勤政突出者（勤）、前朝皇室及其后裔（宾）。“八议”入律不仅维护了封建等级制，而且使礼律进一步融合。

2.“官当”入律

“官当”即官员若犯徒罪，允许其依法以官品与爵位抵罪，又称“以官当徒”，源于《晋律》中的“杂抵罪”。北魏时规定公、侯、伯、子、男及五品以上官阶可以当抵徒刑三年。南朝陈律中出现了“官当”之名，规定官品不论高低，皆可当徒刑二年。若犯徒五年、四年刑，可以官品减免二年，余刑居作；若犯三年刑，可以官品减免二年，余一年收赎；若犯二年刑，可以收赎。官当制确立于南陈，为官吏享有特权提供了法律依据。

（二）“准五服以制罪”

晋制《晋律》时，第一次将礼中的“服制”列入律典中，作为定罪量刑的原则。“五服”即以丧服为标志表示亲属间血缘亲疏及尊卑，共分五等，故称“五服”。“准五服以制罪”的原则是：服制越近，即血缘关系越亲，以尊犯卑者，处刑越轻；相反，处刑越重。服制越远，即血缘关系疏远者，以尊犯卑，处刑相对加重；以卑犯尊，相对减轻。该制确立了后世法定亲属等级制度。

（三）出现“留养其亲”制度

北魏律以儒家养老孝亲思想为宗旨，明确施行“留养其亲”制度。《北魏律·法例律》规定：“诸犯死罪，若祖父母、父母年七十已上，无成人子孙，旁无期亲者，具状上请。流者鞭笞，留养其亲，终则从流。不在原赦之例。”[1]

---

[1] 《魏书》卷一百一十一《刑罚志》引。

即对犯罪者，如祖父母或父母70岁以上，家中无成年子孙或其他期亲家属赡养，可上奏皇帝决定是否执行死刑；对犯流罪者，先处鞭笞刑，责成回家赡养老人，待养老送终后，再执行流刑。这项留养其亲制度，体现了儒家所倡导的“亲亲”原则和孝道精神。

（四）设立“重罪十条”

北齐修律时，将严重危害封建国家利益与违背封建礼教的言行归纳为十条，称为“重罪十条”，置于律典的首篇，强调这十种犯罪属于刑罚重点镇压的对象。这十条是：反逆、大逆、叛、降、恶逆、不道、不敬、不孝、不义、内乱。犯此十种罪者，即使原应享有“八议”特权，其罪仍不赎不赦。以后历朝历代封建法典中规定的“十恶”即源于此。

这十种罪名中的反逆、大逆、叛、降、不敬属于危害君权及其所代表的国家利益的行为，恶逆、不孝、内乱属于触犯父权与夫权及其所支配的宗法血缘关系的行为，不道、不义属于违反道德伦常秩序的行为。可见，设立“重罪十条”，其根本目的在于严惩违背儒家纲常名教的行为。北齐律规定“重罪十条”，是中国古代刑法适用制度礼教化的重要标志。

（五）刑罚制度的发展

1. 限制族刑，逐步缩小缘坐范围

曹魏时规定，女子出嫁后不再因父家犯死罪而株连处死，以后又改为妇女被缘坐者不处死而没为官奴婢，缘坐处死者限于男性亲属。除反逆大罪外，一般犯罪，不缘坐亲属。

2. 肉刑日趋减少

三国两晋南北朝未能完全废除肉刑，但其发展趋势则是以流、徒、杖、鞭等刑代替肉刑。曹魏时，曾禁止宫刑，北魏重新使用宫刑。西魏、北齐都明令禁止使用宫刑，将应宫者没为官奴婢。从北齐时起，宫刑不复为法定刑。

3. 酷刑日趋减少

虽然由于战乱等因素，三国两晋南北朝时刑罚较为严酷，但就其发展趋势来看，酷刑的设置与使用在日益减少。晋律规定死刑3等，即枭首、腰斩、弃市。髡、赎、杂抵罪、罚金称为“生刑”，共14等。北魏初建时，刑罚中保留了一些原始酷刑，但在其发展中日益改进，至北齐时死刑为绞、斩、枭首、轘（车裂）4等，生刑为流、徒、杖、鞭，为隋唐五刑制的完善打下了基础。

4. 定流刑为减死之刑

汉文帝废除肉刑后，死刑与徒刑中缺少中间刑。北魏时将流刑定为法定刑，填补了这一空白。北周将流刑分为5等，即以京师为准，发配至4 500里之外，称流藩服；4 000 里，称流镇服；3 500 百里，称流荒服；3 000 里，称流要服；2 500 里，称流卫服。可见，流刑制度进一步完善。

（六）新五刑制度的形成

曹魏《新律》在“刑名”篇首次创立新五刑制度。它以劳役刑为主体，包括 7 种刑名 37 等，即死刑 3 等，髡刑 4 等，完刑与作刑各 3 等，赎刑 11 等、罚金 6 等，杂抵罪 7 等。晋律取消完刑与作刑，将五刑规范为 5 种刑名 20 余等，即死刑 3 等、髡刑 4 等、赎刑与罚金各 5 等、杂抵罪若干等。

北魏律规定了死、流、徒、鞭、杖的五刑制度，基本为北齐律所继承，后者将五刑分为 18 等，即杖刑为 10、20、30 共 3 等；鞭刑为 40、50、60、80、100 共 5 等；徒刑为 1～5 年；流刑为 1 等；死刑为绞、斩、枭首、轘共 4 等。北周律进一步改进五刑制度，将每种刑罚分为 5 等，共设 25 等：杖刑10～50；鞭刑 60～100；徒刑 1～5 年；流刑 2 500～4 500 里；死刑为磬、绞、斩、枭、裂。隋朝初年制定《开皇律》，将北周五刑修改为笞、杖、徒、流、死 5 种刑名，并为唐以后历代所沿用。

二、其他方面

（一）在官吏选任上实行九品官人法（即“九品中正制”）

为了扭转东汉中期以来世家大族把持选官大权、操纵朝政的局面，曹丕于汉献帝延康元年（公元 220 年）采纳陈群的建议，实行“九品官人法”。州、郡分别设大中正、小中正，以有识鉴能力的贤达充任，主持选官事宜，故称九品中正制。中正评选所在地区出生的士人、官吏，据其“簿伐”（家庭出生）、“状”（德才、行为、政绩）及“品”（人品），写出“行状”（评语），定其等级，逐级上报。所谓“九品”，即将人评为三等九级，即上上、上中、上下、中上、中中、中下、下上、下中、下下。上上一般不评，实为虚名；上中即是第一等品级，也称上品，其余皆为下品，也称“卑品”。品第高低是授官的依据。品第评定有严格程序：由小中正呈大中正，呈司寇，呈尚书省，经层层申报、核实，然后由吏部任命。每三年“清定”一次，按其操行、政绩如何而升降其品第。

九品中正制将选官之权由地方豪强收归中央，结合门第、德才和社会舆论多方面考察，选才标准较前严密。将人品分为九品，在人才学分类上是一创新，对考核人才，劝导风俗，鼓励向上有积极作用。但九品中正制在执行中流弊很大。一是中正权重，初时对其褒贬对象还负有连带法律责任，其后遂陷于自流，以至往往主观任意，用以谋私。再则规定州中正必须由二品以上高官担任，而这一时期这种高官只能出于豪门，九品中正制无异成为士族政治统治的工具，庶族寒人仍无进士之路，科举制度于是应运而生。

（二）清议禁锢之科的设立

这是庶族与士族斗争的产物。清议，即以儒家的伦理道德为依据，评价人物。清议起源于东汉时期的“乡举里选”制度。清议的主持者大多是有名望的士族。为官者一旦触犯清议，便会丢官免职，被禁锢乡里，不许再入仕。

三国两晋时，士族利用清议为子弟入仕升迁开辟道路，造成上品无寒门，下品无士族的局面。南朝士族与庶族间的斗争日趋激烈，庶族逐渐掌握政权以后，为了限制士族对清议的操纵，南朝法律中设清议禁锢之科。

出身于缙绅之族的人，其言行若犯亏名教、不孝及内乱，便会触犯清议，皇帝可根据清议下诏对其进行贬斥，并禁其入仕。清议禁锢之科的设置从政治上说是为了适用庶族遏制士族而设，但客观上也起到了维护封建家族关系，维护封建伦理道德的作用。

（三）在婚姻上强调士庶有别，良贱不婚

三国两晋南北朝时，封建尊卑等级格外森严，士族集团享有崇高的社会地位，在入仕、升迁诸方面享有“庶族”不可能有的权利。两晋时期，最高官职一直被士族所垄断。为了维护士族的特权，法律不仅禁止良贱通婚，而且士族与庶族联姻，亦被称为“失类”，不仅受到舆论的讥评，而且还会被弹劾。南朝时，士族懈于庶政，政治权力转移，由庶族掌管机要。尽管如此，士族的社会声望仍然很高，士庶有别仍是人们公认的习俗。北魏文成帝时，明令皇族、王公侯伯及士民之家，不得与百工、伎巧、卑姓为婚。士庶有别，良贱不婚，意在维护士族的特殊社会地位，巩固封建等级制度。

（四）土地立法

1. 曹魏屯田制

东汉末，累年战乱，农业生产凋敝。为解决军粮及财政问题，曹操于建安元年（公元 196 年）在许昌组织屯田。继之推行于中原及江淮地区。蜀、吴也推行屯田制。

屯田区一般在肥沃或重要处所设置。曹魏由典农中郎将、典农校尉及屯田都尉等农官而不由郡县管理，统属中央大司农，其土地属国有。屯田客多由强征而来，为国家佃客，即依附农民，不得自由迁徙，采用军事编制，按四六（用官牛者）或对半（不用官牛者）分向国家交租。屯田客一般不负担其他徭役，生活有一定保障，讲究精耕细作，有利于提高农业产量。屯田法的施行使曹魏的经济实力大增，得以统一北方。此法推行六七十年，终因对人身控制过

强及豪门的侵占，趋于瓦解，屯田转为豪门佃客。司马氏篡魏前后罢屯田官，屯田制废。

2. 西晋占田制

针对屯田制废除后，豪强对土地和劳动人手的兼并，为保障国家掌握适量的土地、劳力和赋税收入，晋武帝于太康元年（公元 280 年）颁行占田令。

占田令规定，官员按品级高低限额占田及佃客：一品 50 顷，每低一品，递减 5 顷，九品占 10 顷，招展佃客自 15 户至 1 户。一般平民每户丁男占田限额为 70 亩，丁女 30 亩，共 100 亩。丁男（16～60 岁）按 50 亩交租，丁女按 20 亩交租。占田法其实在于限田，实施后对农民垦荒占田，发展农业生产有一定积极意义。但是，占田令行之仅 10 年，便发生了“八王之乱”，社会经济又遭严重破坏，占田法不撤自销。

3. 北魏均田制

北魏总结魏晋以来土地立法经验，掺之以鲜卑、拓跋氏族部落遗习，于太和九年（公元 485 年）颁行均田令。

均田令规定：15 岁以上男子授露田（种谷物）40 亩，妇人 20 亩；男子每人并授桑田（种树木）20 亩，如是产麻地则男子授麻田 10 亩，妇人 5 亩。其中桑田子孙世业，身终不还。其他田亩年老免役或死后归还国家。桑田按现有丁口计，生产多余的可以出卖其多余部分，不足者可买所不足，不得多卖或多买。家有奴婢者，同良人受田。4 岁以上耕牛每头授露田 20 亩，限 4 牛。地狭人稠之处，可向空旷处迁徙，地足之处不得无故转移。此后，东西魏及北齐、北周，均沿北魏之制而略有调整。北魏的均田制为隋唐均田制提供了蓝本。

（五）行政机构的演变和特点

1. 中枢机构的演变

三省制度的形成，是三国两晋南北朝时期中枢机构的重要演变，为隋唐所继承并发展为三省六部制。

（1）尚书省。在东汉的基础上，曹魏时起，尚书台已作为中央行政机构，南梁改称尚书省，置尚书令为长，左右仆射为两个副手，下设六曹分理政务。北朝尚书省始于北齐。南北朝尚书省长官是事实上的宰相。

（2）中书省。中书省设于曹丕称帝时，以中书监、令为长官，因其为皇帝内臣，参与机要，成为朝廷出令机构，也起宰相作用。此后中书省职权益重。

（3）门下省。其长官为侍中。秦已置侍中，因侍奉皇帝而得名。汉魏侍中均参与机要，西晋独立发展为门下省，作为皇帝的侍从、顾问机构，南北朝时也起宰相作用。

2. 地方行政机构的特点

三国两晋南北朝时期的地方行政机构有如下特点：

其一，由郡、县二级制向州、郡、县三级制转变。东汉末年地方势力膨胀，州刺史由原先监察官员而成为事实上的州行政长官，至三国时，秦汉地方二级制遂演变为三级制。

其二，州郡数量较汉时增多而建制划小。西晋末年中原连年混战，北方世家大族及平民百姓大批南迁，为了安置流亡士族并维护其特权，东晋南朝在其领域内以北方的地名设置州、郡、县，是为侨州郡县。但当时南下者并非整个州、郡、县南迁聚居一地，而是散居于数个郡县，因而出现多处侨置相同的州郡县名。也有在收复北地后又在原州郡名前冠以“北”字，以示有别于侨州郡县。如此混乱的局面，严重影响了地方行政效能和中央集权。

其三，由于战乱频繁，州郡长官大多由武官兼任。重要州牧刺史乃至郡守，大都带都督、将军等军衔。在北朝，军事权力和军事组织更向地方行政渗透，因而出现带军事性质的地方行政制度。

第四节　司法制度

一、中央司法机关

三国两晋南北朝时期的司法机构基本沿用汉制。中央最高审判机关仍为廷尉。北魏称秋官大司寇，北齐时将廷尉之名改为大理寺，扩大了机构的编制。这一名称被隋唐继承，隋唐的中央最高审判机关均称为“大理寺”。此外，曹魏时，在中央最高审判机关“廷尉”之下设立律博士一职，专门负责教授司法官吏法律知识，培养司法官吏。隋唐至宋代均设有律博士。此制在中国延续了千余年。

二、地方司法机关

三国两晋南北朝的地方司法机构仍与行政合一，司法权属各级行政长官，分州、郡、县三级。州、郡、县的长官州刺史、郡守、县令即地方最高司法官。一般案件，州、郡一级即可决断，重大案件需要上报中央。此外，由于长期战乱，州、郡长官往往集地方行政、军事、司法权于一身。

三、诉讼审判制度

（一）“登闻鼓”直诉制度

三国两晋南北朝时期的诉讼制度也基本沿用汉制，其中较为引人注意的是这一时期建立了“登闻鼓”直诉制度。登闻鼓设于朝堂之外，有冤情者可以击鼓直接向皇帝或中央司法长官诉冤。此制沿用至清朝。

（二）审判制度

为了加强皇帝的司法权，皇帝直接参与司法审判。魏明帝、北魏孝文帝、南宋武帝等都亲自断大狱、录囚徒。最高司法权牢牢地掌握于皇帝手中。

为了体现恤刑及加强皇帝对司法审判的控制，确立了“死刑复奏制”，即死刑须经皇帝批准，才能付诸执行。三国两晋南北朝时期对地方审判权作了限制。重囚，经县审判后，须上报至郡，由郡守派督邮案验。

三国两晋南北朝时期的刑讯严酷野蛮。对一些囚犯采取严刑逼供的方法进行审讯。如北魏时曾以“重枷”逼供，还并用责打。又如南梁时，以笞、鞭责打嫌疑犯后，再强迫嫌疑犯戴上械具站在一个圆形土垛上，进行逼供。士族官员有嫌疑也要以断食一段时间进行逼供。

复习思考

一、名词解释

纳礼入律　《魏律》　《晋律》　《北魏律》　《麟趾格》　《大统式》　《北齐律》　《大律》　八议　官当　准五服以制罪　留养其亲　重罪十条　九品中正制　清议禁锢之科　屯田制　占田制　均田制　尚书省　中书省　门下省　“登闻鼓”直诉制度　死刑复奏制

二、自测题

1. 三国两晋南北朝时期，首次将“准五服以制罪”列入律典的是：（　　）。

A. 晋律　　B. 北齐律　　C. 魏律　　D. 新律

2. 死刑复奏制度确立于：（　　）。

A. 西周时期　　B. 秦汉时期　　C. 北魏时期　　D. 隋唐时期

3. 重罪十条的规定，始见于：（　　）。

A. 新律　　B. 晋律　　C. 北齐律　　D. 大统式

4.《北齐律》继承了《北魏律》确立五刑为：（　　）。

A. 死、流、宫、徒、鞭　　B. 死、流、徒、鞭、杖

C. 死、流、徒、杖、笞　　D. 死、髡、赎、杂抵罪、罚金

5. 八议成为刑律的主要内容的时期是：（　　）。

A. 两汉　　B. 曹魏　　C. 西晋　　D. 北魏

6.（　　）中出现了“官当”之名。

A. 南朝陈律　　B. 北魏律　　C. 曹魏新律　　D. 北齐律

7. 下列属于“八议”的内容有：（　　）。

A. 议亲　　B. 议贤　　C. 议功　　D. 议宾

8.（　　）时将廷尉之名改为大理寺，扩大了机构的编制。

A. 北魏　　B. 北周　　C. 北齐　　D. 曹魏

9. 三国两晋南北朝时期，实行占田制的是哪个政权：（　　）。

A. 曹魏　　B. 北魏　　C. 北齐　　D. 西晋

10.（　　）将《新律》的《刑名》篇分为《刑名》与《法例》2 篇，置于律典之首，进一步完善了作为总则的《刑名》篇。

A. 北魏律　　B. 麟趾格　　C. 北齐律　　D. 晋律

三、论述题

1. 试述三国两晋南北朝时期的法制指导思想。

2. 试述三国两晋南北朝时期立法的主要成就。

3. 试述三国两晋南北朝时期司法制度的特点及发展。

4. 试述三国两晋南北朝时期律学的成就及发展。

（自测题答案：1. A；2. C；3. C；4. B；5. B；6. A；7. ABCD；8. C；9. D；10. D）

第八章　隋唐五代的法律制度

（公元581年～公元960年）

本章主要内容

本章介绍的是隋唐五代时期法律制度的主要内容。其中论述了隋唐时期法制的指导思想、立法概况、法律的主要内容和特点及其司法制度的主要内容和特点。

学习目标

了解隋唐时期法制的指导思想、立法概况及其法律的主要内容和特点。特别是要掌握和领会这一时期的中国法制的发展正处于中华法系最繁盛的时期的特点，要掌握这一时期法制成果对于中国后世的影响。

本章的重点问题

1. 隋朝初期的法制指导思想。
2. 隋朝初期的立法概况。
3. 唐朝初期的法制指导思想。
4. 唐朝的立法概况。
5. 唐朝法律的主要内容和特点。
6. 唐朝的司法制度概况。

公元581年，北周大臣杨坚夺取了政权，建立隋朝，是为隋文帝。公元581年和589年，隋文帝先后灭掉南朝的梁、陈政权，结束了自三国以来长达361年的分裂的混乱局面，实现了封建专制国家的再统一。

隋文帝前期注重法制改革，他制定的《开皇律》是唐律的蓝本。但是，隋文帝既立法又毁法。隋炀帝继位后，穷奢极欲，严刑峻法，连年征战，赋役繁重，致使社会矛盾趋于激化，隋朝终于在农民大起义的狂澜中覆亡。

太原留守李渊及其子李世民等在隋末农民大起义中乘机起兵，于公元618年建立唐朝，直到624年，平定了地方割据势力，才大体上统一全国。

唐初统治者，特别是唐太宗吸取了隋朝灭亡的教训，深知必须与民休息，才能长治久安。唐太宗注意吏治，重视法制，减轻赋役，缓和了阶级矛盾，促进和加速了生产的恢复和发展，社会经济迅速增长，封建法制空前完善，为后来开元、天宝之际的鼎盛局面打下了基础。作为当时经济繁荣、国势强盛、文化发达的东方大国，其《唐律疏议》和初唐法制被后世封建统治者奉为楷模，并且对东亚邻国，如日本、朝鲜、越南等也有深远的影响。公元755～763的“安史之乱”是唐王朝盛极而衰的大转折。此后，国力下降，藩镇割据，宦官专权，中央集权大为削弱，法制秩序也名存实亡。

继唐之后的五代十国时期，是唐末藩镇割据的继续和发展，其法制也是唐末法制废弛状况的延续。

学习本章应注意：（1）隋初法制指导思想及立法概况；（2）初唐法制的指导思想；（3）唐朝法律的主要内容；（4）五代的立法、刑制对后世的影响。其中最主要的是第3项内容，即唐朝法律的主要内容。

第一节　隋初法制的指导思想及立法概况

一、隋初法制的指导思想

（一）取适于时，留意宽简

隋文帝杨坚在任北周大臣时，认为周宣帝颁行的《刑法圣训》过于严厉，曾进行切谏，但未被采纳。周宣帝死，杨坚总揽朝政，作《刑书要制》，对旧律作了删略，处刑较之旧律也有宽简。在此基础上，杨坚在夺取政权后，于开皇年间颁行《开皇律》，对旧有的刑罚作了一系列的修正：在刑罚上，废除了前代的枭首、车裂等残酷死刑，并废除了鞭刑；役刑由6年改为5年，徒刑也由5年改为3年；在讯囚方面，尽除过去的苛惨之法，规定讯囚不得过200，枷杖的大小，皆有规格；在处刑方面也较之旧律轻得多，很多原来处以死刑的条目，也改为其他刑罚。开皇三年又定新律，定死罪 81 条、流罪 154 条、徒罪等千余条，并且废除了孥戮相坐之法。

（二）注重司法实践，锐意改革

隋文帝开皇初年十分关心司法实践，从中发现问题，随即改革，隋初法制因而日趋完备。《开皇律》颁行不久，由于人民对新法尚不知道，所以犯法者很多，隋文帝针对此情况，便诏令督促各地注意诉讼审理，如有冤案或县级长官不予受理者，可逐级上诉，并允许直接向皇帝告御状，由有关官员记录下案情奏报给皇帝。隋文帝常亲自审理案件，并且当发现法律还是过于繁苛时，便决定重新修订《开皇律》。并在大理寺设置律博士，各州县也设律生，使之明习法令。后又发现个别律生舞文弄法，诬陷无辜，于是，隋文帝诏令全面撤废律博士、律生等，强调审断案件必须写明所依据的法律。后又诏令各州有关官员均须学习法律，并集中京城进行考试，所以隋初之官吏多明律法。

（三）不徇私情，严格执法

隋文帝在执法上不避亲疏，是有名的。隋文帝少时与王谊相交颇深，其后将其女儿嫁于王谊之子为妻，但王谊被指控犯罪时，隋文帝遂下诏将其赐死于家。隋文帝的第三、四子均因违法，而受到严厉的处罚，甚至被废为庶人。

虽然隋文帝在早期改革法制和执法上作了有益的努力，但是，在他的后期，他毁法专制的情形屡见不鲜，他常在殿廷重杖大臣，直至将他们杖毙于殿下。晚年，用刑尤峻，功臣宿将，大都被他处死。更有甚者，将律外可以施刑的权力下放。凡此种种，为后来隋炀帝变本加厉地破坏法制和隋朝的覆亡植下了祸根。因而有人说，隋亡的根源，起自隋文帝，成于隋炀帝，由来已远。

二、隋朝的立法概况

（一）《开皇律》

开皇元年（公元 581 年）隋文帝命总结前朝的立法经验，修订新律。同年 10 月，在颁行新律的诏书中，隋文帝指出，制定法律，要“取适于时”，前代沿用已久的几种极残酷的刑罚都应革除，旧法中的“杂格严科”也应删去。该部法典与以往法典相比，“以轻代重，化死为生”的条目很多。开皇三年（公元 583 年），隋文帝认为律文还是太严密，又命人更定新律。这两部“新律”均称《开皇律》，但在历史上，通常指后者。

《开皇律》在篇章体例上继承了《北齐律》的特色，共分为 12 篇，即名例、卫禁、职制、户婚、厩库、擅兴、盗贼、斗讼、诈伪、杂律、捕亡、断狱。删除了死罪 81 条，流罪 158 条，徒、杖等罪 1 000 余条。其篇章体例对后世封建法典有着重要影响，唐律十二篇的篇名除将盗贼改为贼盗外，其余完全沿用。

《开皇律》的主要内容是：

（1）优待贵族、官员。为了笼络可以争取的贵族、官员，对他们的犯罪一般予以减免刑罚，使之分别有享有议、请、赎、官当等特权。隋律规定，皇帝宗室亲戚（亲）、皇帝故旧（故）、德行卓著者（贤）、才能过人者（能）、有大功勋者（功）、高级官员贵族（贵）、勤政突出者（勤）、前朝皇室及其后裔（宾），这八类人以及官品在第七等以上的人犯罪的，都可以按照律文的规定减一等量刑。隋律还把官当作为定制，并规范了其内容，具体是：犯私罪以官当徒者，五品以上，一官当徒二年；九品以上，一官当徒一年；当流者，三流同比徒三年。若犯公罪，徒各加一年，当流者各加一等。唐律也沿用了隋律的这些制度。

（2）确立“十恶”罪名。《开皇律》在《北齐律》“重罪十条”的基础上，改为“十恶之条”，即谋反、谋大逆、谋叛、恶逆、不道、大不敬、不孝、不睦、不义、内乱。并规定：凡犯十恶及故意杀人罪者，虽遇大赦，仍处除名。

（3）改革刑罚制度。《开皇律》废除了前代的鞭刑、枭首、车裂等酷刑和孥戮相坐之法。确立死、流、徒、杖、笞的封建五刑制度。即死刑二等：斩、绞；流刑三等：1 000 里、1 500 里、2 000 里；分别服劳役 2 年、2 年半、3 年；徒刑五等：1 年、1 年半、2 年、2 年半、3 年；杖刑五等：自 60～100；笞刑五等；自 10～50。除流刑三等到唐律多加 1 000 外，其余全部为唐律所沿用。隋代的赎刑在前朝的基础上也作了明确规定。

《开皇律》无论在篇章体例和基本内容上，较以前的封建法典均有显著改进，是对秦朝以来法律的总结，也为唐朝奠定了基础。上述主要内容，经过唐律的修订和确认，几乎全被纳入并加以完善，因而成为唐律的蓝本。

（二）《大业律》

隋炀帝继位时，法制混乱，刑罚滥酷的恶果已很明显。为标榜宽刑，隋炀帝大业三年（公元 607 年）颁行新律《大业律》。分 18 篇，500 条。

它与《开皇律》基本相同。其变动的重点是：

一是篇名：（1）将原来的卫禁、职制、斗讼篇分别改为卫宫、违制、斗；（2）户婚篇分为户、婚 2 篇；（3）厩库篇，分为仓库、厩牧 2 篇；（4）盗贼篇分为盗、贼 2 篇；（5）增加关市、请求、告劾 3 篇，其余依旧。

二是刑罚有所减轻者 200 余条，关于施行枷杖、决罚、讯囚的规定也轻于《开皇律》。

三是删除十恶条目中的 2 条罪名。

可见，《大业律》基本上是《北魏律》的复旧，是立法技术的倒退。在隋炀帝当政期间，往往于法外严刑峻法，完全不依照《大业律》行刑。

第二节　唐初法制的指导思想

隋朝仅仅传了两代，存在30余年，便土崩瓦解。唐初统治者鉴于隋朝亡国的教训，不得不提出“安人理国”的方针，继而又要求减免赋徭，使民休息。初唐法制的指导思想，就是在这一总方针的基础上的反映。

一、德礼为政教之本，刑罚为政教之用

长孙无忌奉唐太宗之命修撰《律疏》，在《名例》篇疏议中指出：

（1）治理国家必须兼有德礼和刑罚，如同一天之中有早有晚，一年之中有春秋四季，不可或缺。

（2）在实施政治教化中，德礼和刑罚之间的关系是“本”和“用”的关系，即根本的、主导的与辅助的、派生的关系。

德，这里主要是指君主要以“宽仁治天下”；礼，主要是指以封建纲常对臣民进行教化。他们崇德尚礼的根本目的在于将剥削和压迫限制在百姓可以承受的程度上，同时又能在伦理道德和各种关系上严格自我约束，不至于犯上作乱，以图王朝的长治久安，此乃“政教之本”。

德、礼在唐初被着重提出，与唐太宗清醒地对待君、国、民三者之间的关系是分不开的。唐太宗说，君依于国，国依于民，如拿苛刻百姓得来的财物侍奉君主，那等于吃从自己身上割下的肉，肚子虽饱而身毙，君富而国亡。所以“为君之道，必须先存百姓”。这些见解相当深刻地反映了中国封建统治者重民思想的积极因素。“先存百姓”思想在实践上主要体现在诸如与民休养生息、省刑薄赋、注意恢复与发展生产、整顿吏治、安定社会等方面。从君民关系上说，这也是君主崇德的具体表现。

二、立法要求宽简、划一、稳定

宽是宽大，简是简约。宽大主要指立法内容方面，其基本点是轻刑，尽可能使人不至于陷于犯罪，或者犯罪后得到较轻的处理。反对严刑峻法、草菅人命、轻罪重刑或者动辄得罪，以致人们无所适从。简约主要指立法形式方面，其基本点是简明，尽可能使百姓了解法律的内容，也使司法官便于掌握；反对发条烦琐、杂乱、前后重叠，彼此矛盾。唐高祖和唐太宗都反复强调立法和司法必须宽大、宽简。正是在这种思想指导下，《贞观律》较《开皇律》大为简约。

立法划一，是保证断罪量刑准确的必要前提。唐高祖认为，法令不划一，将导致执法官徇私舞弊，唐太宗指出法令不划一必然导致轻罪重判或者重罪轻判的弊端。该思想在后来的《永徽律疏》中进一步得到体现，不但将律文统一，还将律条的解释统一。

唐太宗还要求保持法律的稳定性。他说，法令不可经常变化，若经常变化，则造成官吏不能尽记，官吏得以为奸。所以，以后唐太宗在世时制定的法律都无更改。但为了适应社会经济发展的需要，对某些法律内容也必须作适当的修改。但是，修律的程序十分严格。若要修律须先由尚书省议定，奏报皇帝，后召集七品以上京官进行讨论，作出决议，再奏报皇帝裁定。这一措施，加强了立法方面的中央集权。

三、执法要求审慎

唐太宗强调办案必须严肃、慎重，审断应有证据。有人检举唐初名将侯君集谋反，唐太宗认为当时尚无确凿证据，未予轻信，后侯君集谋反之事被披露才被处死。唐太宗对死刑案十分慎重，认为人死不能复生，所以处决死囚，应由中书门下四品以上及尚书九卿共同议定。针对自己错杀大理丞张蕴古和交州都督卢祖尚的过失，唐太宗吸取了隋末的教训，下令凡判决死刑者，均要经三复奏，若在京城要一日五复奏。即要经过三次或五次反复奏报。该规定纳入唐律的《断狱律》，违反者要分别情节，处流、徒刑。此乃唐初法制的一个重要特色。

第三节 唐朝的立法概况

一、唐朝的法律形式

唐朝承用隋朝的法律形式，主要有律、令、格、式四种。

（一）律

律是关于定罪断刑的法典。唐律律条除《名例》篇及《断狱》篇“疑罪”条外，全都具有罪名和相应的刑罚两个基本内容。有些犯罪虽有民事或行政处分，但总以刑罚制裁为主。有罪即有刑。

（二）令

令是关于国家各种制度的法典，几乎包括了经济基础和上层建筑各个方面。如《唐六典》所载的《永徽令》27 篇 30 卷中，其中第 1～7 篇是中央及地方的官制，以下依次是祀、户、选举、考课、宫卫、军防、衣服、仪制、卤簿、公式、田、赋役、仓库、厩牧、关市、医疾、狱官、营缮、丧葬、杂令，共 1 546 条。

（三）格

格作为法律形式始于东魏《麟趾格》，相当于律。唐朝的格，是皇帝对国家机关或个人因时因事颁行的制敕，经过整理的法规汇编，故又称敕格。如唐中宗神龙元年（公元 705 年）《刑部格》，主要是有关诈伪、赃贿、贼盗等方面。此外，如《户部格》《兵部格》则是处理有关公事的条例。

（四）式

式是国家机关经常和广泛适用的办事细则和公文程式。其篇目和数量很多。

（五）律、令、格、式间的关系

律、令、格、式之间还存在一定的关系。

（1）律以刑法为内容，令、格、式则以国家制度、办事细则和公文程式为内容，各有自己的调整范围。同时，律是从积极方面规定国家机关和官民人等应当遵行的制度、准则和规范，律则是从消极方面规定违反令、格、式以及其他一切犯罪的刑罚制裁。

（2）违反了令、格、式要依照律科刑。在一般情况下，司法官须按照律对犯罪者定罪量刑，而不是依照令、格、式。比如，违反了唐令的规定，就要按照唐律进行处罚。可是，到了唐朝的中后期，由于社会情况的飞速变化，律已无法适应这种变化的需要，又不能随意修改，因而，格、敕这些能够及时反映当朝皇帝意志和适时性较强的法律形式的地位逐渐提高，并经常替代法律的作用。为此，在开元以后，出现了不断撰编格、敕的现象，如《大和格后敕》《开成详定格》等先后出台，成为司法官定罪量刑的主要依据。此外，还出现了《大中刑律统类》，即以刑统为形式的法律形式，此法律形式为宋代所沿用。

可见，律、令、格、式四者明确区分，协调应用，这是初唐立法技术的高度成就，也是力求审慎处理刑狱和法制划一的反映。

二、唐朝的主要立法活动

唐朝前期的立法活动以修律为主，兼及令、格、式；后期则主要是编敕和刑律统类。

（一）《武德律》

唐高祖李渊攻占长安后，即命收集隋朝的图籍，制定约法 12 条，除杀人、劫盗、背军、叛逆者处死外，其余一切苛法全部废除。唐朝建立后，于武德二年（公元619年）命刘文静等在隋开皇律令的基础上进行增删，制定53条新格，主要是有关惩治贪赃、盗窃、诈取官府库藏财物等犯罪。武德四年（公元621年），又命裴寂等撰定律令，大致以《开皇律》为准。当时未作全面改动，只将53条新格入于新律，其余未于改动，并于武德七年（公元624年）颁行，是为《武德律》，共12篇，500条。此外还有《武德式》。

（二）《贞观律》

唐中宗即位，于贞观元年（公元627年）命长孙无忌、房玄龄等修订新法律，至贞观十一年（公元637年）完成，仍为12篇，500条，称《贞观律》。贞观令、格、式同时颁行。《贞观律》仍以《开皇律》为基础，但对《武德律》作了较大的修改，主要是：

（1）增设加役流作为死罪的减刑。唐太宗执政后，集中了大臣对于旧律用刑太重的批评建议，把律中的50余条绞刑改为斩右趾刑，并且把加役流作为宽恕死刑的刑罚，使加役流成为介于常流与死刑之间的一种刑罚，过去应判死刑的有些犯罪改判为加役流。这样一来，被判处死刑者便减少了。

（2）区分两类反逆罪，缩小缘坐处死的范围。旧律规定兄弟虽然分居，其中如果有人谋反，则“连坐俱死，子孙配没”。唐太宗认为反逆有两类，一是“兴师动众”，二是“恶言犯法”，两者情节轻重不同，处理应当有所区别。召集大臣商议更改，确定实行反逆者祖孙与兄弟缘坐，恶言犯法者兄弟配流，从而缩小了旧律株连的范围。

（3）确定了五刑、十恶、八议、请、减、赎，以及类推、断罪失出入、死刑三复奏、五复奏等断罪量刑的主要原则。

（三）《永徽律》及《律疏》

唐高宗永徽元年（公元650年），唐高宗又命长孙无忌等大臣修订律、令、格、式。次年，完成《永徽律》12篇502条。《永徽令》以及永徽留司格、散颁天下格和式同时颁行。《永徽律》可以说是《贞观律》的翻版。

《永徽律疏》是永徽年间立法的头等大事。永徽三年（公元652年），鉴于在执法中存在不少定罪量刑畸轻畸重、很不一致的情况，科举考试中的明发科也缺乏“凭准”，为了统一标准，长孙无忌等奉命对《永徽律》的律条和律注逐条逐句进行解说，并对司法中可能出现的疑难问题，自设问答。永徽四年（公元653年）完成，共30卷，经高宗批准颁行，但是称为《律疏》。元朝改《永徽律疏》为《唐律疏议》，《唐律疏议》保存至今。

《永徽律疏》总结了汉魏晋以来立法和注律的经验，不但对主要的法律原则和制度从历史上寻根溯源，说明其沿革，而且尽可能引证儒家经典，用以作为律文的理论根据。颁行后的《律疏》，使“疏”与“律”具有同等的法律效力，也是司法官断案的依据。它的主要作用是解释和补充法律条文，目的是使人们能准确地了解和掌握法律条文的真正含义。

《唐律疏议》是中国历史上保存下来的第一部内容最完整、最具有社会影响力的中国古代成文法典，在中国乃至世界立法史上都占有极为重要的地位。

（四）《开元律》与《开元律疏》

开元二十二年（公元734年），唐玄宗命李林甫等刊定《开元律》12卷，《开元律疏》30卷，令、格、式等也有所刊定。《开元律》和《开元律疏》对于《永徽律》和《永徽律疏》除了个别文字和个别律条稍有更动外，在实质内容上并无多大的改变。

可见，唐朝四次修律的活动进程是：《武德律》开其端，《贞观律》总其成，《永徽律》（借助《永徽律疏》）疏其义，而以《开元律》及疏的“刊定”而告终。

（五）《大中刑律统类》

唐宣宗大中七年（公元853年），将刑律分类为门，附以有关的格、敕、令、式，编成《大中刑律统类》12卷，宣宗诏令刑部颁行。该法典共1 250条，分为121门，也称《刑法统类》。它在法典编纂上是一种新的形式，对于五代和宋朝的立法技术有重大影响。

三、唐律篇目简释

唐律连同疏议共30卷，502条，分为12篇。

唐律继承了中国古代立法传统，将近代意义上的各种基本法规（刑法、民法、诉讼法等）熔为一炉，采取刑事立法的形式，除《名例》篇外，全部律条连同注、疏议和问答，几乎都围绕着“罪”和“刑”分别加以规定、解释、阐发和答疑。社会生活各个领域现今称为违章、违纪，特别是违反道德规范的行为，在唐律都属犯罪，有的甚至是严重犯罪。这是中国封建立法的一个基本特点，从《法经》直至《清律》莫不如此。

唐律的结构，包容了现今刑法之总则和分则两大部分。第1篇《名例》，大致相当于现今刑法的总则篇，第2～12篇相当于现今刑法的分则篇。

（1）《名例》。据《唐律疏议》解释，所谓“名”是指唐律适用刑罚的各种罪名；“例”则是定罪量刑的通例。一定的犯罪总有与其相应的刑罚，而有了归纳同类的情节，按照有关规定处理的通例，就明确了定罪量刑的原则。所以《名例》被列为唐律之第1篇。《名例》集中体现了初唐法制的指导思想，体现了唐律的基本精神和原则，在唐律中具有十分重要的地位。

（2）《卫禁》。卫即“警卫之法”，禁即“关禁”。它是关于警卫皇帝、宫、殿、太庙、陵墓，保卫州、镇、城、戍、关、津要塞和边防的法律。维护皇帝安全和国家主权是该篇的主要内容。

（3）《职制》。是关于官吏的设置、选任、失职、渎职、贪赃枉法以及交通驿传等方面的法律。规定官吏职守、惩治官吏贪赃是该篇的重点。

（4）《户婚》。是关于户籍、赋役、田宅、家庭、婚姻等方面的法律。保护国家赋役来源、维护封建家庭婚姻关系是该篇的重点。

（5）《厩库》。是关于养护公私牲畜、库藏管理、官物出纳等方面的法律。旨在维护官有资财不受侵损。

（6）《擅兴》。擅指擅权，兴是兴兵或兴造，是关于军队征调、指挥、行军出征、军需供给和兴造工程等方面的法律。严惩擅自调动军队、不按期供给军需物资、主将守城弃去以及擅自征发民工兴建工程等罪。确保皇帝对军队的绝对控制是该篇的首要内容。

（7）《贼盗》。贼主要指谋反、谋大逆、谋叛、恶逆、不道等属于十恶范围的犯罪和恶性杀人、害人罪。盗，包括强盗、窃盗、监守自盗等非法占有公私财物的犯罪。该篇严刑镇压谋反、谋大逆、谋叛等罪，打击各类盗罪，是唐律十分重要的内容。

（8）《斗讼》。包括斗殴和诉讼两个方面，是关于惩治斗殴、杀伤、越诉、诬告、教唆词讼、投匿名书告人罪等的法律。无论斗殴和诉讼，唐律首先关注有关当事人的身份问题，发生在不同品阶的官员之间以及官民之间、良贱之间、亲属之间的同一行为，因其身份有别而处理截然不同，鲜明地体现了封建等级制度。

（9）《诈伪》。是关于惩治诈欺和伪造的法律。诈欺和伪造的行为有多种多样，其中属于政治性的诈伪，如伪造皇帝印章、官文书、兵符等，处刑更重。

（10）《杂律》。凡是不便列入其他“分则”篇的犯罪，统归该篇，在唐律中起拾遗补缺的作用，范围甚广，诸如私铸钱、负债违契不偿、赌博、失火、放火、决堤、违反市场管理规定等。各种和奸、强奸罪也集中于该篇。

（11）《捕亡》。是关于追捕逃犯、逃丁、逃兵、逃奴婢的法律。规定了各种逃亡人犯以及追捕官吏失职、泄密等方面的罪责，规定对于重罪人犯，力所能及的人皆有协助追捕之责，违者处刑。

（12）《断狱》。是关于审讯、判决、执行和监狱管理方面的法律，对于刑讯、审理、复审、死囚复奏报决、疑罪处理以及监狱管理的具体办法等作了规定。

四、《唐六典》

《唐六典》是系统地规定唐朝官制的政书。唐玄宗于开元十年（公元722年）亲自书写6条：理典、教典、礼典、政典、刑典、事典，命大臣以《周官》为指导和模式，修成唐朝政书。《周官》即《周礼》的原名。《周官》以天官、地官、春官、夏官、秋官、冬官，分别执掌治、教、礼、政、刑、事6方面的政务。由于修订唐朝政书的时间距《周官》编撰的时间已1 000年，因而，这是一件很困难的事。历经16年，几易其人，终于开元二十六年（公元738年）完成。因唐玄宗早已手书六条，故称《六典》。

《唐六典》的主要内容是关于国家机构的设置、人员编制、职责以及官员的选拔、任用、考核、奖惩、俸禄、退休制度等方面的规定。有关的历史沿革，分别作注附于正文之下。

《唐六典》共30卷，篇目是：卷1，三师、三公、尚书省；卷2，吏部；卷3，户部；卷4，礼部；卷5，兵部；卷6，刑部；卷7，工部；卷8，门下省；卷9，中书省；卷10，秘书省；卷11，殿中省；卷12，内官侍中省；卷13，御史台；卷14，太常寺；卷15，光禄寺；卷16，卫尉寺、宗正寺；卷17，太仆寺；卷18，大理寺、鸿胪寺；卷19，司农寺；卷20，太府寺；卷21，国子监；卷22，少府监、军器监、铸钱监等；卷23，将作监；都水监等；卷24，左右卫、左右骁卫、左右武卫，左右领军卫；卷25，左右金吾卫、左右监门卫、左右千牛卫，左右羽林军；卷26，太子三师、三少、太子詹事府、左右春坊内房内官；卷27，太子家令、率更寺等；卷28，太子左右卫诸率府；卷29，诸王府公主邑司；卷30，府、督护州。基本按照三省六部、内三省、一台、九寺五监、武职官、东官王府官、地方官的顺序排列。

《唐六典》总结了有关的历史经验，结合唐朝的实际情况，成为记载唐朝官制的重要文献，对于此后封建王朝的行政立法有深远影响。它被保存至今。

五、唐律的历史地位

唐律集历代封建法典之大成，对于保障和促进唐初社会经济的发展，巩固封建统治，起了重要作用。对于后世的封建法制也有极大影响，且及于东南亚邻国。

（一）唐律对后世封建法典的影响

五代时期的法律如《大梁新定格式律令》，其卷数和篇目与《唐律》完全一致。宋朝唯一的律《宋刑统》几乎是唐律的翻版，甚至原文照录《唐律疏议》，只是将每篇律条分为若干门，在律条后附加有关的敕、令、格、式、“起请条”，以及刑制有所更改而已。元朝在司法实践中，也常引唐律以为据。明朝洪武六年（公元 1373 年）制定《明法》，篇目与唐律完全一致。洪武二十二年（公元 1389 年）更修明律，才改为 30 门，分吏、户、礼、兵、刑工六律，仍以《名例律》为第一。《清律》采取明律的体例，但内容及原则上基本上因袭唐律。

（二）唐律对东南亚邻国的影响

唐律对东南亚邻国的法律也有深远的影响。

在日本，文武天皇大宝元年（公元 761 年）制定的《大宝律令》，其 11 篇的名目与次序，一如唐律；律文内容也多相似。此后，直到明治六年（公元 1873 年）编订《改定律例》，参酌各国之定律以前，1112 年，唐律的精神实质和基本内容，始终鲜明地反映在日本法律中。

在朝鲜，当时的《高丽律》以唐律为蓝本而制定，因此，在体例结构上与唐律相同，在内容上也大多与唐律相同或相似。此后，朝鲜的历代法制均仿于唐律。

在越南，李太尊明道元年（公元 1042 年）颁布的《刑法》、陈太尊建中六年（公元 1230 年）颁行的《周朝刑律》、黎氏王朝初年（公元 1401 年）颁行的《鸿德刑律》等，都是以唐律为蓝本。

此外，琉球和西域的古代法典，也与唐律有着密切的源流关系。

鉴于唐律在世界上影响力，世界学术界对唐律和以唐律为代表的中华法系给予了很高的评价，一般将中华法系与印度法系、伊斯兰法系、大陆法系和英美法系，同称为“世界五大法系”。由此可见唐律的影响及其在世界法制史中所处的重要地位。

第四节　唐朝法律的主要内容和特点

一、刑事方面

（一）定罪量刑的主要通例

1. 严惩十恶

唐律称严重影响封建统治的 10 种犯罪为“十恶”，列于五刑之后的第 6 条。十恶依次为谋反、谋大逆、谋叛、恶逆、不道、大不敬、不孝、不睦、不义、内乱。

十恶直接触犯王朝的统治秩序和纲常名教，故对犯罪者不仅予以严惩（唐律规定：谋叛以上皆处极刑，谋反、大逆还株连亲属），而且不得适用一般通例，主要是：贵族、官员犯十恶，不准享受议、请、减等优惠；虽遇大赦，官爵仍须革除。犯十恶者为常赦所不原，恶逆遇赦，仍不免死；谋反，谋大逆，杀小功尊亲属、伯叔父母、姑，造畜蛊毒者，死罪遇赦，只是免死，改为流刑。

2. 贵族、官员犯罪减免刑罚

（1）八议。是指议亲（皇帝的亲戚）、议故（皇帝的故旧）、议贤（有大德行者）、议能（有大才艺者）、议功（有大功勋者）、议贵（三品以上职事官及有一品爵者）、议勋（有大勤劳者）、议宾（前朝国君的后裔尊为国宾者）。唐律规定上述八类具有特殊身份的人犯死罪时，司法机关不得直接审理，必须申报皇帝，说明他们本应处死的犯罪事实及应议的理由（指属于“八议”中的哪一类），请求交付大臣集“议”，议决之后，再申报皇帝考虑处理，故称“八议”。“八议”者如犯流罪以下，通例减一等处理，不必“议”。犯十恶者，死罪不得请议，流罪以下也不得减刑。

（2）请。是低于“议”一等的法定优惠办法。唐律规定，三种人犯罪可以享有“请”的特权：一是皇太子妃大功以上亲属；二是应议者期以上亲属及孙；三是五品以上官爵。这些人犯死罪，司法机关应就其罪状及身份，报请皇帝裁决。与“议”不同的是，司法机关对于这类死罪案件，可以陈述依法应该判处绞刑或斩刑的意见，由皇帝决定，而对“议”的案件则不能言绞斩。得“请”者犯流罪以下，照例减一等。但其犯罪可以优遇的限制，较“议”严格，除“十恶”罪外，得“请”者犯反逆缘坐、杀人、监守内奸、盗、略人、受财枉法等罪，应处死的不得“上请”，犯流罪以下也不得减刑。

（3）减。适用“减”的对象主要有两类：一是六品、七品官员；二是上述得“请”者的直系亲属以及兄弟、姐妹和妻。这两类人犯流罪以下，照例各减一等处理。

（4）赎。适用“赎”的对象主要有三类：一是上述具有“议”“请”“减”特殊身份的人；二是八品、九品官员；三是六品、七品官员的直系亲属和妻。此外，还有五品以上官员的妾。这些人犯流罪以下，一般可以交铜收赎。但如犯了“五流”的罪，即加役流、反逆缘坐流、子孙犯过失（杀祖父母、父母）流、不孝流以及会赦犹流，则不得减、赎。此外，某些特定的徒罪，也不得减、赎。

（5）当，即官当。指官员犯罪，可以其官品抵当徒罪或流罪。如犯私罪，五品以上，1 官可以当徒 2 年，九品以上，1 官当徒 1 年。如犯公罪，可以分别多加 1 年徒刑抵当。以官品抵当流罪时，流刑 3 等均相当于徒刑 4 年。现任的官品如不够抵当其应处徒刑的年数，或者抵罪已尽又犯新罪，只要未经科断，可以用历任的官品当罪。假如有五品官犯了应处徒刑 2 年的“私罪”，依律例减 1 等，合徒 1 年半。但五品以上之官，1 官可以当徒 2 年，即是“罪轻不尽其官”，因而不必罢官，交铜 30 斤了事。还规定，所有现任官及历任的官品都已算上，还不足以当罪，这时，官职虽然丢了，但余罪仍可不必执行刑罚，收赎而已。

3. 亲属相犯，准五服论处

五服原是对死者表示哀思的丧服。《仪礼·丧服》因死者尊卑、亲疏、男女的不同，系统地规定了为之服丧的制度，简称服制。丧服分五等：斩衰、齐衰、大功、小功、缌麻。丧服的制材越粗，居丧时间越长。如斩衰，丧服用极粗麻布制作，不缝边，有如斧斩，故名。斩衰居丧 3 年，适用于臣、子、妻、妾为君、父、夫。其余四等，越下则丧服制材依次较细，居丧时间越短。服制是巩固宗法统治的一项重要制度，故以父系宗族为主，称“内亲”。由己身向上推，为父、祖、曾祖、高祖；下推为子、孙、曾孙、玄孙，连己身各为五世，合称九族。丧服则由斩衰递减至缌麻。母系亲属称“外亲”，服制只及一世，即上溯外祖父母，旁推舅父、姨母，下及舅表、姨表兄弟，过此则无服。妻、已嫁姑、已嫁女……来自外姓或归于外姓的亲属，也是外亲，原则上外亲之服皆缌麻也。

唐律继承《晋律》“准五服以制罪”的传统，并加以变通，全面、具体地明确入律。律条中直系血亲父母不分，祖父母及曾、高祖父母原则上与父母同，夫、妻、妾分别规定，妻妾对夫大体上视同子对父母。旁系血亲分四等，即期亲（父系亲属）、大功亲（祖父系亲属）、小功亲（曾祖系亲属）、缌麻亲（高祖系亲属）。母系亲属只及一世，皆缌麻亲。亲属中辈分高者为尊长，辈分低者为卑幼。一种行为的罪与非罪以及罪刑轻重，往往依据与相关人是否五服亲以及何种亲等而定。如：同是殴人未致伤残，殴凡人为轻罪；殴缌麻尊长为重罪；殴夫及大功以上尊长、小功尊属，罪尤重，入十恶不睦；殴父母、祖父母，罪特重，入十恶恶逆（而祖父母、父母殴子孙则完全无罪）。但若盗窃财产，则愈亲者，其罪愈轻。之所以如此，乃是基于礼的“亲亲、尊尊、长长”等教义。一方面，亲属愈亲，愈该爱敬，而如侵犯其人身，则须严惩；另一方面，关系愈亲，在财物上愈应相互周济，故虽有侵财，可以从宽。此外，唐律对谋反等特定犯罪的一定亲属实行缘坐，其原则是罪名愈重，缘坐亲属的范围愈广，科刑也愈重，故父、子或妻、子首先被株连。缘坐是准五服制罪的延伸。

4. 良贱相犯依身份论处

唐律对于良贱的区分十分严格。良人的主体是农民，律文通称“凡人”，一般也称“百姓”“白丁”等。他们作为国家主要财源、兵源和劳动力资源，可以从国家接受一份田地自耕，在一定条件下，也可将土地出卖。

至于贱民，唐律分“官贱”和“私贱”两类。官贱有官奴婢，官户、工乐户，杂户、太常音声人等三种，均隶属官府。私贱有奴婢和部曲两种，是主人的家仆。官、私奴婢的地位很低，他们是官府和主人的一种财产，在某种场合下，甚至不如牲畜。官户、工乐户、部曲的地位稍高，他们在身份上不同于资财，可以转让而不能买卖；在一般情况下，他们犯罪可以减奴婢一等科刑。杂户和太常音声人在贱民中最接近于良人，可以受田，但仍属贱色。此外还有种种法定限制。唐律关于良贱之间和主贱之间同罪异刑的规定很多。比如，关于犯罪行为“殴”，规定：若凡人殴打凡人，因其地位平等，故笞 40；而若主人殴打部曲、奴婢，则勿论，即不予处罚；但若部曲、奴婢殴打主人的期亲（父系亲属）及外祖父母，则要处绞刑。再如，关于犯罪行为“故杀”，规定：若凡人故意杀害凡人，处斩刑；但若主人故意杀害部曲、奴婢，则只徒 1 年。可见各不同身份者虽犯有同罪，但各自所被处的刑罚却大不相同，充分反映了唐律良贱相犯依身份论处的这一基本原则。

在婚姻问题上，良和贱也是不得通婚的。官贱中只有太常音声人可以与良人通婚，其余几种，皆只能与同其一样身份的人通婚。奴婢的婚姻必须由主人支配。奴婢所生的子女，世代为奴婢。奴婢如怀孕或已放免为良人者，可以嫁给良人为妾。

在诉讼上，良贱之间也有严格区别。部曲须为主人隐罪，告发主人者（谋反、谋大逆、谋叛除外）绞。而主人告部曲、奴婢犯罪，即使诬告，也无罪。

5. 老小病残犯罪减免刑罚

唐律对于一定年龄的老、小以及一定程度的病残者的一般犯罪，分别规定了不同的宽宥办法。

唐律的“老”，分 70 岁以上、80 岁以上和 90 岁以上 3 档。“小”分 15 岁以下、10 岁以下和 7 岁以下 3 档。至于各种残废人、精神病人也按其程度不同作了区分。这些人犯罪，老者年龄越大，小者年龄越小，疾病或残废程度越重，他们的刑事责任就越轻。70 岁以上、15 岁以下及残废者（痴、哑、侏儒、折一肢、盲一目等）犯流罪以下，一般可以收赎；80 岁以上，10 岁以下及重残者（双目失明、两肢俱废及癫狂等）犯反逆、杀人等应处死的，可以“上请”。90 岁以上、7 岁以下虽犯死罪，一般不予追究。这些规定体现了唐律“宽”的精神。当然，这些人对统治者威胁明显较小，所以也无必要科以重刑。

6. 划分公罪与私罪

唐律《名例》篇明确规定了公罪与私罪的概念与量刑原则。所谓公罪，即由于承办公事不力、失误或者差错，而不是出于自己的私利的犯罪。私罪，即与公事无关，而是为了私利的犯罪，如盗窃等；或者虽是承办公事，但假公济私，以至犯罪，如对待皇帝诈欺不实，受人请托，曲法徇情等，均属私罪。公罪的主体一般是官吏。在处理时，私罪从重，以防止官吏利用职权营私舞弊；公罪从轻，以保护和调动官吏工作的积极性，提高办事效力，犯私罪以官当徒刑者，五品以上，1 官当徒 2 年；九品以上，1 官当徒 1 年；若犯公罪，比私罪各加 1 年当。

7. 区分故意与过失

唐律以行为人主观上是否有犯罪的动机和目的作为区分故意和过失的界限。量刑时故意加重，过失减轻。所谓过失，是指对其杀、伤行为结果没有预见，原无杀、伤人的动机和目的，故分别情节，可以纳铜赎罪。反之，若是谋杀、故杀，因有杀人的犯罪意图，故皆处死。其他各种犯罪，客观后果尽管一样，但因主观意识不同，一般均区分故意或过失，予以分别处断。唐律除过失外，还有“误”的范畴。即如原有杀伤人之意，只是误将被杀伤者当作所欲杀伤之人，即犯罪对象错误，故以斗杀、伤论。过失犯罪一般轻于故意。但对性质、后果特严重的犯罪，则不论故意、过失一律处斩。如贻误兴军征讨之国之大事，虽为过失也不得减免处罚。

8. 共同犯罪以造意为首

唐律的共同犯罪，指 2 人以上的故意犯罪。对共同犯罪的处罚，原则上分别首从定罪，造意即主谋，是首犯；随从者是从犯，其罪减首犯一等。但也有例外，主要是体现了封建宗法制原则。

一家人共同犯罪，不论由谁造意，只处罚同居尊长者。尊长若是依律不负刑事责任者（如年 80 岁以上、10 岁以下及有重病者），则由共犯的次尊长负刑责。尊长，这里指男夫，倘有妇人尊长与男夫卑幼共同犯罪，虽由妇人造意，仍只处罚男夫。该规定旨在加强尊长对家人进行教令的义务，同时也提高了尊长在全家的权威，但对侵犯人身及财产的共同犯罪，仍依一般共犯的首从原则处理。

外人与监临主守官吏共同犯罪，虽由外人造意，仍以监临主守官吏为首犯，外人按一般从犯处理。旨在加强监临主守官吏的职责。

9. 同居有罪相为隐

《名例》篇规定，凡同财共居者，以及大功以上亲属、外祖父母、外孙、孙媳妇、夫之兄弟及兄弟妻，皆可相互容隐其犯罪，部曲、奴婢可为其主人隐罪。即使为罪犯者通报消息，使之得以隐避、逃亡，也不负刑事责任。小功以下亲属相隐，其罪刑减凡人 3 等处理。但谋反、谋大逆、谋叛者，不用此律。

该原则是唐律以礼为准的一个突出的表现。

10. 自首减免刑罚

唐律在前代立法的基础上，对犯罪自首问题作了相当完备的规定。《名例》篇规定，凡犯罪未被官府发觉或未被他人告发前而自首的，一般可以免刑。

自首原则上应由犯人自行，但如请人代为自首，或者上述法定“得相容隐”的人为其自首或出来告发，可以各按犯人本人自首的规定处理。犯人知道已有人代其自首，他的犯罪已被追究，而仍不归案者，不得减免。

自首者的刑罚可以减免，但犯罪所得的“赃”则应归还官府或原主。

有些犯罪不得适用自首减免的原则，如：损伤人身、盗窃不许私人收藏因而不能原样赔偿的物品（皇帝印章、兵符、官府文件、禁品、禁书）；私渡及越渡关卡等。

11. 更犯累科，两罪以上俱发以重论

《名例》篇规定犯罪已被告发或已配决而重又犯罪者，将前罪与后罪通计一并处刑；并就重犯流、徒、杖、笞罪的处理办法，按不同情节，分别作了规定。如果，虽犯有两罪以上，但均在被告发之前，则按其中一个重罪处刑，而将轻罪吸收于重罪；若在论决之后，又发现以前尚有其他犯罪，而且重于已判决的罪，则以新发现的重罪论处，前罪所处之刑，可以折充，仍按一个重罪处理，不必累计。

12. 疑罪各依所犯以赎犯

个别案件，有的证明实有其事，有的证明并无其事，既有是处，也有非处，理由都不相上下；或者疑似有那么回事，却无旁证，或者虽有旁证，而其事不像疑似的那样，这些都是难以断明的案件，审理时应依所疑之罪，令其依法收赎。法官对于疑罪可以各抒已见，展开异议，但不得超过 3 次。

13. 本条别有制，与例不同者依本条

“本条别有制”，指《卫禁》篇以下各篇的律条就某种犯罪另有具体规定，“与例不同”，即与《名例》篇的原则规定不同，此时应依各该“本条”的规定处断。这是因为《名例》篇作为总则篇，不可能概括所有具体问题，如某甲勾引外人对自己亲属实行犯罪，与《名例》篇规定的一般共同犯罪就有区别，应依《斗讼》篇有关律条的规定处理。所以，每一个案件必须根据具体情况处理，而不是一味地套用原则规定。

14. 涉外案件的处理原则

唐朝当时是世界上富庶强盛、文化发达的大国，外国商人、学生、僧侣来华者不绝于道。为了处理外国人之间和中国人与外国人之间的纠纷，唐律对涉外案件的处理原则，也有较为明确的规定。《名例》篇规定，对于外国人犯罪的处理应遵循以下规定：若属于同一国家的外国人相犯，根据该国的法律处理；不同国家的外国人相犯，或者唐朝人与外国人相犯，则依唐律。

15. 类推原则

唐律对于法无明文规定的行为，审理时如认为应减免刑罚，则指出律文中比该行为更重的情节如何处理，若是应予减免刑罚，则该行为更可减免，是为“举重以明轻”。例如，《贼盗》篇规定：夜间无故入人家者，主人当时将其杀死，不负刑事责任；今若主人仅是将其折伤，比杀死轻，当然无罪。反之，“举轻以明重”，例如，《贼盗》篇规定：谋杀父系亲尊长者，不论已伤、未伤，皆处斩刑；今若有人实行杀、伤其父系亲尊长，比已伤、未伤更重，自应处死无疑。

（二）刑罚制度

1. 五　　刑

（1）笞刑。在五刑中最轻，用于处罚一些罪行较轻的罪犯，其目的是使他们改过自新。唐律规定施行笞刑的刑具用荆条，其长短粗细有法定的规格，责打人的腿、臀，适用于对轻罪的惩戒，使罪犯蒙受耻辱，从中得到警戒。笞刑分为五等，从笞10～50，每加1等加10。

（2）杖刑。是次轻的刑罚。唐律规定以“常行杖”施行杖刑，这种杖也有法定规格，责打人的腿、背、臀。杖刑分五等，从杖60～100，每加一等加10。

（3）徒刑。即在一定期间内剥夺犯人的人身自由并强制其从事劳役，以示“奴辱”的一种刑罚。唐律规定徒刑分五等，自徒1～3年，每加一等加半年。

（4）流刑。是将犯人押送指定的荒远地区，并强制其服劳役的刑罚，是仅次于死刑的重刑。流刑因流配地点的距离不同分为三等：流2 000里、2 500里、3 000里，皆劳役1年。唐太宗时增设加役流，即流3 000里，劳役3年，作为对某些死刑的一种宽宥的处理。被处流刑者，强制劳役期满后，便在流配地落户，与当地百姓负担同样的赋役，一般不得返回原籍。

（5）死刑。分绞、斩2等。绞刑得以保全遗体，稍轻于斩刑。

五刑均可交铜收赎。笞、杖刑各五等：笞10赎铜1斤，每加一等加铜1斤，至杖100交铜10斤。徒、流刑共八等，徒1年赎铜20斤，每加1等加铜10斤；流2 000里赎铜80斤，流3 000里赎铜100斤。死刑各二等，各赎铜120斤。但并不是任何人、任何犯罪皆可收赎，而必须有一定条件。

2. 律外酷刑

杖刑在五刑中原属独立施用的轻刑。但唐朝后期，常被滥加于徒、流之上。判处徒、流者往往先决杖，杖后大多身死。甚至判处死刑者也先决杖，有些按照皇帝旨意断罪的犯人，有的撇开五刑，而代以决杖，且无定数，大半被活活打死。

而且，一些早已被废除的酷刑，到唐朝后期，又被复用。如曾于唐太宗时明确禁止施用的鞭刑，已屡见不鲜。

此外，以军法杀人，也相当多，刑具也多用斧等兵器。

（三）主要犯罪及处刑

1. 危及封建国家政权、有损皇帝尊严罪

（1）谋反。即危及国家安全的犯罪。被认为属于罪大恶极的犯罪，一般处以特重的刑罚。具体规定为：

其一，谋反者即使未遂，也视同真反，皆处斩刑；父子年 16 以上，皆处绞刑；15 岁以下及母、女、妻、妾、祖、孙、兄弟、姐妹、伯叔父、兄弟之子，皆流 3 000 里，部曲、资财、田宅并没官。

其二，谋反虽无实际后果，本犯也处极刑；父、子、母、女、妻、妾并流 3 000 里，资财可不没官。

其三，明知某人实无反意，又查不出有谋反的行动表示，只是口出欲反之言论，仍属谋反，流 2 000 里。

这里还须明确以下几点：

第一，犯谋反罪者，即使只有一人也同二人同谋同样对待，虽无谋反之行为，只要有口头的言论，也以谋反论处。

第二，谋反罪，不论首犯、从犯，一律处斩。

第三，犯有谋反罪者，不但本犯皆斩，其有关家属，虽根本不知，也得缘坐，或绞，或流，或没入官府为奴婢，部曲和其余财产也全部没官。

第四，对官员、贵族犯罪的议、请、减、赎等法定特殊优遇，以及对老小病残犯罪的减免办法，只要涉及谋反罪，统统另作处理。

第五，对于明知谋反而不告发者，处绞刑，即所谓“同居有罪相为隐”的原则，在此不施用了。

（2）谋大逆。仅次于谋反，指图谋侵害皇帝的宫殿、宗庙、山陵（陵墓）的行为。有敢于对上述物件预谋破坏的，即处绞刑；若已着手实行，本犯皆斩，家属缘坐，资财没官，与谋反同。

（3）谋叛。指投敌卖国者，首犯处绞刑，从犯处流刑。若已实施，不问首从皆斩，妻子流 2 000 里。若亡命逃跑，也以谋叛论罪，其中抗拒追讨将吏者，以谋叛已上道论罪。

（4）大不敬。指触犯皇帝的至尊地位的犯罪。如：盗窃皇帝祭祀天地、宗庙、神祇的用物，或皇帝一切现用、备用及用过之物，流 2 500 里；盗窃或伪造皇帝印章，绞；调配御药有误，医生处绞刑；烹调御膳误犯食禁，主食者绞；御用舟船误不牢固，工匠绞；心怀不满，诽谤皇帝，斩；不遵皇命，对抗皇帝使臣，绞。配御药、烹调御膳、御用舟船等三事皆为“因误得罪”，若是故意，即以谋反科罪。

此外，如“造妖书妖言”罪，皆处绞刑。

2. 悖逆封建家庭伦常罪

（1）恶逆。指殴打及谋杀祖父母、父母，杀伯叔父母、姑、兄姐、外祖父母、夫及夫之祖父母、父母，犯者皆斩。恶逆为常赦不免，而且处死不待时。

（2）不孝。指违礼的行为。包括：告发、咒骂祖父母、父母，处绞刑；祖父母、父母在，另立户籍分割家财，徒 3 年；对父母供养有缺，徒 2 年；居父母丧，身自嫁娶、作乐、脱孝服，徒 3 年；闻祖父母、父母丧，匿不举哀，流 2 000 里；诈称祖父母、父母死，徒 3 年。

（3）不睦。是指谋杀及卖缌麻以上亲，自徒 1 年半至流 2 000 里；殴打、告发丈夫，徒 2 年；殴打、告发大功以上尊长、小功尊属，徒 1 年半。

（4）不义。即指闻夫丧匿不举哀，流 2 000 里；作乐、脱丧服穿吉服，徒 3 年；改嫁，徒 3 年。

（5）内乱。指奸污小功以上亲，流 1 000 里；奸污父亲和祖父的妾，绞；与之和奸的妇女同罪。

3. 恶性杀人及阴邪毒害人罪

（1）不道。指杀害无辜良家 3 人，或杀人后又将尸体肢解的犯罪，不分首从皆处斩，妻子流 2 000 里。此良家非为奴婢部曲者。

（2）造畜蛊毒、厌魅。前者指饲养毒虫、自制毒物害人，以及教唆以此害人，处绞刑。罪人的同居家属虽不知情，及里正知情而不举告，流 3 000 里。厌魅，指暗地用画某人图像、刺心钉眼，或假托鬼神，妄行邪术等阴邪方法，而欲杀人者，各以谋杀论减 2 等，因而致人死者，各以谋杀罪处斩。

4. 官吏失职、渎职、擅权、贪赃等犯罪

指凡官吏不依律、令、格、式办事，不坚守岗位，不忠于职守，不廉洁奉公，不恪守礼法等行为，包括：

（1）擅离职守。官吏应值勤而不值勤，该值夜而不值夜，该值班不到，或请假超假者，以及上任官吏限满而不到任者，地方官吏不因公事而私自出界者，都要被处以笞、杖、徒等刑罚。

（2）失职。各级官吏凡应该上报的事情而不上报，应对上级讲明的而未讲明，本不应由其所管的事情而越级管理，应下发的公文而不下发，不应下发的文书而下发了，以上诸行为均处以杖刑。官吏办事不及时而延误了政事，传递重要文书的驿使延误规定的行程期限者，都要被处以杖刑或徒刑；若延误了军务，导致守地失陷，军民受损的，处绞刑。

（3）泄露机密。凡泄露大事的绞；泄露的非大事，但也属应保密范畴的，徒1年半。若属于暗通贼寇、纵寇脱逃的，斩，妻子流2 000里。

（4）悖礼、诈欺以及弄虚作假。包括：闻父母丧而匿不发丧，徒3年；官署名、官职名犯了祖父及父的名讳而去任官，在服父母丧期内任官，不侍奉年老的祖父母、父母而出外任官的，各徒1年；以诈欺手段谋得官职、假借别人官职以及接受假官职的，各流2 000里；依法不应任官而欺诈骗得官位的，徒2年；现任长官实无政绩，而自己树碑立传的，徒1年；若派人向上级乱编政绩申请立碑的，杖100；被举荐的人的品德与贡举书所称内容不符的及本应举荐的有才能人而未将其举荐的，徒3年；等等。

（5）擅权、渎职。不得超编设置官员，超1人杖100，至10人徒2年。传递重要公文超过法定期限的，要受到杖刑、加役流直至死刑的处罚。

唐朝调发军队的权力高度集中于皇帝手中。发兵10人以上，必须勘验铜鱼兵符与皇帝敕书吻合，才可以调发。若擅发兵者，10人以上徒1年，百人徒1年半，千人绞。若在调集军队时延误军机，不论故意或过失，皆斩。若在战争中，身为主将不守城，弃城而去，或因守备不慎，被敌攻破城池，斩；临阵先退者，皆斩。

（6）以权谋私，枉法贪赃。有关主官凡以权谋私，不论为己还是为别人，笞50，若已施行杖100。凡受人财物者，授受1尺布帛笞40，50匹流2 000里。凡监守自盗的，比一般盗窃罪加2等，赃物满30匹，绞。监临主官贪财枉法，1尺杖100，1匹加1等，15匹绞。受财而不枉法者，1尺杖90，2匹加1等，30匹加役流，等等。可见，对于官吏的犯罪规定，可谓概括无遗。

5. 触犯封建国家安全和经济利益罪

（1）边防。凡不从城门通过，而翻越城墙及武库墙者，徒1年；如无公文，私自过关，为“私渡”关，徒1年；不经关门，不走渡口而通过者，为“越度”，徒1年半；依法不应过关的人（如罪犯）过关了，徒1年；为敌人提供情报或外国人入境做间谍，一并处以绞刑；驻守边境的官员未察觉外奸入境、内奸出境，徒1年半，有关主官徒1年；边境有敌情而未点放烟火报警，徒3年；守地被敌人攻陷，有关人员处绞刑。

（2）走私。凡携带违禁品私渡关者，坐赃论；与外国人私自交易，1尺徒2年半，15匹处加役流。

（3）征赋税。凡逾期未交足本州县所应上缴的赋税的州县长，要被处以笞刑，所欠越多，罪刑越重。欠税的户主，逾期者，笞40。

(4) 私铸钱。凡私下铸钱者，流 3 000 里；作案器具齐备，但还未开始铸钱者，徒 2 年；作案器具未齐备者，杖 100。

(5) 牲畜。对官畜的检验、饲养、训练、使用均作了明确的规定。凡是违令而使官畜有瘦损、伤病、走失及死亡者，分别情况，按头数计罪，处笞 20 至徒 3 年。凡故意杀马牛者，徒 1 年半；自杀马牛者，徒 1 年。

(6) 仓库。《厩库》篇规定除五品以上官外，对从仓库出来的人，均须搜检。监临主官不得以官物私自借人，仓库堆放粮食及财物均有一定要求，粮食应按时晒、晾，官物进出库的数量和质量应一致，有官印封存的官物，不经有关主管不得擅开，违者分别情节处笞、杖、徒、坐赃论、准盗论、以盗论。

6. 危害公众、妨碍城市和市场管理罪

(1) 水火灾害。《杂律》要求江河湖海边沿的官府应负责保持堤防完好，凡不修或不及时修筑堤防者，主管官杖 70。不论因公、因私，擅自掘开堤防偷水供用者，杖 100；因以上犯罪，致使人家财物遭受损失，情节重者，坐赃论；因而致人死、伤者，以斗杀、伤人减 1 等、2 等论。失火及违反规定烧荒者，不论是否造成损失，笞 50。故意纵火者，不论是否造成损失，徒 3 年。损失满 5 匹者流 3 000 里，满 15 匹者绞；致人死、伤者，以故意杀、伤人论罪；若发现火灾应告不告、应救不救者，减失火罪 2 等论处。但是守卫宫殿、仓库及监管囚犯的人员不得擅离职守救火，违者杖 100。

(2) 市场公共场所。在城市，唐律禁止在街巷及人多处无故快速驾车驶马，不得向官私住宅或道路射箭，不得在这些地方故意制造惊恐，引起骚乱，违者分别处笞杖刑。对市场的规定有：禁止强买强卖，垄断物价，故意抬价、压价，由此得利者，杖 80。市场管理官吏评定价格不公，按其偏贵偏贱的数额，坐赃论。制造、出卖不符规格、质量低劣、数量不足的商品者，各杖 60。有关官吏知情而不处理者，各与同罪。

7. 侵犯人身罪

凡人之间的斗殴，结合 3 种情况定罪量刑：首先看是否使用兵刃，未用兵刃，又分以手足或使用他物殴人，以手足殴人为最轻，以他物殴人较重，以兵刃殴人最重。二是将造成伤害程度分为未伤、已伤、已死。已伤又按伤害部位分成几档。三是按主观意图，分因争斗、预谋、故意过失、误会、嬉戏等。如因徒手殴人者，笞 40，伤及以他物殴人者杖 60。以兵刃砍射人，虽未着身，杖 100。损坏人生殖器，流 3 000 里。不因争斗，故意殴伤人者，加斗殴伤罪 1 等。原无杀心，因相斗殴而杀人者，绞；以刃及故意杀人者，斩。因斗殴而误杀、伤旁人者，以斗杀、伤论。果实杀、伤人者，按具体情况可以用铜赎罪。戏杀、伤人者，减斗杀、伤人 2 等。谋杀罪最重，只要有谋，罪即成立，徒 3 年；谋杀人已伤处绞刑；已死者，斩。

此外，强奸罪徒 2 年；和奸罪徒 1 年半；女方有夫者，徒 2 年。因强奸而折伤人者，徒 3 年半，但徒刑最高 3 年，加 1 等，即流 2 000 里。

除上述之外，唐律中还有保辜制度。这是一种在伤害人的犯罪后果不是立刻显露的情况下，依据受害人在一定期限内伤情变化的结果，来追究犯罪人刑事责任的制度。唐律规定：用手足殴伤人，期限为 10 日；用其他器物殴伤人的，20 日；用刃器或火伤人的，30 日；折断了肢体或骨折的，50 日。在这些期限内，被害人死亡的，犯罪者要依杀人罪被追究刑事责任；在这些期限外，被害人死亡的，或虽在期限内但因为其他原因死亡的，犯罪者只能按伤害罪承担刑事责任。

8. 侵夺财产罪

盗窃，唐律中称盗，即使不得财，也笞 50；得财值绢 1 尺，杖 60，至 50 匹加役流。强盗即使不得财，也徒 2 年；得财 1 尺徒 3 年，10 匹及伤人者，绞；杀人者斩。持杖的强盗，即使不得财，流 3 000 里；得财 5 匹，绞；伤人者，斩。若是累犯加重处罚。

9. “坐赃”及“违令、式”“不应得为”罪

唐律称不法所得财物为赃。赃罪有六种：

（1）受财枉法，是指官吏收受了财物并作出了违法裁判的犯罪。

（2）受财不枉法，是指官吏尽管收受了财物，但没有作出违法裁判的犯罪。

（3）受所监临，是指官吏收受了所管辖人员财物的犯罪。

（4）强盗，是指用暴力非法获取公私财物的犯罪。

（5）窃盗，是指用隐蔽手段非法获取公私财物的犯罪。

（6）坐赃，是指非因职权之便而非法收受财物的犯罪。

前 3 种均属有关主管官吏的赃罪；后 3 种是侵害财产所有权的犯罪。对于犯有“六赃”者的处罚是比较重的。比如，犯强盗和受财枉法者的最高刑是死刑，犯有盗窃、受财不枉法和受所监临财物者的最高刑是流刑，犯有坐赃罪者，折绢 1 尺笞 20，满 1 匹加 1 等，罪止徒 3 年。同时，凡犯有“六赃”罪者，要追缴赃款、赃物，官吏犯有赃罪的，还要被罢官。

10. 六　杀

“六杀”是对 6 种杀人犯罪的总称。它们分别是：谋杀、故杀、斗杀、误杀、过失杀和戏杀。谋杀是指有预谋的杀人犯罪。故杀是指先无预谋，后在情急时产生杀人意念的杀人犯罪。斗杀是指在斗殴中因为激愤失手而把人杀死的杀人犯罪。误杀是指因为各种原因而杀错人的杀人犯罪。过失杀是指因为过失

原因而杀人的犯罪。戏杀是指在戏耍中不慎杀人的犯罪。唐律根据六杀不同的恶性程度，规定了不同的刑罚。比如，一般谋杀人并杀人既遂的，要被处以斩刑；一般杀人并既遂的，要被处以绞刑；戏杀人并既遂的，减斗杀 2 等量刑，即徒 3 年；过失杀人的，一般允许以铜赎罪。这些立法成果，为唐以后历朝的立法所吸收。

二、民事方面

（一）所有权

1. 对私有土地面积的限制

唐朝私田在全国耕地中占有很大比重。唐律规定平民只能按均田法的规定占有土地，各级贵族官员按其等级，自 100 顷至 60 亩，各有等差。这些土地称“永业田”。凡超过限额构成“占田过限”罪，处笞 10 至徒 1 年。

2. 遗失物、埋藏物的归属

唐律将遗失物称为“阑遗物”。规定：拾得遗失物应立即送交当地官府，公示 30 日无人认领，收归官府保存；1 年后仍无人认领，归官府所有；若拾得遗失物不立即送官，按坐赃罪论处。对于漂流物，捞取人在公示后如有主人认领，可得 1/5～2/5 的奖赏；如公示 30 日后仍无人认领，归捞取者所有。

唐律称埋藏物为“宿藏物”。规定：在他人土地内发现宿藏物，发现人与土地所有人各得一半。在国有土地内发现宿藏物，可归发现人所有。但在他人土地内发现宿藏物而不报告该土地所有人，仍为犯罪，按坐赃罪减 3 等处罚。

3. 山林、矿产的所有权

唐律允许民间自由开发利用山林、矿产，但禁止私人垄断，违者杖 60。铜、铁矿也允许民间开采，但必须纳税。

4. 禁止私人收藏的特定物

唐律禁止私人拥有甲、矛、弩等兵器，违者徒 1 年，私有 3 领甲（铠甲）、5 张弩者处绞刑。此外，旌旗、幡帜、仪仗及天文、兵书、图谶书等也严禁私有。

（二）契约关系

1. 买卖契约

唐律禁止欺行霸市、诈欺起哄、操纵物价等行为，违者杖 80。买卖双方必须有合意，买卖契约必须有保人附署，保证契约的公平、合法。

（1）动产买卖。唐律规定出卖“器物”之物必须牢固，是真材实料；绢、布的门幅、长度必须符合法定标准，违者杖 60。买卖奴婢、牲畜必须成交后 3

天内在市司的监督下订立“市券”，立券后在3天内买方发现标的物有“旧病”，可以悔约，撤销交易行为。

（2）不动产买卖。土地买卖必须先经官府批准，不准私下交易，否则财产没收，地还本主。唐律规定，贵族官员的赐田、五品以上及勋官的永业田可以出卖。民间出卖永业田只在丧葬、迁往“宽乡”（即由地少地区迁往地较多地区）时才允许买卖。口分田在家贫供丧葬、自愿迁往“宽乡”时也可以出卖。有违反此规定者笞10～100，地还本主，财产没收官府。土地买卖后，买方还必须向官府申报转移该项土地所负担的赋税。

2. 借贷契约

唐《杂律》规定，债务人不能按时清偿债务，处笞20至徒1年。还规定，民间借贷利率限制在“月利六分”（即6%）以下，并禁止复利。得息累计与本金相等、本利合计为原本2倍时，停止计息。还规定粟麦类借贷只可在年内计息。唐中期以后，借贷利率曾降至“月利四分”（即4%）。

关于债权的担保方式，唐律令也有不少规定。首先，允许债权人在债务人不能清偿债务时扣押债务人的财产，称之为“牵掣”。但牵掣前必须向官府报告，经批准后才可进行。若未经官府批准强行牵掣债务人财产，超过债务原本者以坐赃论。

其次，债务人确无财产可供扣押，则可驱使债务人及其家属以劳役抵偿债务。服役者只能是男性，每日劳役折算为绢3尺。

再次，如债务人逃亡或死亡，则由附署借贷契约的保人代为清偿。

最后，唐律允许债务人向债权人提交质押财产，称之为“收质”。如债务人不能按期清偿债务，利息累计以与原本相等时，债权人应报告市司，传唤债务人到场，当面出卖质押物，卖价抵充债务本利后的余额应归还债务人。唐朝专业经营放债收质的“质库”业已相当发达，收质的财物种类繁多。唐律仅禁止以良人为奴婢质债。唐朝已有指定某项田地房屋之类不动产为抵押的债券担保方式，民间称之为“指当”“指质”等，但法律上并无明确规定。

3. 租赁契约

唐律称耕地租赁为“租”，民间一般称“租”或“夏”，出租人称“田主”，承租人称“佃人”。唐中期以后逐渐称承租人为“佃客”“庄客”，这些无地农民大多为逃避赋役而流亡外地，在外地无正式户籍，故又称“客户”。当时的耕地契约一般明确规定承租人的义务、地租的数量、质量、交租期限等内容，尤其是还规定收租的担保方式：如承租人不能及时交租，即由田主“牵掣”家中财产；或者保证承租人死后仍由其妻儿及收后者（财产继承者，一般为家族内成员）清偿。

房屋租赁、车辆船只租赁、劳务承揽等，唐律令统称“赁”。

4. 雇佣契约

雇佣劳动和租借牲畜的行为，唐律统称“雇”或“庸”。法律上规定的“庸”价为每天 3 尺。

5. 寄托契约

唐朝寄托保管业相当发达，有专门“寄附铺”接受委托寄存财物，有专门从事仓储批发的“邸店”，又有专门寄存钱币的“柜坊”。唐律规定保存他人财物的法律责任。私自费用者按坐赃罪减 1 等处罚，故意欺诈者按诈欺取财罪减等处罚。受寄存的财物亡失者，必须赔偿，但寄存的牲畜自然死亡无须赔偿。寄存物的孳息应归还原主，马生驹，婢生子，都应归还原主。所寄存之物为谷麦、钱币之类，经寄存主人“出举”（拿得出凭证）或贸易所得利润，可以给其受寄人。

（三）家庭与婚姻

着重维护夫权和父权，是唐律重要内容之一。

1. 确保尊长对卑幼的权威

唐律强调凡是在一个家庭内，必须有尊长，只要尊长还在，子孙就不能自行做主。此尊长实指男性尊长。具体规定如下：

（1）子孙必须善事祖父母、父母，不可违背他们的意愿。上述十恶中的“不孝”重罪，将子孙对父祖从生到死的许多违礼行为定为严重犯罪，予以严惩。例如，告发、咒骂祖父母、父母；闻祖父母、父母丧匿不举丧等。但根据儒家思想，对不孝罪中的“供养有缺”的处刑最轻。因为儒家认为，从物质上赡养父母，不过是动物的本能；而以礼敬之，才是善事父母之道。

同时，子孙必须服从祖父母、父母的教令。子孙违反教令，徒 2 年。子孙对父母的责教，必须服从；即使责教无理，也不得有不满的表示。还规定祖父母、父母因责教子孙而殴杀子孙者，只处徒 1 年半，较凡人殴杀罪要轻得多。此外，对于不孝和违反教令的子孙可以向官府告发，而不受“同居有罪相为隐”的限制。

（2）尊长全面掌握和处理家财。唐律严禁祖父母、父母在世而子孙“别籍异财”的行为。甚至父母虽已亡故，但在居丧期间内，兄弟“别籍异财”，也为礼教所不容，处徒 1 年。未经尊长许可，私自动用家财，分别处以笞 10 至杖 100。

（3）尊长对卑幼有主婚权。唐律规定，在嫁娶中如有违反法律的行为，若该嫁娶是由祖父母、父母主婚，则其法律责任，由其祖父母、父母承担。可见，尊长在嫁娶中的作用。除非卑幼已在外地成婚，方可承认其事实婚为合法。若尚未成婚，必须改正，听从尊长安排。此外，祖父母、父母有权强令寡妇改嫁，而一般人迫使寡妇改嫁，则处徒1年。

（4）尊长与卑幼相犯（即相告、相殴、相杀），在处理上尊长轻于凡人，卑幼重于凡人。如殴打，尊长殴打卑幼，一般无罪；卑幼殴打尊长，则关系愈亲者处刑愈重，殴祖父母、父母，入十恶的“恶逆”罪，处斩。

（5）唐律规定，居父母丧匿不举哀，诈称祖父母、父母死为不孝罪，分别处以重刑。在祖父母、父母犯死、流、徒等重罪被囚禁期间，子孙嫁娶者，也要按情节，分别处以杖100至徒1年半之刑；但嫁娶若是奉祖父母、父母之命，不加罪。甚至，府号、官称犯父祖名，如父名“卫”而在诸卫任官，祖名“安”而在长安县任官，皆为“冒荣”居官，处徒刑1年。

2. 确保妻伏于夫

唐律在有关夫妻间关系问题上的规定，完全贯彻了礼教“夫为妻纲”的原则的要求，这主要可以反映在以下几个方面。

（1）婚姻的成立。唐律将传统婚姻成立要件“父母之命，媒妁之言”进一步具体化为律条。不仅主婚权掌握于尊长手中，仪婚权也掌握于尊长手中。主要表现在：

①“报婚书”，指成立书面婚姻和约。先由男方尊长向女方尊长提出婚约建议，然后由女方尊长予以承诺。在此间都由媒人沟通，根本无须过问双方当事人的意愿。

②“有私约”，指女方已事先得知、认可男方的一些特殊情况。如男方年龄偏大，或身有残疾，或身为养子、庶子、妾生或婢生子、奸生子，等等。

③“受聘财”，指女方已收受男方作为聘礼的财物。这是婚约的成立得到法律确认的关键要件。女方尊长只要收下聘礼，即使未报婚书，仍视为婚约成立有效。

女方尊长在已报婚书、已有私约或已受聘财后而悔婚者，处杖60，婚约仍然有效。女方尊长若悔婚并擅自将女儿另许他人，未成婚者，处杖100；已成婚者，处徒刑1年半；后娶者知情处徒1年。未成婚者，后来的婚约无效，女方归先约男方；已成婚者，若先约男方愿娶，女方追归先约男方，若不愿娶，女方尊长退还聘财，后婚约有效。相反，若男方悔婚则无罪，只是失去已交付的聘财。

（2）婚姻的解除。其基本形式有两种：离和断离。

① 离，又可分为“出妻”（或称“休妻”“弃妻”，简称“休弃”）和“和离”。

“出妻”，即男方单方面解除婚姻，休弃妻子。其条件即西周以来的“七出”，提出“七出”的不仅是丈夫，也可以是丈夫的父母，执行“七出”也无须得到官府的判决。相反，妻妾绝对无权单方面解除婚姻。唐律规定，妻妾背叛丈夫，心怀他志，处徒刑 2 年；因擅自离开丈夫而改嫁者，徒 3 年。但对“七出”有两种限制：一是妻无“七出”之状，丈夫仍要出妻，丈夫处徒刑 1 年半；二是有西周“三不去”情形，而出妻者，杖 100，婚姻仍然维持。

“和离”，即男女双方自愿协议离婚。唐律允许夫妇双方因“不相安谐”而和离。和离和出妻一样必须制作书面的“出妻书”（或称“休书”）或“离婚书”，后者须由丈夫亲手书写。女方有这些书面解除婚姻的证据，才可重新结婚。

② 断离，即由官府判决解除婚姻。也有两种情况：一是在违法的情况下，由官府断离，并对关系人各处刑罚。二是“义绝”，即指夫妻一方对另一方或其一定范围内亲属或双方一定范围内的亲属有殴打、通奸、杀伤等情况下，经官府判决强制解除婚姻关系。不执行判决者徒 1 年。“义绝”的具体条件是：夫殴妻之祖父母、父母，杀妻之外祖父母、伯叔父母、兄弟、姑、姊妹；夫妻双方的祖父母、父母、外祖父母、伯叔父母、兄弟、姑、姊妹之间有相杀情节；妻欲谋害丈夫，殴打或詈骂夫之祖父母、父母，杀伤夫之外祖父母、伯叔父母、兄弟、姑、姊妹，及妻与夫之缌麻以上亲属通奸；夫与妻母通奸；等等。此外，将妻妾嫁给监临官、夫出卖妻妾，也构成义绝。

3. 婚姻的限制

唐律关于婚姻的限制，首先和主要的是纯属违背礼教的婚姻，称之为“嫁娶违律”。其一，居父母丧嫁娶，入不孝；居夫丧改嫁，入不义，各徒 3 年，婚姻必须离之。其二，祖父母、父母犯死罪被囚禁而嫁娶者，徒 1 年半；若是流罪，杖 100。

所谓“违律为婚”的罪名，包括以下 7 项内容：

（1）同姓不得为婚。违者，男女各徒 2 年。此乃西周以来传统的婚姻禁忌。即使两姓“声同字别”，如杨与阳之类，也不准为婚。

（2）亲属不得为婚。凡同宗五服之内（缌麻以上亲）亲属不得为婚，违者以奸论罪，徒 3 年。外亲、姻亲的有服亲属（如外祖父、妻之父母、舅、甥、姨等）尊卑之间不得为婚，违者也以奸论罪。娶同母异父姐妹、妻前夫之女，也以奸论罪。

（3）良贱不得为婚。主人为奴娶良人女为妻者，主人处徒刑 1 年半，女家尊长处徒刑 1 年，婚姻断离。奴婢自行娶良人为妻，主人知情者也要处杖刑 100，断离。以奴婢冒充良人嫁娶良人为夫妇者，徒 2 年。奴婢自行冒充良人嫁娶，处徒刑 2 年，还其奴婢本色。官户、杂户等所谓“官贱”也不得与良人通婚，违者各依律惩处。

（4）不得娶逃亡妇女。知情娶逃亡妇女为妻妾者，与逃亡妇女同罪。但如妇女原未曾有夫，其罪又遇恩赦赦免，婚姻可以被承认。

（5）监临官不得娶所监临之女为妻妾。监临官指内外各司统摄所部的长官。监临官娶部下之女为妻妾，或为自己的亲属娶部下之女为妻妾，各处杖100。监临官枉法娶部下妻妾及女者，以奸论罪，加2等处刑。为行贿，而求监临官娶自己妻妾或女者，也以奸论，减2等处刑。

（6）不得妄冒为婚。妄冒，指一方故意隐瞒男女的身份、年龄、健康状况等实际情况。唐律规定，女家妄冒者，徒1年；男家妄冒者，罪加1等。因为，女方妄冒，男方可以休妻，或娶妾；而男方妄冒，则导致女方“失身”，因而加重处罚。妄冒未成者，解除婚约；已成婚者，判离。

（7）不得以恐吓、强娶为婚。恐吓娶，指以压力胁迫娶妻妾；强娶，指以暴力强制娶妻妾。唐律规定，违律为婚，虽有媒聘，而恐吓娶者，加本罪（杖100）1等，处徒刑1年。强娶者，处徒刑1年半。

（四）继　　承

1. 家财继承

沿用两汉以来“诸子均分”原则。据《户婚律》和《户令》规定，家庭的不动产和动产，由兄弟（不论嫡庶）均分，但从妻家所得之财，不得分割。兄弟中有死亡者，由死者之子代位继承。若兄弟皆亡，则由兄弟之诸子均分，即由孙辈均分。守寡的妻妾若无儿子，可继承其夫应分的家财。

2. 养子的继承

养子与亲生子享有同等民事权利。被继承人立嗣之后如又生子，养子与亲生子的继承份额相等。养父母有亲生子后，若双方同意，养子仍可留在其父母家，即与亲子共同继承家财。

3. 户绝资产的继承

唐《丧葬令》规定，身丧户绝者，所有部曲、客女、奴婢、店宅、资财，可由本服（近亲）转易货卖，将营葬等事料理之后，余下的资财由女儿继承。若无女儿均给次近亲，若无亲戚者由官府负责检收。若有遗嘱，则按遗嘱照办。其间若与人预谋，有侵夺资财之嫌者，可以不给遗产。

4. 死商钱财的继承

唐律规定，商旅身死，若经调查其无家人亲属者，其所有财物，由官府收管。其后如有认领者，经查明确是其父兄子弟等，依数发还。死商有父母、嫡妻及儿子，或亲兄弟、在室尚未出嫁的姊妹、亲侄男，当时相随者，便任其收管财物。如死商的父母、妻儿等不相随，其后亲属拿着原籍官府开具的证明文件来收认，应在查证属实后，责令其取保，即可认领。后又就死亡波斯人和其他外国人的遗留钱物等继承问题作了专门规定。

三、其他方面

（一）行政立法

1. 中枢与地方机构

（1）中枢机构。作为中央中枢机构的尚书、门下、中书三省制度，确立于隋朝而完备于唐朝。

① 尚书省，是全国行政的总汇。以尚书令为长官，左右仆射为副。尚书令与门下、中书长官共同参与商议军国大事，执行皇帝诏敕和经皇帝批准的各项政令。尚书省下设吏、户、礼、兵、刑、工 6 个部。吏部，掌管文官的选授、勋封、考课等；户部，掌管户口、土地、钱谷、税收等；礼部，掌管礼仪、祭祀、教育、科举等；兵部，掌管六品以下武官的选授、考课、武举、军事行政等；刑部，掌管司法行政及重大案件的审判；工部，掌管土木、水利工程及农、林、牧、渔业。6 部各有 4 司，分别掌管有关行政事务。

② 中书省，以中书令为长官，中书侍郎为副，参商军国大政方针，根据皇帝意旨草拟制策诏命等下行文书，并处理中央和地方的奏章公文。

③ 门下省，以侍中为长官，门下侍郎为副，参议政事，审核各种上行文书，即各地官吏上奏给朝廷的文书，提出意见，请皇帝裁决，皇帝若认为不便，可退回原上奏的官吏。

（2）宰相。唐朝宰相的官称不一。三省长官分工合作，共同行使宰相职权，但也有专门的宰相之位。经皇帝指定，宰相可加以参议朝政、参知政事、同中书门下平章事、同中书门下三品等称谓者，也是宰相。其无定职、定员，便于皇帝根据实际需要找人商议大事。因而宰相多以兼职身份参与议政，可随时撤换，不致专权。

（3）地方机构。隋唐以州、县为地方两级政府，分别以刺史、县令为长官。县下有乡、里、村等基层组织。地方官都由中央任免，3 年 1 任，不得久留。在边塞地区设都督府，以大都督为长官，掌军事。唐玄宗时，在边疆设节度使，安史之乱后，内地也设有节度使，总掌所辖诸州军事、行政、财政大权，称藩镇，随着其权力愈来愈大，遂成为唐亡的重要因素之一。

2. 官吏管理制度

（1）官吏的选拔——科举制度。唐朝发展隋代创设的科举制度，通过分科考试选拔人才，作为可以任官的一种资格，为士人入仕途打开一扇大门，是选官制度的一项重要改革。它一改流弊百出的汉魏以来的九品中正制，在中国法制史上有着重要的地位。

唐朝科举大致分两类：一是“贡举”，应考对象主要是经京师和地方各级学校考试选拔的“生徒”，以及经州、县审核身份（非工商等“杂色”）并初试合格的“乡贡”。考试由尚书省吏部考工员外郎主持。科目很多，主要有秀才、明经、进士、明法、明书、明算等。其中明经，特别是进士最受重视。考试内容各科不一，且时有变动。进士科主要考诗赋和时务策。明法科考律七条、令三条，全通者为甲第，通八者为乙第。

二是“制举”，即皇帝特召考试，科目、时间及场所均由皇帝临时指定。由制举出身者，虽可得美官，但不受青睐。

此外，还有武举，考步马武艺，为武官候选条件之一。

科举考中后，在隋朝一般即可任官；而在唐朝，则只取得出身，通常得由八九品官开始入仕。

唐律规定，贡举不是原来的人及应贡举而不贡举者，1 人徒 1 年，罪止徒 3 年。各州、县及学校在贡举之前，必须审核被举人的德才，而首先是德。如德才并非如举荐那样良好，即使考试通过，也要负刑事责任。

尽管如此，科举制度仍有许多弊病，如：不能对其才能有一个全面的测试，带有一定片面性；由于竞争激烈，导致徇私舞弊、权贵干涉、财货贿买等种种弊端滋生；由于录选率仅为 5%，致使许多考生没齿而不登科，浪费了他们大好的青春。

即使如此，唐朝可以任官的资格并不限于科举，封爵、皇亲、有功勋等都可以成为进入仕途的资格。另外，世袭祖上的官爵也很普遍，先人的官爵越高，得荫者的官品就相对高，范围也广一些。

（2）官吏的选任。文官由吏部掌管，武官由兵部掌管。吏部选士任官的标准有四，即：身，体貌丰伟；言，言辞辩证；书，楷法遒美；判，文理优长。而书判尤重，因吏部取人，以临政治民为第一要义，要求通晓事理、熟悉法律、明辨是非、揭发隐状、判词以情理通达为准。吏部、兵部选授之官，皆为六品以下，五品以上根据其实际政绩考核，呈报中书门下，由皇帝制敕决定。

关于任官的限制，唐初规定工商不得任官，官员也不得经商。地方衙门小吏、倡优、巫家、还俗僧道及高祖以内犯死罪者之子孙等均不得参加科举考试。此外，还有籍贯的限制：非经特许，一般不得在本籍任官；亲属的限制：祖孙、父子、兄弟及母、妻、女的亲戚一般不得在同地或同一官署任职，以示回避。此外，未任地方官或曾犯赃者，不得转任中央官。但皇帝特旨任命者，不受任何限制。

（3）官吏的考课。按一定标准，考核官吏的品质、才能、勤劳、功过、分别等第，据以升降赏罚，称考课。唐初四品以下官的考课由吏部考功司掌管，三品以上报皇帝裁决。每年一小考，评定等第，每 4 年一大考，综合数年等级，实行升降赏罚。中央考课一般在年底完成。中央机构及地方州县长官须先将属下当年的功过行能登入簿状（功过状），召集被考者当众宣读，定为九等考第，注入簿状，是为初考。继之分别按规定日期，送尚书省总考，皇帝并敕派使臣以校之，称校考。

考核的标准，一至九品流内官的考核标准是“四善二十七最”。“四善”即德、慎、公、勤，属于品德范畴，是对官员的普遍要求。“二十七最”属于才干和政绩范畴，为有关官员所应该具备的要求。如献替可否，拾遗补缺，为近侍之最；扬清激浊，褒贬必当，为考校之最；决断不滞，与夺合理，为判事之最；等等。综合被考者的善、最，评为 9 等：即上上、上中、上下、中上、中中、中下、下上、下中、下下。

流外官的考课分 4 等，即上、中、下、下下。考下下者，解除其官职。

考课评等并据以升降赏罚。考课中中以上可升官、加禄，中以下降官、夺禄，情节严重者罢官，或依律惩治。

3. 官吏监察制度

隋朝依汉魏之旧制，中央设御史台，以御史大夫为长官；后又设司隶台，以司隶大夫为长，掌州县巡查；后又设谒者台，以谒者大夫为长，掌接受皇帝的诏令，出使巡查，察访冤狱并上奏皇帝。

唐有所调整。中央仍设御史台，御史大夫为长，御史、中丞二人为副。其下设台院、殿院、察院，分别由侍御史、殿中侍御史、监察御史若干人组成。

台院的侍御史地位较高，其职掌是纠察百官，弹劾违法失职者，并负责或参与皇帝交审的案件。皇帝交审的一般案件，审理后归大理寺判决。大案则诏令尚书刑部、御史台及大理寺会审，称“三司推事”。较次的案件，由三司法定的属官会审。

殿院的殿中侍御史掌纠察朝仪及其他大朝会等。皇帝出巡则随之纠察有关仪节，维护皇帝的尊严。此外，也审理案件，分巡两京，监察百官及有关机构。

察院的监察御史品级较低，但职权广泛，主要是监察地方官吏，奉敕下州县审案或处理较大的案件。为加强监察职能，唐玄宗令监察御史 6 人分别对尚书省 6 部实行监察，称“大察官”，以后明代的“六科给事中”即源于此。

此外，唐朝还设道为监察区，分全国为 15 道，各设按察使 1 人，以监察各地官吏。如官吏的善恶，户口、赋役的管理状况，农桑、仓库的增减情况，地方治安状况，官吏的德行，有无兼并暴敛的豪强酷吏等。

安史之乱以后，由于中央宦官擅权，地方藩镇割据，御史的监察职能逐渐消失，御史监察机构形同虚设。

（二）经济立法

1. 土地立法

（1）均田法的施行。为了限制地主贵族兼并土地，限制豪族势力，加强中央集权，隋唐承用了北魏以来的均田制。唐朝的均田制规定：丁男（18岁以上）和中男（21岁以上），各受永业田20亩，口分田80亩；老男（60岁以上）、笃疾及废疾者各40亩，寡妻妾各30亩，如是户主，加20亩，僧人、道士各30亩，女尼、女冠各20亩，官户40亩，以上皆口分田。工商业者受永业田、口分田各减百姓之半（在田少的乡不给）。妇人、奴婢不受田。庶人身死家贫无以埋葬，准出卖永业田，迁宽乡准卖口分田。官员永业田、勋田、赐田均可出卖。

这种调整主要注意对无力负担课役的人也给以若干口分田，使老、残、寡妇可以尽其所能从事一些农业劳动，增加生产收益，同时也有照顾优待的意思。

（2）均田法的破坏。总的来说，隋唐初期，农民受田都不足，其主要原因是由于土地兼并愈演愈烈。从立法上说，武德七年（公元624年）颁布的均田法允许出卖永业田和本属不准出卖的口分田。唐律《户婚》本是明文规定禁止出卖口分田，但《疏议》又对准许出卖田地的限制进一步放宽，特别是其中的赐田和一定品官的永业田也可以无条件地出卖。高宗永徽年间，因田地买卖和兼并之风日甚，朝廷曾多次诏令禁止买卖永业田、口分田，但因大量的土地被兼并，使得此诏令形同虚设。以至于开元、天宝以来，法令弛坏，兼并之弊愈演愈烈。均田法已被破坏殆尽，安史之乱后，索性自行废除了。

2. 赋役法

（1）租庸调法。租，每丁每年纳租粟2石或稻3石；调，随乡土所产，蚕乡每丁每年纳绫或绢2丈，绵3两，非蚕乡纳布2丈5尺，麻3斤；庸，每丁每年服役20日（闰月加2日），如不服役，每日纳庸绢3尺或布3尺7寸5分。21岁以上的中男受田即纳租并服役，成丁（18岁以上）则服兵役。国家有事，加役15日者，可以免调，加役30日，租调皆免。加役不得超过50日。如遇水旱虫霜灾害，减产四成以上免租，六成以上免调，七成以上，课役全免。妇人及奴婢、部曲课役也全免。

租庸调法与均田法相互依存。每年造一次人口账，每3年造一次户籍账。农村里正根据户籍具体办理授田及课役事项，州县负责监督。法律对于里正的违法行为，如应受而不授，应课而不课，都属于犯罪行为，被课以刑罚。

但是尽管均田法事实上不能如法使农民足额受田，租庸调法却要求农民如法课役。不堪承受的农民只能逃亡谋生。这使得土地兼并日益严重。大量自耕农成为地主的佃户，因此，安史之乱以后，全国户籍上的“课口”，即可以征收租庸调的人口还不及乱前的1/3，朝廷收入大受影响，税制改革势在必行。

(2) 两税法。鉴于租庸调法与社会实际严重脱节，唐德宗建中元年（公元780年），采纳宰相杨炎的建议，实行两税法。

杨炎两税法的基本原则是量出制入，具体实施办法是：

以大历十四年（公元779年）垦田之数为准，总计当时各种开支总数以定两税总数。如州县之内，各等地亩及各等人户若干，均有总数，将该州县所需粮食及经费开支之数，分别摊给各等地亩、人户负担，是为“量出以制入”。不论主户、客户，不论定居行商，均须纳税，税额由资产及田亩数确定；过去的租庸调及杂税，一律废除；每年分夏秋两季征收。

两税法实行后，由于按资产课税而将官吏列入纳税对象，被豪强隐占的客户也要纳税，增加了朝廷的税收，也削弱了大户的特权。既有利于户籍管理，也有利于社会安定，阶级矛盾得到一定的缓和。

但其也有弊端，等于使朝廷向人民实行的漫无限制的剥削制度化，不少原来临时的课税成为定制。税额总是有增无减，官吏也易于作弊。但总的来说，它的实行，对当时社会发展还是起到了一定的积极作用。

3. 专卖法

(1) 盐。在唐中期开始征收盐税之前，政府对盐业是不专卖不征税的。自唐肃宗至德元年（公元756年）才开始实行盐专卖。并且颁布了榷盐法，实行民产、官收、官运、官销。代宗永泰二年（公元766年），改革榷盐法为民制、官收、商运、商销。在全国主要产盐地设四场、十监，负责盐的生产、统购。商人可向官府场监批发官盐，自由运销各地。除须向沿江河诸道交纳通过税“榷盐钱”外，不再征税。为防止偏远地区盐商牟取暴利，设“常平盐”，即以必要的官运官销控制盐价。同时又严禁私盐运销，设置13巡院厉行缉私，发现私盐即并其资产统予没收，且按情节论罪。

(2) 茶。我国三国两晋南北朝开始流行饮茶，至隋唐已大为普及。唐德宗建中三年（公元783年），下令征茶税。在产茶州县和山林设关卡征茶税，税率为茶价的1/10。

到了唐武宗时，由于各地藩镇在各地也征收茶税，使得茶价飞涨，私茶（漏税）猖獗。唐宣宗大中初年（约公元847年），制定《茶法条约》，规定凡3次犯漏税私茶贩运者，每次贩卖3 000斤以上者处死。长期武装贩运，茶虽少也处死。茶叶生产园户私卖茶100斤以上，杖脊；3次犯法者，加重徭役。

(3) 酒。隋及唐初，放任酿酒，政府不加干预。安史之乱中，由于饥荒严重，才开始榷酤、征税，此后，或禁或弛，多次反复。

唐朝宗时，令各州限定酒的产销额，已登记的酒户按月纳税，未登记纳税者一律不准酿酒出售。德宗年间罢征酒税。3 年后，除京师长安地区外，又实行榷酤。以后，其他地区则允许私人开酒店卖官酒，而淮南、河东等地区实行酒曲专卖，允许民间买官曲酿酒出售。唐宪宗年间，令京师地区罢除官营酒坊，除特许的酿酒户照常纳榷钱、酒税之外，其余榷酒钱摊入两税一并征收，变榷酒为杂税。为保证酒利，对私酿、私卖酒者处以严刑，并没收家产，且一人违犯，连累数家。

4. 对外贸易制度

中国的对外贸易在唐朝以前以陆路——“丝绸之路”为主，唐以后陆路常为少数民族阻断，而南方经济迅速发展，航海、造船技术发达，于是对外贸易逐渐转为以海路为主。

（1）互市（陆地贸易）。唐朝建立以后，外贸纳入正轨。唐王朝出于国防及经济利益的考虑，对于陆上贸易限制相当严格。法律只许在官府监督下的互市，即在边境定点设置若干互市监官职，使中外商人在其监控下进行以物易物的互市，蕃客以骆驼、马匹及其他畜产品换取中国的丝麻等商品，而禁止中外商人其他方式的贸易。在国境边缘多置关塞，严禁不经设定的关卡绕道越境外出，违者处徒 2 年；私下贸易禁止交易的兵器者处绞刑。外商也不得私自入境，中国派往外国或外国派来的公使，均不得顺带进行贸易，违者以准盗论，罪止流 3 000 里。

（2）市舶制度（海上贸易）。唐朝对海路贸易颇为鼓励、开放，允许外商来华自由贸易，世代定居中国从事海运贸易，特在通商城市划定地区，供外商居住、营业，并创建了市舶制度。

唐太宗年间，对外国商船贩至中国的龙香、沉香、丁香、白豆蔻四种货物由政府抽取 10%的实物税，此为中国历史上第一项外贸征税法令。武则天时期，在广州设置市舶使，此为首次设置专职的外贸官。

唐朝法定的市舶税有三种：一是“舶脚”，即船舶入口税；二是“抽分”，即抽取上述龙香等 4 种货物 1/10 上贡朝廷享用，故又称“进奉”；三是“收市”，即蕃货在市场上与中国商人贸易时征收的市税。为了促进外贸的发展，唐文宗诏令除舶脚、收市、进奉外，任其往来，自为交易，不得重加税率。

四、唐律的主要特点

（一）礼法结合

礼法结合是后代对唐律的高度概括。主要因为：

（1）唐律的主旨在于全面贯彻礼的核心内容——封建三纲，被定为最严重的十恶大罪，皆属直接触犯或危及三纲的行为。

（2）唐律中不少律条本来就是礼的教义、规范和制度，而上升为法律。如八议即从《周礼》“八辟丽邦法”[1]发展而来；亲属相犯准五服论处，出于《仪礼》的丧服制度；等等。

（3）唐律借助《疏议》，大量引用儒家经典，充分阐发礼教的义理，如为论证谋反罪必须在“将”未行时严加镇压，《疏议》援引《公羊传》的理论加以解释。

但是，唐律也有于礼无据、直接与儒家经义相抵触的规定。如刑罚不株连罪人的子孙，乃是儒家倡导德治、仁政的重要内容，而唐律规定凡有谋反、大逆罪者则缘坐其父子等亲属。这是因为该犯罪可能触动以皇帝为代表的封建政权的根本。

（二）法律空前完备

唐朝总结和发展了以往历代立法经验，将封建立法推向高峰。在法制指导思想上，“德礼为政教之本，刑罚为政教之用”，源出自西周的“明德慎刑”，并且更为丰富、明确，其在整个法律体系，特别是《唐律疏议》中有鲜明反映。

在法律形式上，律、令、格、式虽并称于隋，但唐朝对四者作了明确的界定，并强调律是定罪量刑的准绳。

在法律内容上，实体法和程序法均有长足进展，涵盖刑、民、行政、经济、诉讼、审判各方面，而以刑律及其注疏融合有关令、格、式为一体出现的《唐律疏议》，堪称独步千古。空前完备的法律对唐朝的繁荣发展，无疑具有重要意义。

（三）立法技术空前完善

唐朝的律、令、格、式四种法律形式有分工、有联系，并行不悖，相得益彰，体现了立法技术上的高度成就。唐律以《名例》篇为纲，其余 11 篇为目，篇章结构井然有序，将人们各个方面不利于封建统治的种种行为，甚至可能设想的行为，尽量纳入。而律文只有 502 条，实现了唐太宗所要求的“简约”原则。

---

[1] 周制规定八种人的犯罪经特别审议，可减免刑罚，称为“八辟”。《周礼·秋官·小司寇》：“以八辟丽邦法附刑罚。一曰议亲之辟，二曰议故之辟，三曰议贤之辟，四曰议能之辟，五曰议功之辟，六曰议贵之辟，七曰议勤之辟，八曰议宾之辟。”后来成为历代帝王的亲族、近臣减免刑罚的特权制度之一。

《名例》篇与其他各篇之间的律条相互呼应，纲举目张，在同一篇中各条之间，以及同一条中各项之间，彼此关照。全部律条紧密相扣，基本上是“滴水不漏”。

（四）律条简要

唐律只有12篇500条，内容比以往的律简约了许多。整体上看，唐律的文字简要，概念比较明确，用语比较确切，逻辑严谨。疏议的理论深度和文字功夫等，在中国古代法典上，无疑是空前的。后世的封建立法也有所不及。

第五节　唐朝的司法制度

一、司法机构

唐朝中央以大理寺、刑部为司法机关，御史台也参与司法。

大理寺设卿、少卿为正副长官，下设正、丞、主簿、司直、评事、录事等，是最高审判机关，负责审理中央百官犯罪及京师徒刑以上案件，对徒、流罪的判决，须送刑部复核。此外，对刑部移送的地方死刑疑案有重审之权。死罪的判决须奏请皇帝批准。

刑部以尚书、侍郎为正副长官，下设郎中、员外郎、主事、令史、掌固等属员，是中央司法行政机关，负责复核大理寺及州、县必须上报的徒刑以上案件。在审核中如有可疑，徒流以下案件可驳令原机关重审，死刑案件则移交大理寺重审。

御史台设御史大夫、御史中丞为正副长官，其下设有侍御史、殿中侍御史、监察御史、主簿、录事、令史、书令史等属员。它是中央的监察机关。

御史台下设台院、殿院和察院。台院是御史台的基本组成部分，执掌纠察中央百官并参与重大案件的审判。殿院负责纠察百官在朝议等场合的失礼行为。察院负责纠劾州县地方官吏的各种违法乱纪行为。

在司法方面，御史台主要是监督大理寺和刑部的司法审判活动，遇有重大案件，也可参与审判或受理有关行政诉讼案件。

唐朝对大案、疑案常由大理寺、刑部和御史台的长官会同审理，称“三司推事”，必要时，皇帝还命令刑部会同中书、门下二省集议。较次的案件，则派“三司”中的副职及其属下前去审理，称“小三司”。

唐朝地方司法仍由州（郡）、县两级行政机关兼理，但属吏较前增多。州设法曹参军受理刑事案件，司户参军受理民事案件。县设司法佐、史等，协助县令处理民、刑案件。县以下乡官、里正、坊正、村正对有关婚姻、土地等民事案件，也有一定的审判权，不服者可以上诉至县重审，而刑事案件则直接由县审判。

二、诉讼制度

（一）告诉程序及责任

告诉必须由下而上，从县、州到中央依法定程序上诉，不得越诉。越诉及受理越诉者各笞40。应受理而不受理者，笞50。有严重冤案，被压抑不能申诉者，可以向皇帝直接告诉；有关主管官员不即受理者，加罪1等；告诉不实者，杖80；冲撞皇帝仪仗队申诉者，杖60。

凡告人罪者，皆须注明年月，说明事实，不得将自己不能确定的事情作为事实情况告诉，否则，笞50。替人写状控告别人犯罪，所写事实不符的，也笞50。严禁投匿名书告人，违者，流2 000里。诬告者，反坐。

（二）告诉的几种限制

唐律严责任何人必须告发谋反、谋大逆、谋叛等罪，对其他犯罪的告诉则作了若干限制。基于“同居相为隐”的原则，除谋反、谋大逆、谋叛罪外，告祖父母、父母者，绞；告期亲尊长等至亲者，虽得实，徒2年；告大功、小功、缌麻尊长，依次减等论处；部曲、奴婢告主人者，绞。被囚禁的犯人，除知有谋反、谋大逆、谋叛罪，以及被狱官虐待可以告发外，不得告发其他的事。年80以上、10岁以下及笃疾（有严重疾病的人）者，可以告谋反、谋大逆、谋叛、子孙不孝及同居之内有被人侵害等，其余不得告。

（三）不合要求告诉的处罚

唐律对于不合要求的告诉，作出了明文规定并处以刑罚。具体规定是：

（1）禁止诬告。唐律禁止诬告，并规定凡诬告者按诬告反坐原则处罚诬告者。

（2）禁止用匿名信告。唐律规定，凡通过写匿名信告人有罪的，流2 000里。

（3）禁止疑告。唐律要求告诉人在诉状中要写明确切的年月、事实等，不可有疑，否则要被笞50。

三、审判制度

（一）明确规定司法官的责任

司法官在审讯时，首先必须弄清案情，仔细考察被审讯对象的言辞、表情和陈述的理由，反复进行比较、考核、验证、了解有关事实。如果事实仍不清楚而必须拷问者，应立案与有关人员会同拷讯，违者杖 60。如果罪状已经明确，犯人即使不招，也可根据犯罪事实进行判决。

为了防止司法官滥用“拷讯”，规定拷讯不得超过 3 次，总数不得过杖 200；拷满 200 仍不招认者，取保暂放，违法拷讯而至人死者，有关官吏徒 2 年。对有病、伤的人进行拷讯者，处笞、杖刑，因而致死者，徒 1 年半。此外，依法应议、请、减者，以及老小废疾者，不得拷讯，孕妇犯罪须在产后 100 日后再拷讯，违者分别处以杖、徒刑。

（二）审判官回避的规定

唐律规定，审判官与被审人员有亲属关系或仇嫌关系的，都应当回避。这里的亲属是指五服以内的亲属和大功以上的姻亲属。中国古代，法律明文规定审判官回避制度，始于唐朝。

（三）刑讯的规定

1. 刑讯的条件

唐律规定，刑讯不可随意进行，只有当案件出现了对被审人用了“五听”（辞听、色听、气听、耳听、目听）后，查验了证据，情况与被审讯人交代的不一致，而且其还不如实交代的情况下，才可以使用刑讯。

2. 刑讯的工具

唐律对刑讯的工具讯杖的规格予以了明确的规定：讯杖一律 3 尺 5 寸，削去节，大头径 3 分 2 厘，小头则是 2 分 2 厘。

3. 禁止使用刑讯的对象

唐律规定，对于享有议、请、减等司法特权者，孕妇及产后未满百日者等人，不可使用刑讯；如果对他们使用了刑讯，还要追究刑事责任，如规定对于并不合乎拷讯者实施刑讯的，违者以故杀论。

4. 刑讯的执行

唐律规定，刑讯拷打不得超过 3 次，每次要相隔 20 天，总数不得超过 200 次；如果是构成杖罪以下的，刑讯拷打总数不可超过刑罚数；被告已被刑讯拷打法定数而仍不招供的，就取保候审；接着刑讯原告，原告也不招供的，在一定情况下可刑讯拷打证人。刑讯拷打的部位，在腿、臀部，而且是分受。

（四）严格规定上诉复审

唐律规定，判决后，审判官要向被审人及其家属当面宣读判决书。凡是被判处徒刑以上的人犯，若对判决不服，允许其向原审的上级机关提起申述。上级机关还是维持原判的，准其赴京城上告。对于申述应认真进行复审，违者，司法官笞 50。申诉违反这一程序而越级进行的，即为越诉，越诉者和受理越诉案件者，都要被追究刑事责任，各笞 40。

被审人确有重大怨抑而不被平反的，可以直接向皇帝陈情，要求平反，此谓“直诉”。唐朝的直诉形式有挝登闻鼓、邀车架、上表等。但是，直诉内容必须真实，否则也要追究刑事责任。

（五）死刑案件的复奏

唐律对死刑的执行规定了非常慎重的程序，死刑判决必须奏报皇帝，经皇帝审核批准后，还要对其进行 3 次奏报（“三复奏”），皇帝许可方可执行。违反此规定的有关主管官处流 3 000 里。妇女犯死罪而怀孕者，其死刑需产后 100 日执行，未产而处决者，有关官吏徒 2 年；产后不满 100 日处决者，徒 1 年。

四、监狱管理

唐朝中央设有大理寺狱，关押皇帝敕令逮捕和朝廷犯罪的官员。在京师设有京兆府狱和河南狱，关押京师地区的罪犯。在地方，各州、县都设有监狱，囚禁当地犯人。各监狱均设有专职的掌狱官，负责监狱管理。

根据唐律规定，在押犯如何监禁，应上何种戒具，均有一定制度。凡是应监禁而不禁，应上某种戒具而不上，擅自脱去或更换戒具者，分别处笞。囚犯离家甚远者，由官府给予衣粮；有病者，主管官吏应申请给医药；病重者，允许家人探亲。狱官有违反规定者，笞 60；因而致使囚犯死亡者，徒 1 年；削减或窃取囚犯食粮者，笞 50；因而致使囚犯死亡者，绞。狱官管理不善，致使囚犯自杀或杀人者，徒 2 年。

五、司法制度的破坏

武则天当政时，为了防止李唐宗室和群臣再起，曾任用来俊臣、周兴等酷吏滥事刑杀，造成无数冤假错案。唐律中规定的主要定罪量刑原则以及审讯、判决、执行和监狱管理等一系列规定，全被废弃，司法制度受到严重破坏。到唐后期，司法日益混乱，特别是由于藩镇割据，各自为政，他们在自己的势力范围内任情刑杀，中央根本无力过问。宦官擅权，诬陷人罪，实行逮捕、拷讯和屠杀大臣，更是常事。地方的军府和盐铁、度支等使司，原本无权理讼，此时也可以行使拘捕、监禁等司法权。初唐法制，荡然无存。

第六节　五代十国的法律制度

从公元 907 年朱温自立为皇帝，国号梁开始（史称后梁），中原一带此后又相继建立后唐、后晋、后汉、后周王朝，加上后梁，史称“五代”。在“五代”政权周围，有吴越、吴、南唐、闽、南汉、楚、荆南、前蜀、后蜀、北汉10个小国，史称“十国”。此外还有一些割据势力和少数民族政权并存。

五代十国时期，是唐末藩镇割据混战的继续和发展。这些王朝的统治都很短促（13个皇帝，总共仅53年），开国君主多由大军阀转变而来。后周为了缓和矛盾，进行了一些政治、经济改革，在立法方面也有所改进，为宋王朝的统一做了准备。

一、立法概况

五代时期颁行的法典，主要有后梁《大梁新定格式律令》，后唐《同光刑律统类》《长兴敕条》《天成杂敕》《清泰制敕》，后晋《天福杂敕》，后周《大周续编敕》《大周刑统》等。

五代立法的一个特点是编敕较多。由于各王朝的统治不稳定，皇帝随时因人因事颁敕处理问题，颁敕多了，就要编敕，以避免重复、矛盾。

以律为主，将有关敕、令、格、式汇集一起，加以分类，编为一部法典，称为《刑统》，此乃五代时期立法形式的一个重要成就。后周世宗年间，中书门下省建议重新编纂法典。用了1年左右的时间将此法典编成。其特点是：用律为主，律文的主要意义难以理解的，用《唐律疏议》的疏议解释；律文容易明了的，将疏议省略；与律条文相近的令、式、格、敕，依次编在律后。至于朝廷的禁令，州县之常科，各以类分，都令编敕。由于“刑名之要，尽统于此”，故定名为《大周刑统》。

《大周刑统》的编修，深受唐宣宗时颁行的《大中刑律统类》的影响。该部法律的问世，在法典体系上是一大改革，《宋刑统》即在此基础上编纂而成的。

十国的立法见于史载的有吴国的《吴删定格令》50卷、蜀国的《蜀杂制敕》3卷、南唐的《升元格》30卷、《江南刑律统类》12卷、《江南格令条》80卷等。

二、法制特点

（一）立法苛重

五代各国的立法大多沿袭唐朝，但其处刑比唐朝要严酷得多。如一般窃盗罪，唐律最高刑为加役流，而后晋则以决杀定刑。后汉更规定凡贼盗不计赃物多少，一并处死。对于农民起义甚至有诛杀“四邻同保”的法令。

五代还以重法惩治制造和贩卖私盐、私酒者。后唐贩私盐10斤以上即处死，私自制碱煮盐，不论斤两皆死。并奖励告发。后汉规定私自制酒，不论斤两皆死，后周改为私自制酒 5 斤以上处死。

（二）刑罚奇酷

五代沿用唐律的五刑，令增刺面、决杖、配流，更有断舌、决口、断筋、折足等非刑。死刑则除腰斩外，还有凌迟。其状惨不堪言，乃最残酷之刑罚。

（三）民事法制渐趋完备

1. 契约制度

在契约制度上，五代时期对于不同的契约在格式、体例及南人诸方面有一些共同的要求，如契约中包含订立契约双方当事人的姓名、订立契约的原因、契约的具体内容、双方的责任、订立契约的人与见证人均要画押。

2. 继承制度

在继承制度上，对死商钱物的继承作了进一步的规定。

复习思考

一、名词解释

《开皇律》 《贞观律》 《永徽律疏》 《唐六典》 五刑 三省六部 十恶 八议 三司推事 小三司 两税法 谋叛 内乱 台院 殿院 察院四善二十七最 坐赃

二、自测题

1. 中国传统法制的成熟、定型阶段是：（ ）。

A. 秦汉时期　B. 三国两晋南北朝时期

C. 隋唐时期　D. 宋元明清时期

2. 隋文帝的《开皇律》首次确立了：（ ）。

A. 封建制五刑　B. 加役流　C. 重罪十条　D. 十恶

3. 以法典形式，肯定了审判官回避制度，始于：（ ）。

A. 唐朝　B. 隋朝　C. 五代时期　D. 北宋

4. 唐律确立的五刑为：（ ）。

A. 死、流、宫、徒、鞭　B. 死、流、徒、鞭、杖

C. 死、流、徒、杖、笞　D. 死、髡、赎、杂抵罪、罚金

5. 殴打或谋杀父母等尊长亲属的行为属于唐律“十恶”中的：（ ）。

A. 不孝　B. 恶逆　C. 不睦　D. 不义

6. 唐朝对大案、疑案常由大理寺、刑部和御史台的长官会同审理，称

为：（　　）。

A. 三司推事　　B. 三司会审　　C. 圆审　　D. 三司圆审

7. 中国历史上最早的一部行政法典是：（　　）。

A. 大明会典　　B. 贞观政要　　C. 唐六典　　D. 永徽律疏

8. 唐朝中央最高审判机关是：（　　）。

A. 大理寺　　B. 刑部　　C. 御史台　　D. 尚书省

9. 御史台中专掌纠察朝仪、巡视京都以及朝会、郊祭等维护皇帝尊严为其基本职责的是：（　　）。

A. 台院　　B. 察院　　C. 殿院　　D. 刑部

10. 唐朝时期对于重大、疑难案件实行三司推事，三司包括：（　　）。

A. 大理寺卿　　B. 尚书令　　C. 刑部侍郎　　D. 御史中丞

三、论述题

1. 试述隋朝初期的法制指导思想。

2. 试述唐律着重维护夫权和父权的表现。

3. 试述唐朝关于离婚的规定。

4. 试述唐律的历史地位及其主要特点。

（自测题答案：1. C；2. D；3. A；4. C；5. B；6. A；7. C；8. A；9. C；10. ACD）

第九章　宋辽夏金的法律制度

（公元 960 年～公元 1279 年）

本章主要内容

本章介绍的是北宋和南宋及辽金两朝法律制度的主要内容。其中论述了两宋法制的指导思想、立法概况、法律的主要内容及其司法制度的主要内容。

学习目标

了解两宋时期法制的指导思想、立法概况及其法律的主要内容和特点。特别是要掌握和领会两宋时期的法律形式、商事立法的主要内容和特点。

本章的重点问题

1. 两宋法制的指导思想。
2. 两宋时期的立法概况。
3. 两宋时期契约法律制度的主要内容。
4. 两宋商事立法的特点。
5. 两宋的官吏管理制度的主要内容。
6. 两宋司法制度的特点。
7. 辽国的主要立法及其主要内容。

后周显德七年（公元 960 年）春，后周归德军节度使、禁军统帅赵匡胤通过陈桥兵变，从后周王朝夺得政权，建国号为宋，是为宋太祖，以开封（今河南开封）为都。宋朝建立后，以 20 年时间统一汉族聚居地区，结束了五代十国的封建割据状态。但此时在北方地区，还有一些与宋政权对峙的少数民族政权，主要是契丹族所建立的辽王朝和女真族所建立的金王朝等。

宋徽宗靖康二年（公元 1127 年）春，金军南侵，在开封俘获了宋朝的徽、钦二帝。当年夏天，康王赵构（钦宗弟）于南京应天府（今河南商丘）即位，重建宋王朝，年号建炎，是为宋高宗，最后以临安（今浙江杭州）为都，形成宋金对峙的局面。历史上把以开封国都的宋政权称为“北宋”，把以临安为国都的宋政权称为“南宋”、两宋共历 18 帝、320 年。

第一节　两宋法制的指导思想

一、加强中央集权，防止割据分裂

赵氏王朝是通过兵变拥立形式夺得政权的，面临的又是经历长期军阀混战之后土地荒芜、农业凋敝的局面。为了巩固统治，避免由于节镇太重，而使君弱臣强危害自身的统治，因此，宋王朝在政权建立初期，就确立了加强中央集权、防止割据分裂的方针，采纳了赵普的建议，实行了“杯酒释兵权”“收诸道精兵”“诸州租课，悉送京师”等强制措施。这些措施消除了五代时期将领更换皇帝的隐患。在法制方面也采取了诸如设置最高覆审机构“审刑院”，审理权和判决权的分立，等等，无不是中央集权思想的实践。

二、崇文抑武，儒道兼用

面对五代以来重武轻文的习气，宋太祖竭力提倡文治，注重吏治文臣在经世治国中的作用。鉴于五代以来州郡狱吏多不习律令的教训，宋初统治者很重视地方官吏的吏治才干，要求他们学法知法。一方面，要求武臣读书学法，由律博士对官员讲授、考核，考核成绩居末者，还要处以罚金；另一方面，又大力起用懂法的文人任官。

在继受儒家正统思想的同时，宋初统治者还尊崇黄老之学。在理学出现之前宋初的指导思想，是儒道并用。理学出现并逐渐占据主导地位之后，宋代法制指导思想体现出了独尊理学的特征。

三、“大都兼容”，强调慎法

由于是由部下兵变而当上皇帝的，宋太祖在加强专制主义中央集权的同时，又十分强调慎法。慎法的目的是巩固赵氏王朝的统治。正是这种慎法思想，使得宋初统治者在处理统治集团内部关系时，表现为“大都兼容”“保全柴氏子孙”“不杀士大夫”等具体政策。也就是这种慎法思想，使得宋初统治者不敢制订“新律”，以至《宋刑统》基本上是《唐律疏议》的抄袭之作。因此，从总体上说宋代慎于变法、立法的思想倾向占据着主导地位，这也是王安石变法失败的原因之一。

四、义利并重，重视经济立法

一方面，由于经济得到恢复和发展，出现了一些新的经济因素，需要由国家进行调节疏导；另一方面，由于国家财政经常发生困难，急需理财求富，所以，宋代统治者调整了历代立法中重刑轻民的传统做法，义利并重，相当重视经济立法。他们把儒家学说在理财“世务”相统一，并认为“治天下之财者，莫如法”，强调经济立法的重要性。所以，宋代是中国古代经济立法最为活跃的时期，其经济立法活动频繁，法规内容涉及面广，比较顺应商品经济的规律。其制定的大量有新意的经济法规，对后世有重大影响。

第二节 宋朝的立法概况

宋朝的法律体系较之前代有比较特殊的地方。首先，有一部相当于唐朝《律疏》的正式刑法典《宋刑统》；其次，编敕与令、格、式一起，形成了宋代独特的“敕令格式”体系。此外，还有“例”“申明”“指挥”等法律形式。

一、《宋刑统》

（一）《宋刑统》的制定

宋初沿用前代法规，刑法方面主要是后周《显德刑统》。建隆三年（公元962年），宋太祖接受大臣的建议，决定制定本朝刑统，命令由窦仪主持刑统的更定之事，参与者还包括苏晓、奚屿、张希逊、冯叔向等人。到建隆四年（公元963年）七月完成，由大理寺刻板印刷，颁行天下，史称《宋建隆重详定刑统》（简称《宋刑统》）。它是宋代开国以来第一部法典，也是宋代最基本的一部法典，直至宋终，从未改过。它也是中国历史上第一部刻板印行的成文法典。

（二）《宋刑统》的体例

《宋刑统》共计 12 篇，律 502 条及其疏议，213 门，连同目录 31 卷。除了个别避讳字外，这部法典与《唐律疏议》几乎完全一样。门，意为“门类”，始创于《大中刑法统类》，《宋刑统》把 502 条律文和所收敕、制、令、格、式、起请条分类归入相应的 213 个“门”中。所收敕、制、令、格、式，不仅有本朝所颁的，也有前朝遗留的，最早为开元二年（公元 714 年），最晚的是宋建隆三年（公元 962 年），时间跨度约 250 年。“门”一般兼收律、敕、制、令、格、式、起请条，但也有个别例外。

“起请”，也称“参详”，它是对律、敕等条文的修正，或是为本无罚则的敕令格式补充规定刑罚，以“臣等参详”起句，附在相关的法规之后，共有 32 条。“起请”具有法律效力，而列于其前的相关律文或敕令格式，则成为该“起请”条的参照条文。

《宋刑统》在内容上，除个别避讳字外，基本上沿袭《唐律疏议》。变化之处主要在于：

（1）删除《唐律疏议》每篇篇首的篇名沿革史。

（2）增设“折杖法”的规定，即以杖刑代替流、徒、杖、笞之刑，以体现恤刑原则。

（3）对官吏犯脏罪的处罚比《唐律疏议》明显减轻，加重了对盗贼的处罚。

（4）增加民事、商事方面的立法。

二、编　　敕

宋朝“编敕”，是编纂历年所颁敕文的立法活动，由此所产生的敕文集也称编敕。编敕属于一般法，具有普遍适用的效力。广义的编敕包括各个部门法性质的敕文集，狭义的编敕特指刑事敕文集。宋代凡新皇帝上台，都要搞一部乃至数部编敕，编敕便成为经常的立法活动，于是有了专门的编敕机构，如仁宗时的“详定编敕所”、神宗时的“修敕局”、徽宗时的“编修敕令所”等。

这里需要讲清编敕与《宋刑统》的关系问题。由于与刑法典《宋刑统》相比，诸法合体的编敕不利于刑事审判部门的检索，编敕的刑法化被提上了议事日程。真宗咸平年间所成的编敕《咸平编敕》，是参照《宋刑统》的体例，以门为名分为 12 个篇章，各门名称完全与《宋刑统》一样，所收敕条也都是刑事法规，最终完成了编敕的刑法化，编敕成了一部新刑法。所以，在宋代，在单独提到“敕”时，多指刑法化了的编敕。当时出现的一些新型案件，在处理时，《宋刑统》中并没有相应的条法，而编敕则更适合当时的社会实际，所以在刑事审判中，编敕的地位自然高于《宋刑统》。但这并不是说完全废弃了

《宋刑统》，在宋代的审判活动中，《宋刑统》始终仍然起着重要的作用。只是在实践中《编敕》的地位高于《宋刑统》，所以，才把原来的“律令格式”体系改为“敕令格式”。到南宋时期，只是在这个意义上才可以说是“以敕代律”。

三、令、格、式

令、格、式是《宋刑统》、编敕以外最主要的三种法律形式，是刑法以外的各种部门法。这些法律形式也是继受于唐朝和五代。

1. 令。是从正面指令人们应为、不应为的法律，条文中没有刑罚规定，违者按律、敕中对条文所规定的刑罚制裁。

2. 格。宋朝的格是规定如何实施令所规定的应为事项，如何奖励举报告奸行为等。它的规定十分详细、具体，有很强的操作性。例如，《给赐令》规定，当军队要求战马而战马无鞍辔的，由官府给钱购买，并且还详细规定了每副鞍辔价值 1 贯 300 文钱。

3. 式。是规定公私文书的体例模式及名讳语词等的法规。

四、编　　例

把对审判有指导意义的判例编纂成集的立法活动，叫做编例。由此而产生的这种案例集也泛称“编例”。如《熙宁法寺断例》《元符刑名断例》等案例汇编便是。进入南宋以后，判例地位上升，先后形成《绍兴刑名疑难断例》《乾道新编特旨断例》《开禧刑名断例》等。编例成为南宋的判例法，在司法实践中，有些官吏引例而不用敕律，甚至一些贪官污吏，把例隐藏起来不用，又不引用敕律，在收到贿赂以后，才拿出例来解决问题。

宋朝还有一种与判例性质类似的法律形式，叫做“批状指挥”，简称“指挥”。它是尚书省、枢密院等中央官署就具体公事发给下级官署的指令。行文内容与敕、令类似，主要是用以指导下级官署的行政管理和司法审判。在一定条件下，下级官署可以引用“已降指挥”办理类似公事。以前案件作为后案的样板，前案是判例；前案是照“已降指挥”判决的，“已降指挥”也被视为一种“例”，有时甚至直接把指挥称为“例”。南宋以后，指挥的法律地位提高，甚至与敕令并立，致使法制混乱。到孝宗时，指挥总数已达数千条。孝宗于是下诏整理现有指挥，并于乾道八年（公元 1172 年）颁布了《乾道敕令格式》，经过整理的指挥正式与敕令并立。

五、条法事类

是以“事类”（公事性质）为标准分“门”（篇章）编纂的法规大全，每项事类中间同时收入相关的敕、令、格、式、申明等。"申明"是法律解释。条法事类产生于孝宗淳熙年间。当时的法律大全，是以法律性质为标准分篇章的《淳熙敕令格式》，调整同一法律关系的法规分散在不同的篇章，以至官员无暇遍阅法规，而使吏从中行舞弊之奸。因此，孝宗下令采用条法事类的立法形式，编成《淳熙条法事类》。该法律形式出现，不仅有利于克服官吏利用相关法规分散、不易查找而徇私舞弊的弊端，而且对敕、令、格、式的内部协调，也有一定作用。其后，宁宗朝和理宗朝编有《庆元条法事类》和《淳佑条法事类》。现存的仅有《庆元条法事类》。

第三节 两宋法律的主要内容

一、刑事方面

（一）刑罚制度

《宋刑统》规定的刑罚，沿袭了隋唐以来的五刑体系，即笞、杖、徒、流、死。其量刑、等级以及议、请、减、赎等定罪量刑的基本原则，一同唐律所规定。这是宋朝刑罚的主体。但在司法实践中，其执行方法有一些变化，并采用了一些新刑种。

（1）折杖法。即把笞、杖、徒、流四种刑罚减轻刑量或折抵为杖刑制度。减折方法大体为：最高笞刑 50 减到 10，以下递减；最高杖刑 100 减到 20，以下递减；最高徒刑 3 年折杖为 20，免除劳役，以下递减；最高流刑加役流折抵杖刑 20，以下递减，原有劳役就地执行。笞、杖刑经减数后仍责打臀部，称为"臀杖"；徒、流刑折抵的杖刑，责打于背脊部，称为"脊杖"。使用相同规格的刑具。折杖法适用于一般刑事犯，不适用于反逆、强盗等重大犯罪。其后，又修改笞刑减数法，最高笞刑由 50 改为 20，刑数比以前有所增加，但刑具改小，不再与其他刑种的折杖使用同样的刑具。后又对作为附加刑的笞杖也规定了一个折抵标准。这一变化使流罪得免远徙，徒罪得免劳役，笞杖得减笞杖数，反映了宋代慎刑的法律思想。

（2）刺配。是对犯人施加墨刑再押送指定场所服役的刑罚。"刺"指在罪犯脸部等处刺青；"配"指押送指定场所服役，有军役、劳役两种，服军役又叫"配军"。宋朝的配役不是必须加"刺"，但"刺"只能适用于配役者，所以"配"是主刑，"刺"是附加刑。此与汉朝以前作为主刑的墨刑是不同的。"刺"的部位、标识和深度，因罪行而异，或刺"强盗"2 字于头部，刺环形于耳后，深度或 4 分、或 5 分、或 7 分。后又把晋朝的"决杖配流"与刺配合二为一，使其成为杖、配、刺三刑合用的刑罚。由于后来宋朝廷急剧扩大其适用范围，被后人讥为“六刑”，也是由于它的创制从而改变了封建制五刑的执行方法。

（3）凌迟。是用肉脔割肢解等办法使受刑人缓慢死去的酷刑。凌迟本意是指山之由渐而高，处死杀人者犯时要慢慢地处死，而不要使其迅速死亡，使他受罪，故有渐次之意。凌迟刑始见于五代。宋初时，凌迟作为“非法之刑”，常被司法部门用来惩罚抢劫、背军逃走及恶逆等重大犯罪，执行方式极其残酷、恐怖。到仁宗时，凌迟刑开始合法化。南宋把死刑分为凌迟、处斩、处死（绞）三等，凌迟成为法定的第一等死刑。

（二）犯罪分类和量刑原则

1. 以增新罪名巩固皇权

为加强中央集权，巩固皇帝至高无上的权威，真宗年间规定，凡擅自接近皇帝祭祀天地的天地坛者，处斩刑。

2. 重刑保护特殊对象

（1）重法地之制。这是规定对某些特定地区的特定犯罪判处重刑的制度。该特定地区，称“重法地”，其量刑标准是“重法”。宋代为了确保首都及其大城市的治安秩序，创立了“重法地”制度，最初限制适用于首都开封府诸县。神宗时期所颁布的《盗贼重法》，其特点是株连家属，没收财产，严惩窝赃包庇犯，严惩累犯、惯犯。后来在其他地区也推行重法地制度，即一是将某地区直接规定为重法地，另一是在非重法地对特定犯罪适用重法。当时适用重法的地区很广泛，几乎包括长江以北的所有路治和江南的福建路，占全国26路中的1/3。该制度实施了40多年，于哲宗时被废除。

（2）盗剥桑柘之禁。指宋初重惩偷剥他人桑柘树皮行为的规定。其中规定，凡偷剥他人桑柘树皮，导致树木枯死达“三功”以上的，判死刑。这里的“三功”指枯死树木周长之和达126尺。宋朝已发明了用桑柘树皮造纸的技术，因此有人偷剥他人桑柘树皮用作造纸原料的行为，破坏了养蚕业，有违我国古代重视农桑业的传统，被视为一种恶性犯罪而加以严惩。

（3）调整对侵犯财产罪的量刑幅度。宋朝诏敕为侵犯财产罪而规定的刑罚，比唐律严厉得多。例如，对窃盗罪，唐律没有规定处以死刑，而宋朝诏敕对达到一定数额者可判处死刑。

二、民事方面

（一）所有权

1. 对土地所有权的若干限制

宋朝土地买卖已相当普遍。《宋刑统》中全文保留了《唐律疏议》中有关均田制的条文及其疏议，北宋政权也从未明令废除过均田制。在宋代，均田制中干预、限制土地私有权的立法原则，仍在不断起作用。

（1）限田。即限制私人农田面积的措施。仁宗时下诏“限田”，规定私人所有土地公卿以下不得超过法定限额 30 顷。该规定实施不久，因官僚士大夫们的反对而废止。徽宗年间，又下诏对官员限田，即限制官员之家的免役特权，限额依官品高下逐级递减，一品官 100 顷，九品官 10 顷，限外田产与一般农田一样承担赋役。南宋仍实行限田，各品官限田数为徽宗朝限额之半，限外田须承担差役。

（2）“公田法”。即北宋末年查验无主田收归国有的法律，实质是制造借口依靠国家强制力剥夺私人土地所有权。具体借口有三：一是无限追查原始田契，一直追查到原地主拿不出原始契，就把土地所有权收归国有，令地主缴纳官租；二是以新颁的“乐尺”丈量旧尺田亩，旧尺亩大于乐尺亩，对照田契亩数，其多余部分的所有权收归国家，也令地主交纳官租；三是鼓励举报无主荒地，官府得到举报，无论地主是否执有合法书契，均作为无主荒田收归国有。该法在北宋实施了 10 年。

2. 族产的出现

族产是以宗族社团为所有权主体的产业，史称“义庄”。义庄出现于北宋，其财产主要来自宗族中有力者的捐献。南宋时，如果绝户无女，依法原应由女儿继承的 1/3 遗产，官府可以将其判归义庄所有。族产的收益主要用于祭祀本族的祖宗、救济族众、资助族人参加科举考试等。族产一般由“掌管人”依“规矩”管理，族中人不得横加干预。族产对于宗族的结合和巩固有着重要意义，是宗族族权的物质基础。北宋政府承认并保护族产的法律地位，使得族产迅速普及，对后世也有重大影响。

（二）契约关系

1. 买卖契约

宋朝对于买卖契约比隋唐时期要复杂得多。由于宋朝典当盛行，法律对典当与买卖连同作出规定，故合称为“典卖”。民间也因而将买卖混同于典当。为区别二者，将典当称为“活卖”，将买卖称为“永卖”“绝卖”“断卖”等。

根据《宋刑统》规定，不动产买卖契约的成立要件有如下几项：

（1）先问亲邻。即业主欲出卖不动产时，必须先询问房亲、邻人有无购买的意愿。即房亲、邻人对不动产有先买权。具体询问的顺序是：先问房亲，房亲不要，次问四邻，四邻不要，他人并得交易。询问四邻的顺序是：其邻以东、南为上，西、北次之，上邻不买，递问次邻。四邻都不买，才可以外召买主。

（2）输钱印契。即不动产买卖契约必须缴纳契税（输钱），并由官府在契约上加盖官印（印契）的程序。加盖了官印的契约称“赤契”“红契”，具有一定公证意义；未缴纳契税、加盖官印的契约称为“白契”。

（3）过割赋税。即在买卖田宅时，必须将附着其上的赋税义务转移给新业主（占有者）。人户典卖田宅，必须在契约上写清买卖标的的租税、役钱，并由官府在双方赋税账簿内改换登记后，才能加盖官印，使之成为合法的红契。

（4）原主离业。指订立不动产买卖契约后，必须转移标的的实际占有，即卖方必须离开产业。卖方离业可以防止自耕农数量减少、佃户增多，有利于官府的赋税征收，也有利于减少田宅纠纷。

2. 典当契约

宋朝的典当契约是一种附有赎回条件的特殊类型的买卖契约。其债务人称业主，债权人称钱主或典主。主要用于不动产。典当契约关系，在约定的期限届满后的一段时间内，出典人可以随时以原价赎回典当标的物，这是典当与买卖的主要区别。

（1）典当契约的形式。典当行为必须采用加画骑缝记号的复本书面契约形式。合同一式两份，钱主、业主各执一份。

（2）典当契约的成立要件。法律将典当联称为“典卖”，作同一规定，因此，前述买卖契约的四要件，同样适用于典当契约。

（3）业主的权利。除了上述四要件中包含的权利外，业主主要还有两项权利：一是得到钱主给付的典价（契约价金）；二是约定的期限届满后，在法定的30年待赎期内可以随时以原价赎回标的物。

（4）钱主的权利。除了上述四要件中包含的权利外，钱主主要有四项权利：一是契约期限内的使用收益权；二是在业主欲出卖该项田产时享有优先于钱主亲邻的先买权；三是待赎期中的转典权；四是待赎期中业主不赎回标的物时，钱主取得标的物的完全处分权。钱主以上的权利，统称“典权”。

3. 租佃契约

宋朝租佃关系中的人身依附色彩逐渐减弱，契约关系色彩日益加强，主户（田主、地主）与客户（佃户、佃客）在契约中的地位趋于平等。仁宗以后规定，佃户有更易主户的权利，故史称“易佃法”，即佃户在收获季节以后，可以终止与原主户间的租佃关系，同时再与其他主户建立新的租佃关系。

（三）家庭与继承

1. 婚姻制度

《宋刑统》与唐律一样，对婚龄无明确规定，一般来讲，男年满15岁，女年满13岁，就可婚嫁。南宋法律规定，订婚后无故3年不成婚者，可以办理离婚手续。宋律规定，如丈夫外出 3 年不归，6 年不通信息，妻子可以改嫁或离婚；丈夫因犯罪而离乡服刑，妻子可以提出离婚；被丈夫家里同居的亲属强奸，或虽未成，妻子也可以提出离婚；丈夫令妻为娼妓者，妻子也可以提出离婚；如果将妻子雇与他人为妻妾者，婚姻关系应解除。

2. 养子

从中国传统观念出发，为了延续宗祧和养儿防老，若没有亲子，就要设一个拟制的亲子——养子。从血缘方面分析，养子分为同宗与异姓两类。同宗养子，指在本宗族中收养的拟制亲子。唐朝规定只限在同宗子辈中选择养子，此乃古代中国收纳养子的第一项基本原则。宋朝照抄了该项原则。在法律和习惯上有多种称呼，如“立嗣子”“嗣子”“承继子”“立继子”“过继子”“过房子”等。从收继关系成立的时间分析，又可分为立继子与命继子两类。养父母生存之时收养的同宗养子，称“立继子”；夫妇（养父母）双亡后，由近亲尊长指定的养子，称“命继子”。

异姓养子，指在本宗族外收养的拟制亲子。异宗同姓，也视若异姓。但是异姓儿童一旦被合法收养，便须改从养父之姓。所以，所谓“异姓”，着眼点在于血缘上的异宗，而不是户籍上的姓氏。宋朝与唐朝一样，一般禁止收异姓人为养子，规定收养男性者，徒 1 年。但收养遗弃幼儿例外，规定遗弃小儿 3 岁以下，虽异姓，也可收养，即从养父母姓。

关于养子的财产继承权，规定了养子与亲儿子的继承权一样。

命继子只能继承遗产总额的 1/3。

异姓养子没有资格继承宗祧，只能与亲子享有在财产方面的同等继承权。

3. 妇女的财产继承权

唐宋法律规定，守志寡妇是亡夫遗产的第一继承人，也可以代位继承其亡夫的应得份额。妾一般不能直接继承丈夫的遗产。男性家长死亡后，有子女、有妾而无妻时，遗产只能由子女继承，妾不能继承。不过，妾可以“所生母”身份间接继承原本属于其夫的财产。如果只有妾存在，遗产甚至会被没收归公。

女儿的财产继承权主要体现在妆奁上。分割父母遗产时，未婚女儿（在室女）得到的妆奁，只相当于儿子（无论亲子、养子）聘财的一半，女儿与儿子的财产继承权是不平等的。在绝户的情况下，在室女可以继承全部遗产。南宋规定，父母已亡，儿女分产，女可得男之一半。如果嗣子是命继子（死后继子），在室女可以继承遗产总额的 3/4。

北宋规定归宗女（因离婚或丧夫而回归母家的出嫁女）视同在室女，也可全份继承绝户遗产。南宋规定，如果家中只有归宗女，可得家产总额的 50%，命继子也先提取 1/3，所剩 17%，一半加给命继子，一半归国库。但是，只要有姐妹在室，就不考虑出嫁女回绝户娘家继承遗产的权利；如果娘家只有命继子（死后继子），出嫁女可以回去继承遗产。娘家若没有在室女、归宗女时，出嫁女与命继子均分家产的 2/3，其余 1/3 收归国库。

4. 遗嘱继承

唐朝制定、宋朝沿用的《丧葬令》，是现存关于遗嘱继承的最早的法规。北宋天圣年间，提出了一个新的有关遗嘱继承的"户绝条贯"，规定在"户绝"前提下，遗嘱继承优先于法定继承，能以遗嘱剥夺女儿的一般法定继承权。南宋时，不仅儿子的继承权得到保障，女儿的一般法定继承权也得到了保障。对遗嘱的确认，也由立遗嘱人死后的"证验分明"，改为立遗嘱当时的"自陈，官给公凭"，经官印押。可见，古代的遗嘱公证，在于防止和减少遗嘱纠纷。对于遗嘱继承人的继承份额也有限制，即止得继承数额的 1/3，该规定被称为"遗嘱财产条法"。

三、行政立法

（一）中枢与地方行政机构的变化

1. 中枢机构

(1) 保留三省形式，大力削弱相权。宋初保留隋唐以来的三省，但不使之有实任，中书、侍中、尚书不干预朝政，侍郎、给事不领省职。中书门下长官行宰相事，无定员，通常二三人。宰相有 2 人任副职，称"参知政事""辅佐平章事"，而皇帝不时有意使二者同列，实际上是使参知政事牵制、削弱宰相职权。宋初的将军权和财权分别归于枢密院和三属行使，有关国家行政的具体问题，事无大小，都必须请示皇帝，然后草诏颁行，相于是大减。

(2) 设置枢密院，皇帝独掌军权。宋朝内忧外患严重，经常需要保持百万大军。军权完全由皇帝独掌。为此，设置枢密院为中央军事行政机关，以枢密使、副使、知枢密院事（简称"知院"）为长官，品位相当于宰相。

为了对枢密院进行必要的制约，北宋神宗以后，直至南宋，由枢密院掌握军队的调动权，但直接指挥权另归专门军事机关。

(3) 设三司，财政权收归中央。三司指：盐铁司，掌工商收入、兵器制造；度支司，掌财政收支、粮食漕运；户部司，掌户口、赋税、榷酒等。宋朝不使地方留财税，全国财赋尽出三司，以供庞大的军费、官俸及对外赔款之需。故三司长官三司使、副使的权位甚重，又称"计相"。

王安石变法后，三司不再是独立的机构，开始在三司之上设置三司条例司，由中书和枢密院长官兼任，主管新法的制订、颁布。变法失败后，被并入中书省，后又并入户部。

2. 地方行政机构

为了强化中央集权，宋初即开始使地方机构职权分散。具体措施有：

(1) 剥夺藩镇实权。宋太祖逐步收回藩镇节度使的军权、财权及所在地的行政权，并取消藩镇统辖多地之制，节度使实权尽失，沦为将帅重臣和宗室勋戚的一个虚衔。

(2) 州上设路，并使其权一分为四。宋初分全国为15路，相当于唐朝的道。路设四种官职：经略安抚使（南宋称帅司），掌一路军政；转运使（南宋称漕司），掌一路或数路财赋；提点刑狱使（南宋称宪司），掌司法；提举常平使，掌赈灾、盐铁专卖。四者互不统属而互相监督，皆听命于皇帝，以防止地方长官总揽大权。

(3) 路下设府、州、军、监为直属中央的同级行政机关。以知府、知州、知军、知监为长官，由朝廷任命文官担任。府、军、监为数不多，以州为主。后又规定3年一换和籍贯回避制，以防久任居地而自雄。各州设通判以分知州之权。州内政令必须经通判联署，否则无效。通判实权大，常与知州争权，后遂为知州之副。

州以下仍为县，由皇帝任命文官为知县。

（二）官吏管理制度

1. 官吏的选拔——科举制度的完善

科举制度是宋朝选拔官吏的主要途径。与唐朝不同的是，宋代士人一经科举录取，即可任官，不必再经过吏部考试。

为了防止考官作弊，宋朝完善和创立了“糊名考校法”与“誊录试卷法”。前者或称“糊名”，又称“弥封”，即把试卷上的考生姓名、籍贯等糊封隐没，使阅卷官不知试卷作者，以防徇私。宋太祖年间开始设礼部试，由尚书省礼部主持选仕考试中糊名，以后此法被推行到州试和其他考试中。后者简称“誊录”，就是将考生试卷交由专门的书手抄录成副本，再由阅卷官批阅的制度。其用意是防止考官辨认考生字迹和剥换卷首的方法作弊。

宋朝经省试中第的称“举人”，须经过殿试才算真正登第。殿试（又称“御试”“廷试”“亲试”）在御殿举行，考试完毕后由皇帝主持唱名仪式。殿试合格者为“天子门生”，按等第高下赐衔授官。除了正规录取进士外，还有以皇帝特恩名义录取的进士，即对落第的老举人，在殿试之年由礼部另立名册奏上，参加附试，额外录取一批进士，称为“特奏名”，又称“恩科”。

2. 官吏的“差遣”

宋朝官制有官、职、差遣之别，史称“差遣制”，其要旨在于使官职名称与实际职务相脱离，以适应君主专制中央集权的需要。上至仆射、尚书，下至员外郎以及寺、监的官职，除特殊情况外，都不担任与官职相符的职务，官名只用来表示官位和俸禄高低，称为正官、寄禄官，简称“官”。一部分文官还有学士、直阁之类的头衔，一般也不担任相应的馆阁之职，只作为文官荣誉衔，称为“贴职”，简称“职”。

官员担任的实际职务，由皇帝灵活授予，同他的“正官”名称不符，故称为“差遣”，又称“职事”。职事官所担任的职务之前通常有“判、知、权、管勾、提举、提点”之类限制词，以示其临时性，可以随时撤换。即除非有特旨，各国家机关如三省六部的“正官”，并不管理本机关的事务，本机关的事务由皇帝派遣他官管理，从而形成了此官任彼事、彼官任此事的局面。如果未获差遣，正官就是只领俸禄而不理实务的闲官。这就造成了宋代的冗官之弊。

3. 致　仕

宋朝一般以 70 岁为致仕的年龄，但并非达此年龄者均必须致仕。年满 70 岁而身体衰弱者，提升官位级别后致仕。虽然年满 70 岁而身体健康或有特别功勋的，可以继续留任。身患疾病者，可随时申请提前退休；因病致仕，而病愈时尚未满 70 岁者，则可以复仕。若本人虽未满 70 岁，但如为了侍奉父母，朝廷一般准予其致仕的请求。但在国家危难之时，除非确有重病，否则一律不得请求致仕。

（三）官吏的监察和考课制度

宋朝仍以御史台作为监察、弹劾官员的专职机构，仍分台院、殿院、察院。任命监察御史必须由皇帝批准。御史必须每月奏事一次，是为“月课”。御史可以“风闻弹人”，不必皆确有实据。上任百日内无所纠弹，贬为外官。

御史台之外，又有谏院，负责对中枢机构决策、行政措施、官员任免等事提出意见。与御史台配套，合称“台谏”，目的在于牵制宰相的权力。

对地方官员的监察，在州、府、军、监均有通判官，其职责即为监察州县官吏，州府文告若无通判共署不发生效力。各州之上的转运使也负有监察职责，以后改为提点刑狱专掌监察一路各级官员的职责。

对地方州县的考察，由考课院负责；对在朝官员，由审官院负责。考察项目与唐朝一样，称为“四善”，即德义、清慎、公平、恪勤。考察结果分为 3 等：公勤廉恪为上等；四善中有一长者为中等；无廉声，多虚政为下等。任职满 3 年的文武官员，可以迁官。考绩是转官的主要依据，凡考绩上等的官员可以提前升官。宋朝官员的退休年龄为 70 岁。

四、商事立法

（一）专卖法

1. 盐法（食盐专卖法）

宋朝设立盐官统制各盐产区，对食盐进行统购，在官府管制之下运销的食盐称为官盐。食盐专卖称为“榷盐”。主要有两种方法：一为“官鬻”，即官府直接经营食盐专卖；一为“工商”，即由商人承办食盐专卖。

在此有四个最基本的法律制度。

一是“官般法”和“折中法”。“官般法”是由官府直接从事食盐专卖的制度，是“官鬻”的主要形式。“般”即搬运，指地方官府将官制食盐和收购的民制食盐搬运到销售地点去发卖。具体做法是官府征发乡户差役运输官盐，由里正一人主持，所缺损的官盐必须补赔。官盐销售实行计口授盐，盐价则附于两税一并征收。宋初全国大部分地区实行官般法，后来基本上被“盐钞法”和“交引法”所取代。“折中法”是由“入中”商人承办食盐专卖的制度，为宋初“工商”的主要形式。鉴于北方边境军需匮乏，宋政府下令商人往边郡入纳粮草，称为“入中”。官府按路途远近及物资性质，优价折酬发给商人特殊的有价证券“交引”。商人可凭交引到指定场所兑支现钱，也可据以支取专卖货物食盐、茶叶等贩运赢利，所以交引也是运销专卖物品的特许状。

二是“盐钞法”和“引法”。“盐钞法”是由入中现钱的商人承办食盐专卖的制度，也是“工商”形式之一。即商人先在边郡入中现钱获得“盐钞”，再凭盐钞向指定官盐场支取优质官盐贩运。“引法”是由在京师缴纳现钱的盐商承办食盐专卖的制度。“盐引”是与盐钞类似的票据，发给在京师缴纳现钱的盐商，盐商据以支领官盐运往指定地区销售。盐引按销售地域和时效的不同，分为“长引”“短引”，长引行销外路，有效期 1 年；短引行销本路，有效期 1 季。盐引过期半年作废，未卖完之盐也归官府。

2. 酒法（酒类专卖法）

酒类专卖的对象包括酒曲，统称为“榷酤”。北宋规定：官府在三京（东京、西京、南京）地区只控制酒曲专卖，民间酿酒必须使用官制酒曲；各州城由官营“造酒务”垄断酒类酿造销售；县、镇、乡、闾或允许民酿而征其酒税，或者销售官酒。

当时相关的基本法律制度有：

一是官卖法。即酒类由官府酿造和销售的制度。宋朝在各州州城设立“酒务”，专门负责酿造发卖官酒。官酒除在州城销售外，也运销到县镇乡闾，以搜罗“遗利”。有些地区官府只控制酒曲，由民间买官曲酿酒发卖，官府向他们征收酒税。

二是买扑法。即由私人出价承包官营酒坊的方法，实质是包税制。即若官营酒坊经营不善，或欠缺酒课者，允许民间买扑。具体办法是：官府于半年前出榜召人承买，愿意买扑者，在2个月内自行提出买扑价格，至规定日期开封验状，由出价最高者承买。承包期为3年。承买者付清价款后，即可组织酿造发卖。

三是隔槽法。又称“隔酿法”，即百姓自备谷物租用官府设备（隔槽）酿酒的制度。隔槽租费参照谷物价格核定，另收头子钱（附加税）若干。初时每斗米收钱3 000文，另加头子钱22文。租用隔槽者分槽酿酒，不受限制，所酿之酒视同官酒，允许出卖。隔槽法的实质是将官营改为出租，充分利用官有酒坊设备，不需自行组织经营，因其租费随谷物价格浮动，因而官府可以收取更多的酒课。

3. 茶法（茶叶专卖法）

宋朝允许茶叶自由买卖，但禁止出境。全国茶叶专利由榷货务主掌，茶农专置户籍，称为“园户”。园户以茶叶纳税，剩余部分也必须交售给官府或专卖茶商，不得私卖。宋代茶法主要如下：

（1）引交法。指赋予购买“交引”的茶商以茶叶专卖商的地位的制度。“交引”是官府发行的茶叶提货单兼专卖凭证，是一种有价证券，可以转让。最初，茶商必须在京师或沿江榷货务购买交引，再凭交引到指定地点提取茶叶进行贩卖。后因北方战事频繁，军需匮乏，茶叶也与食盐一样实行入中法。商人运输粮草物资到西北边境，根据其路途远近及物资价值从优取得交引，再凭交引到东南等地方提取茶叶进行贩运。在贩运中还须缴纳过税（流通税）和住税（交易税）。入中交引法对解决边境军需有一定作用，但也使茶商可从中获得暴利。

（2）贴射法。是茶商贴纳官买官卖应得净利润后，直接向园户购茶贩卖的办法。具体办法是：园户运茶叶到官茶场，由已经贴纳的茶商选购，官府发给贴纳凭证，以别于私茶。后该法被取消。

（3）茶引法。“茶引”是茶商缴纳茶税后获得的茶叶专卖凭证。即茶商于官场买茶，令其缴纳10%的引税，然后发给茶引。茶商缴纳引税后得免除过税（流通税），可直接运往茶场出售。茶引类似于现代的购货发票和纳税凭证，同时又具有专卖凭证的性质。茶引与交引的区别，在于前者是已经纳税的凭证，不是有价证券，所以不必再缴纳过税；后者则必须缴纳过税。

（二）市舶条法（海外贸易法）

市舶指海外贸易，其管理机构是市舶司。宋代有关市舶方面的法律制度总称为市舶条法，或称条约、条贯等。

1. 关于商舶的管理

出海的商舶必须从官方指定的同一市舶港口起航和返航。商舶出海前，必须向所在地方的州县官府呈报客商姓名、籍贯、船主、船上货物、船上全体人员姓名，在上船开航前，由州县地方与市舶司无关的官员进行点检，并由当地富户担保，然后再由市舶司发给出海凭证（公据）。

舶商出海，不得夹带兵器、铜钱、妇女、奸细、逃亡军人。舶商外出也不得自称奉使、妄作表章、妄有称呼，只能自称商贩。

获准出海的商舶，由市舶司发给纲首、副纲首、杂事印章。这些文件在海上代表官府，有死亡者，由纲首负责清点查封遗物。

宋律规定了出海商舶是往返程限，凡出海商舶能于5个月内回舶的，依优惠税率抽分；1年以内回舶的，依平常税率抽分；1年以上回舶的，加以处罚。

出海商舶必须回到原来起航的市舶港口，向原发公据的市舶司缴纳公据，由原发舶市舶司抽解征税。

2. 进口货物的管理

北宋初年规定一切进口货物都由国家专卖，后来限于指定的禁榷物由国家专卖。指定禁榷物包括象牙、镔铁、乳香、牛筋等。

抽分，也叫抽解，即对一切进口货物都征收1/10的实物税。商舶入港即先对各种货物抽分，然后征购禁榷物。抽分所得由市舶司解送京师。

博买。也称官市，即由官府定价征购部分舶货。博买对象主要是优质紧缺货物，博买率达1/2以上。博买不仅价格低廉，还常以官府中的滞销货物抵价。

3. 赋役制度

宋朝名义上沿袭唐末的“两税法”，一般夏征钱帛，秋征米粟。但在两税以外，附加的杂税多如牛毛，如农田税、牛革筋角税、义仓税、进际税、蚕盐钱、醋息钱、头子钱等。而且在征收方法上常常以“折变”（应征钱帛者折算为米粟，应征米粟者折算为钱帛，折算价格全由官府支付）、“支移”（改移输税地点）等手段，想方设法多征多收。

宋朝役法的特点，是除了徭役（为官府提供无偿劳役）外，还有名目繁多的“职役”（又称“差役”）。如衙前：看管官仓、督催赋税、押运货物等，如有缺损必须自行赔补足额；耆长、弓长、壮丁：在乡间巡逻警戒，追捕盗贼；承符、人力、库子、斗子、仓子等：替官府送信打杂。北宋王安石变法是实行“免役法”，即由富户缴纳“免役钱”，再由官府雇人应役。

第四节 两宋的司法制度

一、司法机构

（一）中央司法机构

1. 大理寺

是中央审判机关。设有大理卿 1 人为长，大理少卿 2 人为副，以下为大理正、推丞、断丞、司直、评事、主簿等属官。大理卿总管本寺折狱、详刑、鞫谳公事。少卿以下则分左断狱、右治狱两个系统。左断狱分管地方大案，包括命官、将校被奏劾案和死刑以下的疑案；右治狱分管皇帝交办的案件、京师官员犯罪案件，以及国家财产被侵犯案。

2. 刑　部

系尚书省六部之一，是行政、司法混同的部门，享有比大理寺更高的审判权。宋初，刑部置详复官 5 人，专门复核地方上报的案件材料，不直接审理案件。后置刑部尚书 1 人为长，刑部侍郎 2 人为辅，以下设刑部郎中、刑部员外郎、都官郎中等属官，掌管全国刑狱政令，复核大理寺详断的全国死刑案件，以及官员犯罪除免、定夺昭雪等事。

3. 审刑院

是宋初的审判复核机关，也有部分审判权。置知院事 1 人为长，详议官数人辅之。凡须报皇帝的各种案件，经大理寺断狱后，报审刑院复核，由知院事和详议官拟出定案文稿，经中书奏报皇帝论决。神宗后被撤销。

4. 御史台

御史台是中央监察机构，但也具有审判重大疑难案件的职能。御史台以御史中丞为台长，侍御史知杂事为副职。下分台院、殿院、察院 3 院。御史台的主要官员都参与司法审判。其职能是处理命官犯罪的大案、法官受贿案、地方官府不能决断的疑难案件、地方的重大案件等。到南宋时，也可受理上诉案件。

5. 受理诣阙投诉的司法机关

登闻鼓院、登闻检院、理检院是受理向朝廷直诉案件的 3 个法定机关，专门处理投诉者的上诉状。凡是逐级上诉至尚书省仍不得解决的案件，当事人可依次向这 3 个院投状，由皇帝指定官员重新审理。

登闻鼓院可接受欲向皇帝报告的公私利害、理雪冤案等事，登闻鼓院不接受的，再向登闻检院进状。但未经登闻鼓院者，登闻检院不得受理。凡经登闻鼓院或登闻检院接受的案件，经理检院初步审理后，再向皇帝报告。

（二）地方司法机构

开封府。是宋代京畿地区的司法机关，是司法、行政合一的机构。开封府以尹、牧为长官，尹以亲王担任，但不常设，多以“权知开封府”一人为主管。开封府管辖京畿附近的诉讼案件，还常接受皇帝交办的大案。所办交办大案，刑部、御史台都不得随便过问。开封府成为一个特殊的地方司法机构，但对刑事案件，只有杖刑以下的终审权，徒刑以上者皆须闻奏。南宋临安府的地位与开封府相当，其司法职能也与开封府大体相同。

提点刑狱司。中央派出的“路”一级司法机构，简称“提刑司”“宪司”“宪台”。主管官为“提点刑狱公事”，简称“提刑”或“宪”。监督管理所辖州府的司法审判事务，审核10日一报的州府案卷，可以随时前往各州县检查刑狱，举劾在刑狱方面失职的州府官员。为防止他们与辖区官员勾结舞弊，法律规定禁止提刑官赴州郡邀宴。

州县审判机构。州、县审判机构与州、县行政机构合一。州以知州为长官，通判为辅。法律规定知州为主审官，但通判也可以独立审判，州可判决流刑以下案件，流刑以上案件须经提刑司上报大理寺刑部，下有司法专职属官司法参军、知理参军。县以县令（知县）为长官，县丞为辅。法律规定县令为主审官，县可以判决杖刑以下案件。

二、诉讼审判制度

1. 大案奏裁制

宋太祖建国之初，收回了地方的死刑判决权，恢复了死刑复奏制度。除了死刑案以外，宋代还规定了大量必须“奏裁”的案件。以后大理寺、刑部乃至审刑院的复核谳断，都是在履行死刑复奏制度、大案奏裁制中的一个程序而已。相应的，对地方审判机关的量刑权限也作了具体规定，如县令只能判决杖刑以下刑罚等。

2. 翻异别推制

是犯人推翻原口供时应该重审的制度。翻异，指犯人推翻原来的口供；别推，指改换审判官重新审理。凡州、县死刑犯人或犯罪品官，业已结案，但未经本路提刑司录问而推翻原来的口供，或其家属诉冤，则移送提刑司重新审判；如果已经本路提刑司录问而翻供、诉冤，则由提刑司审察，改换审判官；如果死刑犯人临赴刑时翻供叫冤，由本路无干碍监司重审，或者移送邻路提刑司审理。法律规定，翻异一般不得过3次，妄行翻异叫冤者，别推时加重刑罚。

3. 鞫谳分司制（审理、判决分立制）

即“审”与“判”分为两事，分别由不同的官员执掌，审问案情的官员无权量刑，检法量刑之事别由他员负责。前者称“鞫司”，后者称“谳司”。

4. 审判时限（务限制度）

“务”指农务，规定每年二月初一日开始进入农忙季节，直至九月三十日止，属于“务限”期，在“务限”期内州县官府停止受理有关田宅、婚姻、债负、地租等民事案件。限满之日即十月一日，称“务开”，方可受理审判民事案件，直至次年入务日为止。刑事审判方面，宋太祖时规定大理寺断案，大事限 30 日，中事限 20 日，小事限 10 日；刑部大事 15 日，中事 10 日，小事 5 日。太宗时把大理寺的大事期限缩短为 25 日。地方审判机关，大事 40 日，中事 20 日，小事 10 日，过限者罚。

5. 申诉规定

判决生效后，犯人及其家属如有不服，可以依程序逐级进行申诉，称为“理雪”。具体程序为：凡属于断狱不当的，从所属县诉起，经本州、转运司、提刑司、尚书本部、御史台，直到登闻鼓院、登闻检院，必须依次投诉，不得越诉，但所经官司不理或限满尚未与决，则可以依次向上级陈诉。当事人申诉的期限为判决生效 3 年以内。

第五节 辽夏金的法律制度

一、辽国的法制概况

公元 916 年，契丹总首领阿保机仿照汉人王朝的体制建国，国号契丹，是为辽太祖。大同元年（公元 947 年）改国号为辽，建都上京（今内蒙古巴林左旗南）。疆域北抵今蒙古国中部，南达山西雁门关；治下居民除契丹人外，还有汉人、渤海人、女真人等。公元 1125 年为金国所灭，历经 9 帝 210 年。

（一）主要立法

辽在建国的过程中，实行的是“因俗而治”的政策，对其统治区域中的汉族人采用《唐律》，对于本民族人则采用的是本民族原有的习惯法。

辽建国以后，公元 921 年，辽太祖耶律阿保机下令“定律令”，要求立即制定“治契丹及诸夷之法”，不久，编成《决狱法》。这是辽最早的基本法律，主要根据契丹族的习惯汇编而成。

1036 年，辽政权又在大规模翻译唐、宋法典的基础之上，改革契丹法，编成《重熙条制》，共 547 条，其重点在于解决原先在《决狱法》背景下契丹人与汉人适用法律不均等矛盾。

1070 年，辽政权又编成《咸雍重修条制》，共 789 条，统一适用于其统治区域内的汉族人和契丹人。但不久，又因新法典比较复杂、繁琐、使用不便而重新使用《重熙条制》。

（二）法制的主要内容

辽的各部法典均已失传，我们只能从《辽史》等典籍记载的相关内容中去了解一些相关的情况。

契丹国建国之初的法制总方针是民族分治。辽太祖初年，对契丹等少数民族适用特别的民族法律，对汉族适用隋唐以来的汉制，具有鲜明的民族统治色彩。公开规定，契丹人与汉人相殴致死，其法轻重不均。以后逐步扩大汉制适用范围，太宗时即规定治渤海人，一依汉法。到第六代皇帝圣宗即位后，命专人翻译律令（即指唐、宋律令），开始了辽朝法律汉化的进程：一方面废除契丹人及汉人相殴致死，其法轻重不均之法；另一方面在契丹人内部也采用“十恶”“八议”等汉制。其还采取了一些保护农桑的措施，如指令地方官吏“劝农”，禁止契丹人砍伐农民桑梓等；并普遍实行赋税制，使俘掠的奴隶逐渐转化为向朝廷纳税的编民；后又取消了契丹贵族犯案不受地方官府审理的司法特权。

辽的罪名有谋叛、盗窃、贪污纳贿、泄露公事、诬陷、朋党、临阵退却、军事失备、收容间谍、私藏兵器、斗殴谋杀、贩卖人口、伪造文书、强奸、婚姻违法等。

辽的刑罚有杖刑、徒刑、流刑和死刑。杖刑的数目从 50～300 不等，但执行时常常有附加的刑具，50 以上用沙袋作刑具；官员犯法常常用木剑、大棒等，打人的数目从 15 到 30 不等。徒刑有终身、5 年、1 年半 3 种，一律附加杖刑，犯重罪、盗窃罪者还要附加黥面。流刑分为边域、境外、绝域 3 等，多适用于贵族或者官员，或者为死刑降等执行。死刑有绞、斩、凌迟，凌迟适用于谋反、谋叛、恶逆等重罪。此外，辽还有诸如活埋、肢解等酷刑。

二、西夏的法制概况

公元 1038 年，党项族首领李元昊在兴庆府（今宁夏银川）正式称帝，国号大夏，建立了以党项族为主体，包括汉、回鹘等民族在内的国家政权，因其地处我国疆域西北部，史称西夏。公元 1227 年，西夏为蒙古所灭，历经 190 年。西夏的统治区域在今天的宁夏回族自治区、陕西省北部、甘肃省西北部、青海省东北部和内蒙古自治区一部分。

（一）主要立法

党项族在正式建国之前没有成文的法律，以相约成俗。李元昊称帝后，在学习了汉族的典章制度的基础上，开始制定西夏的法律制度。从12世纪初开始，西夏陆续颁布了《天盛改旧新定律令》《新法》《光定年新法》等法律文献，其中内容最详细、至今保存最好的是《天盛改旧新定律令》，其全书20章、150门，共1 460条，是一部综合性法典，内容包括刑法、诉讼法、行政法、民法、经济法、军事法等，还有许多的规定涉及西夏的典章制度、社会经济、文化生活等广泛的内容，它是迄今为止发现的中国第一部用少数民族文字刊行的法典。

（二）法制的主要内容

西夏的刑罚也有“五刑”，分别为杖刑、短期徒刑、长期徒刑、无期徒刑、死刑5种，杖刑有7、8、10、13共4等；短期徒刑分为3个月、6个月、1年、2年、3年、4年、5年、6年8个等级；长期徒刑有8年、10年、12年3等；无期徒刑需要服13年劳役，期满后留住服役地；死刑分绞杀、斩2种。此外，西夏刑罚还有附加刑，主要是黥刑和戴铁枷。黥刑是重罪徒刑的附加刑，主要在手背、背后、面部等刺字；戴铁枷主要用于被判处徒刑需要服劳役的罪犯，短期需戴3斤，长期需戴5斤。

西夏的罪名有谋逆、失孝德礼、背叛、恶毒、为不道、大不恭、不孝顺、不睦、失义、内乱所谓“十恶”，以及贪赃、盗杀牲畜等。

西夏的法律一般不承认不动产地邻的先买权，规定买卖关系的成立必须建立在双方自愿的基础上，禁止强买强卖。如果发生强买强卖的，除返还差价外，还要判处至少1年的徒刑。如果负债不还，要处以罚金和杖刑；确实无法还债，可给予2至3次的缓还期限，或以劳力抵债。动产的质押、典当必须建立在双方自愿的基础上，过期不取赎的，典当主可以将典当物自行处理。

三、金国的法制概况

公元1115年，女真完彦部首领阿骨打立国称帝，国号大金，是为金太祖，建都会宁（今黑龙江阿城南），先后迁都中都（今北京）、开封等地。疆域北抵外兴安岭，南以秦岭、淮河与南宋接界。治下居民除女真人外，还有汉人、契丹人、渤海人等。1234年在蒙古和南宋联合进攻下灭亡，历经10帝120年。

（一）主要立法

金国建国之初，法制上主要采用女真习惯法，无成文法。1140年攻灭北宋后，即宣布在当地沿用“律文”，即汉人的唐宋法律，不再强调推行落后的女真习惯法。至皇统年间（公元1141～1149年），以金朝旧制，兼采隋、唐之制，参考辽、宋之法，制定了一部一体适用的法典《皇统制》，这也是金国第一部成文法典。以后历代皇帝先后颁布了诸如《续降制书》《大定重修制条》《泰和律义》《明昌律义》、《泰和律》等法典。其中《泰和律义》实际上就是《唐律》的翻版，共有12篇30卷，共563条。篇目与内容基本沿袭《唐律》，只是根据女真的民族习惯增加了赎刑的数额和徒刑的年限，另外删减了一些过时的条文。从此，金国法制从形式到内容实现了全面汉化。其对后来的元朝法律也有很大的影响。

此外，金国还编修了《泰和令》20卷700条、《新定敕条》3卷219条、《六部格式》30卷，形成了一个完整的律、令、格、式、敕条并行的法律体系。

（二）法制的主要内容

金国的刑法特别加重对于盗罪的处罚，除了依法治罪外，还要加3倍追罚赃款，后又规定盗罪要附加刺字。

刑罚制度上，金国确立了以“五刑”为核心的刑罚体系。其中徒刑分为7等，增加了4年和5年徒刑，徒刑一律要附加杖刑，折杖的数目是：徒1年折120，1年半折杖140，2年、2年半折杖180，徒3年以上折杖200。流刑分为2 000里、2 500百里、3 000里等，实际上以徒4年、徒5年代替。死刑分为绞、斩2等，另有凌迟刑。

复习思考

一、名词解释

《宋刑统》　编敕　编例　条法事类　折杖法　刺配　凌迟　重法地之制　盗剥柘之禁　限田　公田法　差遣制　官般法　折中法　盐钞法　引法　引交法　大案奏裁制　翻异别推制　鞫谳分司制

二、自测题

1.（　　）是宋朝开国以来第一部法典，也是宋朝最基本的一部法典，直至宋终，从未改过。它也是中国历史上第一部刻板印行的成文法典。

A.《宋建隆重详定刑统》　　B.《贞观律》

C.《大周刑统》　　D.《熙宁法寺断例》

2.（　　）是《刑统》、编敕以外最主要的三种法律形式。

A. 令　　B. 格　　C. 式　　D. 律

3. 编敕作为一种重要的立法活动和立法形式形成于哪朝：（　　）。

A. 唐朝　　B. 隋朝　　C. 五代时期　　D. 北宋

4. 宋朝把由于犯人翻供而改由原审机构的其他审判官重新审理称为：（　　）。

A. 别推　　B. 别移　　C. 别勘　　D. 回避

5. 宋朝创设的（　　），改变了封建五刑的执行方法。

A. 刺配　　B. 凌迟　　C. 折杖法　　D. 具五刑

6. 宋朝中央派出的路一级司法机构称：（　　）。

A. 肃政廉访司　　B. 提点刑狱司　　C. 提刑按察使司　　D. 行御史台

7. 宋朝商事立法主要有：（　　）。

A. 买扑法　　B. 市舶条法　　C. 官卖法　　D. 重法地法

8. 宋朝中央最高审判机关是：（　　）。

A. 大理寺　　B. 刑部　　C. 御史台　　D. 审刑院

9. 辽政权在大规模翻译唐宋法典的基础之上，改革契丹法，编成：（　　）。

A. 《宋刑统》　　B. 《重熙条制》

C. 《天盛改旧新定律令》　　D. 《泰和令》

10. 宋朝京畿地区集司法、行政合一的机构是：（　　）。

A. 开封府　　B. 大理寺　　C. 刑部　　D. 审刑院

三、论述题

1. 试述宋朝的法制指导思想。

2. 试述《宋刑统》的制定及体例。

3. 试述宋朝刑罚制度的特点。

4. 试述宋朝商事立法的主要内容。

（自测题答案：1. A；2. ABC；3. D；4. A；5. A；6. B；7. ABC；8. ABCD；9. B；10. A）

第十章　元朝的法律制度

（公元 1271 年～公元 1368 年）

本章主要内容

本章介绍的是元朝的法律制度的主要内容。其中论述了元朝法制的指导思想、立法概况、法律的主要内容及其特点，以及元朝司法制度的主要内容。

学习目标

了解元朝的法制指导思想、立法概况及其法律的主要内容和特点。

本章的重点问题

1．元朝法制的指导思想。

2．元朝的立法概况。

3．元朝民事法律的主要内容及其特点。

公元1206年，蒙古贵族聚集在斡难河源举行大会，成立“大蒙古国”，推举铁木真为皇帝，号“成吉思”，即后人所称的“成吉思汗”，庙号太祖。1271年元世祖忽必烈建立元朝，后将首都定位于中都（今北京），次年改为大都。1368年秋，朱元璋大军直逼大都，数日后大都城破，元朝灭亡。共历经11帝98年。

第一节 元朝法制的指导思想

一、修身治国，儒道为切

大蒙古国在建立元朝的过程中，政治中心不断南移。中统二年（公元1261年），忽必烈接受了儒臣许衡的“从《大学》之道，以修身为本”和只要以“修德、用贤、爱民”为治国之本，“则纪纲可布，法度可行，治功可必”的建议；元仁宗又认为治理国家必须掌握儒学，说：“明心见性，佛教为深；修身治国，儒道为切。”把南宋名著《大学衍义》作为治国妙方。所以，元朝把维护封建伦理纲常的传统法条，如“准五服以制罪”“十恶”“八议”等列入了元代法律中。

二、附会汉法，名废而实不废

蒙古贵族入主中原以后，忽必烈接纳了大臣的进言：“以马上取天下，不可以马上治”，他们通过研究历代少数民族政权的兴亡史，得出了少数民族若要统治中原，“必行汉法乃可长久”的结论。但是，元朝毕竟是以武力得天下，傲视万物，因此，若一时彻底改变蒙古传统的典章制度和统治方法，必然会遇到很大的阻力，并且不可能完全摆脱蒙古旧制的阴影。于是，元代的法制建设，只能以蒙古旧制，援引唐宋法典，参考辽金之法制，立新政，去旧污，附会汉法。所谓附会汉法，也就是指，对于蒙古旧律，暗用而明不用，名废而实不废。

三、保存蒙制，民族分治

保存旧制，保障民族特权利益，实行民族压迫，是元代法制指导思想的另一个侧面。其极端表现是在元朝建立后，仍把早已不适应新形势的旧法《大札撒》奉为圣书，同时又舍弃了沿用多年的金朝的《泰和律》。元代的法制实际上是在损益、汰选、糅合“蒙古法”和“汉法”基础上的糅杂物，其中保存了许多蒙古旧制。元朝把人民分为蒙古、色目、汉人、南人4等，就是为了保障民族特权，利用民族矛盾，实行分而治之。与宋代相比，这是一个明显的历史倒退。

第二节　元朝的立法概况

一、部落时期

古代蒙古部落首领对众发布的命令称为“札撒”。在蒙古建国以前，铁木真发布了一个“札撒”，是人民必须遵守的法规。但是由于当时蒙古人还没有文字，这个“札撒”也只能是一个比较系统的不成文法而已。大蒙古国建立以后，1225年铁木真重新颁布了训令和札撒，并用文字记载下来，史称《大札撒》或《札撒大全》。太宗窝阔台即位后，曾重颁布《大札撒》。元朝建立以后，大集会时诵读《大札撒》被作为一种王朝仪式保存下来。

《大札撒》原文今已散失，其部分条文散见于中外各种史籍中。其中有一些保护游牧经济和社会秩序的条款，例如，在草生的季节焚烧草地，或遗火而焚烧草地，要诛杀其家。此外，蒙古民族的一些生活习惯、迷信禁忌也被收入，如禁止便溺于水中等。《大札撒》的特点一是刑罚严酷，大量使用死刑；二是原始性，如上述关于迷信禁忌的札撒，即是典型的表现。

二、大蒙古国的立法

蒙古建国后，成吉思汗批准颁布了《条画五章》。其基本内容是：出军不得妄杀；刑狱唯重罪处死，其余杂犯量情笞决；僧道无益于国有损于民者禁之，等等。《条画五章》是蒙古国政权第一次汉化的立法，所以被称为元朝“一代法制之始”。

在大蒙古国立法活动中，起了最大作用的是契丹人耶律楚材。他博览群书，旁通天文、地理，乃至术数、医卜，在降元后受到重用。他先后提议制定了抑制蒙古族将领任意杀人、抢掠妇女，大肆兼并土地的贪暴行为。元太宗时又上陈《便宜一十八事》，对于地方政权的建设、财物的使用等方面都作了规定。他通过建立农业地区的税收制度，避免了一场在中原地区逐农荒田的历史悲剧。

虽然蒙古国建国后有过一些立法活动，但总体上仍然过于简略。有鉴于此，元世祖即位以后，参照《金律》（即《泰和律义》），于中统二年（公元1261年）颁行《中统权宜条理》，承袭了《金律》的基本内容，但对刑罚制度作了一些修正。该时期的立法还有《中统条格》《至元新立条格》《科税条画》等。

三、元朝建立以后的立法

（一）《至元新格》

这是元世祖年间颁行的一部诸法合体的综合性法典。它颁行于 1291 年 5 月，分为公规、选格、治民、理财、赋役、课程、仓库、造作、御盗、察狱等 10 目，共近 500 条，内容过于单薄。

（二）《大元通制》

此乃元英宗至治年间成书的一部法律集成。元建国以后的世祖、成宗、仁宗历朝都在致力于制定类似于《唐律疏议》《泰和律义》那样的法典。仁宗时所编的“通制”、《风宪宏纲》等，均是对制定统一法典的有益尝试。直到英宗在位时，以《至元新格》、“通制”和《风宪宏纲》为基础，编集成新的法规集成《大元通制》，并颁行全国。

《大元通制》共 2 539 条，分为 3 纲 1 目。3 纲包括：诏制（94 条）、条格（1151 条）、断例（717 条）；1 目包括：别类（577 条）。纲目之下又分若干细目，其细目与唐宋法典的篇目体系基本一致。其条文的具体内容，也承袭了唐宋法典的基本精神。但在行文体裁上缺乏一般法典所具有的系统划一的形式，是一部有法典性质的法律集成，还算不上是一部法典。

《大元通制》的“断例”相当于唐宋法中的“律”，“条格”相当于“令”“格”“式”，“诏制”相当于“编敕”。其中的条格部分共有 20 篇，分别为：名例、卫禁、职制、祭令、学规、军律、户婚、食货、大恶、奸非、贼盗、诈伪、诉讼、斗殴、杀伤、禁令、杂犯、捕亡、恤刑、平反。

（三）《经世大典》

这是元文宗时修成的政治经济法律制度的综合政书，全称《皇朝经世大典》。它成于 1331 年，全书共 880 卷，另有目录 12 卷，公牍 1 卷，纂修通议 1 卷，分帝号、帝训、帝制、帝系、治典、赋典、礼典、政典、宪典、工典 10 门。其中宪典分名例、卫禁、职制、祭令、学规、军律、户婚、食货等 22 篇。

（四）《元典章》

这是元朝官吏自行编制的一部法律汇编，全称《大元圣政国朝典章》，由《前集》和《新集》组成。所收法规始于英宗至治二年（公元 1322 年）。《元典章·前集》共 60 卷 373 目，列诏令、圣政、朝纲、台纲、吏部、户部、礼部、兵部、刑部、工部 10 大类，每类下又分门目；《新集》不成卷，列国典、朝纲、吏、户、礼、兵、刑、工 8 大类，其下亦各分门目。这种编纂体例对后来的法典编纂有直接的影响，开启了明清律六部分篇之先河。这种以六部划分法规的体例，是《明律》以六部分篇的滥觞；《明律》附载五服图的做法，在《元典章·前集》的《礼部》中也已有先例。

（五）《至正条格》

顺帝至元四年（公元 1344 年）开始对《大元通制》进行修订，2 年后完成，名《至正条格》。全书包括制诏、条格、断例等 2 909 条。颁行当年，农民起义爆发，至元朝统治被推翻，《至正条格》未及实施。

第三节　元朝法律的主要内容和特点

一、刑事方面

（一）刑　　罚

1. 以 7 为尾数的 11 等笞杖刑

蒙古国前期，华北地区的刑制与金国刑制相同，即笞杖刑量自 10 下至 100 下，每等加 10，共 10 等。元世祖即位后，对原有的刑罚体系的刑量等级进行了改革，即原来笞 50，改为笞 47，原来杖 110，改为 107，遂形成元代笞杖刑量以 7 为尾数的特殊制度。其根据即是元世祖所说的："天饶他一下，地饶他一下，我饶他一下"，故每等笞杖刑各饶 3 下，才有了以 7 为尾数的刑量。

2. 折杖法

元朝"折杖"在金代刑罚体系的基础上进行，是杖折为笞，徒折为杖。金代笞杖 2 刑共 10 等，徒刑 7 等，笞杖徒 3 刑共 17 等。元代在分别以笞折杖、以杖折徒的过程中，笞杖徒 17 等被折变为 11 等而不是 10 等，即折变为 10～110 的 11 等，再按元世祖"天地我各饶一下"的指令各减 3，遂形成 7～107 的 11 等笞杖刑。

杖折为笞、徒折为杖的局面在元代并未维持很久，至成宗元贞元年（公元 1295 年）7 月，又全面恢复了徒刑，即确立了元代的有附加杖刑的 5 等徒刑：徒 1 年，附加杖 67；每加徒刑半年加杖 10；徒 3 年，附加杖刑 107。杖刑也不能再作为徒刑的折代刑，但笞杖刑共 11 等，最高杖刑为 107 下的制度，仍然保留下来，与前代五刑相比，实际上是加重了刑罚。

3. 流刑和死刑

元律规定，凡民间赌博者，处流刑。元代的死刑定制为斩、凌迟 2 等，以凌迟为极刑，斩刑次之。

4. 刺　字

即在受刑人皮肤上刺字着色的一种刑罚，是古代黥刑的变种，元代将它作为某种特殊犯罪的附加刑。如对窃盗犯，除有本刑外，还以刺字为附加刑，凡初犯者刺右臂，再犯刺左臂，三犯者刺脖子后部。但刺字不适用于蒙古人、色目人，也不能适用于妇女。如果官吏将蒙古人刺字者，杖刑77，除名，并将已刺之字去掉。

（二）犯罪分类和量刑原则

凡宋、金法律中视为犯罪的行为，在元代法律中也是犯罪行为。在某些方面，根据社会生活的实际情况，健全了罪名体系。例如，《唐律》《宋刑统》的奸罪类中，未特别列出“强奸幼女”的罪名，而元律中却明确规定：凡强奸幼女者皆处死，虽属于和奸（即幼女同意）同强奸处死，而对于一般强奸妇女的只是杖107下。同时，还规定了幼女的年龄界限，即凡称幼女，指10岁以下。提供了认定强奸幼女罪的标准尺度。在一般情况下，年龄在70岁以上和年龄在15岁以下者，若犯有强奸幼女罪，不适用赎法，对年老者杖107下，对15岁以下未成丁男奸污10岁以下幼女，也杖107下。可见在关于规定强奸幼女罪的立法技术方面，元代已相当完备。

元朝法律在量刑原则上也有变化。在量刑方面元代的原则是以轻典（量刑较前朝为轻谓之轻典）为主。例如，元代规定，父亲谋反，若儿子已与父亲分开居住，另立了户籍，可以不同时处罚；而唐律则规定不限是否分立另住皆处斩刑。再如，元律对于父母丧，忘记了哀拜而成婚者，只处杖刑87，并令离婚；而唐律除了同样强制离婚外，还要判徒刑3年。但是，元朝在传统的五刑之外，滥施酷刑的做法也屡见不鲜。例如，至元十九年（公元1282年），一年中就采用过醢刑、戮尸、黥刑、剥皮刑等法外酷刑。顺帝至元二年（1336年）8月，还制定了对盗窃犯适用黥刑、劓刑的法令。

在定罪量刑方面实行蒙汉异法，是元朝刑法的一个重要原则。汉人刑事案件由刑部系统管辖，而蒙古、色目人犯罪，由大宗正府管辖；犯盗窃罪者，汉人附加刺字刑，蒙古人则不须，擅自给蒙古盗窃犯刺字的司法官员，还要被判杖刑和开除公职。对于一般杀人犯判处死刑，而对杀死汉人的蒙古人杀人犯却只予以当远征兵的制裁。监狱中的蒙古人，除犯死罪外，不得加以拷掠，并供给饮食，而汉人囚犯则没有这样的优待。这些规定反映了蒙古贵族妄自尊大的特殊心理，也是元朝迅速败亡的因素之一。

二、民事方面

（一）所有权

女真族建立的金朝入主中原以后，不再坚持宋朝限制民田占有量的法律，允许土地买卖、出质，大大放松了对土地私有权的干预，私人对私有土地的处分权也不再受限制。元朝建立后，沿袭了金代的法律，不限制土地买卖兼并。

（二）契约关系

1. 买卖契约

元朝不动产买卖必须具备以下 4 个要件才能生效：

（1）经官给据。是买卖不动产前必须先向官府报告，取得官府的书面许可，即先行经官给据，然后立契，依法投税，随时推收。这是为了保证官府不致失落赋税和防止出现卖方“产去税存”的弊病。

（2）先问亲邻。即亲邻享有先买权。即指先须取问有服房亲（先亲后疏），次及邻人，次见买主。若不愿者，限 3 日回复；若愿者，5 日开价。若主人认为价格不公，并违反了期限，可以任意交易。

（3）印契税契。即书面契约必须经官府加盖官印、缴纳交易税和契税。

（4）过割赋税。即在买卖田宅的同时，必须将附着其上的赋税义务移转给新业主。

2. 典当契约

元朝典卖称典质、典当，契约形式与买卖契约基本相同，必须具备“经官给据”“先问亲邻”“印契税契”“过割赋税”4 个要件才能生效。一般来讲，契约要一式两份，买主执正契，卖主执合同，凭契可以收赎。

3. 借贷契约

蒙古国时期，有称为“羊羔儿利”的高利贷，年利 100%，并转利为本，累息数倍，往往因此家破人亡。有鉴于此，后规定以本金数额为借贷利息总额的上限，即“一本一利”。又规定民间利息以 3 分为率，即将利率限制为月利 3 分（3%）以下。

（三）损害赔偿

元朝以前，法律对损害赔偿采取严格的限制，“侵权行为”概念几乎不存在。侵犯他人人身及财产的行为一律视为犯罪，以刑罚处罚，而由犯罪行为造成的损害很少可以获得赔偿。元朝对此有所修正，法律中附带损害赔偿的内容较多。

在人身损害方面，元朝法律规定：对造成被害人残疾的，加害人应受刑罚并承担赔偿责任。根据伤害性质和程度的不同，所追索的损害赔偿分别称为“养济之资”“养赡之资”“医药之资”等。例如，以他物伤人，致人残疾者，杖 77，并追索 10 锭中统钞付给被害人养济之资；其他如因斗殴将人砍成废疾，刺伤人之双目等，加害人除受刑罚外，都要承担赔偿责任。

对于杀人罪，还要向罪犯家属征收“烧埋银”（丧葬费）给受害人家属。

一般是50两白银，无白银者，征收中统钞10锭，若遇赦免，则加倍付给。

（四）婚姻与继承

1. 法定婚书制度

婚书指书面婚约，是双方当事人同意建立婚姻关系的意思表示。婚书须写明聘财，若招养老女婿，须写明养老或出舍年限，由其主婚、保亲、媒妁等人要在婚书上签字画押，然后依理成亲，以达消弭争讼的目的。

婚书由男家婚书和女家回书两部分组成，文字不得使用日常方言，要用官方语言。男方婚书写明聘财礼物的数量，由男方的父母和媒人签字画押；女方回书须写明所受聘礼数量，由女方父母和媒人签字画押。并将两份礼书翻背连接，骑缝大书“合同”2字，然后各交付对方收执。如果发生纠纷而告到官府，若婚书词语含糊，或未经相关人员签字画押，以及没有背书合同字样，则视为伪造婚书。

2. 媒妁的管理和职业化

元朝法律规定，只有经基层官吏、地方长老等保荐的“信实妇人”，才能充当媒妁，并由官府登记在册，严格管理。这种媒妁的身份是百姓，而不是官方人员，但却具有职业性特点。官府对媒妁的管理的重要内容之一，是限定“媒钱”数额。

3. 赘婿类别和入赘限制

赘婿俗称招女婿，即男就女家成婚，成为女家的家庭成员。元朝招婿之风盛行。

元朝赘婿一般分为4类：

（1）养老女婿。此为典型的赘婿。一般为有女无子之家所招赘，终身为妻家的家庭成员，与岳父母同居，为岳父母养老送终。

（2）年限女婿。实为劳役婚，男方多为家境贫穷、无力筹措聘财者，女方多为有子尚幼、需要成年男性劳力者，于是在缔结婚约之时，男家少出、不出甚或收受聘财，约定成婚以后女婿到妻家共同生活若干年，实际是为岳父家劳作若干年抵充聘财，年限期满，即可携妻回本家。

（3）出舍女婿。是养老女婿或年限女婿的特殊形态。其一，养老女婿入赘妻家后又与岳父母分家析居，类似父子析居，仍有为岳父母养老送终的义务，或妻亡出舍另居；其二，年限女婿成婚之初即自立门户，不与岳父母同居，故又称“出舍年限女婿”，但在年限之内必须为岳父母家劳作，期满方得免役。

（4）归宗女婿。是因各种原因从女家回到本家的原赘婿，包括期满后携妻归宗的年限女婿，以及因为丧妻、离异等特殊原因而独身回本家的原赘婿。

此外，还有一种特殊的赘婿，称为“接脚夫”或“接脚婿”，即寡妇再婚而招赘的女婿。赘婿历来为中国古代社会舆论所不齿，宋以前，婚姻法规几乎不提赘婚事，宋朝还有限制招召赘婿的法令。

元朝法律对招召女婿的限制，主要有两条：

其一，民间富实可以娶妻之家，即使只有一子，也不许赘婿；若家境贫穷且只有一子，可以招年限出舍女婿；独子一般不得出赘，但若贫穷无力娶妻，则可以招召年限女婿。

其二，军户户籍的继承人（长子）不得出赘为婿。

4. 收继婚的泛起

收继婚，即未婚男性收娶家族中的寡妇为妻。按照蒙古国国俗，父死则其子可娶其母为妻，兄死则弟可娶其嫂为妻。蒙古族入主中原以后，一些蒙古习俗被带到中原，其中包括收继婚。元世祖下旨，宣布了收继婚的合法性。对此并没有民族的区别，也承认和保护汉人中的收继婚。但在实践中，对汉人只是禁止“子收庶母”。

弟收兄妻，也多发生在亲兄弟之间，远房兄弟一般不准收继。另外，小叔的收继处分权，在寡嫂服丧期终了之后才能实现，收继制度也打上了礼教的烙印。礼教对收继婚的影响还表现在，元律禁止强收守志妇人，即如果寡妇不愿再婚，小叔子不得强迫，否则，小叔子对寡嫂享有法定先娶权。

5. 严禁寡妇带产改嫁

元朝以前，法律允许改嫁寡妇带走原有妆奁，不准寡妇带走的仅限于亡夫的遗产（或应得份额）。元朝法律则首次规定禁止改嫁寡妇继承亡夫遗产，并不准继续保有从父母处继承得的妆奁财产。受元朝的影响，明清仍规定改嫁寡妇，对于夫家财产及原有妆奁，要听前夫之家的处分，自己无权处分。

6. 绝户女儿的继承权

元朝法律规定绝户在室女也可以继承全份遗产。《大元通制》规定，若绝户（无儿子）有 10 岁以下的未出嫁的幼女，可托付其亲族抚养，供给其生活所需，若其父有遗产，官府可代为保管，待她们满 15 岁，或出嫁，官府要交还所有代管的遗产。绝户幼女即使随改嫁母到继父家生活，她长大以后或结婚时，仍可继承由官府监管着的生父的遗产。此乃元代继承法的一个特色。

如是绝户出嫁女，则和宋代一样，可以继承娘家遗产总数的 1/3，另 2/3 归官府。

三、行政立法

（一）中枢和地方行政机构

1. 中枢机构

元朝一改以前的三省制，而采一省制，即以中书省取代三省。中书省以中书令为长官，为防其擅权，此职常缺。设置时则以皇太子兼领，下设左右丞相、平章政事、左右丞等。皇太子一般不到职视事，由左右丞相以下及其副职实际负责政务，统称丞相。中书省下设吏、户、礼、兵、刑、工六部，各司其职。

元朝中央另设一些机构主管全国有关主要政务，较有特色的是：

枢密院。掌军事，皇太子兼领枢密史，下设枢密副史、同知院事等。枢密院低于中书省。汉官在其中任职者不得过问军事机密。

宣政院。掌理全国佛教及吐蕃（西藏）地区军民政教事务。以国师总领，设同知、副使、佥院等官职，机构庞大，职官僧俗并用，遇重大军事，须会同枢密院商定。

2. 地方行政机构

元朝地方行政机构大体仿宋、金旧制。元世祖设置中书省时，以行中书省为中央临时派出机构，不久即以行省为固定的行政区域，大体形成行省、路、府（州）、县四级制。行省设丞相为长官，由蒙古亲王、显贵充任，职权甚大，军民、财、政无所不掌。为慎于择人，其职常缺，以副手平章事统理省事。路设总管府，以总管为长官。府、州、县设尹为长官。各级地方皆设蒙古管事达鲁花赤一人掌握实权。

此外，元初为征战需要，在四川、江淮各地设行枢密院，此后废置不常。元末镇压人民起义，又在多处增设。行枢密院、行中书省及行御史台，为元朝控制地方行政、军事、监察的三个机关，表明统治者强化中央集权的意图。

（二）官吏的选拔——科举制的定型

唐宋以来，正常的选官途径是科举。在元朝初期，围绕着是否承袭前代的科举制度，曾展开了一场大辩论。因此，从元世祖起算，直至仁宗时，在停废了近半个世纪后，才恢复了科举考试。

元朝科举，每 3 年举行一次，分乡试、会试、殿试三级。

乡试是地方考试，于 8 月举行，全国共设 17 处，录取限额 300 人，蒙古、色目、汉人、南人各 75 人。考试程式蒙古人、色目人与汉人、南人不同。蒙古、色目人试 2 场：第一场考“经问”五条，只在《四书》内出题；第二场考“策”一道，以时务命题，限 500 字以上。汉人、南人试 3 场：第一场考“明经”“经疑”二问，“经义”一道，也在《四书》内出题，限 500 字以上，不拘格律；第二场于“古赋”“诏诰”“章表”之中选考一道，古赋、诏诰用古体，章表用四六文体；第三场考“策”一道，于经史时务内命题，限千字以上。作文对答，除《礼记》单用古注疏外，其他儒学经典都以程朱理学的阐发附会为本。

会试是礼部考试，于乡试第二年2月在礼部举行，赴考人为300名乡试合格者，其科目与乡试同，录取100人，蒙古、色目、汉人、南人各25人。

殿试，是最高一级考试，于会试同年3月举行。考试内容为撰“策”一道。中选者分为三甲，第一甲第一名，赐进士及第，从六品；第二名以下与第二甲，赐进士出身，正七品；第三甲，赐同进士出身，正八品。

元朝的科举考试，结束了以诗赋取士的历史，首创以程朱理学为程式的经义取士制度。此制经明代直至晚清，维持了近600年。因此，它的影响是非常大的。

（三）官吏的监察

1. 中央。元朝中央监察机关是御史台，负责纠察百官善恶、政治得失。直属机构有：

（1）殿中司。主管纠察朝会班列失序、在京百官到任告假违例、鉴别入内奏事大臣的资格等。

（2）察院。是侦查机关，司朝廷耳目和刺举之职。

（3）内八道肃政廉访司。是直属御史台统辖的8个肃政廉访司的合称，是巡视督察地方行政、吏治的专职机关，兼管劝农。其巡视范围为“道”，全国共有22道，分为3个大类：一是“内道”，有8道，大体相当于今天的华北地区，分管该地区的肃政廉访司直属御史台；二是“江南道”，有10道，隶属于江南行御史台；三是“陕西道”，有4道，隶属于陕西行御史台。

2. 地方。元朝的地方监察机关是“行御史台”，简称“行台”。本为御史台的派出机关，职能与御史台相同，后演变为地方监察机关。长官为御史大夫一人，下属吏员大体与御史台相同。全国设立江南、陕西2个行御史台。江南行台，治所设于建康（今南京），下辖江南10道，大体相当于今天的华东、华南地区。陕西行台，治所设于京兆（今西安），下辖陕西4道，大体相当于今天的西北、西南地区。每一道设一个肃政廉访司，行台所属廉访司的人员配置与内八道廉访司基本相同。

四、商事立法

（一）专卖法

（1）盐法（食盐专卖法）。元朝总结唐宋以来盐法的利弊得失，尤其是吸收了宋代盐法多变导致盐政混乱的教训，将盐法条理化，使盐法逐步成为独立的单行法规，比前代更为严格，变动也较少，盐课收入成为国家最重要的财政收入之一。

①“行盐法”。是盐商向政府购买“盐引”，再凭盐引到指定的盐场提货，向指定地区运销的方法。这是体现民制、官收、商运、商销原则的主要方式。“盐引”是定期有价证券，当年有效，过期作废，由户部印制，转运盐使司等盐政管理机关招商发卖。一般盐引分前后两券，两券间有盐政管理机关的骑缝官印。前券称“引根”，由官府发送产盐相关盐场，后券由盐商收执。盐场发货时，须勘合盐引前后两券的骑缝官印，并发给盐商“水程”验单。水程是一种特许运盐的通行证。运输途中遇关津时，必须盐引、水程两证齐全一致，才能被放行；到达指定销售地区时，又必须及时向官府报到，由官府查明盐引、水程两证齐全一致后，才能发卖。运销盐货销售地称为“行盐区”，每一票盐货只能在指定的行盐区内销售，夹带犯界盐货者，按比贩卖私盐轻一等的刑罚治罪，其盐一半充官，一半赏给告发之人。

②“食盐法”。是实施于强制配售食盐的专卖法。产盐地的居民，可以通过各种渠道取得食盐，所以行盐法在这里很难奏效。元朝政府于是把盐场周围百里之内划为“食盐区”，由政府设局，按户口预收盐价、强制配售食盐。食盐法的实施，使产盐区也实现了食盐专卖。当行盐区私盐泛滥无法禁止时，元朝政府往往采用改行盐区为食盐区的办法，以保证国家盐税收入。

(2) 酒法（酒类专卖法）。蒙古国时期曾实行酒类专卖。但建立大元国以后，取消了酒榷，向老百姓按户摊派原有酒课，允许其酿酒。具体方式：一是民户经摊派酒课后，可以酿酒自用，但不得外销盈利；二是对酿酒货卖者，派员核实其酿酒所用米谷数量，令其前往税务机关缴纳酒税。不论是否酿酒自用，民户都要被摊派酒课，酿酒货卖者还必须另外纳税，可以说是一种变相的酒类专卖。

(3) 茶法（茶叶专卖法）。灭南宋后，元借鉴宋代茶引法，茶商向榷茶司购买茶叶，缴纳茶叶价款和“引钱”，然后取得茶引。起初，引钱相当于茶价的1/3，以后逐渐增加，甚至超过茶价本身。该茶引相当于现代的购货发票和纳税凭证，同时又是茶叶专卖凭证，茶叶卖完后3天内，应将茶引缴还所有官司。

至元十九年（公元1282年），又改变做法，茶商先向榷茶司买得“公据”，然后到产茶区凭公据向茶户定量购茶，再回到榷茶司核验茶货数量，以公据交换茶引，再凭茶引发卖茶货。该公据和茶引，类似现代的采购许可证和专卖证书。

（二）市舶则法（海外贸易法）

元朝海外贸易由朝廷直接控制，管理海外贸易的机构，沿袭宋制仍称市舶司。先后设立了泉州、庆元（今浙江宁波）、上海、澉浦（今浙江海盐）4市舶司；后又多次归并废立。至至治三年（公元 1322 年），复立泉州、庆元、广东 3 市舶司，再未变动。

至元三十年（公元 1293 年），元朝以宋朝《市舶条法》为基础，制定《市舶则法》，共 22 条。后又进行了一次修订。它主要有以下内容：

（1）抽分则例。抽分又称“抽解”，即对货物按一定比例抽取实物税。元朝出口货物不征税，只对进口货抽分征税。《市舶则法》规定：先对粗货 15 分中抽 2 分，细货 10 分中抽 2 分，然后于已经抽分的货物内，以 30 分为率，抽要舶税 1 分。

（2）市舶公据制。类似于现代的外贸许可证制度。公据是官府发放的许可证的通称。在《市舶则法》中，公据分为“公验”“公凭”两种。公验用于舶商大船，公凭用于柴水小船。公据由各行中书省印制，采用“半印勘合”式，有统一编号。在公验后面还要粘连 8 张空白纸，并在粘连处加盖行中书省的“讫缝印”，用于记载货物详情、贸易流水账等。商人出海贸易必须先提出申请，经市舶司批准，取得公据，始能成行。船舶返航后，也必须交验公据。

（3）船舶检查制。开船时，由市舶司官员进行严格检查，如无夹杂违禁之物，始可放行开航。金、银、铜钱、丝绵、缎匹、销金、绫罗、米粮、军器等属于“不许下海私贩诸番”的违禁物，同时也禁止贩卖男女人口。船舶返航入港后，也由市舶司官员严格检查船只、货物、人员，检查完毕，随船人员才可以“空怀”上岸。

（4）定点定时往返制。船舶出海，只许在原申请前往的国家和地区贸易，如确有不测原因，如因风浪作用去了他国，经查属实后，可承认其贸易合法。出海船舶均须于规定时间往返，即第一年“冬汛北风发船”，次年夏汛南风回帆。不得借口“风水不便”延期回帆。回国商船必须前往原来发放公据市舶司接受检查抽分，其他市舶司不得以任何理由跨司抽分；回舶船只在前赴原发市舶司途中，不得随意靠岸，只能到指定的“例年停泊去处”临时停靠；沿海州县若发现有商船违例靠岸，应“催赶船只随即起离彼处”；商船停靠“例年停泊去处”后，应立即报告当地市舶司，由当地市舶司派员“封堵坐押”，开赴原发市舶司。

（5）对外国人、下番使臣的管理。携带礼物来中国朝见的番国使者，必须开具礼物清单，报请当地市舶司秤盘检验，市舶司查实其别无夹带后，才可以向行省、都省申请入京。船舶“顺带南番人番物”的，必须事前把番人姓名、番物名称重量详细记录在公验空纸上，抵达中国后由市舶司依法查核抽分。番人回国时，不得夹带违禁货物，受乘船舶应把番人携货的详情记录在公验空纸上。番人回本国后不再来中国，受乘船舶应从公验空纸将该番人除名，并写明缘由。如有违反以上规定，只追究舶商、船主的法律责任。

元朝官营外贸最主要的方式是“官本船”，即由官府自备船舶，给贸易本钱，选拔可靠商人入番（去国外）贸易，其所获利润，官取其七，商人得三。此乃一种官资商办的海外贸易制度，其目的在于垄断海外贸易。后又改为官本船、私人船并存。此制一直沿用到元末。

（三）赋税制度

(1) 税粮。元朝以征收粮食为主的赋税称为税粮。其包括丁税、地税两税。丁税，是成年男子的人头税，一般每丁征粟2石，但根据户别不同，有不纳全额的“减半科户”等。地税，每亩征粟3升。各色人户分别缴纳丁税、地税中的一种，如工、匠、儒、道等纳地税，民户、官吏、商贾等纳丁税。

(2) 科差。主要在北方征收，包括包银、俸钞、丝料3项。以民户为征收对象，其他诸色户不征。征收时按户高等高下分摊不同的数额。

包银。为每户4两，其中2两实缴白银，2两折收丝绢等实物。

俸钞。为了供给官吏的俸禄，至元四年（1267年）5月，下令每户在包银以外增纳1两（折钞输纳），作为诸路官吏的俸禄。

丝料。每2户出丝1斤以供国家之用，每5户出丝1斤以供贵族功臣支用，统称“二五户丝”，后者又称为“五户丝”，也就是所谓丝料。

(3) 两税。即夏、秋两税，在南方征收，以秋税为主。

秋税。两税主要征收粮食，所以也可以算作税粮。

夏税。在江南课征的夏税，分为两类：一类是在江东和浙西课征的夏税；另一类课征的地区包括浙东、福建和湖广行省的北部。

夏税的征收办法各地不尽相同。有的地方以土地等级摊派实物，或者再折收价钞。大部分地区，是以秋税粮额为基数，再按照一定的比率折收实物或钞币。凡秋税1石者，输夏税1贯，或1贯半，或1贯700文，或2贯、3贯，乃至3贯以上，要因其地利谊和人民之众，而酌情收取。

第四节 元朝的司法制度

一、司法机构

（一）中央司法机构

1. 大宗正府

大宗正府是类似前代大理寺的中央审判机关。蒙古国时期中央只设置专职审判官员（断事官），称为“札鲁忽赤”，管辖范围是诸王驸马投下蒙古、色目人等所犯一切公事，以及汉人中的奸、盗、诈、伪、虫毒等轻重罪囚。世祖至元二年（公元1265年）设置大宗正府，官员仍称札鲁忽赤。从致和元年（公元1328年）开始，以上都、大都所属蒙古并色目与汉人相犯者，归大宗正府审处；其余地方路府州县汉人、蒙古、色目词讼，都归地方官府和刑部掌管。

2. 刑　　部

是中枢省属下的一个部，兼有司法行政和司法审判职能。

3. 御史台

御史台是最高监察机关，主管司法监督与审判，负有纠举百官违法犯罪、监督京师与地方刑狱、平反冤狱等职责。各地还设有行御史台，统领提刑按察司。

4. 宣政院

各地僧侣的狱讼，大案由地方长官审理后上报宣政院，普通民刑案件，则由宣政院在地方的派出机关僧录司审理。后其审判权逐渐被消除。

另外，其他国家行政机关中一般也配置有断事官，他们都有一定的审判权，如内史府的断事官理王府词讼之事，枢密院的断事官处理军府之狱讼等。

（二）地方司法机构

1. 行　　省

是行中书省的简称，原是中央中书省在地方的临时派出机关，皆以中书省官员充任其职事，不是严格意义上的地方一级机构。元世祖时更定行省官制，行省官员不再带有中书省职衔，行省才成为名副其实的地方机构，凡军国重事，无不领之。下属司法职能机构为“理问所”，专治刑狱。

2. 路、府（州）、县

行省之下设路、府（州）、县。

路设总管府，置达路花赤1人为监临官，总管1人为长官，属员有同知、治中、判官各1人和专治刑狱的推官2人。

府，又称“散府”。置达路花赤1人为监临官，府尹（或知府）1人为长官，属员有同知、判官、推官、知事、提控案牍各1人。州置达路花赤为监临官、州尹（或知州）为长官，属员有同知、判官、知事、提控案牍、吏目等。州判官兼管捕盗之事。县置达路花赤为监临官，县尹为长官，属员有县丞，属吏有主簿、县尉、典史等。

总之，元朝的路府州县，都有以蒙古人充任的监临官（达路花赤）居于路府州县长官之上。达路花赤掌握地方的司法审判权，他们虽然大多缺乏法律知识，又无办案经验，但他们在审判中与地方长官连位坐署，而且往往独断专横、轻重恣意。

二、诉讼审判制度

（一）诉讼管辖

根据元朝法律规定，一般刑、民案件，杖57以下的，由司、县决断；杖58～87的，由散府、州、郡决断；杖107以下的，由宣慰司、总管府决断；流刑及死刑案件，则需要上报中央刑部。

（二）审判制度

元朝案件主要由专司刑狱的推官等审理。如果罪犯服罪，由衙署官员集议之后作出判决。凡是被判处杖107以下的，分别由有管辖权的部门决断。徒刑以上的案件，由路送至道复审，复审无异议，即可就地服刑；有异议者，则委托邻近衙门审理。流刑以上案件或者有疑义的案件，需要由行省上报刑部复审，批复后再行刑。

（三）死刑复奏制度

元朝继承了宋代的死刑复奏制度，如“务限法”越诉制度、登闻鼓制度等。但往往又糅杂了民族统治的特点，采用属人法主义，不同的法规适用不同的对象。

（四）对诉讼当事人身份的限制

元朝进一步强化了前代关于诉讼当事人在身份上和资格上的限制，确定了“干名犯义”的罪名，认为除了反叛、谋逆、故意杀人外，凡子指证其父犯罪、奴婢揭发其主人犯罪、妻妾弟侄告发夫兄叔伯等诉讼行为，都是大伤风化的“干名犯义”，一律禁止。该规定为明清所承袭，在维护封建纲常方面发挥了重要作用。干名犯义的告诉，对被告作自首处理，而对原告则予以惩罚。

（五）诉讼代理制度

考虑到年老、残疾行动不便等因素对诉讼活动的影响，元朝允许其亲属中了解情况的人代理当事人诉讼。但代理的对象必须是年老和残疾、行动不便者和退休或暂时离任的官员。但是，凡犯有谋反大逆、子孙不孝等案件，则必须自己诉讼，不得代理。代理比较多的情况还是适用在田宅、婚姻、继承等民事案件中。

复习思考

一、名词解释

《大札撒》　《条画五章》　《至元新格》　《大元通制》　《经世大典》　《元典章》　《至正条格》　大宗正府　行省

二、自测题

1. 元代的(　　)自成系统，是全国最高的宗教管理机关与宗教审判机关。

A. 理藩院　　B. 大理寺　　C. 宣政院　　D. 大宗正府

2. 古代蒙古部落首领对众发布的命令称为：(　　)。

A. 札撒　　B. 命令　　C. 法令　　D. 刑统

3. (　　)是类似前代大理寺的中央审判机关。

A. 宣政院　　B. 刑部　　C. 理藩院　　D. 大宗正府

4. 元代中央监察机关是御史台，负责纠察百官善恶、政治得失，其直属机构有：(　　)。

A. 殿中司　　B. 察院

C. 内八道肃政廉访司　　D. 提刑按察司

三、论述题

1. 试述元朝法律对于赘婿的规定。

2. 试述元代中央司法机构的设置。

(自测题答案：1. C；2. A；3. D；4. ABC)

第十一章　明朝的法律制度

（公元 1368 年～公元 1644 年）

本章主要内容

本章介绍的是明朝的法律制度的主要内容。其中论述了明朝法制的指导思想、立法概况、法律的主要内容及其特点，以及明朝司法制度的基本状况。

学习目标

了解明朝的法制指导思想、立法概况、法律的主要内容和特点，以及司法制度的基本情况。

本章的重点问题

1. 明朝法制的指导思想。
2. 明朝的立法概况。
3. 明朝司法制度的基本情况及其及其特点。

元末爆发的红巾军大起义，摧毁了元朝的统治。红巾军首领之一的朱元璋利用这一时机，在兼并了其他反元武装和一些地方割据势力后，于 1368 年建立明朝，并几经征战，至 1387 年统一全国。明朝处于中国封建社会的后期，社会经济有了很大的发展，在东南沿海地区开始出现资本主义经济关系的萌芽，传统封建的生产方式已经到了尽头，成为社会生产力进一步发展的桎梏。同时也出现了许多前所未有的社会问题。明朝统治者采取的对策是：强化君主专制的中央集权，更加注重采用法律手段作为巩固其统治的主要工具。由于曾爆发过数十次农民起义，北方蒙古贵族也时常侵袭内地，尤其是明朝后期东北崛起的满族贵族政权，严重地威胁着明朝的统治。这种内外矛盾交织的现实，决定了明朝法制的一些特色。

有鉴于此，我们在学习本章时应着重了解明朝的立法概况及沿革，掌握明朝法制的特点，了解明朝法制在前代基础上的发展变化，了解明朝法制对于社会政治、经济发展的影响。

第一节 明朝法制的指导思想

一、刑乱国用重典

此乃明初最主要的法制指导思想。明朝统治者认为，元朝灭亡的原因在于宽纵、姑息之政，导致纲纪紊乱，天下由此而成“乱国”。因此，新中国成立后的首要任务就是援引传统的“刑乱国用重典”的理论，强化法律的镇压作用。但同时也认为，在建立稳定的统治之后再施“惠政”，即“仁政”。

该思想的一个重要方面是突出“重典治吏”。因目睹了元末吏治腐败而激起人民反抗的教训，朱元璋特别强调维护统治集团内部的纪律与统一。为防止贪官污吏横行，朱元璋在位期间曾屡兴大狱，大批杀戮奸贪官吏。在明律中取消了唐宋律中“官当”“除免”等优待官员的制度。“重典治吏”也含有防止官员结党营私威胁君主权力的意义。明律特设不少针对官员侵害皇权行为的罪名，朱元璋也曾多次以“谋反”罪名诛杀大臣，穷追党羽。如洪武十三年（公元 1380 年）的“胡党”案，因左丞相胡惟庸谋反，株连追究 10 年，前后杀 3 万多人。洪武二十六年（公元 1393 年）“蓝党”案，以凉国公蓝玉谋反，诛杀其部属 15 000 多人。对于政府机关处理具体工作的吏，也以重典治理，明律规定，上官对于犯死罪的吏卒可以先斩后奏。

“刑乱国用重典”的另一重要含义是严厉镇压敢于“犯上作乱”的民众。朱元璋认为，经过乱世，民风必然奸诈狡猾，而且又受到元朝蒙古族习俗的

“污染”，违背了传统的纲常礼教，所以，必须治理那些被旧习污染之徒。因而在明律中大大加重了对各种“贼盗”之类严重犯罪行为的处罚。

但重典只是用于乱世，一旦统治秩序已趋于稳定，可以改用“中制”治理天下。这也是朱元璋出于“家天下”的考虑，而期望在有生之年通过使用种种恐怖手段来实现“天下大治”的同时，再制定一部优良法典让后代遵守，并以此治理天下的思想的反映。

二、法贵简严

立法必须简明、严厉，此乃明初法制指导思想的又一特色。朱元璋认为，宋元法律复杂，为普通百姓知法、守法增加了障碍，同时也大大方便了官吏从中舞弊。因此，他指出，立法必须简明、严厉，简则无出入之弊，严则民知畏惧而不敢轻犯。

“简”指法律应简易明了，使人一读就懂。法律条文也要精简，不必面面俱到，而应突出重点，着重打击重大犯罪。“严”指法律的处罚应严厉，强调法律的威慑作用，使百姓不敢轻易以身试法。

此处的“简严”是在严厉处罚前提下的简易明了，它与唐初的“宽简”，即在宽大前提下的简易明了，是明显不同的。反映了唐初与明初不同的社会政治和阶级力量的对比，反映了明初君主专制的加强。

三、礼法结合，明刑弼教

明初朱元璋也注意到纲常礼教对于巩固统治的重要，也强调对百姓施行“教化”，以图稳定统治秩序。朱元璋认为，对于顺从其统治的“良民”用礼教引导，而对于不顺从的“顽恶之徒”就用法律严惩。

在对百姓进行教化方面，明初有许多新措施。如洪武五年（公元 1372 年）在各地乡间建“申明亭”，由本里百姓推举正直的里甲老人主持，亭内树立有板榜，定期张榜公布本地有过错人的姓名及过错行为，并由老人主持轻微诉讼的调解，以此“申明教化”。皇帝还经常发布以教化百姓为目的的法令，称“教民榜文”，也在申明亭公布。朱元璋还曾发布过申明教化的“圣谕”，要求老人每日摇铃在乡间巡行诵唱。

“德主刑辅”、礼法结合一直是中国传统的法制指导思想，但是明初统治者法制指导思想的侧重点则在于使用法律手段推行教化。他们认为，教化与刑罚不分主辅，而是并列的统治手段，并非必须“先教后刑”，也可“先刑后教”，发挥刑罚的威力，以辅助教化，即所谓的“明刑弼教”。对于严重违背礼教的行为予以严惩，而对于一般违背礼教的行为，则可以网开一面。

第二节　明朝的立法概况

一、大明律的制定

公元1368年朱元璋建立明朝以后，即着手依据唐律改订法律的工作，他自己也直接参与了定律工作。洪武六年（公元1373年）正式定律，至洪武七年（公元1374年）完成，颁布于全国，史称《洪武七年律》。其篇目与唐律相同，也是12篇，共606条。

在《洪武七年律》颁布后，几经修订，洪武二十二年（公元1389年）又颁行新的《大明律》，史称《洪武二十二年律》。只是该部法典没有实施。

洪武三十年（公元1397年）又将原《洪武二十二年律》略加修订，并附上《大明律诰》，一起颁行天下，史称《洪武三十年律》，《大明律》至此完全定型，明太祖令其子子孙孙必须严守此律。因此，《大明律》以后再未修改，一直沿用到明亡。

洪武三十年的《大明律》共30卷460条，编制体例仿效《元典章》，律首为名例律，以下按中央六部排列，分别为吏律、户律、礼律、兵律、刑律、工律，共7篇。各篇之下又分门类，总计为30门。其中：

（1）名例律1卷，47条；

（2）吏律2卷：职制1卷15条，公式1卷18条；

（3）户律7卷：户役1卷15条，田宅1卷11条，婚姻1卷18条，仓库1卷24条，课程1卷19条，钱债1卷3条，市廛1卷5条；

（4）礼律2卷：祭祀1卷6条，仪制1卷20条；

（5）兵律5卷：宫卫1卷19条，军政1卷20条，关津1卷7条，厩牧1卷11条，邮驿1卷18条；

（6）刑律11卷：贼盗1卷28条，人命1卷20条，斗殴1卷22条，骂詈1卷8条，诉讼1卷12条，受赃1卷11条，诈伪1卷12条，犯奸1卷10条，杂犯1卷11条，捕亡1卷8条，断狱1卷29条；

（7）工律2卷；营造1卷9条，河防1卷4条。

《大明律》是中国法制史上又一具有代表性的法典。其主要特点是：

首先，在编制体例上以名例及六部分篇，为古代法典体例的一大变化。

其次，门类划分较细，便于寻检条文。

再次，在文字上注重浅显易懂。

另外，在律文之前，律首附有《服制图》《六赃图》等图表，使援引者一目了然。

最后，就内容而言，《大明律》条文虽少于唐律，但其覆盖面远超过唐律。明律往往将唐律数条并为1条，又新增160多条，其新增部分除承袭元代法律外，近一半为明律所独创。

二、《大明令》的制定

吴元年（公元1367年）朱元璋下令制定律令，令完成于洪武元年1368年年初，称为《大明令》，是规定国家政治及社会生活各方面的制度的令典。

《大明令》也按朝廷六部分篇，分为吏令20条、户令24条、礼令17条、兵令11条、刑令71条、工令2条，共6篇、145条。其内容较为简单，以后也未经修改，一直沿用至明亡。这部《大明令》是中国法制史上最后一部以"令"为名的法典，是唯一一部完整保存至今的古代令典。

三、大诰与榜文

（一）大　　诰

1. 大诰简介

大诰是明初一种特别刑事法规。大诰实际有4篇，即《御制大诰》74条、《大诰续编》87条、《大诰三篇》43条、《大诰武臣》32条，共236条，先后颁发于洪武十八年至二十年（公元1385年～公元1387年）间。大诰之名来自儒家经典《尚书·大诰》，原为周公东征遗民时对臣民的训诫。明太祖将其亲自审理的案例加以整理汇编，并加上因案而发的"训导"，作为训诫臣民的特别法令颁行天下。规定，一切官民人等，家家都必须要有一本大诰，若犯了笞杖徒流罪名，只要有这本大诰，就可以减罪1等，若没有，则每加1等。

2. 大诰的特点

（1）大诰的效力在律之上，对于律中原有的罪名，大诰一般都加重处罚。如"有司滥收无籍之徒"罪，律仅处杖100，徒3年，而大诰加重至族诛。

（2）律中无罪的行为，大诰也予以处罚。如儒士不愿出仕为官，明律不以为罪，而大诰专设"寰中士大夫不为君用"罪名，处以死刑。

（3）大诰的另一特点是滥用法外之刑，4篇大诰中开列的刑罚如族诛、枭首、断手、斩趾、刖足、墨面文身、挑筋去膝盖、阉割为奴等，都是汉律以来久不载于法令的酷刑。

（4）重典治吏是大诰的又一特点，其中大多数条文专为惩治贪官污吏而定，以此强化统治效能。

（5）大诰也是中国法制史上空前普及的法规，每户人家必须有一本大诰，科举考试中也列入大诰的内容。

3. 大诰的结局

到明太祖晚年，自认为天下已基本大治，便将大诰中的部分罪名并入其他法规。洪武三十（公元1397年）年，编《大明律诰》，将大诰中的部分死罪条款摘要编为147条，废除法外酷刑，与《大明律》一起颁行天下，大诰已不另用于司法审判。明太祖死后，大诰便被束之高阁，不再具有法律效力。只是直到明末，民间人户如家有大诰，犯流以下罪名时仍可减刑1等。

（二）榜　　文

榜文即“教民榜文”，也是明初一种特别刑事法规。榜文一般是皇帝的谕旨或经皇帝批准的官府告示、法令、案例，文前题有“为禁约事”或“申明教化事”，悬挂于各级衙门门首及各地申明亭中，教天下官吏军民一体遵守。明太祖、成祖时颁布了大量榜文。其法律效力也高于明律，也有很多苛求罪名的内容。如规定，凡市镇商人市民借口宝钞（纸币）磨损而拒收者，处以死刑。榜文也使用很多法外酷刑，也是“刑乱国用重典”原则的产物。明成祖死后，榜文即被废除。

四、条　　例

条例是明律之外最重要的单行法规，一般称“例”。明朝的条例一般由司法机关根据案例拟订条文，由皇帝批准颁布。就其性质而言，与宋代的“敕”相近。明太祖时已颁行不少条例，如《充军条例》《抄劄条例》等。大诰及榜文也统称例。

关于律与条例的关系，即律作为正式法典，具有普遍的、永久的效力，而条例则是“权宜之法”，只在一定时期、一定地域有效。根据这一原则，明朝前期100多年中，每朝皇帝发布的条例只是临时性单行法规，新君即位就下诏废除前朝条例，规定司法审判只能援引《大明律》。然而由于明太祖在《祖训》中规定后世子孙对《大明律》不得更改，僵化的法律不能适应后世发生的新的问题，只能采用“以例辅律”的办法。到1500年制定颁行《问刑条例》297条，并规定通行天下，永为常法。自此，条例这一单行刑事法规汇编成为永久性法规，与律并行，不再只是一朝“权宜之法”。以后又经多次修改，至万历年间已达382条，在司法实践中日益重要。一些司法部门于是将律与条例混编一书，以便检索。如弘治、嘉靖年间的《皇明条法事类纂》，将律、令、条例、案例按五刑、名例、六部次序编排。更流行的则是《大明律》与《问刑条例》混编，条例附于有关律条之后，称为《大明律附例》《大明律集解附例》等，形成律例合编的体例。

五、会　　典

会典是以朝廷六部官制为纲的各类行政法规汇编，其体例仿自《唐六典》《元典章》。明弘治十五年（公元1502年）首次编制《大明会典》180卷，按明朝官制，分部门汇编有关的法规、制度、政令等规范性文件，首卷为宗人府，以下为六部及都察院、六科、各寺、监、司等，并按时间顺序排列，显示这些法规制度的发展演变。其中刑部部分不仅列有刑部各机构的职掌、制度，还包含全部明律条文及各朝条例、狱讼制度等，如《皇明祖训》《大诰》《大明令》《洪武礼制》《诸司职掌》等内容，是研究明朝法律制度的重要资料。以后明代历朝又对《大明会典》再加修订。该体例对清朝的立法有很大的影响。

第三节　明朝法律的主要内容和特点

一、刑事方面

（一）定罪量刑方面

1. 关于“断罪无正条”。明律明确规定：若断罪无正条，引律比附，应加、应减，定拟罪名，转达刑部议定并奏报皇帝。从而确立了“比附”类推的原则。明律还附有比附的具体办法，如扯破宝钞（纸币）比照弃毁制书，皆斩；骂三品以上官长比照骂祖父母、父母，处斩，等等。比附论罪使法官的自由裁量权更大，助长了司法擅断的弊端。

2. 关于涉外案件。明律规定：凡外国人在中国犯罪，要依照中国法律审判。采取类似近代的“属地法主义”的原则。

（二）刑罚制度

明律继承了传统的五刑20等体系，只是规定徒流刑一律必须附加杖刑，徒1年附杖60，以上每加1等加杖10下，至徒3年附杖100，流刑一律附杖100。此外，尚有凌迟、充军、迁徙、枷号、刺字、廷杖等。

凌迟是最重的死刑，一律“决不待时”，适用于谋反、大逆之类严重犯罪。凌迟未列入名例律“五刑”条目，但明律中共有13项罪名适用凌迟。

充军是强迫罪犯到外地充当军户的刑罚。明律规定凡军人犯徒流罪，各先决杖，然后分等发往外地卫所（明代军事单位）充军。但大诰中另规定平民的某些犯罪也发往外地充当军户。以后条例规定应处充军的罪名更多，明律中充军罪46种，至万历《充军条例》时充军罪已达252种，适用于平民的就有133种。充军逐渐成为普遍适用的刑罚，按充军路途远近及地域分为附近充军、边卫充军、极边充军、烟瘴充军、沿海充军、口外充军等几种。按充军的性质又分为终身充军、永远充军，前者充当军士至本人身死，后者即使本人身死，后代也承袭军籍，世代为军。

迁徙是强迫罪犯全家迁居千里以外的刑罚。明律中有3条罪适用迁徙刑。但大诰中则常常采用“迁徙化外”的刑罚。

枷号是使罪犯戴枷示众受辱的刑罚。明朝条例中很多罪适用枷号刑，大多为轻微犯罪。

刺字是针对侵犯公私财产罪的附加刑。明律规定，凡窃盗、监守自盗、常人盗、白昼抢夺等罪，正刑之外一律附加刺字。初犯在右臂刺罪名，再犯刺左臂。刺字者刑满后回原籍充当夜行巡警、日行追踪贼迹，若3年之内再无过错，可以去除所刺之字。

廷杖是皇帝对大臣施加的体罚。在东汉、隋朝时就已有廷杖，但明朝将廷杖制度化，规定由锦衣卫施行，东厂监刑。明朝几乎每一皇帝皆行廷杖。如正德十四年（公元1519年）明武宗廷杖谏止南巡的群臣146人，打死11人；嘉靖三年（公元1524年）明世宗廷杖争议为其生父加尊号的大臣134人，打死10余人。

（三）犯罪与刑罚的主要特点

1. 大大加重了危害专制统治罪的处罚

如凡“谋反大逆”，无论已行未行、已遂未遂、有无可能，本犯无论首从皆凌迟处死，本宗亲族祖父、父、子、孙、伯叔父、兄弟、侄、党兄，同居异姓亲族如外祖父、岳父、女婿，家中奴仆，凡16岁以上皆斩，15岁以下男子及女性亲族给付功臣之家为奴。与唐律相比，大大扩大了株连缘坐的范围，唐律反逆罪除本犯及父、子之外，其余亲族无死罪。“谋叛”“劫囚”等罪名，也无论已行未行，不分首从皆斩。

为了保证统治秩序，明律对盗及伪造御宝、盗及诈为制书、盗及伪造官府印信、盗及伪造夜巡铜牌等罪名，都处以斩刑，唐律类似罪名仅盗及伪造御宝有死罪。明律对妖书妖言罪也皆处斩刑，唐律为首犯者才处以绞刑。明律又特设“巫师邪术”罪，对私创民间宗教行为，为首者处以绞刑，从犯各杖100，流3 000里。

2. 大大加重了侵害皇权罪的处罚

为防止臣下结党营私，明律特设“奸党”罪名，规定：若在朝官员交结朋党、紊乱朝政，皆斩，妻子为奴，财产没收为官。甚至若有上言宰执大臣美政才德者，即是奸党。为防止泄露皇室机密，又特设“交结近侍官员”罪名，犯人皆斩，妻、子流 2 000 里安置。为防止皇帝人事权被臣下侵夺，特设“大臣专擅选官”“文臣不得封公侯”等死罪。为保证皇帝及时掌握各方面信息，特设“朦胧奏事”“阻挡上书陈言”“朝见留难”“事应奏不奏”等死罪。

3. 加重了侵害财产权利罪的处罚

如强盗，凡已得财者不分首从皆斩；不得财，仍杖 100 流 3 000 里。唐律强盗计赃论罪，至 10 匹以上及伤人者绞，不得财徒 2 年。明律又特设“白昼抢夺罪”，处杖刑 100 徒 3 年，得财计脏加窃盗罪 2 等处刑，伤人者斩，比唐律强盗罪处刑更重。窃盗处刑也有所加重，3 次犯窃盗者绞。又特设“盗贼窝主”罪，凡造意及分赃者皆斩，未行窃、未分赃者处杖刑 100 流 3 000 里。明律尤其加重侵害官府财产罪的处刑，一般比侵害私人财物加重 2 等，并特设“常人盗仓库钱粮”罪，凡盗窃官府仓库钱粮，赃满 80 贯即处绞刑；而普通窃盗赃满 120 贯处杖刑 100 流 3 000 里。

4. 加重了对于官吏贪赃受贿罪的处刑

明律吏律特设“受赃”1 卷，共 11 条。规定：凡监守自盗者，不论首从并赃论罪，脏 1 贯以下处杖刑 80，附刺字；赃至 40 贯即处斩。凡受财枉法，并吃国家月俸粮 1 石以上的官吏，赃满 80 贯处绞刑，只拿国家月俸粮 1 石以下的官员赃满 120 贯者处以绞刑。受财不枉法，赃满 120 贯处杖刑 100 流 3 000里。行贿者杖刑 100，处迁徙刑。此外又规定凡监察御史受赃，罪加 2 等。明初为贯彻“重典治吏”的原则，明太祖曾大量捕杀贪官污吏，如洪武九年（公元 1376 年）“空印案”（在空白文书上预盖官印的官场陋习）逮捕数百官吏，大多处死。洪武十八年（公元 1385 年）有“郭恒案”，因户部官粮亏空 900 万石，逮捕户部侍郎郭恒，株连数万人下狱。还曾采用“剥皮实草”（将犯官剥皮处死，以其人皮绷蒙于草人之上，制成“皮囊袋”，悬挂公座旁，使下任官员“触目惊心”）的酷刑。

5. 减轻对轻罪的处罚

明律对一些轻微触犯礼教、典礼的罪名，比唐律的处刑有所减轻。如列入“不孝”的闻父母丧匿不举哀，处杖刑 60，徒 1 年；唐律为流 2 000 里。祖父母、父母在，子孙却别籍异财，处杖刑 100；唐律为徒 3 年。凡告祖父母、父母为“干名犯义”罪，如诬告，处绞刑，如实有其罪处杖刑 100，徒 3 年；而唐律皆绞，诬告者斩。如告谋反大逆、谋叛，以及窝藏奸细、母杀父、被期亲以下殴伤、侵夺财产等罪属实，告者无罪。对一般户婚、田土、钱债之类的轻微犯罪，处刑也有所减轻。

二、民事方面

（一）确立了财产所有权方面的先占原则

为发展农业，确保土地的使用，明律规定：凡逃弃荒田一律归先占开垦者所有，旧主即使回归也丧失土地所有权，只可请求返还房屋坟墓。洪武年间还曾多次下诏，确认垦荒者即获得土地所有权，政府即给予免税奖励。洪武二十七年（公元1394年），还曾下诏，凡垦荒私有土地可以永久性地免税。这些法令是对传统的“溥天之下，莫非王土”观念的否定，也突破了唐宋时将无主荒地视为国有“公田”的旧法律原则。

此外，明律一改唐宋以来否认拾得人对所拾得遗失物有占为己有的任何可能，着重保护拾得人的权利。明律户律钱债“得遗失物”条规定：凡得遗失之物，限于5日送官，若是官物则还给官府；若是私物便召人认领，将物之一半给予拾得人为赏物，另一半则还给失物之人。如30日内无人认领，则将遗失物全部给予拾得人。

对于埋藏物的归属，明律在“得遗失物”条又规定：埋藏物完全归发现人所有，只是古器、钟鼎、付印、异常之物必须送官。

该原则反映了明代社会财产私有权观念的深化，也反映了力求促进有效使用土地、财产的立法意图，以及力图防止民间为争夺财产而烦扰官府，力求实用、简便的立法思想。

（二）进一步放松了政府对于契约关系的干预

明朝法律简化了宋元时繁琐的土地房屋买卖、典当程序，仅规定土地房屋买卖、典当行为，必须订立书面契约，由州县官府加盖官印、缴纳契税，过割赋税（转换土地登记及纳税人）。买卖、典当契约不必使用官府印制的统一“契本”，只要在民间契纸上粘连已纳契税凭证的“契尾”，骑缝加盖官印，即成为官府认可的“红契”。契税税率为契价的2%。

明律对不动产的典当制度基本沿袭宋元法律，但对典契约定不得收赎的期限以及收赎的最长期限方面都没有任何规定。只是规定业主备钱取赎的时候，若典主托故不肯放赎者，笞40，以示保护出典人的利益。

对于借贷契约的利息问题，明律户律特设“违禁取利”罪名，规定借贷契约的利息不得超过月利3分（3%），累计利息总额与原本相等即停止计息，债务至多不过“一本一利”（原本的200%），违者处笞刑40。债务人欠债不还仍视为犯罪，但止于杖刑60。在债务担保方面，禁止债权人强夺债务人的财产抵债，违者杖80。并禁止债权人“虚钱实契”（表面上订立买卖契，实际上并不交付价金，而是以原债务折抵）夺取债务人的土地房屋，违者笞 50 至杖 80 徒 2 年。

（三）进一步贯彻婚姻家庭方面的礼教纲常的精神

明律规定，一般庶民 40 岁以上而没有子嗣，才可娶妾，违者笞 40。禁止通婚的亲属范围比唐宋时有所扩大，如禁止“中表婚”（姑舅、两姨表兄妹通婚），若娶了姑舅两姨姐妹者，处杖刑 80，并判离异。并严禁“兄亡受嫂、弟亡收弟妇”的“收继婚”，违者处绞刑。而唐律规定，与兄弟之妻通奸仅处流 2 000里。

明律进一步加强对父权、夫权的保护。妻子相对于丈夫的法律地位进一步降低。明律明确规定：凡妇人犯罪，除犯奸及死罪收禁外，其余杂犯，责付本夫收管。明确了丈夫对于妻子的监护权。妻子与他人通奸，若被丈夫捉获，将奸夫奸妇登时杀死者，无罪。若丈夫擅自杀死有罪妻子仅处杖刑 100。丈夫虐待妻子，致使妻子不堪忍受而自尽，丈夫无罪。丈夫骂詈、殴打妻子一般减刑 2 等，而妻子骂詈、殴打丈夫则加刑 2 等。妻子谋杀亲夫更是恶逆大罪，凌迟处死。已离婚妇女骂詈、殴打、谋杀、诬告前夫，与未离婚前同样处理。

在宋元以来“存天理、灭人欲”的理学思想影响下，明代法律进一步鼓励寡妇守节不改嫁。《大明令》规定：凡民间寡妇，30 岁以前夫亡守志，50 岁以后不改节者，可以立贞节牌坊，免除差役，还可继承丈夫遗产。但是，改嫁的寡妇不仅丧失对丈夫遗产的继承权，而且嫁妆财产的所有权也一并丧失。

（四）贯彻保护直系卑亲属继承权的原则

明朝法律明确划分财产继承人的范围和顺序。财产继承人的范围局限于直系卑亲属（包括血缘的和拟制的）。第一顺序是亲生子，包括：妻生子、妾生子、婢生子、奸生子。第二顺序是拟制血亲的嗣子，包括：无子可收养而将同宗侄子立为嗣子，立嗣的顺序是：先尽同父周亲，次及大功、小功、缌麻。如俱无，才可择立远房及同姓为嗣。即先亲侄；无亲侄，依次为堂侄、族侄；同宗无侄，再立远房及同姓辈分相当者为嗣子。不准收养异姓为嗣子。立嗣之后如又生亲子，亲子与嗣子平分遗产。第三顺序是女儿：无子、又无“同宗应继之人”，由亲生女继承财产。若无女儿，财产入官。妻子是特殊顺序的继承人，寡妻如有子，由寡妻掌管家产，并不发生析产问题，也无所谓儿子们的继承。如无子守志，寡妻应与族长择同宗应继之人立为亡夫嗣子。如无子而招进养老女婿（赘婿），则必须为死者另立嗣子，家产均分。

对于继承份额，明律采取“嫡庶无别，诸子均分”的原则。《大明令·户令》规定：奸生子（即私生子）在与非奸生子共同继承遗产时，只能得非奸生子 1/2 的份额；与嗣子共同继承时，可得 1/2 的遗产；如无可立嗣之人，则可得全部遗产。

由此可见，明朝法律完全排斥了兄弟姐妹及其他亲属继承遗产的可能性，着重保护被继承人后代的继承权利，并鼓励无亲生子家庭设立继嗣之子，作为接继死者香火、祭祀祖先义务的承担者，同时也保证死者财产不致被其旁系亲属瓜分，反映了明朝财产私有权观念的进一步深化。

三、行政立法

（一）中枢及地方行政机构

明朝极度强化了君主专制中央集权政治制度。在中央，洪武十三年（公元 1380 年），明太祖废除传统的丞相制度和三省制度，由皇帝直接控制吏、户、礼、兵、刑、工六部，使六部尚书分别掌管职官任免、财政收支、教育礼仪、武官任免及军事调动、司法审判、工程营建等方面事务；又将军事指挥权分别由前、后、左、右、中五军都督府掌握；将御史台扩大为都察院；并特设通政使司统一收发各部门与皇帝之间的奏章文件。六部尚书与通政使、左都御史、大理卿合称“九卿”，为中央最高官员。

地方行政机构分为省、府、县三级，各省设布政使司掌行政，按察使司掌司法和监察，指挥使司掌军事，合称“三司”，同为一省长官。府设知府，县设知县，统掌所辖行政司法。

明朝政治制度将一切政务决策权集中于皇帝，但皇帝不可能事必躬亲。因此，从明太祖开始，形成由皇帝指定一些翰林学士为皇帝审阅奏章、草拟“圣旨”的惯例。这些翰林学士在宫殿办公，并冠以“某某殿（阁）大学士”的官衔，简称“内阁”，逐渐成为事实上的决策机构。以后大学士一般兼任某部尚书。首席大学士称“首辅”，有宰相之职，而无宰相之名。

（二）官吏任免选拔制度

明朝建立了完整的科举选官制度。只有官办学校的学生才可参加科举考试。中央设国子监为最高学府，学生称“监生”，由各地官学选送。各府、州、县都设有官学，学生有固定数额，称“生员”，俗称“秀才”。士人考取生员就享有免役特权，并可不受笞杖刑及刑讯，可以礼见长官。生员可以参加每 3 年举行一次的乡试（省级考试），考取者即为“举人”。生员也可经考试推荐为“监生”。举人经 6 年一次的“大挑”可直接任官，监生也可被选拔为官。举人、监生出身者开始一般只任教官或辅助性官职。举人可以参加每 3 年一次的会试（全国性考试），会试合格后再经殿试合格，即为“进士”，进士可以直接任知县（正七品）。前几名进士一般选入翰林院任职。

为了巩固君主专制统治，保证官员效忠于朝廷，明朝严禁生员议论时事政治。各级科举考试的考题全都选自儒家经典，对经典的解释一律以宋朝理学家的注解为准。答题必须模仿古人语气，不得言及时事，不得自由发挥。考试文体为强调排比对偶的八股文，以致流为文字游戏。

科举制虽然是选拔官员的主要途径，但是吏部也有权力负责文官的选拔。吏员经若干年服役也可以选官，一般只能任辅助性的低级官职。官职一般每 3 年轮换一次，在地方官的任免上严格实行“北人官南，南人官北”的籍贯回避制度。为使官员转官公平，从明中期起，吏部以抽签方式决定官员的任职地方。官员满 60 岁致仕退休，回乡官员称“乡宦”，仍享有免役及司法特权。

（三）官吏考课制度

明朝官吏考课制度更趋严密。考课分两种：第一种称“考满”，即由上级主管官员对任期届满的下级官员进行考察评定。主要依据被考查官员任期内的政绩表现，作出称职、平常、不称职三类评语（称“考语”）。称职者升官、平常者复职（在同一级别内转任其他官职），不称职者降级调用。第二种称“考查”，又分为“京察”“大计”两种。京察指由都察院主持考查在京的各级官员，每 6 年举行一次。大计指由各地的上级官员对其下属进行考查，每 3 年举行一次。考查的主要内容是按“八法”纠查违法失职的官员。所谓“八法”指八种违法失职行为：贪、酷、浮躁、不及、老、病、罢（疲软）、不谨，凡犯此八法，即上报皇帝分别处以降级调用、勒令致仕、闲住为民等处分，甚至送刑部判罪发落。考查中发现官吏有营私舞弊行为，按保举连作法严惩，即连保举这些贪官污吏的官员也同样要受到惩处。

（四）官吏监察制度

明朝建立了空前庞大的监察机构。都察院长官为左都御史，右都御史辅之。下设左、右副都御史，左、右佥都御史。都察院设 13 道监察御史，每年轮换出京至各省巡察。都察院号称“风宪衙门”“天子耳目”，所有御史必须科举出身，对任何官员都可进行监督弹劾。出巡各省的御史称“巡按御史”，号称“代天子巡狩”，是皇帝的特派员，虽然官阶仅正七品（与知县同级），但至各省可与三司长官抗礼，府以下官员都得跪拜迎送。巡按御史每至一地，必先审录罪囚，并收取民间诉状，监督地方官是否有违法乱纪行为，大事奏裁，小事立断。凡御史犯罪，加重 2 等处罚。

除都察院外，中央还设六科监察机构。朝廷六部每部设都给事中，左、右给事中各1员，监察六部日常政务活动，核查上奏的奏章及奉旨执行政务的情况。六部给事中合称“六科”，与都察院并列，直接向皇帝负责。

为加强中央对地方的控制，明朝还时常派出部尚书、侍郎一级官员“巡抚”各省，明中期后形成惯例，巡抚每省1员，统掌行政司法。如遇战事，则派出总督统掌军政。以后巡抚、总督实际上成为地方长官。

四、经济立法

（一）赋役制度

明朝初年，对全国的户籍、土地进行清查，编制了记载各户户籍的“黄册”和记载土地状况的“鱼鳞图册”。黄册即户籍册，登记各户户主、丁口、应负担的赋役，因用黄纸为封面而得名，用于作为征发差役的依据。鱼鳞图册是土地登记簿册，登记各乡每块耕地的面积、等级、四至、地形、业主、应负担的田赋（土地税），因绘制的耕地地块如鱼鳞片状块块相连而得名，用于作为征收田赋的依据。黄册每10年重编一次，记录各户情况的变化。

明朝规定对土地所有者按土地面积、土质等级（以农作物收获量为标准）征收田赋。田赋税率一般为1/10。田赋征收实物，称“本色”，除粮食外还包括丝、麻、棉。往往折为钱、银、绢等，称“折色”。法律规定，对人户征发“职役”，每110户人户为一里，里中丁、粮最多的10户为里长，每10户立一甲首，10年轮换为官府催征田赋、清查户口，称“里甲”。又规定，对16岁至60岁的男丁征发“均徭”，包括出劳动力为官府提供勤务的“力差”和出钱、出物资为官府提供种种办公用品的“银差”。此外还有“杂泛”，为官府提供种种劳役。

从明朝中叶起，已经确立的那一套赋役制度已无法施行，于是各地开始进行赋税改革尝试。嘉靖十年至崇祯十年（公元1531年～公元1637年）约100年间，朝廷向各地推广“一条鞭法”的赋役改革方案。

“一条鞭法”是将各种赋役尽可能归并编为几项货币税的赋役制度。“条鞭”是“条编”的讹称。其主要内容是简化税制，将原来的数十种赋役归并为几种税，其中最主要的仍是土地税（田赋）。税收改以货币税为主，田赋及其他税种都改征白银，以县为单位统计差役、杂泛所需的人力、物力总额，平摊至全县土地，作为土地税的附加税一起征收，将各种“均徭”按人丁数征收白银，称“丁银”，废除过去由纳税户轮流征收解运赋税的“民收民解”制度，改由官府自行解运。

“一条鞭法”是中国赋役制度史上的重大变革。其历史意义在于：一是适应了社会经济发展的趋势，从实物税转向货币税；二是废除了直接役使农民人身的徭役制度，传统的人身依附关系得以松弛；三是税收制度开始转向以资产（土地）计征，将过去的对人税改为对物税，有利于赋税负担的合理化。

（二）专卖制度

明朝继承宋元以来对盐、茶、矾等生活必需品的国家专卖制度。在明律户律中，专设盐法，私茶、私矾条，规定对违反盐茶专卖行为的处罚。

明初沿袭宋元以来的旧制。官府将沿海产盐地区人民定为“灶户”，世代为国家制盐。产盐区设盐场征收灶户上缴的盐。商人向官府缴纳物资或银两后，取得提取、贩卖官盐的凭证“盐引”（每盐引可贩盐 200 斤），至指定的盐场提取官盐，再贩至指定的销售地区出卖。明初实行“开中法”，征召商人向边境地区运送粮食及军需物资，以此换取盐引。无引贩盐为私盐罪，处杖刑 100，徒 3 年，若携带武器罪加 1 等，拒捕者斩。买食私盐者也处杖刑 100。

自明朝中叶起，由于商人囤积了大量的盐，1617 年在两淮地区实行了“纲法”，即允许商人将纲册永远据为“窝本”，每年按纲册发售盐引，纲册上无名字的盐商不得运销官盐。商人买得盐引后就可至盐场向灶户买盐，经盐场官府的检验、缴纳盐税后就是“官盐”，凭盐引运至指定的地区销售。这批盐商从此获得世袭垄断运销官盐的特权。

明朝对茶叶也实行专卖。规定四川、汉中地区所产茶叶全部划为“官茶”，由官府征购，运至西北边境地区与游牧少数民族换马。江南地区产茶划为“商茶”，商人要贩商茶，必须先向官府买“茶引”（每引可贩茶 100 斤），按引向当地茶户买茶，贩运到外地出卖。无引贩茶为私茶罪，与私盐罪一样处罚。贩运明矾也必须向官府购买“矾引”，制度与宋元相同。

（三）矿冶制度

明律禁止私人开采金、银、铜、铅、锡、水银矿。凡盗掘上述各种矿砂，一律折合钱钞准窃盗论罪。持杖拒捕，或聚众 30 人以上，或分矿砂至 30 斤以上者，发往边卫充军。

明朝对铁矿及冶铁业不再采取官营垄断的办法，但对其仍进行严格的控制，规定采铁、冶铁必须得到州县官的批准，主持人必须是矿山的所有者，每处只能开 1 炉，雇工不得超过 50 人，也不得雇外地流民。每年开炉时间限于 9 月中旬至来年 2 月初旬的农闲季节。官府征收 2/30 的铁产作为铁税，民间贩运生铁要向当地政府申请旗票，否则比照私盐罪处罚。

（四）市场管理制度

明律对牙行、埠头等进行规范，并严禁把持行市。牙行是指城乡市场中为买卖双方说合磋商交易，并从中收取佣金的店铺。经营这种店铺者或者单纯从事买卖中介者，称为牙商或牙人。埠头是指民间掌管码头交易的人。随着商品交易的发展，到了宋代之后，牙行、埠头十分活跃，为此，《大明律》规定了充任牙商和埠头的资格及手续等内容，并规定，不经官府批准而私充牙商和埠头，则处以杖刑，牙钱为官府没收。此外，明律还严禁不法之徒欺行霸市，干扰正当交易。为此，《大明律》专设“把持行市”罪名，《问刑条例》还为此作了更为具体的补充规定，以维护市场的正常秩序。

（五）海外贸易制度

明朝一改宋元以来的传统，对民间海外贸易采取了严格管制、直至严禁的政策。从洪武元年（公元 1368 年）发布第一个禁止民间海外贸易的法令，至隆庆元年（公元 1567 年）宣布“驰禁”，200 年间曾数十次发布禁海令，禁止私人进行海外贸易。兵律规定：凡将马、牛、军需、铁货、铜钱、缎匹、绸绢、丝绵私自带出境外贸易及下海者，处杖刑 100；若将人口、军器带出境及下海者，处绞刑，因而走漏事情者，处斩。

明朝官方允许的对外贸易为“朝贡贸易”。明朝的朝贡贸易是受到严格限制的政治性贸易。通商国家要受明朝的册封、经明朝廷发给朝贡“勘合”（盖有骑缝印章的证明文件）才可来中国朝贡，同时允许附带与中国商人贸易。朝贡一般限制每 3 年一次，每次朝贡船舶不得超过 3 艘，人员不得超过 200 名。朝贡船舶进港后，使团及所携贡物、货物都由中国官方护送，运至北京。朝贡的贡物由皇帝给予几倍、十几倍的“回赐”。货物在北京的会同馆与中国商人交易，予以免税优待。这一落后的制度，不仅使之成为明朝财政的重大负担，还严重限制了海外贸易的发展，已经完全不适应社会历史的发展。

第四节 明朝的司法制度

一、司法机构

（一）中央司法机关

明朝中央司法机关号称“三法司”——刑部、大理寺、都察院。

刑部是中央审判机构，职掌审判职能，长官为刑部尚书，由左、右侍郎辅佐之。其司法上的职能主要有 4 个方面的内容：

（1）复核直隶及各省徒罪以上的案件；

（2）审理京师笞罪以上案件；

（3）委官复核直隶斩绞监候案件；

（4）复核京师斩绞监候案件。

刑部下设13清吏司，各司设有郎中、员外郎等官职。每司负责一省上报案件以及某些在京、直隶地方的上报案件。

明朝重建元朝废除的大理寺，但其职责由唐宋时的审判转为复核，刑部所判案件都经大理寺复核。其长官为大理卿，由左右少卿辅佐之，下设左、右2寺，设有寺丞、寺正等官职，负责复核刑部以及在京各机构的案件。

都察院是明朝最高监察机构，由传统的御史台发展而来，长官为左、右都御史，下设左右副都御史，负责监察和弹劾百官，并参与审理重大案件，辨明平反冤狱。

以上中央三法司遇有重大疑难案件时，举行“三法司会审”。

“三法司”体制，构成了3个机构之间既有分工，又相互配合，并一起向皇帝负责的中央司法机构体系。

（二）地方司法机关

明朝地方司法机关可分为省、府、州县三级。

全国13个省，每个省都设有提刑按察使司，是一省最高的司法审判及监察机构。其长官为按察使，尊称为“臬司”，有权审决徒刑以下案件。徒刑以上案件则须报中央刑部。按察使司主管全省司法审判以及监察官吏事务。另外，省行政机构承宣布政使司，负责以民事诉讼案件为主的审判事务。

全国159个府，各府设知府1人，掌一府之政，平狱讼。知府下设推官1员辅佐知府审理司法案件。

州县为最基层的政府机构，也是最基层的司法机构。明朝有234个州，1 171个县。州的长官为知州，副长官有同知、判官。县的长官为知县。

明朝的府、州县实行行政司法合一传统制度，由知府、知县统揽行政、司法权力。明朝还大大加强了对于地方司法审判机构的监察，除了有中央都察院派出的巡按御史巡察各省外，各省的按察副使、按察佥事也分“道”巡视省内的府、县，称之为“分巡道”，一般每道辖几个府。分巡道也可审录罪囚，调取案卷，平反冤狱。

另外，明朝军人诉讼自成体系，军事机构中设有专职司法官。各省军事机构都指挥司，都设有“断事司”，有断事、副断事负责审理本省驻军军人之间的诉讼。军事单位卫（一般5 600人）指挥使司也设有“镇抚司”，由镇抚负责审理本卫军人之间的诉讼。基层军事单位千户所（一般为1 120人，其下是百户所112人）也设有镇抚2员，负责本所军人的诉讼。从而形成所镇抚、卫镇抚司、省断事司3级司法机构。

此外，明朝县以下有里甲组织，具有基层司法组织的性质，凡是一般的民事诉讼及轻微的刑事案件，必须先由里长、老人调停处理。若是不经过里老处分，而径自向县官提起诉讼，则构成“越诉”。

明朝还在各州县及乡设立“申明亭”，凡是户婚、田土等民事纠纷或轻微刑事案件皆须经过申明亭，由里老作出裁决或进行调解。

（三）锦衣卫和东厂

锦衣卫是由护卫亲军发展而来的特务机构。锦衣卫原是直属皇帝指挥的上直22卫之一，负责皇宫护卫、皇帝出巡时随驾护卫。明太祖经常亲自审判案件，以锦衣卫镇抚司作为法庭，锦衣卫职权因此而扩张。明成祖除派遣锦衣卫军士负责政治性案件、重大案件的侦缉外，又增设“北镇抚司”，负责审理皇帝交办的案件，称“诏狱”。原来的镇抚司，改称“南镇抚司”，只负责本卫诉讼案件。在实践中，皇帝对刑部、三法司及北镇抚司移送的案件，往往直接批准北镇抚司判决的意见，不经过三法司就执行刑罚。

东厂是宦官特务组织。明成祖永乐十八年（公元1420年）下诏建立的，由替皇帝办理日常事务、整理传送文件的宦官机构“司礼监”派出监督太监掌“钦差总督东厂官校办事太监关防”，下设掌刑千户、理刑百户等官职，以及内外勤役长数百人，率12班番役上千人，日夜轮番缉访谋逆、妖言、大奸恶案件。东厂建立庞大特务网，监视贵族官僚的日常活动和交结应酬，刺探社会各阶层的情况，称之为“打事件”。其所获情报不分昼夜向皇帝汇报，经皇帝批准即可秘密逮捕，送入北镇抚司关押审讯。在明宪宗、明武宗时宦官专权，还曾先后设立西厂、内行厂。

厂卫往往法外酷刑致人死命而不负责任。

二、诉讼制度

明朝诉讼制度的主要特点有：

（一）严厉制裁诬告行为

明律规定，诬告加等反坐。被诬告人如已被执行徒、流刑，平反改正放回之外，还要向诬告者追征来回路费，赔给被诬告者。被诬告人如因此而典卖土地、房屋，诬告者必须倍价为之赎回。被诬告者亲属随行配往徒、流地中病死，诬告者处绞刑，家产一半赔给被诬告者。诬告他人死罪，如被诬告者已被处死，诬告者反坐死罪并予以处死；被诬告者如尚未行刑，诬告者杖100流3 000里。

为了鼓励告发重大犯罪，明律规定，告发数件罪行，其中重罪真实、轻罪虚假，可免去诬告罪；轻罪真实、重罪虚假，则反坐重罪减去轻罪后所剩的罪名及刑罚，而且罪止杖 100，剩余之罪可用钱财赎罪；轻罪真实、重罪虚假，被诬告者已因重罪处死，也只须反坐“剩罪”。另外，被诬告者如反过来诬告诬告者，则双方都反坐，只是不加等处罚，只反坐“本罪”。

为了防止诬告，明律还规定，凡以隐匿姓名文书告发他人罪名者，处绞刑，被告发人无罪。匿名告发他人的文书一经发现必须立即烧毁，将其递交官府者处杖 80，官司受理者处杖 100。

（二）严禁越诉

为了避免中央司法机构疲于应付，地方政治混乱不堪，明律规定凡军民词讼，必须自下而上陈告，若越级上告，笞 50，后又规定越诉者处以充军。还规定，一年之内，县发生 10 起以上越诉，府 15 起以上，省布政司、按察司 30 起以上，该县、府、司主官罚俸 3 个月。

（三）军官军人诉讼一般不受普通司法机构管辖

各地驻军军人之间发生奸盗、诈伪、户婚、田土、斗殴纠纷，分别由各所镇抚、卫镇抚司、省都指挥使司断事司审理。但人命案件则约同当地司法机构进行检验、审理。军民交叉诉讼，也由军事机构司法官与当地司法官会同审理。

（四）明确地域管辖的原则

明律明确规定了“原告就被告”“轻囚就重囚”“少囚就多囚”“后发就先发”的原则。规定，钱债纠纷只能向借钱人现在住所地的州县衙门起诉，不得向其原籍老家所在地的州县衙门起诉，否则“原债不还”。

（五）强调以民间半官方组织调解“息讼”

明太祖在“教民榜文”中规定：民间户婚、田土、斗殴、相争一切小事，不许轻便告官，要经本里甲老人理断。若不经由者，先将告人杖 60，仍发回里甲老人理断。明初在各乡设有“申明亭”，由本乡人推举公直老人三五名，报官备案。本乡有纠纷小事，由老人主持，在申明亭调解。还规定调解时可用竹篦责打当事人。调解后不愿和息，可再向官府起诉。明中期后，申明亭及老人制度逐渐废弛，明朝政府又在各地推行“乡约”制度，每里为一约，在本里的空闲大屋里每半月一次召集本里人，宣讲圣谕，调处本里半月来的纠纷。当事人同意和解，记入专设的“和簿”，不同意者可向官府起诉。

三、审判制度

（一）确立逐级复审制度

明朝规定了各级司法机构的司法审判权限。明律规定，府、州、县可判决徒、流以下案件，死罪案件则经由省按察使司复审，上报刑部，奏闻皇帝判决。

（二）会审制度的完备

在总结、借鉴了历朝会审制度的基础上，明朝设立了一整套审判制度。

（1）“热审”。即在暑热季节来临前对在押未决囚犯进行清理发落的制度。一般每年小满节气后10余日开始，到6月底止，在此期间京城监狱在押囚犯由司礼监太监、锦衣卫官会同三法司堂官进行审理，徒流罪犯减等发落，笞杖罪即时行刑，刑毕释放。事实尚未搞清的疑犯，向皇帝具奏请决。各地方司法机关在押未决囚犯，省城内由巡按御史会同布政使、按察使、都指挥使审理；各府、州、县由分巡道会同知府、知州、知县审理。

（2）“朝审”。秋后处决犯人前，由朝廷重臣会同复审在押死罪囚犯的制度。一般在每年霜降（10月下旬）之后，由三法司会同公、侯、伯、驸马、内阁学士、六部尚书、侍郎、五军都督等众多官员，在承天门外会审在押待决死囚。审判由吏部尚书主持，死囚待决犯喊冤，或认为案件仍可疑或可矜（怜悯），应再加详审的，奏请皇帝定夺。

（3）“大审”。是由皇帝定期派出代表审录在押罪囚的制度。每隔5年，遇丙、辛年时，由司礼监太监代表皇帝至大理寺，召集三法司官员，会审京城在押罪囚中累诉冤枉或死罪可疑可矜的待决囚犯。外省由中央刑部、大理寺派出官员至各省省会，会同巡按御史审理上述囚犯，审理结果及时上奏皇帝。

明朝会审制度的特点，是参与会审官员级别相当高，如朝审号称“九卿圆审”，包括在京最主要的官员。另外，监察机构在会审中起重要作用，各类会审都有监察官员参加。而且，皇帝还派出特务、太监参加会审。

复习思考

一、名词解释

《大明律》　《大明令》　大诰　条例　会典　教民榜文　廷杖　六部
九卿　大学士　监生　生员　举人　进士　都察院　六科
一条鞭法　锦衣卫　东厂　热审　朝审　大审　九卿圆审

二、自测题

1. 明朝的立法指导思想是：（　　）。

A. 重典治国　　B. 法贵简严　　C. 礼法结合　　D. 明刑弼教

2. 明朝中央审判机关是：（　　）。

A. 刑部　　B. 大理寺　　C. 都察院　　D. 御史台

3. 每年霜降后，明朝三法司会同公、侯、伯审理重囚的制度称：(　　)。

A. 朝审　　B. 秋审　　C. 九卿圆审　　D. 热审

4. (　　)是明朝最重的死刑，一律“决不待时”，适用于谋反、大逆之类严重犯罪。

A. 枭首　　B. 凌迟　　C. 斩立决　　D. 腰斩

5. 明朝的地方行政机构分为：(　　)3 级。

A. 省　　B. 府　　C. 县　　D. 路

6. 对于埋藏物的归属，明律在“得遗失物”条规定：埋藏物完全归(　　)所有，古器、钟鼎、付印、异常之物必须送官。

A. 原主人

B. 官府后经公开告示后仍无人认领其一半归发现人

C. 官府

D. 发现人

7. 出巡各省的御史称(　　)，号称“代天子巡狩”，是皇帝的特派员，虽然官阶仅正七品（与知县同级），但至各省可与三司长官抗礼，府以下官员都得跪拜迎送。

A. 督察御史　　B. 都御使　　C. 巡按御史　　D. 御史台

8. 明朝的特务机关是：(　　)。

A. 都察院　　B. 锦衣卫　　C. 东厂　　D. 西厂

9. 明朝是会审制度有：(　　)。

A. 热审　　B. 三司推事　　C. 朝审　　D. 大审

10. 明朝官府将沿海产盐地区人民定为：(　　)，世代为国家制盐。

A. 盐户　　B. 盐民　　C. 灶户　　D. 盐商

11. 明太祖在“教民榜文”中规定：民间(　　)一切小事，不许轻便告官，要经本里甲老人理断。

A. 户婚　　B. 相争　　C. 斗殴　　D. 田土

三、论述题

1. 试述明朝诉讼制度的特点。

2. 试述明朝对于官吏贪赃受贿罪的处刑规定。

3. 试述明朝有关民间半官方组织调解“息讼”的情况。

（自测题答案：1. ABCD；2. A；3. A；4. B；5. ABC；6. D；7. C；8. BCD；9. ACD；10. C；11. ABCD）

第十二章　清朝的法律制度

（公元 1644 年～公元 1911 年）

本章主要内容

本章介绍的是清朝法律制度的主要内容。其中论述了清朝法制的指导思想、立法概况、法律的主要内容及其特点，以及清朝司法制度的基本状况。

学习目标

了解清朝的法制指导思想、立法概况、法律的主要内容和特点，以及司法制度的基本情况。特别是要了解清朝广州十三行的基本情况。

本章的重点问题

1. 清朝法制的指导思想。
2. 清朝的立法概况。
3. 广州十三行设立的背景及其基本情况。
4. 清律的主要特点。
5. 清朝司法制度的基本情况及其特点。

建立清朝的满族，原来活动于中国东北地区，1636 年建国号为清。1644 年，李自成领导的农民军攻占北京，明崇祯帝在煤山自缢。清朝趁机大举入关，击败农民军，迅速占领北京。以后经长期战争，镇压了明末农民军，消灭了明朝残余势力，到 1661 年实现了对全国的统治。

清朝是中国封建社会最后一个朝代。到了后期，社会阶级矛盾日益尖锐，政治统治日益腐朽。19 世纪初，西方列强以鸦片打开中国的大门，清政府束手无策，鸦片战争失败后，中国一步步陷入半殖民地半封建的深渊。

学习本章，应了解清朝法制的概况，体会清朝法制的时代特色，掌握清朝法制的一些重要特色。

第一节　清初法制的指导思想

一、保持法律制度的连续性

为了减少与汉族地主阶级的摩擦，顺利实现对全国的控制，又鉴于满族在入关之前没有成文法典、法规体系，主要施行满族的习惯法，而欲统治中原汉人，就必须推崇明朝法律制度，所以清初统治者认为明朝法制全力维护高度君主专制中央集权制度的特点，完全符合他们的需要。清世祖特别崇尚明太祖朱元璋，认为明太祖立法可垂永久，历代之君都不及他。清圣祖康熙称赞明太祖“治隆唐宋”，认为，他的主要“功绩”是极度强化君主专制制度，这也正是清初统治者所推崇的一点。因此，他们将明太祖创制的法制视为楷模，力图以此实现清朝的长治久安。

二、“正人心、厚风俗”

清初统治者为了压制、肃清汉族地主、官僚士大夫的反满意识，防止不利其专制统治的“异端”思想传播，入关后竭力以儒家正统自居。康熙、雍正、乾隆三朝皇帝钦定《易》《书》《诗》《礼》《春秋》五经方面的著作为必读著作，力图以儒家“天命”、忠君的思想统一中原汉族地主阶级的意识。并大力提倡程朱理学，发展“明刑弼教”“正人心、厚风俗”的理学思想，以此作为法制指导原则。欲达到此境界必须禁绝一切不利于专制统治的异端思想，根据这一原则，清政府大搞“文字狱”，查书、禁书、焚书，以人的言论文字、而不是以行为论罪，对所谓的异端思想进行惩罚，全面强化思想文化方面的专制统治。

三、“有治人，无治法”

清政府把儒家传统的“人治”原则运用到了炉火纯青的地步。

在实行“人治”方面，首先是强调皇帝本人亲自掌握刑罚大权。清朝皇帝高度重视立法、司法实务。清朝皇帝 3 次亲自撰写法典的序文。清世祖曾诏谕刑部，朝审秋决，必须奏报皇帝，由皇帝详细阅案，清圣祖还多次指责参与秋审的官员不仔细阅读案卷，未能发现案卷中多处字句错误。

实行“人治”的另一个原则是注重司法官员对皇帝的忠实，强调获得的用人权。他们认为，司法审判的要点在于司法官的素质。甚至认为，法律本身不足靠，司法官的作用高于法律，法律不能约束司法官，司法官的素质才决定了司法审判的成败。

清政府还认为，提倡人治，就不能拘泥于法制的稳定性、连续性，应该“宽猛相济”，灵活运用法律打击威胁专制统治的犯罪行为。应以“宽严之用，因乎其时”为法制指导思想，要按形势需要、政治需要适用法律，决不被自己制定的律条所束缚。

第二节　清朝的立法概况

一、律的制定

（一）《大清律集解附例》

其为清朝第一部法典。清朝入关不久即开始将明律译为满文，并对明律略加修订，使之成为清朝的法典，顺治三年（公元 1647 年）完成，并颁行全国。其中律 457 条，分为 7 篇、30 门；并在律条之中以小字夹注方式附加当时一般通行的注释文字（即“集解”）；律条之后附有关条例，共 321 条。其律文、注释、条例几乎全部照搬明朝，甚至原样保留明朝有关条例中的条文。

（二）《大清律集解》

此乃清朝第二部法典。它以康熙年间对于《大清律集解附例》的修订为依据（康熙年间的这次修订时间达 18 年之久），对律文进行了一定调整，统一、确定了律文内的小字夹注，删去了 9 条律文，合并 6 条，增加 2 条，移易 1 条，更名 4 条，改动律文、小注字句 130 条。律条由此而定为 436 条。但修订的重点仍在于律条之后所附的条例，将原律中的 321 条条例编为“原例”，将顺治、康熙年间新颁的编为 299 条“增例”，将清世宗（雍正）登基后所颁的条例编为 204 条“钦定例”，共计 824 条，并在凡例中规定了它们的适用顺序，即“刑官遇事引断”，由钦定例效力最高，以下依次为增例、原例、律条。

（三）《大清律例》

颁行于清高宗乾隆五年（公元 1740 年），为清朝的第三部法典。该律将律文各条改称“门”，全律仍为 436 门。对律文的注解也进行了清理，删去各条之后对条文解释的“总注”，仅保留律内夹注。修订的重点仍然在于条例，一概删去“原例”“增例”“钦定例”的区分，全部分门别类按年代排列于律文之后。整部律例共有条例 1 049 条。篇目依明律，分名例、吏、户、礼、兵、刑、工 7 篇。

该法典颁行后，直至清朝灭亡前夕，一直未再修改。于是，它成为中国法制史上最后一部以刑为主、诸法合体的传统法典。

二、会典的编制

清朝于入关之前于崇德年间（公元 1636～1643 年）曾编纂《崇德会典》，汇编了当时清朝的一些主要的法令和习惯法。该会典入关后几乎被遗忘，但编制会典的传统被以后的清统治者继承。

清朝入关后共编制了 5 部会典。

（一）《大清会典》

开始编制于康熙二十三年（公元 1684 年），历时 6 年，是第一部《钦定大清会典》，史称“康熙会典”，共 162 卷，其编纂体例一如明会典，以官统事，以事隶官，并将则例排列于有关事项后，汇编了自清朝开国至康熙二十五年（公元 1686 年）的法规、制度。

（二）雍正年间的《钦定大清会典》

编定于雍正十年（公元 1733 年），是有关各部院机构的制度规章，共 250 卷。

（三）乾隆年间的《钦定大清会典》

乾隆十二年（公元 1747 年），清高宗乾隆又下诏修纂会典，并认为会典应和律一样，是稳定的、基本规范，而例是灵活的、具体的规范，两者不应混编，因此要求将则例另行编录。此乃清朝第三部《钦定大清会典》100 卷，以及《大清会典则例》180 卷。

（四）嘉庆年间的《钦定大清会典》

则例是经过整编的、较完整的法规，但由则例很难发现整个制度的发展过程。因此，清仁宗嘉庆十七年（公元 1812 年）时编成的，清朝第四部《大清会典》80 卷，并将乾隆二十四年至嘉庆十七年的各衙门制度方面的实际事例，按年份编录，编成《大清会典事例》920 卷。

（五）光绪年间的《钦定大清会典》

清光绪二十五年（公元 1899 年）又编成第五部《大清会典》100 卷，并同时编成《大清会典事例》1 220 卷。

三、例的纂修

清朝最重要的法律形式是例。例是统称，可分为条例、则例、事例、成例等名目。一般而言，条例专指刑事单行法规，大部分编入《大清律例》，附于某一门律条之后。则例指某一行政部门或某项专门事务方面的单行法规汇编。事例指皇帝就某事务发布的“上谕”或经皇帝批准的政府部门提出的建议。成例指经过整理编订的事例，是一项单行法规，包括条例及行政方面的单行法规。

清朝的则例是清朝的一项创造。则例为数众多，几乎每个中央主要行政部门都编有则例，作为本部门活动的规范。如康熙年间的《刑部现行则例》和《钦定中枢政考》，是刑部审判定罪量刑的主要依据及规定武职的品秩、升迁及军政制度的标准。又如于雍正、乾隆、嘉庆等年间编成的《钦定吏部则例》《钦定户部则例》《钦定礼部则例》《钦定工部则例》《钦定内务府现行则例》《钦定宗人府则例》《钦定八旗则例》《钦定宫中现行则例》《男子监则例》《钦定理藩院则例》《六部则例》《漕运则例》《军需则例》等。众多的则例对于调整各级官府的正常运转有重要意义，但也因此而使得彼此间发生冲突和矛盾，反而降低了各级官府的行政效率。

四、少数民族聚居区的法律

清朝是一个疆域广阔的统一的多民族国家，少数民族风俗各异，难以统一适用大清律例。因此，为加强中央对少数民族地区的管理与控制，并兼顾少数民族的风俗习惯，清廷非常重视以法律手段治理少数民族地区，在中央设立理藩院专门管理少数民族事务，并制定一系列适用于少数民族地区的法律法规，以实行对这些地区的有效管辖。

清政府针对少数民族聚居地区的立法主要有：适用于西北回族聚居地区的《回律》；适用于北方蒙古族聚居地区的《蒙古律》；适用于西南苗族聚居地区的《苗律》；适用于宁夏、青海、甘肃等地少数民族聚居地区的《西宁番子治罪条例》；适用于西藏地区的《钦定西藏章程》，又称《西藏通则》，等等。这些法规在肯定《大清律例》主导地位的前提下，结合当地少数民族的习惯，条文简洁，针对性强。这些立法对于巩固统一的多民族国家有一定积极意义。

第三节 清朝法律的主要内容和特点

一、刑事方面

（一）刑罚制度

1. 笞杖刑

清律将笞杖刑的刑具改为竹板（原来笞用竹条、杖用荆条），并减少了刑数。笞刑用小竹板，笞 10 折为 4 板，笞 20 折为 5 板，笞 30 折为 10 板，笞 40 折为 15 板，笞 50 折为 20 板。杖刑用大竹板，杖 60 折为 20 大板，杖 70 折为 25 大板，杖 80 折为 30 大板，杖 90 折为 35 大板，杖 100 折为 40 大板。对满人、旗人往往适用鞭刑。

2. 流刑（充军）

清律将明律的“迁徙”比照流刑折半，一般折为徒 2 年。此外，将若干“杂犯流罪”（不很严重的应判流刑罪名）改折为“准徒四年”，若干“杂犯流罪”改为“准徒五年”，即在原来 5 等徒刑之外加上 3 种附加的徒刑。

清律还将明条例的“充军”定为重于流刑的刑罚种类，分为附近充军（2 000里外）、近边充军（2 500 里外）、边远充军（3 000 里外）、极边充军（4 000里）、烟瘴充军（4 000里）5 等，号为“五军”。清朝的充军实际上与流刑并无不同，因为罪犯充军至某地后并不编为军户，也没有“终身充军”“永远充军”的区别，所以，二者是同样的刑罚。

3. 发　遣

发遣是将罪犯发配至边疆地区给驻防八旗官兵当差为奴的刑罚。发遣为仅次于死刑的重刑。乾隆年间的《大清律例》已有 143 项发遣罪名。

4. 死　刑

清律将死罪按是否秋后处决分为绞监候、斩监候、绞立决、斩立决 4 种。监候即“监禁并等候处死”（还必须经过一次复审），立决即“决不待时”。绞监候、斩监候的罪犯还须经过秋审，虽是死罪，但仍有一线希望。一般绞、斩监候是被认为对统治秩序妨害尚不很严重的死罪。清律中适用凌迟的死罪比明朝为多，共有 22 项。还有古老的枭首刑，主要适用于对“江洋大盗”“响马”之类的严重犯罪。

5. 附加刑

清律扩大了刺字刑的适用范围，盗墓、逃囚等罪也附加刺字。对于三犯、四犯还分别在右脸颊、左脸颊刺字。受刺字的罪犯刑满释放后必须充当“巡警之役”3年。

（二）犯罪与刑罚的主要特点

清朝入关以后，为了压制明末以来怀疑、反对封建专制制度的思潮，确保君主专制统治，扑灭汉族士大夫反清意识，清政府有计划地施行了一整套思想文化专制政策。

1. 严惩侵犯皇权的犯罪

清律继承隋唐以来的“十恶”重罪的相关内容，对危害政权的犯罪，其惩罚之残酷，株连范围之广泛，远超前朝。如对侵犯皇权的“谋反”“谋大逆”“谋叛”罪名的惩罚更是奉行“严刑峻法”原则。具体表现在：其一，肆意扩大谋反、谋大逆、谋叛的定罪范围，对于“上书奏事犯讳”者、“奏疏不当”者，清廷常加以“妄议朝政”罪名，按谋大逆治罪。乾隆年间甚至规定，凡是异姓人歃血为盟、焚香结拜兄弟者，皆按照谋叛未行律处罚。其二，加重对谋反、谋大逆、谋叛等罪的量刑。《大清律例》规定，凡是谋反、谋大逆，但共谋者，部分首从，皆凌迟处死；其祖孙、父子、兄弟及同居之人，不分异姓，及伯叔父、兄弟之子，不限籍之异同，年16以上，不论笃疾废疾皆斩；15岁以下的男性亲属及女性亲属给付功臣之家为奴，财产入官；即使子孙确不知情，年11以上，也要阉割发往边疆为奴；若是抗粮、罢市、罢考者，聚众至四五十人，为首者斩立决，从者绞监候，被胁同行者也得各杖100。

2. 屡兴大案，着重打击江南士大夫集团

如顺治十四年（公元1657年）的“科场案”，以江南科举考试出现受贿舞弊情况为由，捕捉、流放、杀死士大夫数百人。顺治十八年（公元1661年）“奏销案”，捕捉江南积欠赋税的士大夫3 000余人，褫革功名，枷号示众。同年，“哭庙案”苏州秀才为抗议县官贪酷，趁顺治帝去世举行“哭临大典”之机，聚集文庙哭诉，被指责为“震惊先帝之灵”，全数被处死。文学评论家金人瑞（金圣叹）即死于此案。还严格禁止汉族士大夫结社集会。

3. 大兴文字狱

文字狱即有计划、有步骤地，以语言文字定罪。顺治、康熙、雍正、乾隆四朝有案可查的文字狱近百起。较为著名的如康熙二年（公元1663年）的“明史案”：浙江人庄廷鑨曾刊行朱国祯所著《明史》，书中提到清太祖努尔哈赤曾为明建州卫左都督，并以与清朝对抗的南明小朝廷年号纪年，被人告发。此时庄已死，但庄氏、朱氏两家皆被株连，为此书作序、校对、贩卖之人也被捕，处死 70 余人，其中被凌迟处死者 18 人，被发遣军流的达 700 家。又如雍正六年（公元 1728 年）“曾静案”：湖南人曾静聚徒宣传浙江吕留良反清、反君主专制的著作，并派人游说汉族将领起兵反清。此案破获后，清世宗雍正皇帝主持审判，逐条反驳吕留良的学说，并将审讯记录与曾静的悔罪书等编为《大义觉迷录》，刊印发行，以肃清影响。吕留良虽已早死，但仍开棺戮尸，族人株连处死，孙辈发遣为奴。曾静虽以悔罪当时未杀，但以后仍被处死了。此外，还有王锡侯的“字贯案”“尹家铨案”等。尽管清王朝大搞文字狱，但却从不制定一条文字语言犯罪的条例，绝大多数文字狱都是比照“谋大逆”判刑。一经认定，即凌迟、枭首示众，立毙杖下。其用意还是企图以此“不测之威”，来驱使读书人俯首帖耳，成为清政府的奴才。

4. 焚毁各类反清或“异端悖逆”的书籍

乾隆年间以编《四库全书》采访民间遗书为名，查搜民间各种藏书，由各省督抚逐一加以检阅，将一切不利于其统治的文字一概消灭，实行彻底销毁，同时还要追查作者，株连无辜。据不完全统计，仅乾隆时就毁书近 3 000 种，六七万部以上，几乎与《四库全书》所收的书籍相等（《四库全书》共计3 470种、7 081 卷）。

5. 运用刑罚手段抑制商品经济发展

清朝统治者仍然因循传统的“重农抑商”政策，对一切有碍本务（农业）的经济活动进行压制，甚至用刑罚手段予以打击。例如，严格限制民间采矿，违者查封和照例治罪。再如，对盐、铁、茶、矾等重要商品实行禁榷，《大清律例（户律》规定：“凡贩卖私盐者，杖一百徒三年”，“凡买食私盐者，杖一百”。还颁布“禁海令”，严格限制海外贸易，制约了中国迈向世界的步伐，阻碍了中国商品经济发展的历程。

二、民事方面

（一）进一步明确典权

1. 明确典、卖两种契约的区别

条例规定：民间置买产业，如系典契，必须于契约上注明回赎字样，如系买卖契约，在契约内则应注明永不回赎字样。从而确定了以是否允许回赎作为典当与买卖的重要区别标准。此外，还规定典当契约无需经过官府加盖官引、缴纳契税，同时也无需到官府税务部门“过割”赋税。

2. 明确典当回赎的年限

规定典当契约以 10 年为限，10 年后如出典人无力回赎即丧失回赎请求权，不动产归典权人所有。典权人有权处分。

3. 明确房屋出典后的风险责任

规定出典的房屋失火焚毁，在年限未满的情况下，由双方各出价一半合伙起造，典期延长3年，3年后出典人仍以原典价取赎。如果出典人无力出资，由典主（典权人）出资建造，典期仍延长3年，3年后应按原典价的140%取赎。相反，如果典权人无力出资，由出典人出资重建，则原订限期满后，出典人可按原典价的60%赎回房屋。在出典年限已满的情况下，典权人自建，仍加典3年、出典人按原典价140%取赎；出典人自建，则按原典价50%取赎。双方如均无力重建，应将地基出卖，得价的1/3归还出典人。

（二）确立"兼祧"继嗣地位

按照儒家礼教及唐朝以来的法律，若无子的人可以收养辈分合适的同宗侄辈为嗣子，也可由族人、妻子为无子的死者立一嗣子。出继者如为独子，将使他的本房"绝嗣"。为了解决独子是否能出继这一大难题，清律规定独子也可以出继，可以一人承两房宗祀。具体规定为：独子出继的两房应该为同父兄弟关系，而且必须双方同意，并有全族的书面见证，才可一人承两房宗祧。民间俗称"两房合一子"，一人可以继承两房的香火和财产。

三、行政法制

（一）行政体制

清朝基本沿用明朝的行政机构设置，但内阁不再是中枢决策机构。清初由满族贵族组成五大臣会议决定方针大计，清中期起由军机处辅助皇帝批答奏章、草拟诏旨。军机处并非正规的行政机构，由皇帝指定若干官员充任军机大臣，在宫殿内办公，每日晋见皇帝，处理各部各地机密奏章，商议办理有关军事指挥、人事任免、司法审判、议定条例等重要政务。同时，清朝在六部之外又增设管理少数民族聚居区的理藩院、管理皇帝宗室事务的宗人府、管理宫廷事务的内务府等机构。在地方上，清朝在各省设巡抚为省的长官，布政使司、按察使司合称"二司"，为其下属。一般1个省设1总督，总揽军政要务。省以下仍为府、县2级。

（二）官吏任免制度

清朝官吏的来源仍然主要为科举考试，号为"正途"。尤其规定汉族官员必须具有举人以上出身，而满人任官不受此限。除此而外，也允许出钱捐官，称为捐纳，是为任官的"异途"。可以为自己捐，也可以为亲属捐，甚至为幼童、死人捐官，为清朝一大弊政。

为了保证满族贵族的政治优势，清朝特设官缺制度，规定某些特定的官职必须由特定民族的人员担任。六部各设满、汉尚书，满、汉左右侍郎。诸要害部门如理藩院、宗人府，以及掌管钱粮、兵器、火药等府库全部为满官担任，而地位卑微的小官职全为汉官担任，不得任命满人担任。

（三）官吏考核制度

清朝官员考绩由吏部考功司主持，分“京察”与“大计”2种。

京察是对京官的考核，每3年1次。考绩的程序，一是适用于三品以上官员的“列题”，先由本人自陈，再由吏部填写履历列题，等候皇帝敕裁；二是适用于三品以下官员的“引见”，先由吏部填写履历清单，等待皇帝接见；三是适用于四品以下官员的“会核”，先由各衙门注考，然后吏部会同大学士、都察院、吏科、京畿道实行复议，决定其考核等第，再造册上报皇帝。京察分3等，即称职、勤职、供职。

大计是对外官的考绩，每3年1次。考核程序是先由藩、臬、道、府察其贤否，申报督抚；督抚审核后送吏部。大计分为卓异与供职2等。

清朝基本沿袭明朝的官吏考课制度，但更为严密。考核官员的标准为“四格八法”。四格是指从守（品德操行）、政（政治政绩）、才（才能）、年（年龄及身体状况）4个方面对官员作出评价。八法是指从8个方面参劾不称职官员，即凡贪、酷、罢软无力、不谨、年老、有疾、浮躁、才干不及的官员应受处分。其中贪、酷由吏部、都察院议处，重者由刑部定罪；罢软无力、不谨者革职；年老、有疾者勒令致仕；浮躁者降3级调用；才干不及者降2级调用。

除此定期进行考课外，还规定长官可以在平时对下属官员进行奖励。其方法有：一是加级，即对政绩突出的官员在其原官职品级上加上若干级，虽然并不增加其官俸；二是记录，即对有功绩的官员登记注册，以次数计。惩罚的方法有罚俸、降俸、降级、革职、拿问等。加级、记录可以抵消惩罚。此奖励情况在考课时是重要的依据。

（四）官员监察制度

清朝沿袭了明朝制度，将六科并入都察院，合称“科道”，使监察机构一体化。在地方上，由省按察使派出的“分巡道”和由省布政使派出的“分守道”，分别对府、州、县官员进行监察，废除了巡按御史制度。

四、经济法制

（一）赋役制度

清朝发展、完善了明朝中叶后推行的“一条鞭法”，将其一部分徭役转化为按人丁征发的“丁银”，成为一项人头税种。雍正年间又在全国推行“摊丁入亩”的赋役制度，即以省为单位，将已固定的丁银数额平摊至田赋银之上，使丁银成为田赋银的附加税。丁银的征收与田赋的征收完全合一，总称“地丁银”，这被称为“地丁合一”。

（二）海外贸易制度

清朝严厉地执行明朝有关海外贸易制度，力图闭关自守。顺治十三年（公元1656年）颁布禁海令，规定沿海地区片帆不得下海，凡有违反者，一律奏闻处斩，货物入官，家产付告发人。后又颁布空前残酷的“迁海令”，其目的是对付当时台湾的郑氏政权。直至1683年台湾郑氏降顺清朝，才宣布“开海”，允许人民回迁，但仍严禁人民私自出海经商及移居外洋海岛，违反者比照交通反叛律处斩立决。欲出洋贸易者要得到地方官府批准，发给印票、取保登记。商船大小限制在500石以下，式样限于单桅船，船头要烙刻省、府、州地名及编号。以后虽允许双桅船式样，但船只大小仍被限制在梁头1丈8尺以下。水手人数也被严格限制，还必须悬挂记明姓名、籍贯、年龄、面貌特征的“腰牌”。凡卖船给外国的，船主及造船人皆斩立决。

清朝在广东（广州）、福建（漳州）、浙江（宁波）、江南（云台山，今连云港）设4个海关，负责征收关税，却没有统一的海关法规，税率也各有不同。海关主要管理国内沿海贸易，只有浙海关与粤海关可以接待外国商船。后又规定外国商船只能在广州港停泊，进行交易。粤海关对外国商船征收“船钞”（船舶税）和货税，总称关税。

清政府对于海外贸易进行了严格的限制，除了一口通商以外，还对出口货物进行了种类、数量的严格限制。凡马牛、军需、金、银、铜、铁、铅、锡、铜钱、硫黄、书籍、粮食等都不准出口。允许出口的丝绸、茶叶、大黄数量也有严格限制。另外，清朝统治者还规定在广州进行的中外贸易必须通过由官方指定的垄断代理商进行。这种垄断代理商行称为“十三行”（实际上一般在10家左右）。十三行行商充当外国商人的全权代理人，包销进口商品，代缴关税，采购各类出口商品。行商也是外商在华行为举止的保证人。而且十三行行商又是中国官府与外国商人之间的中介人，外国商人的一切请求均由行商转达，而中国政府对于外国商人的一切政令要求也由行商传达。十三行还在广州城外开设“商馆”，供外商作为来华贸易的办事处和住所。

1. 十三行出现的背景及原因

代明而起的清朝，出于防汉制夷的政治考量，同时为了打击毁灭反清复明实力，配套施行了空前绝后的海禁政策，甚至实行了残酷的沿海迁界（康熙时期），一度因为海禁、迁途造成了几十万人的死亡和数不清的大小屠杀。清朝海禁是以海禁、文字狱等一系列配套策略的配合实施下，扼杀了中华民族的海洋贸易和国内工商业的发展为代价的。

清康熙元年（公元 1662 年），为防御占据了台湾的郑成功的进攻，清政府下令在广东潮州实行海禁，将沿海居民迁入内地 50 里，至康熙三年（公元 1664 年又再迁徙 50 里，包括今潮安县庵埠、彩塘、铁铺、官塘一带），禁止出海捕鱼和贸易。康熙五年（公元 1666 年）撤销澄海县并入海阳县（至康熙八年才恢复）。康熙十年（公元 1671 年）重申海禁，不准闽粤 2 省船只过洋。海禁一直延续至康熙二十三年（公元 1684 年）清政府收复台湾之后始解除，准许澄海、南澳等地居民回原籍耕种，准许对外贸易。但是，数十年的海禁给潮州人民带来了重大灾难，生产、贸易受到严重破坏。

康熙时，清朝政府虽然开关与外国贸易，但对外国商船的活动极为注意，对逗留外国的中国人也防范极严。康熙下谕地方官要在沿海各地增设炮台，并指出："海外如西洋等国，千百年后，中国必受其累，国家承平日久，务需安不忘危。"可见康熙对西方殖民主义者始终是存有戒心的。

随着当时海上商业的发展，清朝政府对外贸易的限制也日益严格，其最突出的表现是在乾隆、嘉庆时期。

乾隆二十二年（公元 1757 年），由于英国等殖民者在中国沿海进行种种非法的活动，清朝政府传谕外国商人，从这年开始，只准在广州一口通商，不得再往厦门、宁波等地。此外，清朝政府又制定了很多限制外商的禁例，如，外商不得在广东省城过冬，外商需听中国行商的管束，外商不得随意奴役中国人，外商不得在广州自由出入等。同时，也加强了对内地商人的限制，设立了保商制度，保商受政府委派，拥有对外贸易的特权，凡外来的一切人员、船只、货物及纳税等事皆由保商担保。

加税也是限制与西洋各国通商的办法之一。清朝政府的关税分船钞、货税 2 种。除康熙时曾一度减轻税额外，以后各种名目的附加税日益增多。乾隆时，清朝即以加重浙江等地海关税抵制外商北上。同时，清朝政府还先后颁行了禁止五谷、金银、铜觔、丝斤出洋的种种禁令。清廷为办铜需要，最初并不禁海，后来为了防止沿海民众通过海上活动接济反清抗清势力，才实行海禁，而且较明代更为严厉，顺治十二年（公元 1655 年）六月，下令沿海省份"无许片帆入海，违者立置重典"，顺治十八年（公元 1661 年），更强行将江、浙、闽、粤、鲁等省沿海居民分别内迁 30～50 里，设界防守，严禁逾越，直到康熙二十年（公元 1681 年）三藩之乱平定，康熙二十二年（公元 1684 年）台湾告平，清廷方开海禁，先后于康熙二十三至二十五年间设立闽、粤、江、浙 4 个海关，分别管理对外贸易事务。康熙年间的开海，是全方位的开海，不但东西两洋，而且一向严禁的赴日贸易也在开放范围之内，较之明代隆庆年间开始的局部开海范围和作用都要大得多，但是，仅仅过了 30 多年，全面开海的政策就开始收缩，面对日益严重的“海寇”活动和西方势力在东亚海域的潜在威胁，康熙五十五年（公元 1716 年）十月二十五日，康熙召见大臣，提出禁海问题，次年，规定拟定，正式实行禁海，这就是南洋禁海令。南洋禁海虽然并非全面禁海，但对于正在不断发展的中国民间对外贸易力量无疑是严重的打击。

清代，价廉物美的中国商品在世界市场上具有强大的竞争力，即是“内地贱菲无足轻重之物，载至番境，皆同珍贝，是以沿海居民，造作小巧技艺，以及女红针线，皆洋船行销，岁收诸岛银钱货物百十万入我中土”，故而只要政府大力支持航海贸易，不但能左右南洋市场，而且必能在国际关系上继续扮演一个重要的角色。然而令人遗憾的是，清王朝却采取了背道而驰的政策。乾隆二十四年（公元 1759 年），清廷以“江浙等省丝价日昂”“不无私贩出洋之弊”为由，下令沿海各地严禁丝及丝织品出口，规定“侥有违例出洋，每丝一百斤发边卫充军；不及一百斤者杖一百，徒三年；不及十斤者枷号一月，杖一百，为从及船户知情不首告者，各减一等。船只货物尽入官。其失察之文武各官，照失察米石出洋之例，分别议处”。同年，又规定，因为“绸缎等物总由丝觔所成，自应一体察禁”。这一愚蠢而苛刻的禁运政策实施 5 年后，“不特丝价依然昂贵，未见平减，且遇值蚕事收成稍薄，其价较前更昂”，于是被迫“开禁”，但仍只许被批准出海之商船，各配搭土丝及二三蚕丝若干，限额出口，直接打击了民间航海贸易事业的正常发展。

直至 15 世纪末叶，中国远洋海船尚居世界航业界前茅。但从 16 世纪开始，在封建专制政权的人为压制下，中国出海船只在技术与质量上就走上了相对落后的道路。顺治十二年（公元 1655 年），清廷规定不许打造双桅大船。康熙二十三年（公元 1684 年）“开禁”时又规定，“如有打造双桅五百石以上违式船只出海者，不论官兵民人，俱发边卫充军。该管文武官员及地方甲长，同谋打造者，徒三年；明知打造不行举首者，官革职，兵民杖一百”。至康熙四十二年（公元 1703 年），虽允许打造双桅船，但又限定“其梁头不得过一丈八尺，舵水人等不得过二十八名。其一丈六七尺梁头者，不得过二十四名”，若“其有梁头过限，并多带人数，诡名顶替，以及讯口盘查不实卖行者，罪名处分皆照渔船加一等”。此外，在康熙三十三年（公元 1694 年）还曾规定，严禁“内地商人在外国打造船只，违者严加治罪”。这些清规戒律，使中国木帆船制造业发生了历史性的大逆转。而与之同期，西方的造船行业却在本国政府的全力支持与先进科技的推动下，得到了迅猛的发展。如西班牙，早在 16 世纪初就拥有 1 000 艘欧洲标准的商船；17 世纪中叶以前的荷兰，被誉为“海上马车夫”的造船业跃占世界首位。而此后迅速崛起的英帝国，则更以其一支多得数不清的舰船队，在世界各大洋横冲直撞，锐意扩张。在船体结构方面，欧洲的“夹板船”，异军突起。这种船“用板两层”，“厚径尺，横木驾隔，必用铁板两旁夹之，船板上复用铜铅板遍铺”，其坚固程度比当时受掣于官方而无法发展的中国木船高出许多。同时在帆装设备方面，欧洲也融合了传统横帆与阿拉伯三角帆的优点，创造出既有强大采风驱动力，又能在各处风向下使用的“克拉维尔”帆，以后又制造出著名的飞箭式多桅大型远洋快速帆船。特别值得指出的是，18 世纪中叶英国工业革命后，随着以钢铁为船壳、以蒸汽机为动力的轮船的问世，世界航海业揭开了划时代的新页。在这种东西方航海力量此消彼长的强烈对比下，尽管在鸦片战争前，中国的中小型传统木帆船在总数量与总吨位上仍有相当的实力，并与明代相比还有所发展，但是，站在整个世界航运界来观察问题，这种“实力”或“发展”已成了“昨日黄花”。在 19 世纪 50 年代的西方人心目中，中国帆船的构造与装备，再也不是几个世纪之前那种令人叹为观止的惊世杰作，而只能是“极为落后”的过时货色了。造船历来是航海的基础，清政府对造船业的种种禁令，无异于对航海业发展的釜底抽薪。

清王朝在限制航海工具的同时，还于康熙三十三年（公元 1694 年）严禁中国出海商船携带武器。康熙五十九年（公元 1720 年）又重申：“沿海各省出洋商船，炮械军器概行禁止携带，如地官不严查禁止，致商船仍行私带者，照失察鸟枪例罚俸一年。”雍正六年（公元 1728 年），虽有所放宽，但仍规定“鸟枪不得过八杆，腰刀不得过十把，弓箭不得过十副，火药不得过二十斤”。雍正八年（公元 1730 年）又放宽到每船带“炮不得过二门，火药不得过三十斤”。正当清王朝竟力禁限中国商船携带武器之时，欧洲各国的殖民主义海盗船队却在本国政府的全力支持下，以有组织的暴力向东方水域扑来。那些仅有“轻微的防卫的”中国帆船一旦在海上遇到以“火与剑”武装起来的西方舰船，除了束手待毙、坐遭行劫外，别无选择。据西方海盗船长供称，连一只帆船上的小艇都可以毫无困难地对中国的商船进行抢劫。荷兰东印度公司董事会曾接二连三地公然训令公司总督，“应用武力来加以防止”中国在南洋的航业优势。由于中国的“和平”商船队在海洋上迭遭焚劫，清朝政府于嘉庆七年（公元 1802 年）宣布允许“出海贸易船只”“携带炮位”，但仍必须“分别梁头丈尺”以定多寡。清廷这些上谕颁发之期，中国沿海与南洋、东洋水域的制海权早就尽操于西方殖民舰队之手。严禁虽缓，但为时已晚，中国木帆船航业的萧条与挨打的局面再也无法挽回。

清朝政府对外贸易的限制政策对于殖民主义者在中国的侵略活动起过一定的自卫作用，但却使中国丧失了对外贸易的主动性，使中国社会内部已经滋长起来的进步的手工业生产，得不到更进一步的发展。

以上即是十三行出现的主要历史背景。

2. 十三洋行之兴衰

中国的手工业体系主要是以家庭作坊为生产单位，这种支撑中国工业脊梁的体系一直延续到19世纪中叶，因为在19世纪中叶开始尝试洋务运动以前的数千年中，中国几乎没有近代意义上的工业，更谈不上工业体系了。这种以家庭作坊为单位的手工业生产方式的一个最大的弊端就是缺乏规模化生产资本的投入和科学的管理体系。这些家庭作坊大都处于一种自生自灭的自然状态，这种落后的生产方式越来越受到来自西方工业化的先进生产方式的猛烈冲击。西方社会已经在18世纪中叶开始了改变人类生活环境和方式的第一次工业革命，到19世纪上半叶，西方社会已经基本上摆脱了主要依靠手工生产的模式，各种依靠煤炭燃烧、蒸汽和水利而产生的动力从而带动机械设备运转的工业化生产模式，在纺织、采矿、运输、机械制造等生产领域已经完全取代了手工生产，依靠这些工业化设备而生产出来产品，不仅其生产成本较之手工业生产大大降低，而且其质量和数量也是手工生产所远远无法企及的。但是，清政府依旧沉醉于所谓“盛世”的自我陶醉之中，对于不久来临的危险不仅熟视无睹，而且依然盲目自大，认为中国固有的已经使得中国延续了几千年的现有制度是世界上最好的制度，其治下的民众，是世界上最好的顺民，其治理国家的官吏，是经严格的科举制度选拔出来的最优秀的社会精英。的确，在19世纪中叶之前，中国的生产总量和贸易总额仍然占据世界第一的位置，中国是当时世界货币——白银的最大的储备国，这也是西方列强把中国当做他们猎取财富的主要对象的主要原因。他们渴望能够从中国猎取到丰厚的猎物，于是，他们迫不及待地想要打开中国的大门，直接进入广阔的中国市场，他们希望能够通过和中国商人的直接贸易来获得丰厚的商业利润，而不是和中国官方指定的机构进行不平等的贸易。于是，从17世纪开始，西方的商船犹如鬣狗一般游弋在中国的沿海，伺机寻找着下嘴叼食的机会。他们不断地骚扰着中国沿海的岛屿和城市，荷兰、葡萄牙等国甚至已经开始侵占中国的沿海领地，如台湾、澳门等。他们还通过中国海上的走私商人，以及沿海城市的官员，走私中国商品，并且把他们的商品通过走私的途径卖到中国内地，以攫取高额的商业利润。正是在这种情形下，清政府才不得不于康熙二十二年（公元1683年）决定开放澳门、漳州、宁波、云台山4关与外国通商，1685年又开广州为自由贸易口岸，海禁政策被启开一点缝隙。但就是这一个缝隙，在闽、粤等沿海地区引来了万民造船下海的热浪。这突如其来的热浪，一开始着实让清政府有点始料未及。于是，对于海禁仍然留有惯性思维的清政府，为了控制沿海商人闻风而动争先加入海商行列的浪潮，康熙二十五年（公元 1686 年），广东巡抚李士祯在广州紧急颁布公告，宣布只有“身家殷实”之人，在经政府考核达标后，才有资格从事对外贸易。于是，在广州就出现了一个极其怪异的商业机构，一个由多家行商组成的商业集团，这个组织在被政府授权专营对外贸易的同时，亦承担代替政府征收关税、管理外商和处理外事的责任，这就是历史上著名的“广州十三行”。

广州十三行，亦称洋货十三行，是清代专做对外贸易的牙行。明清时期，广州的对外贸易全属官营，而以牙行经纪这些事情，所以开设牙行的多半都能获厚利，赚大洋。清初的诗人屈大均在《广州竹枝词》中有云：“洋船争出是官商，十字门开向三洋；五丝八丝广缎好，银钱堆满十三行。”足见当年十三行的兴隆旺景。康熙二十四年（公元 1685 年），粤海关设立。它名义上专管对外贸易和征收关税事宜，实际上税收营生都是由十三行出面主持，承接包揽的项目，其中包括代办报关纳税、商品购销买卖等业务。日子一长，十三行就逐渐演变为一个特殊组织，享有了垄断对外贸易的特权。在这些特权买办中，又尤其以商家潘、卢、伍、叶 4 族豪门获利最多，所以由此发展成为广州 4 家最大的买办阶级。

钱庄林立的十三洋行，对早期荔湾城市化的发展进程产生过推波助澜的巨大影响。当时在十三行附近，形成了一个买卖兴旺的大市场，特别以今天的下九路一带最为繁荣。到了清末民初，十三行像一面招财进宝的风水招牌，使西关成为旧广州城的主要商业区，顺理成章地充任了广州金融业、饮食业、南北药材业、百货业、布匹业、大米业和酸枝家具业等的主要集中地和商贸大本营。

十三行虽名十三行，但并不是什么时候都是十三家的，它的增增减减与进港洋船货舶的多少等因素相关。随着对外贸易的发展，行商又在十三行路以南，即今文化公园一带，建筑商馆，租赁给外商居住，形成了所谓的“十三夷馆”。到 18 世纪末，英、法、美、荷兰、瑞典、西班牙、奥地利、丹麦等国的商人都在此设立了商馆。

为了直接和有效地控制十三行，清廷实行了公行总商管理制度。从此，清政府不再直接出面管理和控制十三行的经营活动，而是以幕后的方式，控制和干涉十三行的经营活动。

公行总商制度确立于康熙四十二年（公元 1703 年），其实质就是在十三行中成立公行，由公行负责制定行规，节制行商，实行统一的对外经营，而且负责征缴外商税款、裁定贸易价格、裁决贸易纠纷、交涉外交事件等一系列管理工作。公行最初由官方指定一人为外贸经手人。此人纳银 4 万两入官，包揽了对外贸易大权。后来，各行商从自身利益出发，共同联合组织起来，成立一个行会团体，即所谓的“公行”。据史记载，于1720年11月26日，公行众商啜血盟誓，并订下行规十三条。初时，公行没有法定的共同领袖，也没有取得完全统一的部署，组织相当松散，时散时复。一直到乾隆四十五年（公元1780年），广东巡抚李湖等奏请明立科条，建议“自本年为始，洋船开载来时，仍听夷人各投熟悉之行居住，惟带来各物，令其各行商公同照时价销售，所置回国货物，亦令各行商公同照时定价代买”，即是说要复设公行。2年后，经清政府批准，公行正式恢复，从此一直延续到1842年《南京条约》签订前，再也没有解散过。

导致十三行最终退出历史舞台的是1856年冬天的那场大火。第二次鸦片战争期间，驻扎在十三行地区的英军，为阻止中国军民对外国商馆的袭击，拆毁了十三行地区周围大片民居，留下一片空地以防止中国军民的偷袭。1856年12月14日深夜，痛恨侵略者的广州民众从被拆毁的铺屋残址上点火，火势瞬间即蔓延至十三行外国商馆区。15日凌晨烧及美法商馆，下午2时延至英国商馆，到下午5时，十三行地区除一栋房子幸存外，全部化为灰烬。据当时南海知县华延杰在《触藩始末》一书描写：“夜间遥望火光，五颜六色，光芒闪耀，据说是珠宝烧烈所至。”英军失去据点，被迫撤回泊于珠江上的军舰。十三行商馆区从此结束了它的历史。

广州十三行利用垄断特权赢得了巨大的财富，这种不平等的市场垄断行为，引起了公行之外的商人的强烈不满。他们被剥夺了出口贸易权，外国商人欲购买他们的商品，必需经由公行的行商抽收一笔手续费，然后以该行的名义报关。这种盘剥不仅加大了普通商人的交易成本，甚至会造成这些商人毫无利润可得。外国商人对公行的垄断也十分不满，他们一直想能够自由地与中国商人进行贸易，不希望中间存在着这么一层盘剥层。因此，为了打破公行的这种亦官亦商的垄断，外国商人也采取收买个别行商或贿赂官府的手段，以造成公行腹背受敌的被动局面。同时，他们也利用公行内的各个行商之间，以及行商与铺户和散商之间的矛盾，抬高洋货的销售价格，压低中国土货的收购价格，给广州的外贸市场制造出了许多麻烦，以从中渔利。

一个当时无论是生产和出口总量都占据世界第一的世界上最大的贸易国，却只有一个通商口岸，又实行公行垄断，不仅无法满足本国经济和商业发展的要求，更无法满足西方工业革命带来的西方各国对于中国商品和市场的日益膨胀的商业胃口。这些因素就是导致十三行垄断体制最终走向崩溃的根本原因。因此，十三行对于对外贸易的垄断，也是束缚中国当时在经济、商业和资源等各方面比西方国家都占有绝对优势的前提下，没有走向近代资本主义道路的一个重要因素，值得我们很好地反思和总结。清朝的海外贸易制度束缚了中国民间海外贸易的发展，阻挠了中外正常贸易的进行，对于社会经济的进一步发展产生了不利的影响。

五、清律的主要特点

（一）注重维护宗族族权

清朝法律默认封建宗族及乡绅在一定条件下实行有限度的“自治”，官府不予干涉，从而使“祖宗旧规”“族规乡规”等规范成为整个封建法制体系的组成部分。

宗族是同姓同宗的民间组织。宗族大多由本宗的绅士（有功名的士子、退休的官员）发起组织，制定详尽的族规。平时由族长主持日常事务，重大事务由宗族长老会议决定。宗族拥有祭田、义庄之类的族产，收益用以祭祀祖先、教育族中子弟及供子弟参加科举考试、救济本族族人；并建有祠堂，用来祭祀祖先、聚会族众。对于族人，宗族具有亲缘、经济、安全等方面的意义，有很强的内聚力。宗族组织在北宋以后有很大发展，至清代强宗大姓，多在山东、山西以及闽广地区，成为强大的社会势力，有的还拥有武装力量，雄踞一方。

清政府为了笼络汉族地主，将宗族族权纳入政治统治的体系，入关不久就默认族权的权威，承认宗族拥有对于族人的裁决、惩处的权力，允许族长以家法惩治族人。并在民间推广宗族组织，允许族长、宗族头面人物对于风化、户婚、田土之争有调处、裁判的权力。宗族族规的内容在于维护封建伦常礼教，有“守国法”“重国课”“守本业”“严尊卑”“禁盗窃”“禁骗诈”“禁犯上”“禁为匪”“禁暴戾”等内容。对于违反族规的族人，宗族经常采取的处罚手段有训斥、长跪、鞭责、罚银、罚役、剥夺参加祭祀的资格、黜革，直至送官府处理，有的甚至还处以令自尽、勒毙、活埋、沉潭等。这些一般都得到官府的默认。清律规定，很多轻微犯罪、妇女罪犯可以送交宗族，责成宗族管束训诫。民间纠纷，尤其是婚姻、继承案件也大多规定可以批转宗族处理。

另一方面，清律也竭力维护宗族的族权。如对违抗族长的“悖逆之孙”予以严惩，并加强对族产的保护，凡子孙盗卖宗族祀产50亩以上，发边远充军（盗卖田土罪止杖80徒2年），50亩以下者按盗卖官田律加重2等处刑。

（二）确认和维护满族特权

入关后，八旗作为清皇朝最主要的武装力量，分驻各省。八旗人员编为旗籍，统称“旗人”，由八旗衙署统辖。清政府大量圈占土地，把其中一部分分配给八旗官兵，称为“旗地”。为了保证八旗官兵的经济来源，稳固统治基础，清朝法律严禁汉族人典卖旗地旗房，违者处以杖 100，土地房屋及价银一律没收入官。

在刑法方面，满族人犯罪享有“减等”和“换刑”的特权。凡笞杖刑，旗人改初鞭责。一般的徒刑，旗人改折枷号，徒 1 年折枷号 30 日，以上每 1 等递加 5 日；流刑也改折枷号，流 2 000 里折枷号 60 日，以上每 1 等递加 5 日。另外，旗人在诉讼方面也享有一定的特权。

第四节　清朝的司法制度

一、司法机构

1. 中央司法机关

清朝沿用明制，在中央设有刑部、大理寺、都察院，合称“三法司”。其中刑部是最高司法审判机关，在三法司中居于主导地位，其下属机构主要包括 17 个省清吏司、督捕司、秋审处及修订律例馆等。大理寺负责复核案件，平反冤狱。都察院是国家最高监察机关。

除了上述三法司外，为维护旗人的特权，及对少数民族地区司法管辖的需要，清朝在中央设有专门审理旗人和少数民族案件的机构——宗人府及内务府慎刑司和理藩院。宗人府专门负责满族贵族的诉讼案件，凡涉及满族贵族的诉讼案件，由宗人府会同刑部、户部共同审理，一般司法机关无权过问。内务府慎刑司则负责审理在宫廷内当差的满人案件。理藩院则是专门管理蒙古、西藏、新疆等地区事务的最高国家机构，其下设理刑司负责受理少数民族地区的上诉案件和发遣、死刑案件的复核。

2. 地方司法机关

清朝的地方司法机关实行行政长官负责制，分州县、府、省按察使司、总督或巡抚 4 级。一般州县负责辖区内案件的初审，其中，涉及户婚、田土及可能判决为笞杖刑罚的轻罪，经州县官判决生效。可能判决徒以上案件，审理完毕并草拟判决意见后逐级向上审转，督抚有权决定徒刑案件的判决；流刑由刑部审结，卷宗经中央刑部复核后就可以执行刑罚；死罪案件由刑部与大理寺、都察院会审，奏请皇帝批准。

清朝旗人的司法机构为各地驻防八旗军队中的理事厅、理事通判、理事同知，大抵形成与省、府、县 3 级相当的司法机构。各省驻防八旗军最高军官都统、将军有一般轻微案件的终审权。京城的步军统领衙门、宗人府、内务府也有审理满族人案件的权力。

少数民族地区上报的死刑案件由管辖各少数民族事务的理藩院下属的理刑司负责审理。

二、诉讼制度

（一）严格限制平民起诉

1. 在起诉时间上的限制

每年四月初一至七月三十日，禁止人民因户婚、田土、钱债之类起诉，否则官府一律不予受理，称之为“农忙止讼”。在这4个月中只准起诉谋反大逆、盗贼、人命之类的重要案件。在其余8个月中，也不是每天都可以起诉。各地方政府规定有“词讼日”，多为每月的三、六、九日，清中期后多为每月的三、八日。

2. 在起诉形式上的限制

诉讼必须向官府呈递书面起诉状，而且诉状必须由官府指定的“代书”书写，盖上官府发给的印戳才有效。诉状格式也很严格，一般在200字以内，必须列举主要事实，写明被告姓名、住址和证人的姓名、住址。除了妇女、老幼病残，所有原告都必须在“词讼日”亲自到衙门呈递，州县长官必须亲自审核，并在第二天作出批词，说明受理或不受理的理由。诉状稍有不合格式就不准状。

3. 严禁“讼师”

讼师为人代写诉状不实即成诬告罪。如果接受他人财物，按受财枉法处罚。

（二）旗人的诉讼特权

旗人之间的诉讼由驻防八旗中的理事同知审理，由上级理事通判复审。旗人与汉人之间的诉讼由理事同知与地方州县官员会审。

三、审判制度

（一）地方审判制度

清朝地方基层州县衙门的审判责任很大，凡户婚、钱债、田土、继承以及轻微的斗殴、小偷小摸等处笞杖刑的案件，统称“自理词讼”，州县官可以自行审结，但案卷应登入“循环簿”，由知府及分巡道定期核查。州县官审理自理词讼，无须具引律例条文，可以参酌“天理、人情、国法”作出判决，判决书称为“审语”。对于须处徒刑以上的案件，实行逐级复审制。但省督抚的审判权较大，可以终审判决流刑、充军、发遣案件，但须将案卷报刑部复核。死刑案件则必须经中央刑部及三法司复审，经皇帝批准"勾决"后，才算终审。

（二）会审制度

清朝进一步发展了会审制度，继承了热审和朝审。朝审发展为"秋审""朝审"两大审判。

1. 热　审

热审是指在每年小满后 10 日到立秋之前，由大理寺左右二寺官员会同各道御史及刑部承办司官员，审理发生在京畿的笞、杖案件，并予以减轻发落的制度。其目的在于加快笞、杖案件的审决速度，避免因天气暑热遭受笞杖刑的犯人瘐毙狱中。

2. 秋　审

秋审是由各部院长官会同复审各省上报斩、绞监候案件的审判制度。规定各省督抚先将省内所有斩、绞监候案件会同布政使、按察使进行复审，提出意见，将案卷报刑部，囚犯一般集中到省会关押。每年八月（阴历）间，由中央各部院长官会同复审，再报皇帝批准，在霜降后、冬至前处决。

3. 朝　审

朝审是由中央各部院长官会同复审刑部在押斩、绞监候罪犯的制度。审判开始时间晚于秋审。经朝审后拟定处理意见，报皇帝批准。

（三）办案审理的期限

规定抢劫案件限在 4 个月内破案，人命案限在 6 个月内破案，窃盗案限在 6 个月内破案。州县自理词讼限于 20 日内审结。

（四）幕友和胥吏

幕友是由官员私人聘请的政法顾问，俗称"师爷"。这些幕友以专办司法审判事务的"刑名幕友"地位最高。他们帮助官员对民间诉状作出批词，确定审理的时间及审理方法，草拟判词。

胥吏是各级政府衙门中从事文书工作的人员。地方衙门一般分为礼、户、礼、兵、刑、工六房书吏，他们熟悉本地情况及当地审判惯例。

复习思考

一、名词解释

《大清律集解附例》　《大清律集解》　《大清律例》　发遣　文字狱

京察　大计　四格八法　摊丁入亩　十三行　三法司　宗人府
内务府慎刑司　理藩院　自理词讼　审语　秋审　朝审

二、自测题

1. 清朝的立法指导思想是：(　　)。

A. 正人心、厚风俗　　B. 有治人，无治法
C. 礼法结合　　D. 明刑弼教

2. 清朝中央审判机关是：(　　)。

A. 刑部　　B. 大理寺　　C. 都察院　　D. 理藩院

3. 中国法制史上最后一部以刑为主、诸法合体的传统法典是：(　　)。

A. 大清民律草案　B. 大清律例　　C. 大清会典　　D. 大清新刑法

4. 清朝入关后共编制了 5 部会典：(　　)。

A.《大清会典》　　B. 雍正年间的《钦定大清会典》
C. 乾隆年间的《钦定大清会典》　　D. 嘉庆年间的《钦定大清会典》
E. 光绪年间的《钦定大清会典》

5. 清朝官员考绩由吏部考功司主持，分(　　)2 种。

A. 京察　　B. 考察　　C. 审计　　D. 大计

6. 清朝沿袭了明朝制度，将六科并入都察院，合称(　　)，使监察机构一体化。

A. 六科　　B. 科道　　C. 给事中　　D. 察院

7. 清朝丁银的征收与田赋的征收完全合一，总称“地丁银”，这被称为(　　)。

A. 摊丁入亩　　B. 地丁税　　C. 地丁合一　　D. 一条鞭法

8. 根据清朝法律规定，在刑法方面，满族人犯罪享有“减等”和(　　)的特权。

A. “缓刑”　　B. “减刑”　　C. “易刑”　　D. “换刑”

9. 清朝严厉地执行明朝有关海外贸易制度，力图闭关自守。顺治十三年(公元 1656 年) 颁布(　　)，规定沿海地区片帆不得下海，凡有违反者，一律奏闻处斩，货物入官，家产付告发人。

A. 禁海令　　B. 封海令　　C. 禁银令　　D. 禁商令

10. 清律将死罪按是否秋后处决分为(　　)4 种。

A. 绞监候　　B. 斩监候　　C. 绞立决　　D. 斩立决

11. 清朝对于少数民族地区上报的的死刑案件由管辖各少数民族事务的理藩院下属的(　　)负责审理。

A. 慎刑司　　B. 三法司　　C. 理刑司　　D. 宗人府

三、论述题

1. 试述清代广州十三行设立的背景及其基本情况。

2. 试述清代的会审制度。

3. 试述清朝时期立法的指导思想。

（自测题答案：1. AB；2. A；3. B；4. ABCDE；5. AD；6. B；7. C；8. D；9. A；10. ABCD；11. C）

第十三章　太平天国的法律制度

（公元 1851 年～公元 1864 年）

本章主要内容

本章介绍的是太平天国法律制度的主要内容。其中论述了太平天国纲领性的法律文件、太平天国的刑法和诉讼制度。

学习目标

了解太平天国纲领性文件《天朝田亩制度》和《资政新篇》的基本内容。

本章的重点问题

1.《天朝田亩制度》的主要内容。

2.《资政新篇》的主要内容。

3. 太平天国的刑法和诉讼制度。

太平天国是在1840年第一次鸦片战争爆发后，中国开始沦为半殖民地半封建社会以后，阶级矛盾和民族矛盾愈来愈尖锐的形势下，爆发的中国近代史上第一次革命运动。它与清政府对峙了14年，建立了一整套较为独特的法律制度。但同时也有其明显的阶级局限性和受封建政治法律制度严重影响的显著特点。

本章主要应掌握其纲领性文件——《天朝田亩制度》和《资政新篇》，以及刑法和诉讼制度。

第一节　太平天国的纲领性法律文件

一、《天朝田亩制度》

（一）农业经济制度

为达到“有田同耕，有饭同食，有衣同穿，有钱同使，无处不均匀，无处不保暖”的大同境界，《天朝田亩制度》宣布废除土地私有制度，将一切土地收归天王所有，平均分配天下土地给农民耕种。其具体做法是：把土地按肥瘠分为9等，确定以户为单位，不分性别，好坏搭配，按人口平均分配耕种。规定每25家组成一个称为“两”的基层组织，每两设1名司马，总管行政、生产、分配、宗教、教育、司法、保举及军事。每两设立国库，每家经营农副业生产所得，除留下必须消费的口粮外，皆归国库。如遇有婚娶喜事，所需钱物由国库按定额支付。

（二）政治制度

1. 军政体制

实行兵农合一、军政合一的制度，确认一切军政大权均由天王“降旨主断”的君主政体。其政权组织体系是：在中央，天王之下设置由军师、丞相、检点、典执法等组成的军政司法管理机构；在地方，设置省、郡、县3级政权，县以下依次为军、师、旅、卒、两、伍。

2. 乡官保举及官吏考核制度

军以下的基层军政官员称为“乡官”。每岁一举，以补官员的缺位。对于官吏，每隔3年进行一次考核，决定升降、奖惩。

（三）诉讼审判及其他制度

规定了普通诉讼的管辖、审判及复核程序，确立了天王独揽终审裁决权的审判体制。同时规定了宗教活动和宗教教育的原则及办法，规定凡内外官民每礼拜日必须听讲圣书，还否定了封建的买卖婚姻，宣布婚姻不论财物。

二、《资政新篇》

在革命面临严重困难的1859年，天王洪秀全的族弟洪仁玕提出了带有一定资本主义色彩的太平天国后期纲领性文件——《资政新篇》。其共分“用人察失”“风风”“法法”“刑刑”4个部分。

（一）政治方面

在政治方面，主张禁朋党之弊，权归于一；提出必须严禁私门请谒、卖官卖爵，积极推行地方自治，主张发扬公议，计划设立告密箱以及不受一般官吏节制的“新闻官”。

（二）社会方面

在社会改革方面，禁止庙宇寺观，革除阴阳八卦，禁止骄奢之风，严禁溺杀子女，禁烟酒鸦片，提倡兴建医院，筹设鳏寡孤独院等社会福利设施。

（三）经济方面

在经济方面，借鉴西方经验，制定了一套发展方案，包括兴车马舟楫、修公路、建铁路、造轮船、开设银行、兴办保险、奖励发明、保护专利、鼓励开矿、发展邮政等。

（四）法制方面

在法制方面，强调以立法为准，主张改革刑罚，善待轻犯，反对乱杀滥罚等。

第二节　太平天国的刑法和诉讼制度

一、刑　　法

（一）地　　位

刑法是太平天国法律的主干，在其全部法律中占有最大的比重。这一方面是受着封建法制中重刑主义的严重影响，另一方面是由于当时正处于战争的环境中，严厉打击犯罪活动是维持社会秩序、巩固政权的当务之急。

（二）法　　源

太平天国制定了《天款十条》和《太平条规》，其中有不少内容具有刑法规范的性质。定都天京后，又颁布了《太平刑律》，有177条。此外，还有诏书、诰谕等。

（三）原则与政策

太平天国贯彻了“除妖安良，政教皆本天法；斩邪留正，生杀胥秉至公”的立法原则和“顺天有厚赏，逆天有显戮”的基本政策。

（四）内容特点

1. 着重打击一切反对农民起义和破坏农民政权的敌对分子和敌对行为

太平天国把清朝的封建官僚、豪绅、恶霸地主视为妖魔，奉行“遇妖即诛”的方针。同时对于谋反作乱、叛变通敌等行为，一律给予最严厉的制裁。如对于有谋反通敌的，处点天灯、五马分尸之罪，也规定凡起义投诚的不但可以既往不咎，而且立功受奖。

2. 在意识形态领域里推行农民革命教条，实行以拜上帝会教义为核心的单一化舆论控制

太平天国把孔孟之书称为妖书，规定凡一切敢于念诵妖书者，一律处斩；凡一切妖物妖书一概毁化，如有私留者，搜出斩首不留。并规定取缔“邪歌邪戏”，有聚人演戏者严惩不贷。

3. 严厉打击破坏军事纪律、扰乱社会治安的犯罪行为，并严格维护财政方面的“圣库”制度

太平天国法律规定凡行军于黑夜发妖风惊营者，必将起首之人斩首示众；凡无故杀害外小者，焚烧百姓房屋者、掳掠财物者，及私盗官凭，混处城卡者，一律处死；凡奸淫妇女者，处点天灯。同时对于私藏金银、贪污盗窃，一经查出，斩首示众。

4. 刑罚简单而残酷

太平天国的刑罚包括枷、杖和死刑。其枷杖无定式，杖自 5 板至 2 000 板，死刑有斩首示众、点天灯、五马分尸等，有时使用桩沙和剥皮。

二、诉讼制度

（一）体　　制

太平天国实行行政、司法合一制度，各级行政长官兼领审判权。在中央，天王为最高裁判者，各王、侯、丞相、检点等都亲自进行案件的审判，各王府还设有刑部尚书、典刑、典牢等，掌管具体司法事务。

太平天国在地方，总制和监军都兼理狱讼，各级乡官也有权审理案件。

太平天国在军队中的案件由各级军事长官审理，并设有相应的办事机构。

（二）程　　序

《天朝田亩制度》规定：凡有争讼赴两司马，如不服，再赴卒长，不服，赴旅帅、师帅、典执法及军帅，军帅会同典执法判断之。军帅上报于监军，监军上报于总制、将军、侍卫、指挥、检点及丞相，丞相报军师，军师奏天王。天王的决定为最终裁决，由军师尊旨处决。但由于当时正处于战争时期，实际上，多数案件都由总制或军事长官裁断。

（三）审判活动的特色

太平天国的审判活动一般公开进行，允许旁听，并且重视证据，不用刑讯。在处理各种重大案件时，大多召集群众大会，当众宣布罪状，宣讲道理，然后执行。

复习思考

一、名词解释

《天朝田亩制度》　《资政新篇》

二、自测题

1. 太平天国运动最重要的纲领性文件是：（　　）。

A.《资政新篇》　　B.《天朝田亩制度》

C.《天款十条》　　D.《太平条规》

2. 在太平天国运动面临严重困难的1859年，由天王洪秀全的族弟洪仁玕提出的带有一定资本主义色彩的太平天国后期纲领性文件是：（　　）。

A.《太平刑律》　　B.《土地法大纲》

C.《临时约法》　　D.《资政新篇》

三、论述题

1. 试述《天朝田亩制度》的主要内容。

2. 试述《资政新篇》的资本主义色彩。

（自测题答案：1. B；2. D）

第十四章　鸦片战争后清朝的法律制度

（公元 1840 年～公元 1911 年）

本章主要内容

本章介绍的是鸦片战争后清朝法律制度的主要内容。其中论述了清末的预备立宪、清末修订法律的活动，以及清末司法制度的变化等内容，反映了近代中国法律体系开始形成的过程，及其对中国现代法制发展的深刻影响。

学习目标

了解清末预备立宪和修订法律的基本情况，掌握中国近代法律体系的形成过程及其对中国现代法制发展的影响。

本章的重点问题

1. 清末预备立宪的背景和原则。
2. 清末预备立宪的主要活动及其历史意义。
3. 清末修订法律的过程及其基本特征。
4. 清末司法制度的变化。

1840年鸦片战争以后，中国逐渐地半殖民地半封建化。一方面，封建经济仍然占有极大比重，同时外国资本的侵入，破坏了自给自足的自然经济的基础，出现了资产阶级和无产阶级这两个相互关联而又相互对立的阶级。另一方面，外国侵略者通过强迫清政府签订的一系列不平等条约，逐步控制和干预、支配了中国的政治、经济活动，建立起了半殖民地式的统治。特别是19世纪中期，凭借不平等条约外国侵略者又攫取了领事裁判权，使清政府又丧失了司法主权。20世纪初，为了适应帝国主义侵华的需要，抵制蓬勃兴起的资产阶级民主革命运动，维持封建统治，清政府被迫打出了“新政”的旗号，先是宣布修订法律，继而提出“预备立宪”。这些都是当时阶级力量对比关系发生显著变化的结果，同时在修律和“立宪”的过程中，也反映出了资产阶级学说和当时较为先进的西方国家法律的影响。因而这次修律和“立宪”运动既带有保守性和欺骗性的一面，又从客观上使中国传统的法律一改旧观，显示出了一番崭新的面貌。中国近代的法律体系开始形成。

学习中，应着重了解这次清末“预备立宪”和修订法律的内容、本质，及其司法制度的主要变化。

第一节 清末的预备立宪

一、预备立宪的背景和原则

（一）背 景

鸦片战争后的清政府，视太平天国等人民的反抗斗争为“心腹之害”，把外国的侵略仅看成是“肘腋之忧”。此乃他们当时坚定不变的国策。因此，一方面，他们不断地出卖国家主权，另一方面，他们又竭力维护封建专制主义统治，顽固地拒绝一切革新措施，从而导致了1898年戊戌变法的悲剧。但是，到了20世纪初，清政府摇身一变接过了“变法维新”的口号，不久又宣布实行“预备立宪”，扬言要实行君主立宪政体。这一变化不是偶然的，而是有着其深刻的历史背景的。

从国内形势而言，19世纪晚期，中国的经济结构和阶级结构已经发生了明显变化，资产阶级旧民主主义革命正在兴起，封建专制主义制度与发展资本主义生产关系的矛盾、与不断高涨的民主思潮的矛盾，都已十分尖锐；以孙中山为首的资产阶级革命派领导的反清民主革命蓬勃发展，而代表资产阶级右翼和一部分地主官僚的君主立宪派也积极活动，企图通过立宪分得一点权力。为了保持危在旦夕的统治地位，清政府认为在加强镇压的同时，用政治上的策略，欺骗人民，瓦解革命，拉拢立宪派。再者，进入 20 世纪之后，清政府对帝国主义侵略者的依赖性更强，为了换取帝国主义的支持，他们也不得不对政治制度和法律制度作一些调整。

从国际环境来看，19 世纪末 20 世纪初，经过中日甲午战争和八国联军的侵华战争，帝国主义进一步加紧了对中国的侵略步伐。但是，1900 年的义和团运动粉碎了他们企图瓜分中国的幻想，迫使他们转而采取“保全”、扶植清朝的傀儡政权，实行“以华治华”，从而维护其殖民利益的政策。从自身利益出发，他们要求清政府披上“民主宪政”的外衣。

从清政府内部统治者的思想来看，1904 年日本以君主立宪小国战胜俄国那样一个专制大国，给清廷上下震动很大。有鉴于日本曾于明治十五年派遣伊藤博文等 5 人赴欧洲考察宪政，清政府也于 1905 年派遣载泽、端方等 5 大臣出洋考察。次年，5 大臣上书建议进行“立宪之预备”，指出实行君主立宪的目的在于尊崇国体，巩固君权。并认为“立宪”有三大好处：一曰皇位永固，一曰外患渐轻，一曰内乱可弭。请求清政府斟酌采纳。

（二）原　　则

清政府于 1906 年 9 月 1 日颁发了《宣示预备立宪谕》，提出预备立宪的基本原则是：大权统于朝廷，庶政公诸舆论。并宣称目前由于规制未备，民智未开，只宜先行兴办教育、整顿武备，俟数年后再行宣布天下。企图采取无限期地拖延策略。由此可见，这是一场自上而下的修律运动，其本质和基本目的是继续维护清朝的专制统治，因此，其基本性质还是一场维护封建统治的法制改良运动。

二、预备立宪的主要活动

1906 年，清政府专设考察政治馆，作为预备立宪的办事机构。此外，主要做了两方面的工作。

（一）制颁宪法大纲

清政府于 1908 年 8 月公布了“钦定宪法大纲”，它并不是正式的宪法，而是一个以确认君权为核心的钦定的制宪纲领，也是中国法制史上首部具有近代宪法意义的宪法性文件。

为了稳定政权，清政府不得不于 1908 年宣布立宪以 9 年为期，嗣后公布的这个制宪大纲，其核心思想有 3 点：一是君主神圣不可侵犯；二是君主独揽统治权；三是臣民按照法律有应得应尽之权利义务。一句话，即是巩固君权，兼以保护臣民。也就是使得君主专制蒙上一层“宪法”的外衣。

“宪法大纲”共23条。其中，正文14条，只规定了“君上大权”。它把日本宪法中关于君权的条款抄袭过来，却删去了限制天皇权力的内容。大纲规定：“大清皇帝统治大清帝国，万世一系，永永尊戴”；“君上神圣尊严，不可侵犯”；皇帝拥有颁行法律及发交议案之权，召集、开闭、停止及解散议院之权，统帅陆海军及编定军制之权，宣战、媾和、订约及派遣与接受使节之权，宣告戒严之权，总揽司法之权，发布命令之权，财政紧急处分权，等等。这些权力的行使，议院均不得干涉。除正文外，另有“附录”9章，才是“臣民权利义务”。其中规定：臣民须尽纳税、当兵及遵守国家法律的义务；至于言论、著作、出版、集会、结社、诉讼等权利，均须于法律范围内行使。清末颁行的一系列法律，实际上把人民的权利大部分予以剥夺。

可见，其特点就是皇帝专权，人民无权，以维护封建专制主义统治为其根本目的。它的出笼，激起了广大人民群众的愤慨，甚至立宪派也感到大失所望。

（二）资政院和谘议局的设立

自1907年开始，清政府陆续诏令中央筹建资政院、各省筹设谘议局。谘议局是属于地方议会性质的机构，1908年7月，清廷颁布《谘议局章程》，该章程规定，谘议局“为各省采取舆论之地，以指陈通省利病、筹计地方治安为宗旨”，实际上其成为了各督抚的咨询机构。谘议局议员由州县选举产生，采用复选制，即先由选举人选出若干选举议员，再由选举议员选出议员，并且对选举和被选举的资格都作了严格的限制。事实上，最后拥有选民资格的全国选民比例平均只有0.42%。1年后，除新疆外，全国各省都相继成立了谘议局，谘议局根据各地的特点，提出了大力发展教育、振兴实业、弹劾贪污官吏等议案，并且组织了3次规模浩大的请愿活动，敦促清廷速开国会、颁布宪法、组建责任内阁。整个活动持续了1年多，参加者多达数十万人，各省督抚及资政院议员也都参与推波助澜，海外华侨团体、留学生也纷纷通电声援。

与此同时，清政府于1909年8月又颁布了《资政院章程》，宣告资政院“以取决公论、预立上下议院基础为宗旨”，明确资政院是向国会过渡的权力机关，其职权包括：负责法典的修订修改，议决国家的预决算、税法、公债，对行政机构实施监督，决定其他奉旨交议的事项，等等；另一方面又规定，资政院所议决的事项须奏请皇帝裁夺，军机大臣和各部行政长官有权要求复议，若双方意见不一致，则分别上奏皇帝，皇帝有权令资政院停会或解散。资政院议员的产生有钦定和民选2种，钦定即由皇帝直接指定，民选则由各省谘议局议员互选，经督抚圈定后产生。钦定和民选议员在数量上各占一半。

1910年10月，资政院首次开院议事，资政院通过了《请速开国会奏折》

递交朝廷，还通过了弹劾军机大臣案、昭雪戊戌冤狱案、著作权律案、剪发易服案、划一刑律案等 20 多项议案，给清廷造成了巨大的压力。清廷收到《请速开国会奏折》后，立即宣布将原先规定的 9 年预备立宪期缩短为 5 年，答应于 1913 年召开国会，并于召开国会前成立责任内阁。

（三）颁布《宪法重大信条十九条》

清政府于 1911 年 11 月 3 日公布《宪法重大信条十九条》（简称《十九信条》）。但当时武昌起义已经爆发，清政府处于土崩瓦解之中。它一面急忙调兵遣将，一面下“罪己诏”，宣布解除党禁，赦免国事犯，并命令资政院起草宪法，妄图通过玩弄两面手法度过危机。于是，资政院用了 3 天时间便炮制了一个《宪法重大信条十九条》。它是清政府玩弄立宪骗局的最后破产的记录。它在形式上被迫缩小了皇帝的权力，扩大了国会和总理的权力，如规定：皇帝之权以宪法所规定者为限，总理大臣由国会公举、皇帝任命；国际条约，非经国会决议，不得缔结；皇帝统率陆海军，但对内使用时，应得国会决议之特别条件，此外不得调遣；皇帝不得以命令代替法律；皇室大典不得与宪法相抵触；等等。但它仍然强调“大清帝国皇统万世不易”“皇帝神圣不可侵犯”。对人民的权利只字不提，暴露了它的一定的局限性和虚伪性。

（四）预备立宪的实质与意义

1. 实　　质

20 世纪初在中国发生的那次以清政府为主体实施的预备立宪活动，是在一个特殊的政治、社会背景下发生的一场特殊的宪政运动。清政府之所以同意开展这样一场运动，是面对内忧外患的形势和国内外立宪力量的巨大压力之下不得不作出的一个让步，他们想用立宪来应付时局，取悦列强，缓和国内外矛盾，遏制革命形势，以达到消除统治危机的目的。所以，从本质上说，预备立宪是一场政治骗局，清政府所推出的各项立宪举措，其前提都是要保护皇室的利益，维护皇权的统治，这是清廷始终不变的根本宗旨。

2. 意　　义

首先，这场运动所推出的一系列政策在实施过程中加剧了中央与地方、满洲贵族与汉族贵族之间的矛盾，加速了辛亥革命的发生和清朝的灭亡。例如，在官制改革中，地方督抚为了自身利益抵制中央的控制，一再要求划分中央和地方行政权限，削弱王公大臣的权力。在内阁成员的酝酿产生过程中，各利益集团之间你争我夺、冲突不断。这些都严重地削弱了清朝统治集团的力量。

其次，在预备立宪中出现的资政院、谘议局等机构的各项活动，是对清廷的巨大挑战，矛头直指皇权权威，在一定程度上有力地冲击了君主专制政体，动摇了君主专制体制。

最后，这次预备立宪运动，使得中国引进了西方国家的近代政治、法律理念，宪法、议会等第一次被引进中国，使得国人明白皇帝的权力不是与生俱来的，而是宪法赋予的，皇帝也不是可以为所欲为的，也必须遵守法律的规定。在这个过程中，培养了一大批具有初步宪政法律素养的法律人才和政治活动家，为中国近代法律的现代化奠定了思想、制度和人才基础。

总之，发生于20世纪初的那场预备立宪活动，在中国历史上还是产生了积极影响，有着积极的历史意义。

第二节 清末修订法律的活动

一、修律的提出及指导思想

（一）提　　出

19世纪末叶中国社会的性质在逐渐变化，但封建法律却几乎原封不动地保持着。进入20世纪之后，迫于形势的压力，清政府不得不着手进行修订法律的活动。于是在1900年八国联军攻入北京，慈禧在出逃途中以光绪帝的名义颁发罪己诏，表露了重新修订法律的意图。

1902年迫于帝国主义的压力与诱饵（如英国在1902年的《中英续议通商行船条约》写进了英国一旦查悉中国法律情形及其审判办法及一切相关事宜臻于完善，即放弃其在华的治外法权的条款；此后，美、日、葡等国也纷纷在与清政府签订的条约中作了同样的许诺），清政府下达了修律的上谕，任命刑部左侍郎沈家本和伍廷芳为修订法律大臣，正式开始了修律活动。

（二）指导思想

在修订法律的上谕中，清政府提出：鉴于现在通商交涉事宜繁多，应将一切现行律例，按照交涉情形，参酌各国法律，悉心考订，妥为拟议，务期中外通行，有益于国家的治理。随后在陆续发布的有关上谕中，清政府又反复强调修律的原则，主要是：必须参考各国的制度，体察中国情形，但只可采彼之长，益我所短，绝不能动摇“三纲五常”这一数千年相传之国粹，立国之大本。可见，维护清政府的统治，保守数千年相传之立国之本，才是清政府修律的真正目的和指导思想。

二、修律的组织机构

1904年清政府成立了专门负责法律起草工作的修订法律馆，先后翻译出了德、日、俄、法等国的若干刑法、刑事诉讼法和法院组织法，进行了旧法的修改工作。任命了沈家本、俞廉三和英瑞 3 人为修订法律大臣。同时，对修订法律馆进行整顿，规定该馆的职责：一是拟订各项法律；二是拟订各项法典草案；三是删定旧有律例及编纂各项章程。

三、修律的主要活动

（一）《大清现行刑律》

颁行于 1910 年 5 月，是在对《大清律例》进行局部调整的基础上，作为推行新律基础的一部过渡性法典，它仍带有传统法律“诸法合体”的特色。

对《大清律例》加以修改、修并、续纂、删除是编定该刑律的原则。其表现为：

（1）在形式方面，取消了吏、户、礼、兵、刑、工六律总目，共分 30 篇，389 条，另有附例 1 300 余条。

（2）在内容方面：①设置了新的刑罚体系，即罚金刑、徒刑、流刑、遣刑、死刑。②删改了已经明显不适用的条款，如“违禁下海”“良贱相殴之类”。③增设了一些新罪名，如毁坏铁路、电讯以及私铸银圆等。④它仍带有浓厚的封建色彩，如继续将“十恶”重罪置于律首，谋反大逆仍为重罪，不分首从皆处以斩刑，知情故纵者，处以绞刑，知情不举报者，流 3 000 里；又规定卑幼侵害尊长、妻妾侵害夫君、雇用工人侵害家长，一律从重处罚，反之，则从轻处罚。

（二）《大清新刑律》

公布于 1911 年 1 月，是清末修订的最重要的一部法律，也是中国近代第一部专门的刑法典。它采用了近代资产阶级刑法的编订体例，其正文分为总则和分则，总则 17 章，分则 36 章，共 53 章。正文之后还附有“暂行章程”5 条。

《大清新刑律》在内容方面的要旨是：“折中各国大同之良规，兼采近世最新之学说，而仍不戾乎我国历代相沿之礼教民情。”具体说：

一方面，它引进了一系列西方近代刑法原则和制度，并规定了罪名。主要是：

第一，实行罪行法定，并取消了在法律适用上的等级特权；

第二，根据近代刑法理论，明确了罪与非罪的界限，对故意、过失、正当防卫、紧急避险等作了规定，明确了既遂与未遂、累犯与俱发等概念；

第三，确认了近代刑罚制度，将刑罚划分为主刑与从刑。主刑有罚金刑、拘役刑、有期徒刑、无期徒刑和死刑，从刑有褫夺公权和没收，确立了假释和缓刑制度；

第四，明确规定刑事责任年龄，规定凡未满12岁人之行为不负刑事责任；

第五，规定了诉讼时效及执行时效；

第六，删除了旧律中的“十恶”名目，增设了有关国交、选举、交通以及妨害卫生等方面的罪名。

另一方面，它仍带有突出的封建性和买办性，主要表现为：

第一，极力维护君主专制制度，严厉镇压人民的反封建的革命斗争，如规定了相当于旧律中“谋大逆”“大不敬”的侵犯皇室罪，处刑极重，其内乱罪就是旧律“谋反”的扩大等；

第二，继续维护以封建家族主义为基础的礼教纲常，如以“根本经义”“推原祖制”为宗旨，对于亲属相犯、相奸等均与常人犯罪截然不同的特别规定；

第三，维护帝国主义在华特权，尤其是有关“妨害国交”的犯罪，规定得十分烦细，所涉也无微不至，处罚也极为苛重。

（三）礼法之争

这主要是在起草和修改《大清新刑律》过程中，以张之洞、劳乃宣为首的“礼教派”和以沈家本为代表的“法理派”之间两种不同立法思想的交锋。它体现了在皇权专制之下清末统治集团内部保守派与革新派之间的认识上的差异，其焦点是修订法律是全盘肯定伦理纲常，用新的形式包容旧律的本质，还是较多地吸取西方法律精神，对旧律进行较多的改造，并将法律与道德、刑事制裁与行政处分作必要的区分。争议的结局是沈家本被迫辞去了修订法律大臣及资政院副总裁的职务。该结局说明了保守势力之强大以及清政府的顽固立场。

（四）商事立法

清末修律，仿效法国和德国、日本，采“民商分立”体制，所修订的商法分为2个部分：一是实际颁行的单行法；二是未曾颁布的商律草案。

光绪二十四年（公元1897年），康有为在《应诏统筹全局折》中首次明确提出了仿照资本主义国家法律来制定中国商法的主张，并且纳入维新变法宏图。尽管这一目标随戊戌运动失败而夭折，但亦拉开了中国法制近代化尤其是大清新律修订运动的序幕。

光绪二十九年三月二十五日（公元1903年4月22日），清政府发布了著名的上谕：“通商惠工，为古今经国之要政，……急应加意讲求，著派载振、袁世凯、伍廷芳先订商律，作为则例。”1903 年 9 月 7 日，清政府成立商部，以负责振兴工商事宜，并主持商法制定工作。

清末的商事立法活动，大致可以分为两个阶段：第一阶段，主要由商部、修律大臣主持商事立法（光绪三十年至光绪三十二年，历经 3 年左右时间）。这一阶段的主要成果是《钦定大清商律》与《破产律》。除此之外，商部还拟订了《公司注册试办章程》《商标注册试办章程》等商事法规。第二阶段，主要由修订法律馆、宪政编查馆与各部共同主持修律工作，至宣统元年（公元 1909 年），由修订法律馆聘请的日本民商法专家志田饵太郎和松冈义正分别拟具《大清商律草案》（“志田案”）、《破产律》。此外，清政府农工商部根据光绪三十三年（公元 1907 年）、宣统元年（公元 1909 年）两次商法大会上所形成的《商法调查案》，复加修订而成《商律草案》。除此之外，还起草了《大清银行则例》（由度支部修订，光绪三十四年（公元 1908 年）奏准颁行）、《银行注册章程》（由度支部修订，光绪三十四年（公元 1908 年）奏准颁行）、《保险章程（草案）》（由农工商部拟订，宪政编查馆审核，宣统二年（公元 1910 年）送资政院集议）、《运送章程》（由农工商部起草，宣统二年八月送资政院集议、十二月获准颁行）等。

在上述商事立法活动中，有以下几项重要成果，对后世商事立法产生了较大影响。

1.《钦定大清商律》

光绪二十九年十二月初五（公元 1904 年 1 月 21 日），商部载振、伍廷芳等向清政府奏“商部奏拟定商律先将公司一门缮册呈览恭候钦定折”，其将卷首之《商人通例》（共 9 条）暨《公司律》（共 131 条）呈供朝廷，等候清廷的批准，以作为钦定之本。随后，《商人通例》《公司律》获准颁行，后称《大清钦定商律》，它是清末仿照外国法制定的第一部新法，标志着“我国过去数千年以农业社会为背景与以维护伦理为重心的法制，因之而开始转变”。

《商人通例》共 9 条。《商人通例》第 1 条规定了商人的定义：“凡经营商务贸易、买卖、贩运货物者均为商。”此外，《商人通例》还就商人的权利能力、商号、商事账簿的设立等内容进行了规定。《商人通例》具有以下两个特点：一是在内容上主要移植了《日本商法典》；二是家族主义的思想仍然根深蒂固，礼教派的主张仍有很大影响。《商人通例》作为我国商事立法历史上第一个商法总则，虽然内容极为简略，但对民初的商事立法活动产生了较大的影响，也确立了清末至民初民商分立立法模式的基础。

虽然公司形态自 19 世纪中叶开始便在我国出现，各种形态的洋务经济在我国有所发展，外国公司纷纷来华，各类的民商、绅商亦举办了不同形式的公司型企业，但始终处于无公司法的阶段。近代中国第一部公司法便是清末的《公司律》。《公司律》分“公司分类及创办呈报法”“股分（股份）”“股东权利各事宜”“董事”“查账人”“董事会议”“众股东会议”“账目”“更改公司章程”“停闭”“罚例”等11节，共131条。

清末《公司律》是我国有史以来的第一部公司立法。这种首创性带有明显时代进步意义。例如，它将公司分为合资公司、合资有限公司、股份公司及股份有限公司4种形式，并开始区分有限责任与无限责任。再如，《公司律》开始确立资本的平等性，从法律上赋予商办企业与官办、官商合办企业，普通商人与具有官方背景的“商人”以平等的地位，“在中国历史上第一次按照近代股份责任原则，而不是按照出资人或经营人身份确定权利义务，在近代中国公司制度诞生中具有开创性的意义”。

但清末《公司律》基本上是以英国1862年公司法、1865年合股公司法以及1899年日本商法典为蓝本，是英美法与大陆法的混合物。这部法律也存在着不少缺憾和不足，例如，在内容上主要参照外国的公司立法，较少考虑本国的国情和商业习惯，移植性太强。再如，立法技术粗糙，其“抄袭人家东西，不思与自己习惯果能适合与否，有的连文字都不加修改”，造成体系不严密，法理不清晰。

2.《破产律》

光绪三十二年（公元1906年），商部拟具《破产律》后，送沈家本、伍廷芳审核，奏“商部修律大臣会奏议订商律续拟破产律折”。该《破产律》于光绪三十二年（公元1906年）四月奏准颁行。该《破产律》分为呈报破产、选举董事、债主会议、清算账目、处分财产、有心倒骗、清偿展限、呈请销案、附则。

从内容上看，《破产律》有以下几个特色：第一，《破产律》所采破产立法主义，更接近于一般破产主义；第二，在受理破产主管机构方面体现出时代性、本土性。

因《破产律》第40条规定“归偿成数，各债主一律办理”，与先公款、后华洋商分摊之例不合，遭“户部财政处反对”，但“上海、北京等处钱商则一致赞成”，争执各方互不妥协。为缓解矛盾，商部于光绪三十二年（公元1906年）曾提出暂缓实行的意见，但清政府还是于光绪三十三年（公元1907年）十月明令废止了《破产律》。宣统元年（公元1909年），修订法律馆调查员松冈义正草拟成《破产法草案》（分3编共360条），不过因时局变化，该草案并未进入立法程序。松冈义正的《破产法草案》成为民初《破产法草案》的样板。

3.《大清商律草案》及《商律草案》

光绪三十四年（公元 1908 年），修订法律馆邀请志田钾太郎起草商法典，仿日本法例，起草《大清商律草案》。作为独立的、系统的商法典，此为我国编纂近代商法法典之始。该法案共分总则、商行为、公司法、票据法、海船法 5 编，共计 1 008 条。这一体例与当时日本实施的明治新商法的结构几乎完全相同。从内容上看，它主要仿照了日本明治新商法和 1900 年德国商法典。由于各商会认为“修订法律馆所编之《商律》(《大清商律草案》)，系直接采取日本法，恐于国情不甚相合”，于是在上海召开商法大会，并编成《商法调查案》，上呈清政府，农工商部复加修订，定为《商律草案》，奏请清廷提交资政院核议，因武昌首义的爆发，未及议决颁行。

清末的商事立法，是我国近代商事立法的开端。从清政府为振兴工商于 1903 年设商部，颁行《奖励华商公司章程》，以封爵授勋来鼓励商人投资，并陆续颁行《华商办理实业爵赏章程》《改订奖励华商公司章程》，为时人励赞：“一扫数千年‘贱商’之陋习，斯诚希世之创举”开始，到清政府灭亡的 8 年间，其商事立法虽属草创阶段，但它破除了中国几千年来以公法为中心的旧的立法体系，改变了“诸法合体”的法律编纂模式，开始了中国商事法律近代化的进程，使人们认识到作为私法范畴的商事法在整个法律体系中的重要地位，启发了近代中国人的私法观念，为随后的民国商事立法提供了有益的参考。其中《商律草案》较多考虑了中国商事习惯和通行的商法原则，内容上趋于合理，但未施行旋即清廷被推翻，成了北洋政府修订《商人通例》和《公司条例》的蓝本。同时，其一方面体现了中外法律文化的初步结合，另一方面也彰显了政府与民间的立法互动。这些有益的尝试开创了中国民商事立法的先河，为民国的商事立法活动奠定了基础，并且为以后的商事立法提供了宝贵的经验，值得我们在研究中国商法时予以一定的重视。

（五）《大清民律草案》

《大清民律草案》于 1907 年由修订法律馆主持起草，1911 年完成。它仿照西方大陆法系的德国式民法草拟，共分 5 编，即总则、债权、物权、亲属、继承。草案曾提交资政院审议，但直至清朝灭亡也未能公布，但该部民法草案对以后民法立法，都有一定的影响。

其主要内容包括：

(1) 总则编。分为 8 章，计 323 条。第 1 章法例（第 1～3 条）；第 2 章人（第 4～59 条），内分：权利能力、行为能力、责任能力、住址、人格保护、死亡宣告 6 节；第 3 章法人（第 60～165 条），内分：通则、社团法人、财团法人 3 节；第 4 章物（第 166～174 条）；第 5 章法律行为（第 175～266 条），内分：意思表示、契约、代理、条件及期限、无效撤销及同意5节；第6章期间及期日（第267～273条）。第7章时效（第274～311条），内分：通则、取得时效、消灭时效3节；第8章权利之行使及担保（第312～323条）。

（2）债权编。分为8章，计654条。第1章通则（第324～512条），内分：债权之标的、债权之让与、债务之责任、债权之消灭、多数债权人及债务人6节；第2章契约（第513～878条），内分：通则、买卖、互易、赠与、使用赁贷权、用益赁贷借、使用贷借、消费贷借、雇佣、承揽、居间、委任、寄托、合伙、隐名合伙、终身定期金契约、博戏及赌事、和解、债务约束及债务认诺、保证20节；第3章广告（第879～885条）；第4章发行指示证券（第886～899条）；第5章发行无记名证券（第900～944条）；第6章管理事务（第918～928条）；第7章不当得利（第929～944条）；第8章侵权行为（第945～977条）。

（3）物权编。分为7章，计339条。第1章通则（第978～982条）；第2章所有权（第983～1068条），内分：通则、不动产所有权、动产所有权、共有4节；第3章地上权（第1069～1085条）；第4章永佃权（第1086～1101条）；第5章地役权（第1102～1124条）；第6章担保物权（第1125～1260条），内分：通则、抵押权、土地债务、不动产质权、动产质权5节；第7章占有（第1261～1316条）。

（4）亲属编。分为7章，计143条。第1章通则（第1317～1322条）；第2章家制（第1323～1331条），内分：总则、家长与家属2节；第3章婚姻（第1332～1369条），内分：婚姻之要件、婚姻之无效及撤销、婚姻之效力、离婚4节；第4章亲子（第1370～1409条），内分：亲权、嫡子、庶子、嗣子、私生子5节；第5章监护（第1410～1493条），内分：未成年人之监护、成年人之监护、保佐3节；第6章亲属会（第1440～1449条）；第7章扶养之义务（第1450～1459条）。

（5）继承编。分为6章，计110条。第1章通则（第1460～1465条）；第2章继承（第1466～1487条），内分：继承人、继承之效力2节；第3章遗嘱（第1488～1541条），内分：总则、遗嘱之方法、遗嘱之效力、遗嘱之执行、遗嘱之撤销5节；第4章特留财产（第1542～1554条）；第5章无人承认之继承（第1555～1561条）；第6章债权人或受遗人之权利（第1562～1569条）。

《大清民律草案》是在中国海禁大开以后社会性质发生根本变化的特定时代的产物，它以德国、日本和瑞士民法为渊源，开始接受大陆民法的影响，并且开始创立起一整套带有中国近代特色的民法原则和法理，其既适应了当时中国发展资本主义经济的要求，基本满足了社会对于法律上的私人平等的渴望和对私权益的保护，又反映了浓厚的封建习俗。因此，可以说，它是一部开启中国近代民法之路的奠基之作，深刻地影响了近代中国另两部民法（《民国民律草案》和《中华民国民法》）的起草与制定。

《大清民律草案》于1911年进入审议程序，未及正式颁行，清王朝即被辛亥革命所推翻。这一次民法起草的重要意义在于，将大陆法系特别是德国民法的概念体系引入中国，由此决定了中国近现代民法的基本走向。应当说，要想真正了解中国民法的发展历程和成果，首先应当关注的就是这部闪耀着20世纪之初中华民族法律智慧之精华的中国历史上最早的民律草案。

（六）行政法规

为了加强对社会生活的控制，清政府颁布了几部单行的行政法规，如1908年的《结社集会律》和《违警律》，1909年的《暂定京师调查户口规则》和《调查户口执行法》，以及《各学堂管理通则》等。

这些法规的基本精神是为了抵制日益高涨的民主主义思潮和不断深入的民主革命运动，以维护封建专制主义的统治秩序。如《结社集会律》严禁"秘密结社"，强调对各省会党要严行惩办，并规定了政事结社、政论集会的各种苛刻条件以及违律罚则。《各学堂管理通则》规定有在校学生的"十不准"，如：不准干预国家政治及本学堂事、妄上条陈；不准离经叛道、妄发狂言怪论以及著书妄谈、刊布报章；不准私充报馆主笔及访事人；不准聚众要求、停课罢学；不准联盟纠众、立会演说及潜附他人党会；不准干预地方词讼及抗粮阻捐等事；等等。

（七）诉讼法和法院组织法

1. 诉讼法

1906年沈家本主持起草了《刑事民事诉讼法》。采用了刑事诉讼法与民事诉讼法合一的体例，分为总纲、刑事规则、民事规则、刑事民事通用规则、中外交涉事件5章。但该部草案最终被搁置。

1911年沈家本等又完成了《刑事诉讼律草案》和《民事诉讼律草案》。但因不久清政府即告灭亡，这两部草案均未颁行。

虽然清政府未公布诉讼法典，但其于1907年12月颁行了一部《各级审判厅试办章程》，其具有临时诉讼法的性质，目的是为了解决程序性法律规范急缺的局面而颁布实施的。该章程共5章，120条。第1章总纲，首先，对民、刑事案件作了区分，即凡因诉讼而审定罪之有无者，为刑事案件，凡因诉讼而审定理之曲直者，为民事案件；其次，规定了登记事件的管辖及审判依据。第2章审判通则，其内容包括审级、管辖、回避、厅票、预审、公判、执行、协助等。第 3 章诉讼，规定了诉讼程序、证人、诉讼费用等。第 4 章是各级检察厅通则，规定实行“检审合署”，以及检察机构和官员的设置、职权等。第 5 章为附则，规定一旦法院编制法及刑、民诉讼法颁行，该章程即停止执行。

2. 法院组织法

清政府于 1906 年制定了《大理院审判编制法》，就大理院和京师审判组织加以规定。1910 年 2 月，又颁布了《法院编制法》，共 16 章，内容涉及各级审判机构的设置、组织、审判官吏以及司法行政事务等。同时，还公布了《法官考试任用暂行章程》以及关于司法区域划分、初级及地方审判厅管辖案件的暂行章程。但这些法律都未被认真广泛地执行。

四、修律的主要特点

清末修律活动，奠定了中国近代法制的基础，基本上完成了古代法制向近代法制的转变，在中国法律发展史上具有重要意义。但由于这次修订法律的活动并不是资产阶级革命的直接成果，而是旧政权迫于内外压力而作的被动的调整，所以，它反映了地主买办阶级和帝国主义的意志，表现出封建性和买办性相结合的基本特征。

具体说来，清末修律还具有以下主要特点：

第一，它是清政府为维护其摇摇欲坠的政权的需要，是在保持君主专制政体的前提下进行的，不可能反映人民的要求和愿望。

第二，在迫于帝国主义的压力下，清政府提出了“以参酌各国法律”“务期中外通行”的立法指导思想。

第三，其内容上表现为封建专制主义传统和资本主义法律新成果的混合。它一方面坚持君主专制统治和家族主义，另一方面又标榜注重世界最普通之法则和最精确之法理。

第四，改变了沿用 2 000 年的“诸法合体”的基本法典的编制原则，明确了实体法与程序法、刑法与民法、商法的分工，编订了法院组织法，制颁了若干行政法规，形成了近代法律体系的雏形。

总之，清末修订法律，既与中国封建旧律有着割不断的联系，又发生了很大的变化；既在许多方面模仿西方近代资产阶级法律，又与之有明显区别；既带有浓厚的保守色彩，又表现出一定程度的进步。它对于后来的中华民国北京政府和南京国民政府的法律具有重大的影响。

第三节　清末司法制度的变化

一、司法制度半殖民地化的主要标志

（一）领事裁判权

领事裁判权是指一国通过其驻外领事等对在另一国领土之内的本国国民按照本国法律行使司法管辖权。1843 年，英国通过《中英五口通商章程》首先在中国取得了这项特权。以后美国、法国、德国、日本、意大利等近 20 个国家也在华取得了该项特权。其主要内容是：

（1）华人与享有领事裁判权国家的国民之间的民事、刑事诉讼案件，均依被告主义原则适用法律和实行司法管辖。

（2）同一享有领事裁判权国家的国民之间的诉讼案件，由所属国领事法庭审理，中国官员一律不得过问。

（3）享有领事裁判权的不同国家的国民之间的诉讼案件，一般均适用被告主义原则，由被告一方所属国的领事法庭审理。

（4）享有领事裁判权的国家的国民与不享有领事裁判权的国家的国民间的诉讼案件，如前者是被告，适用被告主义原则；如果后者是被告，由中国法院管辖。

（二）会审公廨

会审公廨是清政府在租界内设立的特殊审判机关，是领事裁判权制度的延伸。1858 年俄国通过《中俄天津条约》取得了其领事官员与中国官员“会同办理”俄华诉讼案件的特权。1864 年清政府与英、美、法三国签订了它们三国驻上海的领事协议，在租界内设立专门审判机构，正式形成了会审公廨制度。根据 1868 年的《上海洋泾浜设官会审章程》的规定，会审公廨名义上是中国官府派驻租界的基层法庭，但凡遇诉讼牵扯洋人必应到案者，必须有领事官员参与会审；凡华、洋互控案件，被告为有约国洋人的，按约由该国领事裁判；被告为无约国洋人的，也须由外国官员陪审；凡洋人的中国雇员涉讼，须先通过领事官，审判时由领事官到庭听讼。此后，该制度在汉口、厦门等地租界内相继实行。甚至于纯属华人之间的诉讼案件，外国领事也来操纵判决。

该制度在中国保持了 100 年，直至 1943 年才在法律上废除。该制度是对法律上国家属地优越权的例外和侵犯。

二、司法机关的调整与诉讼审判制度的改革

（一）司法机关的调整

改革的内容包括：

（1）改刑部为法部，掌管全国司法行政事务，不再具有审判职能。

（2）改大理寺为大理院，为全国最高审判机关并有权解释法律、监督各级地方审判活动。在地方州县设初级审判厅，府设地方审判厅，省设高等审判厅，在地方及高等审判厅设民、刑等审判庭。

（3）实行检审合署，在各级审判衙门中相应地设置初级检察厅、地方检察厅、高等检察厅和总检察厅，其职权是对刑事案件进行侦查、提起公诉、实行审判监督，充当民事案件的诉讼当事人或公益代表人。

（二）诉讼审判制度的改革

主要包括：

（1）实行四级三审制。凡民事、刑事案件，由初级审判厅起诉者，经该厅判决后，如有不服，准赴地方审判厅控诉；判决后仍不服，准赴高级审判厅上诉。凡民事、刑事案件，除属大理院及初级审判厅管辖者外，皆由地方审判厅起诉，经该厅判决后，如有不服，准赴高等审判厅控诉；判决后仍不服，准赴大理院上告。

（2）在诉讼制度上，规定了刑事案件公诉制度、公诉附带私诉制度、民事案件的自诉及代理制度、证据制度、管收及保释制度、诉讼费用等。但规定妇女不得充当代诉人，并且承认了律师活动的合法性，但审判长可禁止其代理、辩护。

（3）在审判制度上，采用了辩论、回避、审判公开、预审、合议、公判、复判等审判程序，在法律条文上脱离了封建司法审判的模式。

（4）规定了法官与检察官考试任用制度。

（5）在监狱制度方面，突破了单纯惩罚的传统观念，设置了“罪犯习艺所”。

复习思考

一、名词解释

《钦定宪法大纲》　《十九信条》　《大清现行刑律》

《大清新刑律》　《钦定大清商律》　《大清商律草案》

《大清民律草案》　《刑事民事诉讼法》　领事裁判权

会审公廨

二、自测题

1. 1902 年，清政府任命了两位修订法律大臣，一位是沈家本，另一位件是：（　　）。

A. 张之洞　B. 劳乃宣　C. 刘坤一　D. 伍廷芳

2. 清末，诉讼制度改革，在诉讼程序上实行：（　　）。

A. 四级终审制　B. 三级终审制　C. 四级三审制　D. 四级二审制

3. 中国历史上第一部仿效资产阶级刑法体例和原则制定的刑法典是：（　　）。

A. 《大清现行刑律》　B. 《大清新刑律》

C. 《大清刑事诉讼律草案》　D. 《大清律例》

4. 清末第一部商律是：（　　）。

A. 《钦定大清商律》　B. 《商人通例》

C. 《破产法》　D. 《大清民律草案》

5. 1910 年颁布的《大清现行刑律》肯定了清末以来刑罚改革的成果，确定了新的五刑制，即（　　）。

A. 罚金、笞刑、徒刑、流刑、死刑

B. 罚金、笞刑、杖刑、徒刑、死刑

C. 罚金、徒刑、流刑、遣刑、死刑

D. 笞刑、杖刑、流刑、遣刑、死刑

6. 清末司法改革中，为解决程序性法律规范急缺的局面，而颁布实施的第一部法律是：（　　）。

A. 各级审判厅试办章程　B. 大理院审判编制法

C. 民事诉讼律　D. 刑事诉讼律

7. 清政府制定的中国法制史上首部具有近代宪法意义的宪法性文件是：（　　）。

A. 资政院院章　B. 钦定宪法大纲

C. 重大信条十九条　D. 议院法要领

8. 领事裁判权最早是在下列哪一条约中规定的：（　　）。

A. 《中英五口通商章程》

B. 《中美望厦条约》

C. 《中英南京条约》

D. 1864 年清政府与英、美、法三国签订的驻上海领事协议

9. 清末司法改革过程中颁布实施了大量的法律，有：（　　）。

A. 大理院审判编制法　　B. 各级审判厅试办章程

C. 民事诉讼律　　D. 刑事诉讼律

10. 清末司法制度半殖民地化的主要标志是：（　　）。

A. 领事裁判权　B. 会审公廨　C. 预备立宪　D. 修订法律

E. 法院编制法

三、论述题

1. 试述清末的立宪活动。

2. 试述清末商事立法的主要内容。

3. 试述清末的司法机构进行了哪些改革。

4. 试述清末修律的主要活动及其特点。

5. 试述《大清民律草案》的结构和主要内容。

（自测题答案：1. D；2. C；3. B；4. A；5. C；6. A；7. B；8. A；9. ABE；10. AB）

第十五章　南京临时政府的法律制度

（公元1912年1～3月）

本章主要内容

本章介绍的是南京临时政府法律制度的主要内容。其中论述了南京临时政府颁布的《中华民国临时约法》、南京临时政府颁布的革命法令以及南京临时政府的司法制度的基本内容和情况。

学习目标

了解南京临时政府颁布的《中华民国临时约法》、南京临时政府颁布的革命法令的基本内容，掌握南京临时政府的司法制度的基本情况。

本章的重点问题

1.《中华民国临时约法》的内容及其性质和特点。

2.南京临时政府颁布的革命法令的基本内容。

3.南京临时政府的司法制度的基本概况。

1911 年 10 月 10 日武昌起义爆发，1912 年 1 月 1 日，中华民国南京临时政府宣告成立。该政府是一个由资产阶级革命派领导的、有立宪党人和旧军阀官僚参加的联合政府。尽管它只存在了 3 个月就被北洋军阀政权所取代，但在资产阶级革命派的努力下，仍然进行了自己的资产阶级法制建设，是中国近代法制史上短暂而又具有重要意义的一页。

本章应以《中华民国临时约法》和若干革命法令为重点，正确认识南京临时政府法律制度的反封建的历史进步性及其阶级局限性。

第一节 《中华民国临时约法》

一、《中华民国临时政府组织大纲》

1911 年 12 月 3 日各省都督府代表联合会通过了《中华民国临时政府组织大纲》，1912 年 1 月 2 日即南京临时政府成立之次日曾加以修正。

该部大纲共 4 章，即临时大总统、参议院、行政各部、附则，共 21 条。它第一次以法律形式宣告废除封建帝制，确立了总统制共和政体。它规定实行三权分立原则：临时大总统既是国家元首，又是政府首脑，负责行政各部工作；参议院行使立法权，在其成立之前由各省都督府代表会代行其职权；设立临时中央为行使司法权的机关。正是根据此大纲，孙中山先生由海外回国后于 1911 年 12 月 29 日当选为临时大总统。该大纲也为以后制定《中华民国临时约法》打下了基础。

二、《临时约法》的制定

该约法是在“南北议和”的过程中由南京临时政府匆忙制定的。临时政府成立后，形势迅速变化，南北议和即将达成，孙中山很快让位于袁世凯。经过资产阶级革命派、立宪派和反革命派力量的反复角逐，终于形成了反映这三方面意志的《临时约法》。

1912 年 1 月中旬，代行参议院职权的各省代表会议召开了《临时约法》首次起草会议。此后，交由 9 名审查员进行审查，1 月 28 日，临时参议院成立后，又召开了第二次约法起草会议。自 2 月 7 日起，临时参议院正式审议约法草案，至 3 月 8 日三读通过。3 月 11 日，即袁世凯在北京宣誓就职的次日，孙中山在南京以临时大总统的名义公布了《临时约法》。

三、《临时约法》的主要内容

约法共56条，7章，即总纲、人民、参议院、临时大总统、副总统、国务员、法院、附则。其主要内容有：

（一）关于国家性质

确定中华民国为资产阶级民主共和国。规定中华民国之主权，属于全体国民。从而以根本法的形式宣布彻底结束了封建君主专制制度。

（二）关于政治制度

实行三权分立原则，规定以参议院、临时大总统、国务员、法院，行使对于国家的统治权。具体分工是：

1. 参议院是立法机关

由各地方选派的参议员组成。其职权主要是：

（1）决议一切法律案以及临时政府的预算、决算，全国的税收、币制、度量衡之准则，公债之募集等。

（2）对临时大总统提交之宣战、媾和、缔约，任命国务员及外交大使、公使，大赦事件等拥有同意权。

（3）对于法律、行政及官吏违法事件等拥有咨询、建议或质问权。

（4）对于临时大总统和国务员有弹劾权。

2. 临时大总统、副总统和国务员是行使行政权的机关

临时大总统、副总统由参议院选举产生，其职权主要有：

（1）代表临时政府总揽政务，公布法律，发布命令。

（2）统率全国海陆军队。

（3）得参议院之同意，制定官制、官规，任命国务员及外交使节，代表国家宣战、媾和、缔约、宣告大赦等。

（4）代表国家接受外国大使、公使。

（5）依法宣告戒严。

（6）向参议院提出法律案。

国务总理及各部总长组成国务院，统称国务员，辅佐临时大总统负其责任，在临时大总统提出法律案、公布法律及命令时须副署之。

3. 法院是司法机关

由临时大总统及司法总长分别任命的法官组成。法官为终身制。

上述三权分立原则使资产阶级共和国的方案具体化了。但是，其不久即被袁世凯全面推翻。

（三）关于人民的权利和义务

权利主要是：

（1）中华民国人民一律平等，无种族、阶级、宗教之区别。

（2）人民之身体，非依法律，不受逮捕、拘禁、审问、处罚；人民之住宅，非依法律，不得侵入或搜索。

（3）人民有言论、著作、游行、集会、结社、通信、居住、迁徙及信教之自由。

（4）人民有请愿于议会、陈诉于行政官署、诉讼于法院以及对官吏违法损害权利之行为陈诉之权利。

（5）人民有应任官考试、选举和被选举之权。

还规定，人民有当兵、纳税之义务。

（四）关于对私有财产的保护

规定，人民有保有财产及营业之自由。从而打破了清政府以官办或官商合办等形式对发展民族工商业的束缚。

此外，规定了："中华民国领土为22行省，内外蒙古、西藏、青海"，以列举的方式明确了中国的领土范围。

四、《临时约法》的性质及特点

（一）性　　质

具有中华民国临时宪法的性质，是中国近代唯一一部资产阶级民主共和国宪法性的文献。它反映了资产阶级的意志，代表了资产阶级的利益，在那个时期是一个比较好的东西。

（二）特　　点

1. 改《中华民国临时政府组织大纲》的总统制为责任内阁制

在《中华民国临时政府组织大纲》中，是仿效美国政体，采用总统制。但到了1912年2月南北议和告成，形势已经发生了很大的变化，所以对修改后的《临时约法》，将总统制改为责任内阁制。要求国务员对国会负责。此乃《临时约法》的一大特色。

2. 进一步扩大了参议院的权力

（1）在规定参议院拥有立法权的同时，还规定它拥有由总统决定之重大事件的同意权。

（2）在规定临时大总统对参议院议决事件有复议权的同时，规定如有2/3的参议员仍坚持原议，则大总统必须公布施行。

（3）规定参议院在认为临时大总统有谋叛行为时，得依法行使弹劾权。临时大总统受弹劾后，组成特别法庭进行审判。

3. 规定了严格的修改程序

规定本约法由参议员2/3以上或临时大总统之提议，经参议员4/5以上之出席，经出席员3/4之同意可决定其增改修订。

《临时约法》是资产阶级民主革命的积极成果，具有重要的历史意义，它使民主共和的观念深入人心，产生了深远的影响。

第二节　南京临时政府的革命法令

除了《临时约法》外，南京临时政府还颁布了一系列关于经济、保障民权、文化教育、社会改革和行政及军事方面的法规。

一、经济方面

（一）保护私人财产

1912年1月28日临时政府颁布了《保护人民财产令》，该法令共5条，它宣布：凡在民国势力范围内，人民和无确实反对民国证据的原清政府官吏，其私产概归其本人所有，民国政府予以保护，并俟时交还本人；一切清政府的官产归民国政府所有；凡反对民国的清政府官吏的财产一律予以查抄，归民国政府所有。

（二）振兴实业法制民族资本

革命党人认为，实业乃民国未来生存之命脉。临时政府成立了实业部，宣布对人民的营业权进行保护，并电告各省加快建立实业公司，统一全国实业行政。发布了《实业部咨各省都督饬实业司详细呈报筹办实业情况文》，要求各省详细报告农工商情况，以确定国家经济政策。临时政府还采取由政府拨款扶助拓置业等措施，鼓励民间兴办工商、交通、矿业，鼓励华侨在国内投资，并协助维持部分困难企业，等等。除此之外，实业部还颁行了《商业注册章程》。

（三）建立财政金融制度

临时政府制定了《会计法草案》，依法办理预算，管理财政，并对财政实行监督，规定各部必须每月将收支情况登记造册报财政部。临时政府还拟订了《划分中央地方财政范围意见书》《金库规则》，划分中央与地方财政范围，建立金库制度，逐步实现全国财政的统一。在大清银行的基础上，成立了中国银行，作为民国政府的中央银行，颁布《中央银行则例》；还改革币制，制定并颁布《暂行印花税法》和《暂行印花税施行法章程》，以加强对全国财政金融的法制化管理。

（四）其他法令

1912 年 3 月临时大总统颁布的《大总统令内务部通饬各省慎重农事文》，针对战乱对农业带来的影响，明确规定必须切实保护农民，置办农具，不误农时。

二、保障民权方面

（一）权利平等令

公布于 1912 年 3 月中旬。全称为《大总统通令开放蛋户惰民等许其一体享有公权私权文》。法令明确规定：凡蛋户（水上居民）、惰民、义民、丐户、剃发者、优倡、隶卒，享有国家社会之一切权利，公权包括选举、参政等，私权包括居住、言论、出版、集会、信教之自由等。

（二）禁止买卖人口令

1912 年 3 月初公布，即《大总统令内务部禁止买卖人口文》。其中在痛斥了前清政府在买卖人口问题上的种种罪恶后，规定，今后不得再有买卖人口事情，违者将受到惩罚。并规定从前所结的人口买卖契约全部予以解除，他们之间的关系应视为雇佣关系，不得再有主奴的名分。并且下令禁止贩卖华工，必须禁止人口出口，责令外交部妥筹杜绝贩卖及保护侨民的办法。

三、文化教育方面

（一）《普通教育办法》

公布于 1912 年民国初年，共 14 条，规定：初等小学可以男女同校，奖励女学；宣布，清政府颁布的教科书一律禁用，小学读经科一律废止。

（二）《报律》

公布于 1912 年 3 月初，由于它除了规定一切新闻出版人员均须依法注册外，更多的是对于报业的种种限制和束缚，因而遭到了强烈的抵制，后被迫取消。

四、社会改革方面

（一）禁烟法令

于 1912 年 3 月初颁发，即《大总统令禁烟文》，指出鸦片流毒可以使“种姓沦亡”的严重后果，宣布，凡吸毒者不可为共和国国民，应被剥夺一切公权，并令内务部负责一切禁烟事宜。

（二）禁赌法令

临时政府认为赌博陋习最为社会之害，因而下令一体禁除任何的赌博陋习，凡人民宴会集合的场所，一概不准重蹈赌博陋习，并禁止商店里售卖各种赌具，并责令地方巡警严密稽查，倘有违犯者，依律科罪。

（三）剪辫法令

孙中山认为蓄辫之习，不仅腾笑五洲，而且有妨卫生，因而发布了《大总统令内务部晓示人民一律剪辫文》，规定：于令到之日，限20日，一律剪除净尽，有不遵者，以违法论。

（四）劝禁缠足令

即《大总统令内务部通饬各省劝禁缠足文》，法令说：缠足一事，残毁人的肢体，阻淤血脉，害虽加于一人，病实施于子姓。于是规定：有违禁令者，予其家长以相当之罚。

（五）改革称呼旧制法令

临时大总统发布了“革除前清官厅称呼”的命令，宣布此后官厅人员相称，都要以官职，不得再称“大人、老爷”之类，民间普通称呼则曰先生，曰君。

五、行政及军事方面

（一）行政立法

1. 关于组织行政方面的法规、法令

其共分为3类：

(1) 涉及政府组织及权限方面的法规、法令。1912年1月，临时政府颁布了《中央行政各部及其权限》，对中央各部长官的任命及其管理的事务加以规定。3月初，又公布了《南京府官制》21条，规定南京府由中央直属，除府知事外，设一厅（秘书厅）、四科（民治科、劝业科、主计科、庶务科）。3月底，制定了《司法部分职细则》。

(2) 关于统一建制和称谓的法规、法令。1912年2月初，大总统下令：所有中央各部既称为部，各省都督府所属的各部应改称为司；同时，实业部通电各省，应尽快成立实业司。

(3) 关于严格职司分工，禁止军人干预政务的法规、法令。参议院通过议案，规定，撤销各地军政府名目，由省都督酌设司令部，其他民政、财政都由地方官主政，司令部长官绝对不得干涉。

2. 关于人事行政

临时政府发布了《大总统令各部局整饬官方慎重铨选文》，列举了清朝吏治的种种腐败现象，强调用人之计，务必悉心考察，慎重铨选，还规定，一切荐任官员，除有特别缘故，不得兼职，以肃官方而饬吏治。

3. 其他立法

除了上述法案以外，临时政府及其一些官员还草拟了几个法律草案，如《律师法草案》《各省检察厅大纲》等。它们均未发生法律效力，也不是正式的法律草案。

（二）军事立法

为了防止和遏止不法军人或冒充军人乘机抢劫、奸淫等事情发生，临时政府公布了《维持地方治安临时军律》，规定：凡军人任意掳掠、奸淫妇女者、焚杀良民者、擅封民宅及硬搬良民财物者，枪毙；勒索强买者、私斗伤人者论情抵罪；私入人家者、行窃者、赌博者、纵酒行凶者，罚。还颁布了《禁止私自招兵募饷文》《严禁军人冶游聚赌文》《宪兵暂行服务规则》等，加强对军人的管理，严格军纪军规。

第三节　南京临时政府的司法制度

一、司法机构

（一）审判机关

按照《中华民国临时政府组织大纲》的规定，临时政府成立后，设立了专门的审判机关——临时中央审判所，作为民国初建时的最高审判机关。司法部根据《中华民国临时约法》的规定，拟制了《临时中央审判所管制令草案》，交大总统咨参议院议决。

在地方上，开始建立各级审判厅和检察厅，并实行四级三审制：初级管辖的案件，由初级审判厅为第一级审判机关；地方审判厅及高等审判庭，分别为二审、三审机关；地方管辖的案件，以地方审判厅为一审机关，地方高等审判厅和中央为二审、三审机关；初级审判厅采独任制，地方审判厅采折中制，高等审判厅及裁判所采合议制。但是，由于临时政府存在的时间较短，这一套司法体制并没有真正得以实施。

（二）司法行政机关

临时政府设司法部为中央行政九部之一。它管理关于民事、刑事诉讼事件，户籍、监狱、保护出狱人事务，并其他一切司法行政事务，监督法官。部内设立承政厅、法务司及狱务司，分别管理文秘、财务、人事，民刑诉讼、非讼事件及执行、户籍事务，监狱设置、建设及狱政。在各省，设立相应的司掌管司法行政。

二、司法改革措施

（一）禁止刑讯

临时政府于 1912 年 3 月初发布《大总统令内务司法两部通饬所属禁止刑讯文》，内务部和司法部也颁布了诸如《内务部咨司法部严令所属官厅一律停止刑讯文》《司法部咨各省都督禁止刑讯文》。这些文件在历数了封建刑讯制度的种种罪恶后，严令：不论何种案件，一概不准刑讯；在审讯中不以口供为证据，而要以事实证据为据；焚毁从前一切不法刑具，若有仍按旧制办案者，除了褫夺官职外，还要交付有司治罪。

（二）禁止体罚

临时政府颁布了“禁止体罚令”，即《大总统令内务司法部通饬所属禁止体罚文》。该文规定：不论判决刑民案件，不准再用笞杖、枷号及他项不法刑具，其罪当笞杖、枷号者，悉改为科罚金拘留。

（三）实行审判公开及陪审制度

《中华民国临时约法》规定：“法院之审判，须公开之，但认为妨害安宁秩序者，得保密之。”根据这一规定，临时政府对于除妨碍安全等特殊案件外的一般案件，规定都采公开审判。同时，临时政府还实行了陪审制度，选拔有识之士参与陪审。譬如，在审讯前山阴县令姚荣泽的一案时，司法总长曾自上海电陈孙中山先生：“民国方新，对于一切诉讼，应采文明办法。况此案情节极大，尤须审慎周详，以示尊重法律之意。拟……特派精通中外法律之员承审，另选通达事理、公正和名望素著之人为陪审员，并准两造聘请辩护士到堂辩护，审讯时任人旁听。如此则大公无私，庶无出入之弊。”

复习思考

一、名词解释

《中华民国临时约法》　　《保护人民财产令》

《大总统令内务部通饬各省慎重农事文》

《大总统通令开放蛋户惰民等许其一体享有公权私权文》

《大总统令内务部禁止买卖人口文》

二、自测题

1. 第一次以法令形式规定国家机构采取“三权分立”原则的宪法性文件是：(　　)。

A.《中华民国临时政府组织大纲》　B.《中华民国临时约法》

C.《训政纲领》　D.《中华民国宪法草案》

2.《中华民国临时政府组织大纲》确立的政权组织形式是：(　　)。

A. 总统制　B. 责任内阁制　C. 立宪制　D. 帝制

3.《中华民国临时约法》规定的国家政体形式是：(　　)。

A. 总统共和制　B. 责任内阁制

C. 半总统半内阁制　D. 君主立宪制

4. 按照《中华民国临时约法》的规定，临时大总统的产生方式是：(　　)。

A. 由人民直接选举　B. 由各省推选

C. 由参议院选举　D. 由国务员推选

5.《中华民国临时约法》规定，参议院的主要职权有：(　　)。

A. 议决一切法律案　B. 议决临时政府预算、决算

C. 宣告戒严　D. 代表全国接受外国大使、公使

E. 制定全国币制和度量衡之准则

6. 南京临时政府颁布的经济方面的法令有：(　　)。

A.《保护人民财产令》

B.《实业部咨各省都督饬实业司详细呈报筹办实业情况文》

C.《中央银行则例》

D.《大总统令内务部通饬各省劝禁缠足文》

7. 南京临时政府在诉讼审判方面的主要改革包括：(　　)。

A. 禁止刑讯　B. 严禁非法逮捕拘禁

C. 禁止体罚　D. 实行公开审判

8. 按照《中华民国临时约法》的规定，法官的任命权属于：(　　)。

A. 参议院　B. 各省议会　C. 临时大总统　D. 司法总长

9. 南京临时政府颁布的一系列关于社会改革的法令主要有：(　　)。

A. 禁烟法令　B. 剪辫法令　C. 劝禁缠足法令　D. 禁赌法令

E. 发展普通教育法令

10. 《中华民国临时约法》主要特征是：（　　）。

A. 实行责任内阁制　　B. 扩大参议院权力

C. 限制总统职权　　D. 创设立法院

E. 严格约法修改程序

三、论述题

1. 试述《中华民国临时约法》的主要内容和性质。

2. 试述《中华民国临时约法》规定临时大总统的职权和议会职权。

3. 试述南京临时政府发展经济的主要立法。

4. 试述南京临时政府的司法改革措施。

（自测题答案：1. A；2. A；3. B；4. C；5. ABE；6. ABC；7. ABCD；8. CD；9. ABCDE；10. ABCE）

第十六章　北洋政府的法律制度

（公元 1912 年～公元 1928 年）

本章主要内容

本章介绍的是北洋政府法律制度的主要内容。其中论述了北洋政府的制宪活动、北洋政府法律制度的主要特点、北洋政府的司法制度的特点，以及北洋政府法制的特点。

学习目标

了解北洋政府制宪活动的主要情况，以及北洋政府法律制度的主要特点。特别要掌握北洋政府的司法制度的特点，以及北洋政府法制的特点。

本章的重点问题

1. 《中华民国约法》的制定经过及其主要内容和性质。
2. 《中华民国宪法》（“贿选宪法”）的内容及特点。
3. 北洋政府商法的主要内容及其特点。
4. 北洋政府司法制度的特点。
5. 北洋政府法制的特点。

北洋政府是打着“中华民国”旗号、首都设在北京、由北洋军阀所控制的政府，是袁世凯篡夺辛亥革命成果建立起来的，受帝国主义支持的，代表地主买办阶级利益的反动独裁政权。它于 1912 年 4 月建立，1928 年 6 月垮台。其间，自 1915 年底至 1916 年初，袁世凯曾演出了一场不到 3 个月的复辟帝制的丑剧。袁世凯死后，经过连年混战和激烈争夺，政权先后被皖系军阀段祺瑞，直系军阀曹锟、吴佩孚和奉系军阀张作霖所把持。

在北洋政府统治期间，中国近代的革命运动完成了由旧民主主义革命向新民主革命的转折。作为反对军阀独裁专制的工具，北洋政府的法律制度具有封建性、买办性的根本特点，并反映着各派军阀的角逐和各种政治力量的消长，其矛头指向以孙中山先生为首的资产阶级革命派的反袁护法斗争和中国共产党领导的工农革命运动。

本章学习，应着重掌握北洋政府统治时期的制宪活动及其法律制度的特点。

第一节　北洋政府的制宪活动

一、“天坛宪草”

（一）《中华民国国会组织法》

根据《临时约法》“本约法施行后，限十个月内由临时大总统召集国会，其国会组织法及选举法，由参议院定之”的规定，临时政府参议院制成了《中华民国国会组织法》，于 1912 年 8 月 10 日公布。

该法共 23 条，其主要内容是：

第一，规定实行两院制，国会由参议院和众议院构成。参议院议员由各省议会、中央学会和华侨选举会按名额选出；众议院议员由各地方人民选举产生。

第二，规定议会行使《临时约法》所定参议院之职权。

第三，规定宪法之起草由两院选出同数委员行之；宪法之议定由两院会合行之；非两院有总议员 3/5 以上之出席不得开议，非出席议员 2/3 以上之同意不得决议。

显然，这部组织法突出了国会的权力，其意图在于肯定资产阶级民主制度，限制袁世凯专权。

（二）国会的召开与“天坛宪草”

1912 年底至 1913 年初，举行了国会议员的选举。结果国民党共获得两院中的392席，于是，他们企图与袁世凯争夺权力。袁世凯为了自己的利益，暗杀了国民党领袖宋教仁，并用威胁利诱的手段分化瓦解国民党议员，同时策划组成进步党与国民党相抗衡，并收买一批议员组成公民党作为其直接打手。

1913年4月，国会召开后，宪法起草委员会于10月31日通过了《中华民国宪法草案》。因该委员会的办公地点设在北京天坛的祈年殿，故该部宪法草案又称“天坛宪草”。

“天坛宪草”共11章，113条。其在很大程度上体现了国民党企图以此法律制袁的目的。其主要表现是：

第一，沿用《临时约法》所确立的三权分立的国家组织形式。

第二，继续肯定责任内阁制，对大总统的权力作了较多的限制，如规定：大总统所发命令及其他关系国务之文书，非经国务员之副署，不生效力；国会不仅可以依法弹劾，而且有权审判被弹劾之大总统、副总统及国务员；等等。

第三，严格限制总统任期，规定大总统任期5年，只能连选连任一次。

对于这样一部宪法草案，袁世凯是无法容忍的。1913年11月，他制造借口，下令解散国民党，继而又于1914年1月宣布解散国会。“天坛宪草”变成了一张废纸，所谓“议会政治”的幻想破灭了。

二、《中华民国约法》

（一）制定经过

在解散国民党之后，1914年3月20日，袁世凯向所谓的“约法会议”提出增修《临时约法》的咨文，规定了7项大纲，即：

第一，外交大权归诸总统，对外宣战、媾和及缔结条约，无须国会议决。

第二，大总统制定官制官规及任用国务员、外交使节，无须国会之同意。

第三，采用总统制，不置国务总理，各部部长（国务员）直隶于大总统。

第四，宪法由大总统及参政院起草，由国会以外之国民会议制定，由大总统及立法院修正。

第五，关于人民公权之褫夺回复，大总统得自由行之。

第六，大总统有紧急命令权。

第七，大总统有紧急财政处分权。

依据该大纲，草成了《中华民国约法》，审议后由袁世凯在1914年5月1日公布。此乃著名的“袁记约法”。

（二）内容及实质

《中华民国约法》共10章68条，其主要内容为：

1. 取消责任内阁制，实行总统制，并赋予总统形同封建帝王的巨大权力

一方面，就总统本身的权限而言，它规定：大总统为国家元首，总揽统治权，为海陆军大元帅，代表中华民国，宣战、媾和并缔结条约，制定官制、官规并任免文武职官，提出法律案及预算案，发布命令，宣告大赦、特赦、减刑、复议，等等。

另一方面，就总统与行政、立法、司法的关系而言，它规定：大总统为最高行政首长，直接领导行政各部事务，召集立法院，宣告开会、停会、闭会，并可经参议院之同意，解散立法院，任命法官，组织法院，行使司法权。

2. 取消国会制，规定设立有名无实的立法院及纯属总统咨询机构的参政院

它虽然规定立法院有议决法律、预算、提出法律案及政治上疑义等“职权”，但又规定大总统可以否认立法院议决之法律案，发交复议，即使复议中有多数议员仍执前议，大总统仍可不予公布。

参政院是一个应总统之咨询，审议重要政务的机关，它由大总统任命。在院长黎元洪的主持下，它于 1914 年 12 月修改了大总统选举法，规定大总统任期 10 年，得连任，还规定现任总统可推荐继承人，对推荐的是谁，并无丝毫限制。

3. 为限制、否定人民的权利提供宪法依据

“袁记约法”虽然规定了人民的各项财产、政治权利，如人民保有财产及营业自由，言论、著作、刊行及集会结社之自由，等等，但都无一例外地设定了“于法律范围内”或“依法律所定”的前提条件。

综上所述不难看出，《中华民国约法》是对《临时约法》的反动，它以根本法的形式彻底否定了《临时约法》所规定的民主共和制度，而代之以袁世凯的个人独裁制度；它的出笼使得辛亥革命的成果丧失殆尽，成为军阀专制全面确立的标志。

三、《中华民国宪法》（“贿选宪法”）

（一）“贿选宪法”制定

袁世凯去世后，皖系军阀段祺瑞盘踞了北京政府。此后，段祺瑞企图炮制一部段氏宪法，但未获结果。1922 年北京政府又落入直系军阀曹锟、吴佩孚手中。1932 年 6 月，曹锟制造借口逼迫黎元洪下台，并以 5 000 元一票的巨额贿赂，于 10 月 5 日“当选”为大总统，演出了一场“贿选”的丑剧。秉承曹锟的旨意，“猪仔国会”，只用了几天时间便炮制出了一部《中华民国宪法》，于 10 月 10 日曹锟就职的同时公布。

（二）内容及特点

这部宪法是中国近代史上公布的第一部“宪法”。它共 13 章，141 条。由国体、主权、国土、国民到政权组织、中央与地方的关系，以及法律、会计、宪法的修正解释等无所不包。但是，归纳起来，其仍有如下两大特点：

1. 用漂亮的辞藻和虚伪的民主自由形式来掩盖实行军阀专制的本质

它依然标榜赞成共和，反对复辟帝制，它规定“中华民国永远为统一民主国”，“中华民国主权属于国民全体”，还写入了“国体不得为修正之议题”专条，并且肯定了内阁制和议会制，规定了人民的各项“自由”权利，并宣布“中华民国国民于法律上无种族、阶级、宗教之别，均属平等”。但是，它仍然赋予大总统以极大的权力，包括公布并监督法律之执行、发布命令、任命文武官吏、统帅海陆军、宣告戒严，以及“停止众议院或参议员之会议”“解散众议院”，等等，这就将大总统置于凌驾于国会之上的地位，使所谓内阁制、议会制和人民权利徒有其表。

2. 为了平衡各派军阀和大小军阀之间的关系，巩固曹锟、吴佩孚控制的中央大权，对“国权”和“地方制度”作了专门规定

为了保持中央权力，稳定局面，它采用了以服从中央为前提的中央与地方分权制。一方面，它给予各省一定的自治权，规定各省可以在本省的教育、实业、交通、财产之经营处分、水利及工程、田赋、契税、警察、保安、省债、银行、下级自治等事项上行使立法权；另一方面，它强调各省之间不得缔结盟约，省不得自置常备军，不得设立军官学校及军械制造厂。如省有违背中央法令、不服从中央行为时，国家得依法律之规定惩罚之，得以国家权力强制之。

随着直系军阀北京政权的垮台，“贿选宪法”公布不到一年就被抛进了历史的垃圾堆。

第二节　北洋政府法律制度的主要特点

一、立法方面

（一）立法原则

袁世凯窃夺辛亥革命成果后，全面否定了资产阶级民主革命的基本原则，攻击资产阶级革命派不做实事、专说大话，竭力强调“保存国粹”，恢复专制政治和封建名教纲常。他宣称，凡是“越礼犯义者”，即属“为非为恶”，要严加惩处，只有“奉公守法”，才算“为是为善”。而他所谓的“奉公守法”，就

是以军阀专制之国为本位，所以，就必须“轻权利重义务”。于是，就把“隆礼”和“重典”确认为立法的基本原则。这为以后的北京“民国”政府所遵循。

（二）立法活动

1. 大量援用清末法律

1912 年 4 月 3 日，参议院决议：所有前清规定的法院编制法、违警律，及清政府所颁行的新刑律，刑事、民事诉讼律草案，以及禁烟条例、国籍条例，除与民主国体抵触之处应行废止外，其余均准许暂时适用。4 月 30 日，北京政府公布了《删修新刑律与国体抵触各章条》，其主要内容是：

第一，将《大清新刑律》改名为《暂行新刑律》。

第二，删去“侵犯皇室罪”全章及涉及帝制各条。

第三，将“帝国”改为“民国”；将“臣民”改为“人民”；将“覆奏”改为“覆准”；将“恩赦”改为“赦免”。经过这样一番删改，清朝的刑律就变成了民国的刑典。

2. 制颁众多单行法规

刑事、治安方面有：《戒严法》《惩治盗匪法》《治安警察条例》《陆军刑事条例》《海军刑事条例》等。

民、商事方面有：《公司条例》《矿业条例》《商人通例》等。

3. 广泛适用判例和解释例

北洋政府把判例和解释例作为重要的法律渊源，使之成为审判案件的重要依据。自 1912 年至 1927 年，北洋政府大理院所汇编的判例有 3 900 多件，公布的解释例有 2 000 多件。

二、内容方面

（一）刑法

1.《暂行新刑律》

《暂行新刑律》是在沿用《大清新刑律》基础上稍加修改而成的。该刑律分总则、分则，共 52 章，于 1912 年 4 月 30 日正式公布，当日即开始施行。该刑律继承了清末刑法改革的成果，使中国法制的近代化之路得以延续。

1914 年 12 月，北洋政府颁布《补充条例》，对《暂行新刑律》进行了若干修改，比如，提高了对“外患”“内乱”等重罪量刑幅度；加强了对传统伦理的维护，如规定父母对于不服管教的子女，可请求法院判处 6 个月以下监禁。

2. 刑事特别法

为了维护统治的需要，北洋政府颁行了一大批颁布的刑事特别法。如，1914年颁布的《官吏犯赃条例》《惩治盗匪法》《惩治盗匪法施行法》《私盐治罪法》《徒刑改遣条例》，1915年颁布的《陆军刑事条例》《海军刑事条例》，其中最为重要的是《惩治盗匪法》。

《惩治盗匪法》共11条，包括三个方面的内容：

一是规定对强盗、匪徒加重处罚力度。

二是简化对于盗匪的审判、执行程序。如《暂行新刑律》规定，死刑非经司法部覆准回报，不得执行；但《惩治盗匪法》对于死刑的审判和执行，则简化为由该管辖的审判厅或兼理司法事务的县知事以电报的方式简述犯罪事实，报请上级复核后即可执行。

三是扩大了审判机关的范围，授予军事机关审判强盗、匪徒的权力。

《惩治盗匪法》和《惩治盗匪法施行法》还规定，高级军官统率之军队于其驻地查获的所谓"盗匪"，得由军队"迳行审判"，"立即执行"；遇有成股盗匪猝发，或盗匪持械拒捕，除由防剿之军警各队临阵格杀者外，其当场拿获盗匪各犯，由军警各队首领长官，立即审判、执行；凡属此类案件，死刑得用枪毙。

在《陆军刑事条例》的分则中的罪名，包括叛乱罪、辱职罪、抗命罪、暴行胁迫罪、侮辱罪、逃亡罪、违令罪，等等；其70余条科刑规定中，处死刑的达30多条，甚至对于上司稍有"侮辱"或"不服从"，也要处有期徒刑或无期徒刑甚至死刑。

《治安警察条例》规定，凡属政治结社及其他关于公共事务之结社、政治集会及其他关于公共事务之集会、屋外集会及公众活动、劳动工人之聚集、张贴文书图画，甚至游戏或众人之群集，官署均可行使治安警察权，予以禁止、解散或处罚。

《戒严法》规定，在戒严地域内，司令官有停止集会、结社或新闻、杂志、图画告白等之权，执行中所生之损害不得请求赔偿。

由于在适用上施行特别法优先于普通法的原则，因而这些特别法得到了各地军阀的支持，为各地军阀强化自己的权力提供了方便。

（二）民　　法

北洋政府在建立之初，把民法的独立性摆在了十分重要的地位。但考虑到尚没有一部正式颁行的民律，故将《大清现行刑律》以及《户部则例》中的有关涉及民法的内容，如服制、田宅、婚姻、钱债、户口、田赋等，作为《现行律民事有效部分》直接加以援用。大理院以判例的形式明确规定："民国民法典尚未颁布，前清之《现行律》除制裁部分及与国体有抵触者外，有关民、商事之规定，仍属不少，自不能以名称为刑事之故，即误会其为已废。”

但是，由于社会转型所带来的发展和变化，旧有的法律与现实生活的矛盾甚至冲突时有发生。例如，旧律中的男尊女卑、等级身份等原则与精神，势必与《中华民国约法》等宪法性文件中所确立的平等、自由等社会价值观与理念发生冲突，加之原有法律中涉及民事的内容又过于简陋，无法适应现实生活的客观需要。于是，北洋政府采取在司法实践中大量引用民商事习惯、大理寺院判例和法理作为办案的依据的同时，开始了民法典的编纂活动。

中华民国成立后，北洋政府仍设修订法律馆，继续进行法典起草。他们以《大清民律草案》为基础，予以增删修改，于 1925 年完成《民国民律草案》，其结构仍为总则、债权、物权、亲属、继承 5 编，共 1522 条。其中债权编改动较多，采用了瑞士债务法的一些原则和制度。

其主要内容包括：

(1) 总则编，计 5 章。包括：第 1 章“人”（人、法人）；第 2 章“物”；第 3 章“法律行为”（行为能力、意思表示、契约、条件及期限、代理、无效撤销同意及承认）；第 4 章“期限之计算”；第 5 章“消灭时效”。

(2) 债编，计 4 章。包括：第 1 章“通则”（债之发生、债之标的、债之效力、债之让与及承担、债之消灭、多数债务人及债权人之债）；第 2 章“契约”（双务契约、利他契约、有偿契约、买卖、互易、赠与、使用租赁、用益租赁、使用借贷、消费借贷、雇佣、承揽、居间、委任、寄托、合伙、隐名合伙、终身定期金契约、赌博、和解、债务约定及债务承认、保证）；第 3 章“悬赏广告”；第 4 章“无因管理”。

(3) 物权编，计 9 章。包括：第 1 章“通则”；第 2 章“所有权”（通则、不动产所有权、动产所有权、共有）；第 3 章“地上权”；第 4 章“永佃权”；第 5 章“地役权”；第 6 章“抵押权”；第 7 章“质权”（通则、动产质权、不动产质权、权利质）；第 8 章“典权”；第 9 章“占有”。

(4) 亲属编，计 7 章。包括；第 1 章“总则；第 2 章“家制”（总则、家长及家属、家产）；第 3 章“婚姻”（婚姻之成立、婚姻之无效及撤销、婚姻之效力、离婚）；第 4 章“亲子”（亲权、亲子关系、嫡子、庶子、嗣子、私生子、养子）；第 5 章“监护”（未成年之监护、成年人之监护、照管）；第 6 章“亲属会”；第 7 章“扶养之义务”。

(5) 继承编，计 7 章。包括：第 1 章“总则”；第 2 章“宗祧继承”（宗祧继承人、继承宗祧之效力）；第 3 章“遗产继承”（遗产继承人、遗产继承之效力）；第 4 章“继承人未定及无人承诺之继承”（继承人未定、无人承认之继承）；第 5 章“遗嘱”（总则、遗嘱之方法、遗嘱之效力、遗嘱之执行、遗嘱之撤销）；第 6 章“特留财产”；第 7 章“债权人或受遗人之权利”。

可见，该部草案基本上脱胎于《大清民法律草案》。除了第 2 编债编中删除了第 4 章发行指示证券、第 5 章发行无记名证券，以及在物权编中重新规定了中国固有的典权制度之外，其余编章均无太大变化。

这部法典草案，亦未正式颁行。但司法部曾经发布通令，指示各级法院于裁判民事案件中，可将该草案条文作为条理（法理）引用。这一从外国继受而来的民法，从此开始在中国民事裁判实践中发挥其作用。

除了编纂民法典之外，北洋政府还制定了《清理不动产典当办法》《不动产登记条例》《验契条例》《森林法》《矿产条例》等单行民法。

（三）商　　法

甲午战争之后，中国工商业进入关键的发展阶段。一方面，1895 年《马关条约》的签订使列强取得了在华办厂的合法权利，在其后的 20 年时间里外国资本掀起了在华投资的高潮。到 1911～1914 年，中国外资资本达到 102 125 万元，其比重达 57.2%，增长率为 15.8%。另一方面，中国的民族资本主义企业也继续发展。自 1899 年到 1911 年的 10 年间，新增资本 10 万元以上的厂矿 410 家，资本总额 9 350 万元，平均每年新增厂矿 27 家，每年平均增加资本 623 万元。

辛亥革命后，在全社会掀起了实业救国与建国的思想，各种实业团体如雨后春笋般涌现，如：中华民国工业建设会、拓殖协会、中国实业会、中华实业团、中华实业共济会、民生团、苏州实业协会、镇江实业协会等。孙中山、黄兴等人在上海创设了中国铁路总公司、中华实业银行等实业组织和机构。这些举动得到积极的响应，兴办实业很快成为更为广泛的社会性行动。

与此同时，一种新型的企业组织形式——企业集团开始出现。这些企业集团分为三类：第一类是同业性企业集团，如航运业中的三北集团、朱葆三集团，银行业中的北四行、南四行等；第二类是家族性企业集团，如无锡荣家的三新系统企业集团、南洋华侨郭氏兄弟在上海创立的永安系统企业集团；第三类是地区性企业集团，如以周学熙为主的华北企业集团、以张謇为首的南通企业集团。

工商业的迅速发展，必然引起工商界对于完备保护和规范工商业健康发展的商事法律体系的重视和要求。于是，北洋政府在清末已经制定的一些商事规范的基础上，开始了其独具特色的商事立法活动。这些立法主要有：

1. 颇具特色的《商人通例》

《商人通例》颁布于 1914 年 3 月 2 日，分为商人、商人能力、商业注册、商号、商业账簿、商业使用人及商业学徒、代理商等 7 章，共 73 条。其立法体例及内容具有以下几个特点：

第一，《商人通例》采用商人主义的立法模式，并采取了法定商人主义与自由登记商人主义二元制。其第 1 条规定："商人谓为商业之主体之人。"《商人通律》以列举的方式明确了商人的种类，即所谓"法定商人"，包括买卖、赁贷、制造、加工、水电煤气、出版印刷、银行业、兑换金钱、贷金、担承信托、劳务承揽、设场屋以集客、堆栈、保险、运送、承揽运送、牙行、居阅、代理等业之厂店行号的业主。

第二，对商人的权利能力，仍采限制制。第 4 条规定："凡有独立订结契约负担义务之能力者均得为商人"。第 5 条、第 6 条还规定：未成年人（年龄未满 20 岁）以及其他行为能力有缺陷的人从事商业活动应该由其法定代理人代其处理，但是应"呈报注册"且要由"亲族会议加以限制"；已婚的女性从事商业活动必须征得其丈夫的允许。

第三，极大地丰富了有关商号的规定。除在第 16 条规定"商人得以其姓名或其他字样为商号"外，还规定了禁止利用商号进行不正当竞争及有关商号转让的内容。第 19 条规定："同一城镇乡内他人既注册之商号，不得仿用以营同一之商业"；"添设支店时，若支店之城镇乡内现有他人已经注册之商号，其营业及商号均与自己本店相同者，该支店之商号须照本店之商号附添字样以示区别"。第 20 条规定："业经注册之商号如有他人冒用或以类似之商号为不正之竞争者，该号商人得呈请禁止其使用，并得请求损害赔偿；凡在同一城镇乡内以同一营业而用他人已注册之商号者亦推定为不正之竞争。"此外，还规定在营业转让时，应当办理变更登记手续，否则不得对抗第三人（第 21 条）；当商号与营业一并转让时，若无特别约定，转让人在 10 年之内不得在同一城镇乡进行同一营业，但若有特约，其范围不得超过本县辖区、其期限不得超过 20 年（第 22 条）。

第四，就商事登记主管机关、程序及效力作出了较为详细的规定。第 8 条规定："本条例规定应注册之事项由该商人各就其营业所所在地该管官厅呈报注册"。第 9 条规定商号之分店亦应办理注册手续。第 11 条规定："凡应注册之事项，非经注册及公告后，不得对抗第三者，即已经注册及公告仍不得对抗因正当事由而实不知情之第三者"。第 13 条规定：有关营业之注册事项如有变更或消灭，应呈报"该管官厅"办理变更手续。

第五，有关商事账簿的规定，采用干涉主义。第 26 条第 1 款规定："商人应备置账簿，将日常交易及凡关于财产出入之各种事项逐一明晰记载，但其日用款项仅记其每月之总数"。第 27 条第 1 款规定："商人于开始营业及公司于设立注册时，又每届结账时，均应造具动产不动产、债权债务、其余财产目录及贷借对照表，记载于特设之账簿”。第 28 条规定：自营业账簿终结之日起，“商业账簿及与营业有关系之书信应留存十年”。

第六，对商业使用人的权利义务作出了详尽的规定。第 32 条规定：“凡关于营业上之事务，无论涉讼与否，经理人有代商业主人办理之权限”。第 33 条规定：“凡商业主人所加于经理人代理权之限制，不得对抗不知情之第三者”。第 36 条规定：“凡经理人，不得私自使用他人代自己执行职务”。第 37 条规定了经理权的设立及消灭：“凡经理人之选任及其代理权之消灭，均由商业主人于十五日内向该营业所该管官厅呈报注册。”所谓伙友，是指受商业主人或经理人选用进行商业上某种事项的人。第 41 条规定：“伙友于其所受委任之事项有办理之权限”。第 42 条规定：“凡伙友于所受委任行为而署名时，应加以某商号伙友字样以便与经理人有别”。所谓劳务者，是指与商业主人、经理人订立雇佣契约，“服商业上之劳务”的人。第 45 条规定：“劳务者无代理为商业上行为之权，但以特定行为委任时得由商业主人或经理人表示之”。

此外，对学徒期限作了限制，其第 58 条规定：“修业契约前得定试验期间，其期间至多不得过三个月。”第 7 章规定的“代理商”将居间与受委托进行交易的行为统称为代理，代理商有“妥慎保护”被代理人利益的职责。第 62 条规定了代理商的“通知义务”，第 66 条规定了代理商的“禁止竞业义务”，即“代理商非有本商人允许，不得为自己或他人为与本商人营业相同之行为，并不得为同业公司无限责任之股东”。

总之，民初的《商人通例》无论从编纂体例还是从其内容上看，都较前清的《商人通例》有了较大的进步，内容更为广泛，立法用语更为规范，这是继清末以来商事总则立法的又一重要成果。

2. 内容丰富的《公司条例》

《公司条例》一改清末《公司律》同时仿照英美、大陆法系国家的编纂方式，完全倾向于采大陆法系的公司立法。该条例共分为总则、无限公司、两合公司、股份有限公司、股份两合公司、罚例 6 章，共 251 条。其中，第 2 章“无限公司”又分为设立、公司内部之关系、公司对外之关系、股东之退股、公司之解散、清算 6 节。第 4 章“股份有限公司”分为设立、股分（股份）、股东会、董事、监察人、公司之计算、公司债、变更章程、解散、清算 10 节。

其基本特点可以概括为如下几个方面：

（1）既吸收了商人主义的立法模式，又兼有商行为主义的特征。《公司条例》第 3 条明确规定：“凡公司均认为法人”，第 1 条规定：“公司谓以商行为为业而设立之团体”，这是在近代商事法上首次赋予公司明确的法人地位，承认公司人格。

（2）在公司分类的立法主义上采大陆法系模式，规定有无限公司、两合公司、股份有限公司以及股份两合公司，并以此为纲，独立成章，详细规定了各类公司的设立、组织、运作程序，较前清的《公司律》在体例上更为清晰。清末《公司律》，在立法主义上"大略似取英国法"，但就合资公司及股份有限公司的具体规定来看，"似又与大陆法为近"，表现为"主义不一贯"。同时，《公司条例》所规定的4种公司类型，绝大部分是无限责任形式，这明显是考虑到了中国当时的具体国情。

（3）关于无限公司的规定较为具体。《公司条例》第10条、第11条、第12条、第13条不仅规定了公司章程的应载事项，还规定了公司设立的程序。关于公司的内部关系方面，第18条、第19条第1款、第21条、第22条规定了股东权利及其行使事项，第16条、第23条、第24条、第25条、第26条、第27条、第28条、第29条规定了股东对公司所负的义务。关于公司对外关系方面，第30条、第31条、第32条、第33条、第34条规定了股东代表公司对外事务的权利及责任。第37条还规定了非股东因自身行为，被误认为股东时的法律责任："非股东而有可以令人信其为股东之行为者，对于不知情之第三者，应与股东负同一之责任"。关于退股，第42条、第43条、第44条规定了股东退股的事由、退股时商号中存有股东姓名的处理方式、退股股东所应承担的责任、退股的程序等。关于解散及清算，《公司条例》第49～58条规定了无限公司的解散事项。第59～79条规定了无限公司的清算事项，对清算人的选任、解任、清算人在清算过程中的责任都作了详尽规定。

（4）关于两合公司及股份两合公司的规定颇具特色。《公司条例》第80条规定："两合公司以无限责任股东与有限责任股东组织之，有限责任股东以额定出资为限，对于公司而负其责任"；第230条规定："股分（股份）两合公司之股东至少一人负无限责任，其余各就所认股分（股份），照数缴款于公司"。同时，还对有限责任公司股东及无限责任公司股东的责任、无限责任公司的股东与公司的关系、无限责任公司的股东与第三者的关系、无限责任公司的股东退股等事项作出了具体而明确的规定。

（5）对股份有限公司的规定反映了当时较高的立法水平。《公司条例》第97条至第229条规定了股份有限公司的设立程序、发起人的责任、股份的种类、公司回购股份的适用条件、股东会的召集、董事的选任及责任、监察人的选任及权力、公司债的发行、章程的变更、公司的解散与清算等事项。关于股份有限公司的设立，第97条规定："股分（股份）有限公司应有七人以上为发起人"；第100条规定："股分（股份）由发起人认足时公司即从此成立"；第

104 条规定："发起人不自认足之股分（股份），应于公司成立前招募足额"；第 106 条规定："认股者有各照所认股数缴纳股银之义务"；第 108 条规定："股分（股份）总数招足时，发起人应速向各股东催取第一次当缴之股银；以超过票面银数发行股票时，其溢额应与第一次股银同时缴足"。关于股份及其股东责任，第 126 条规定："各股东之责任，以缴清其所原认或接受之股分（股份）银数为限；股银应缴现款不得向公司以别种债权作抵"；第 127 条规定："股分（股份）如系数人共有时，其共有者应定一人行使股东之权利；股分（股份）共有者之各人对于公司负连带清缴股银之义务"；第 128 条规定："公司非设立注册后不得发行股票；违背前项之同规定而发行股票时，其股票无效，但不妨对于发给此票者要求损害赔偿"。关于股份的转让与回购，第 131 条规定："股分（股份）为记名式者以之转让时，非将承受人之姓名、住址记载于股东名簿并将其姓名记载于股票，不得以其转让对抗公司及其他第三者"；第 132 条规定："公司不得自将股分（股份）收买及收作抵押，其因股东失权或抵偿债款而暂由公司收存者，即应定期公估出售"；第 133 条规定："公司非因减少资本不得销除其股分（股份）"。关于董事的权利与义务，第 158 条规定："董事得各自代表公司"；第 162 条规定："董事得监察人之允许，得为自己或他人与本公司为商行为"；第 163 条规定："董事于公司业务应遵守章程妥慎经理：如违背此义务致公司受损害时，对于公司应负赔偿之责；董事如有违背法令或公司章程之行为，虽系由股东决议，而行者对于第三者不得免损害赔偿之责，但已于股东会陈述异议或已通知其意见于监察人，不在此限"。

可见，该《公司条例》内容之丰富，制度之精细，规范之严密，不仅首开中国商事立法之先河，而且极大地促进了中国商业的发展。有研究表明，《公司条例》颁行后的 1915 年，全国各类公司的投资总额已经从一年前的9 052万银元增加到了 16 149 万银元，到 1920 年则进一步增加到 25 279 万银元。同时每家公司的平均资本规模也呈现上升的趋势，资本在 20 万银元到 100 万银元以上的大中型公司上升势头明显。

3. 规范证券交易的第一部法律——《证券交易所法》

为规范证券发行和交易，北京政府于《公司条例》颁行后，又由参政院通过《证券交易所法》，以大总统命令于 1914 年 12 月 29 日公布施行。该法分总则、组织及设立、经纪人、职员、交易、监督、罚则、附则 8 章，共 35 条，主要内容及特点如下：

（1）证券交易所的设立采核准制。《证券交易所法》第 1 条规定，证券交易所系"为便利买卖、平准市价而设之国债票、股份票、公司债票及其他有价证券交易之市场"。根据该法规定，一个区域以设立一个交易所为限，其组织形式应为股份有限公司组织，在设立时，拟订章程，并经农商部核准。

（2）维护交易安全。《证券交易所法》规定，证券交易所设立时，应缴纳营业保证金于国库。在交易所内从事买卖的，仅限于交易所内的经纪人；对于经纪人，《证券交易所法》规定了他们应向证券交易所缴存保证金；按照证券交易所章程，买卖双方应各自缴纳证据金及追加证据金。

（3）限制从业人员的资格。《证券交易所法》规定，证券交易所的经纪人、理事长、理事、监察人，均应为中华民国国民，且应经农商部核准，限制外国人的从业资格。对于经纪人，《证券交易所法》将其限定为商人。

（4）监管交易行为。根据《证券交易所法》的规定，农商部是证券交易的监管机关，可对证券交易所违反法令、妨害公益、扰乱公共秩序的行为进行处罚，如有必要，还可派出临时观察员检查证券交易所的业务、账簿、财产或其他一切对象及经纪人的账簿。若农商部认为有必要，还可以命令证券交易所修改其章程。证券交易所在营业期间因故解散，应禀报农商部，并由农商部咨行财政部备案。此外，《证券交易所法》还限制场外交易，即"在证券交易所外，不得以与证券交易所定期买卖相同或类似之方法为证券之定期买卖"。

（5）确定交易类型。《证券交易所法》规定，交易分为现货交易和期货交易两种，证券交易所可以依据章程规定，要求买卖双方缴纳证据金及追加证据金，并可向买卖双方收取经手费。对于证券买卖价格，应由交易所随时"议定揭示"，即依据每种证券每日平均买卖价格，由交易所议定现期买卖及定期买卖之公定市价揭示。

《证券交易所法》颁行后，北京政府又公布施行了《证券交易所法附属规则》（1915 年 5 月 10 日）、《证券交易所法施行细则》（1915 年 5 月 25 日）。在《证券交易所法附属规则》中，对证券交易所的资本金额、营业保证金、经手费用等具体事项进行了规定。在《证券交易所法施行细则》中，对证券交易所的设立、证券交易活动等方面规定作了进一步细化。1921 年，北京政府又以教令公布《物品交易所条例》，共 48 条，从体例和内容上看，与 1914 年《证券交易所法》大体无甚差异。

此外，还有获参酌援用的两部商事法律草案——1915 年的《破产法草案》和 1926 年的《海船律案》。这两部法案，均分别滥觞于清末的《破产法草案》和《海船法草案》。尤其是后者，简直就是清末草案的翻版。因此，在司法实务中适用的极少。

这里还应该说明的一点是，除了上述的诸法律、法案外，民国初期还草拟了几部未经颁行的商事法草案——《商事条例》及其《实施细则》、《票据法》草案和《保险法草案》。这几部草案虽然未经颁行，但是，其立法尝试为后来国民政府起草相关商事法律打下了坚实的基础，积累了丰富的立法经验。这也正是国民政府在20世纪二三十年代商事立法得以迅速发展的重要原因之一。

（四）婚姻家庭制度

根据相关的法律规定，嫁娶应由祖父母、父母主婚，婚姻若不备此条件者，当在撤销之列。法律还规定，家政应统于尊长，尊长可以代表卑幼管理其财产。在1914年颁行的《暂行新刑律补充条例》中规定，关于正当防卫的条款，于尊亲属不适用之，尊亲属伤害卑幼，得因其情节，免除其刑；父母得因惩戒其子请求法院施以监禁处分；在拟定刑律草案时，又明确了卑幼侵害尊长须加重处罚，直至判处死刑，同时恢复了“无夫奸”为罪的规定。

第三节　北洋政府司法制度的特点

北洋政府设立初级审判厅、地方审判厅、高等审判厅和大理院四级审判机构，实行三审终审制。其主要特点如下：

一、扩大外国人的司法特权

北洋政府在继续承认帝国主义列强依据不平等条约所享有的领事裁判权和“观审”权的同时，进一步扩大了外国人在华的司法特权，其主要表现是给予无领事裁判国人以优惠待遇。根据《审理无领事裁判权国人民重罪案件分别处刑办法文》和《审理无约国人民民刑诉讼章程》的规定，无领事裁判权国人在华犯罪，如应管收和执行监禁，待遇从优，须分别收入新监，若无新监，得以适宜之房屋代之。如果无领事裁判权国人犯罪应处以死刑者，如其所属国已废止死刑，得处以无期徒刑。

二、滥施军事审判

依照《戒严法》之规定，在警备地域内，驻军司令官握有地方行政及司法事务的管辖权，以及一般行政及司法事务的指挥权。对于军事审判，不得控诉及上告，也不准旁听，不准选请辩护人。

三、实行司法专横

普遍设立“兼理司法法院”，即由县知事兼领审判权。1913年，在未设普通法院的各县曾设立审检所，由县知事执行检察事务，由帮审员负责审判。1914年废除此制，公布了《县知事兼理司法事务暂行条例》。按其规定，凡未设法院各县之司法事务，委任县知事处理之。县知事审理案件，得设承审员助理之。这就恢复了封建社会基层行政官员兼理审判的制度。

各级审判多受行政长官干预，凭军阀官僚的个人意志裁断。当时的审判不是先有罪而后有刑，而是先有刑而后有罪，凡行政长官所不喜之人，旦夕得而羁押之，凡行政长官所袒护之人，不得逮捕之。

四、司法制度的新发展

（一）进一步提高法官职业化程度

北洋政府先后颁布了《司法官考试令》《司法官惩治法》《司法官官等条例》等一系列法律法规，彻底将司法官与行政官员进行了区分，要求司法官必须具备比行政官员更高的素质，从而使这一制度进一步完善。

（二）律师制度初步形成

清末时期虽然从法律上规定了律师制度和律师职业的合法化，但并未来得及实行，清政府就垮台了。1912 年，北洋政府公布了中国历史上第一部律师法——《律师暂行章程》，对于律师的任职资格、任职的程序、权利义务、律师组织等均作了详细的规定。该法的颁布对中国律师制度的构建起到了重要的作用，在中国律政史上具有划时代的意义。

第四节 北洋政府法制的特点

一、确立“隆礼”“重典”思想

袁世凯主张“保存国粹”，恢复传统的纲常名教，维护军阀专制的独裁统治。他要求人们奉公守法，人们的行为要符合为是为善的标准。提出“勿以一身一家为本位”，“不以一己之权利，妨害国家之大局”。对于“越礼犯义”的为非为恶的行为，要一律加以惩处。在此基础上，确立了“隆礼”“重典”的法制指导思想。这些思想实质上是为北洋军阀的统治服务的，他们希望人民以纲常礼教为指导，以军阀专制统治为本。

二、大量援用清末法律

中华民国建立后，及时构建符合世界进步潮流的法律体系，成为民国政府的当务之急。可是，由于清廷崩溃的速度如此之快，大大出乎革命党人的预料，因而要在仓促之间立即完成法律体系的构建工作是绝不可能的，而新政权如果没有法制作为基础和依据，也是很危险的。为解燃眉之急，孙中山于1912年3月21日向参议院提交了一份《大总统据司法总长伍廷芳呈请适用民刑法律草案及民刑诉讼法咨参议院议决文》，其中列出清末《民律草案》《第一次刑律草案》（即《钦定大清刑律》）、《刑事民事诉讼法》《法院编制法》《商律》《破产律》《违警律》7部法律，咨请参议院议决生效，作为临时适用法。但因南京临时政府领导权易位，致使这一立法程序未能完成。

袁世凯一上台就下令暂行援用清末法律，参议院遂于1912年4月3日决议："所有前清规定之法院编制法、商律、违警律，及宣统三年颁布之新刑律，刑事、民事诉讼律草案，并先后颁布之禁烟条例、国籍条例等，除与民主国体抵触之处应行废止外，其余均准暂时适用；惟民律草案，前清时并未宣布，无从援用，嗣后凡关民事案件，应仍照前清现行律中规定各条办理。"这也成为此后历届北洋政府始终贯彻的做法。

三、制定众多单行法规

在援用清末法律的同时，为了适应社会治理的需要，北洋政府制定了众多的单行法规，主要包括：《戒严法》《惩治盗匪法》《治安警察条例》《陆军刑事条例》《海军刑事条例》《商人通则》《公司条例》《矿业条例》等。这些立法在注意吸收国外法律原则、规则的基础上，也结合了中国的实际情况，在中国近代法制史上留下了宝贵的经验，极大地丰富了中国近代法律体系，是中国近代法律体系中不可忽视的重要内容。

四、广泛适用判例和解释例

由于北洋政府时期的许多立法仍属于草创阶段，还不太成熟，因而，在北洋政府的法律体系中，大理院的判例、司法部及大理院发布的解释例，也是重要的法律渊源。这些判例和解释例，在一定程度上弥补了立法的不足，积累了一些立法经验。从1912～1927年，大理院汇编的判例约有390件，公布的解释例则多达2 000多件。可见，判例和解释例，在北洋政府时期的司法实践中起到了十分重要的作用。这也证明，在中国近代法制发展的进程中，判例法体系曾经也起到了积极的推动作用。也就是说，成文法与判例法并存，在中国法制发展的进程中，并非没有先例，在20世纪30年代之前的北洋政府的法律体系中成文法与判例法并存的局面，就是一个有力的例证。

复习思考

一、名词解释

《中华民国国会组织法》　“天坛宪草”　《中华民国约法》

“贿选宪法”　《暂行新刑律》　《民国民律草案》　《商人通例》

《公司条例》　《证券交易所法》

二、自测题

1. 《中华民国国会组织法》公布于：（　　）。

A. 1912 年 8 月 10 日　　B. 1914 年 12 月 29 日

C. 1914 年 5 月 1 日　　D. 1914 年 3 月 2 日

2. （　　）是对《临时约法》的反动，它以根本法的形式彻底否定了《临时约法》所规定的民主共和制度，而代之以袁世凯的个人独裁制度；它的出笼使得辛亥革命的成果丧失殆尽，成为军阀专制全面确立的标志。

A. 《中华民国约法》　　B. 《中华民国约法》

C. “天坛宪草”　　D. 《中华民国国会组织法》

3. 北洋政府时期颁布的《暂行新刑律》是在沿用（　　）基础上稍加修改而成的。

A. 《大清现行刑律》　　B. 《刑法草案》

C. 《大清律例》　　D. 《大清新刑律》

4. 北洋政府颁布的商事法律中包括：（　　）。

A《商人通例》　　B. 《公司条例》

C. 《证券交易所法》　　D. 《保险法》

5. 为了维护统治的需要，北洋政府颁行了一大批刑事特别法，如：（　　）。

A. 《官吏犯赃条例》　　B. 《惩治盗匪法》

C. 《惩治盗匪法施行法》　　D. 《私盐治罪法》

E. 《徒刑改遣条例》

6. 北洋政府先后颁布了一系列法律法规，彻底将司法官与行政官员进行了区分，要求司法官必须具备比行政官员更高的素质，从而使这一制度进一步完善。这些法律法规包括：（　　）。

A. 《司法官考试令》　　B. 《司法官惩治法》

C. 《司法官官等条例》　　D. 《县知事兼理司法事务暂行条例》

7. 孙中山于1912年3月21日向参议院提交了一份《大总统据司法总长伍廷芳呈请适用民刑法律草案及民刑诉讼法咨参议院议决文》，其中列出清末(　　)咨请参议院议决生效，作为临时适用法。

A.《民律草案》　　B.《第一次刑律草案》

C.《刑事民事诉讼法》　　D.《法院编制法》

E.《商律》

8. 根据北洋政府相关的法律规定，嫁娶应由(　　)、主婚，婚姻若不备此条件者，当在撤销之列。

A. 生父　　B. 祖父母　　C. 外祖父母　　D. 父母

9. 北洋政府颁行的《公司条例》，一改清末《公司律》同时仿照英美、大陆法系国家的编纂方式，完全倾向于采(　　)的公司立法模式。

A. 英美法系　　B. 大陆法系

C. 大陆法系与英美法系相结合　　D. 伊斯兰法系

E. 发展普通教育法令

10. 北洋政府于1925年完成的《民国民律草案》，其5篇中包括：(　　)。

A. 总则　　B. 债权　　C. 物权　　D. 侵权责任

E. 继承

三、论述题

1. 试述北洋政府的立法原则及其立法活动。

2. 试述北洋政府商事立法的主要内容。

3. 试述北洋政府法制的特点。

(自测题答案：1. A；2. B；3. D；4. ABC；5. ABCDE；6. ABC；7. ABCDE；8. BD；9. B；10. ABCE)

第十七章　南京国民政府的法律制度

（公元 1927 年～公元 1949 年）

本章主要内容

本章介绍的是南京国民政府法律制度的主要内容。其中论述了南京国民政府的立法概况、南京国民政府“六法”的主要内容、南京国民政府的司法机构和特务组织的概况和特点。

学习目标

了解南京国民政府立法概况、南京国民政府”六法“的主要内容、南京国民政府的司法机构和特务组织的基本情况。

本章的重点问题

1. 国民党“训政”下的立法体制及原则。
2. 南京国民政府的立法活动。
3. 《中华民国民法》的结构及其主要内容。
4. 南京国民政府商事立法概况。
5. 南京国民政府司法机构和特务组织的基本情况。

南京国民政府即“中华民国国民政府”，是蒋介石集团于 1927 年 4 月 18 日建立的国民党政权。

南京国民政府的法律制度比较复杂。它既是清朝末年开始的半封建半殖民地社会法律制度的继续，又表现出新的时代特色，而且在不同的历史阶段具有不同的特点。它在第二次国内革命战争时期形成了普通法主干，既体现着地主、买办、官僚资产阶级的意志，又使中国近代法制在形式上趋于完备；它既吸收了大量西方国家的立法精神，又保留着许多封建的法律传统；同时它又以公开的法律强制和秘密的非法镇压相辅为用，紧密结合。

学习本章，要以其“六法”为重点，对其法律的主要内容和形式进行深入分析。

第一节　南京国民政府的立法概况

一、国民党“训政”下的立法体制及原则

孙中山在其前期，曾提出了“建国三时期”，即军政时期、训政时期和宪政时期的方略。南京政府从 1928 年起，实行了二十余年的“训政”。

南京国民政府“训政”的核心是“以党治国”。而所谓的“中华民国国民政府”，则完全是国民党手中的工具。其具体表现是：

第一，统治权由国民党独揽。1928 年 10 月 3 日，国民党中央常务会议通过了《训政纲领》。它规定：选举、罢免、创制、复决四种政权，由中国国民党全国代表大会代表国民大会领导国民行使，在国民党全体代表大会闭会期间，付托中国国民党中央执行委员会执行之；行政、立法、司法、考试、监察五项治权，在国民党中央执行委员会政治会议的“指导监督”下，由国民政府行之。

第二，政府成员由国民党指派。1928 年 2 月 4 日通过的《国民政府组织法》规定：“国民政府由（国民党）中央执行委员会推举委员若干人组织之，并推定其中五至七人为常务委员，于常务委员中推定一人为主席。”直到 1947 年 4 月 17 日修正公布的《政府组织法》中仍规定，国民政府主席、副主席，由中国国民党中央执行委员会选任之。

第三，政府对国民党负责。在 1929 年制定的《确定训政时期党、政府、人民行使政权、治权之分际及方略案》中就规定：“国民政府在实施训政计划与方案上，对中国国民党中央执行委员会政治委员会负责。”1931 年制定的《国民政府组织法》也规定：“宪法未颁布以前，行政、立法、司法、考试、监

察各院各自对中国国民党中央执行委员会负责。”1947年将该提法改为：“国民政府主席对中国国民党中央执行委员会负责，五院院长对国民政府主席负责。”所以，所谓的“中华民国”，实际上就是“一切权力皆由党集中、由党实施”的国民党一党专制之国。

坚持党治，由国民党垄断立法权，是南京国民政府立法活动的基本原则，也是其最突出的特征。

在形式上，国民政府大体实行三级立法的体制。

第一级是国民党中央执行委员会和中央政治会议（后改称中央政治委员会、国防最高委员会）。它的职权有：

（1）最重要的法律的制定颁行权。如《训政纲领》《国民政府组织法》《国防最高委员会组织大纲》等，都是由国民党中央执行委员会或其常务委员会通过公布的。

（2）立法原则的议决权。1928年10月的《中央政治会议暂行条例》及以后的《中央政治委员会组织条例》都赋予政治会议或政治委员会以讨论及议决立法原则之权。1932年6月的《立法程序纲领》还明确规定：对于中央政治会议所定之立法原则，立法院必须遵行，不得变更。

（3）重要法律的修正、解释权。如《训政纲领》规定：“中华民国国民政府组织法之修正及解释，由中国国民党中央执行委员会政治会议议决之。”

（4）紧急命令权。1929年的《行使政权、治权之分际及方略案》规定：“中国国民党最高权力机关，力求达训练国民使用政权弼成宪政基础之目的，于必要时，得就人民之集会、结社、言论、出版等自由权，在法律范围内加以限制。”这就给了国民党随意镇压和剥夺人民政治自由的权力。

第二级是国民政府。依照《中华民国国民政府组织法》的规定，国民政府行使公布法律、发布命令之权。其五院在立法方面的权限不一，具体为：

（1）立法院。为国民政府最高立法机关，拥有议决法律案、预算案、大赦案、宣战案、媾和案、条约案，及其他重要国际事项之职权。但是，它必须执行政治会议所确立的立法原则；对于政治会议所交议的事项，不得为内容之审议；它所议决通过的法律案，政治会议得发交复议。

（2）行政院。它是国民政府最高行政机关，它有向立法院提出法律案及其他议案之权；该院所属各部委有依据法律发布命令之权。

（3）司法院、考试院、监察院。它们均可在自己职权范围内向立法院提出法律案，依据法律发布命令；司法院还行使统一解释法令及变更判例权。

第三级是地方行政机关，包括省政府及专员公署。南京国民政府的《省政府组织法》规定：“省政府于不抵触中央法令范围内，对于省行政事项得发布省令并得制定省单行条例及规程，但关于限制人民自由、增加人民负担者，非经国民政府核准不得执行。”其《行政督察专员公署组织暂行条例》规定：“行政督察专员公署为筹划辖区内各县市地方行政起见，于不抵触中央及省之法令范围内，得订立单行规则或办法，并应呈报省政府转报行政院及主管部会署备案，但关于限制人民自由、增加人民负担，及变更组织或预算者，非经依法核准不得执行。”但是，根据《政治会议暂行条例》的规定，国民党的省府官员，包括省政府委员、主席及厅长、各特别市市长，均由国民党中央政治会议任命；依有关法规，行政督察专员由国民政府选派。所以，这一级的立法权也操纵于国民党手中。

二、法律体系

（一）成文法

国民政府的成文法通常被概括为“六法”，其表现形式即经汇编后被称为的《六法全书》，其包括六大部分：宪法及其关系法规、民法及其关系法规、民事诉讼法及其关系法规、刑法及单行刑事法规、刑事诉讼法及其关系法规、行政法规。

其具体内容我们在本章第二节中再详细介绍。

（二）例

例，包括判例和解释例。它们是成文法的重要补充，可以对成文法加以引申或进行实质意义上的修正。其解释例通常均由司法院按一定程序作出；其初期的司法审判署、行政审判署及以后的最高法院判例、行政法院判例，如需变更，由司法院召集专门会议议决。

南京国民政府立法的一个突出特点，便是继受法与固有法的混合。一方面，他们在法典编纂中较多地吸取了资产阶级的，尤其是欧洲大陆法系的一些新的立法技术，为此，他们聘请了外国顾问参与法律案的起草工作；另一方面，他们又继承了封建法律制度中的比附、类推、律例并行原则，把例和特别令置于突出的位置。

三、立法概况

南京国民政府的立法活动大致经历了三个阶段。

（一）由1928年至1936年，集中进行频繁地立法活动，以确立其“法统”

该时期的立法主要有两个方面的工作：

其一，建立起“六法体系”，形成了南京国民政府法律制度的基干。除颁布了具有临时宪法性质的《训政时期约法》外，还制定了民法、刑法以及民事诉讼法、刑事诉讼法，以及若干行政法规和法院组织法。

其二，为了配合对苏区的围剿，制定颁布了一系列单行法规，如《惩治盗匪暂行条例》《暂行反革命治罪法》《危害民国紧急治罪法》《共产党人自首法》《维持治安紧急办法》《惩治盗匪暂行办法》等。

（二）由 1937 年至 1945 年，以制定颁布单行法规和法令为主

抗战爆发后，国民党一方面颁行了若干关于开展抗日斗争、惩治汉奸、保护抗属等单行法规，如《国家总动员法》《惩治汉奸条例》《妨害兵役治罪条例》等；但另一方面又秘密发布了一些旨在“防共、限共、溶共”的法令，包括《共产党问题处置办法》《防止异党活动办法》等。

（三）由 1946 年至 1949 年，为了内战的需要，国民党公布了大量的法律、法规，尤其是特别法规

这一时期国民政府颁布了大量的法律、法规，如《兵役法》《戡乱总动员令》《戒严法》《维持社会秩序暂行办法》《戡乱时期危害国家紧急治罪法》《特种刑事法庭组织条例》《紧急经济措施方案》《改革币制令》等。

第二节　南京国民政府的“六法”

一、宪　　法

（一）《训政时期约法》

1. 制定经过

国民党于 1928 年 10 月 3 日公布《训政纲领》之后，又公布了《国民政府组织法》和五院的组织法。但是，该行为遭到了国民党内部汪精卫、阎锡山、冯玉祥以及改组派、西山会议派等人物和组织的反对，认为该纲领过于专横，违反了总理遗训。为了缓和矛盾，不给反对派以口实，1931 年 3 月，国民党中常委秉承蒋介石的旨意成立了“训政时期适用之约法”起草委员会。5 月 5 日通过了《中华民国训政时期约法》，6 月 1 日由国民政府公布施行。

2. 主要内容

共 8 章：总纲、人民之权利义务、训政纲领、国计民生、国民教育、中央与地方之权限、政府之组织、附则，共计 89 条。其内容特点是：

(1) 确认国民党掌握统治权。规定了训政时期由中国国民党全国代表大会

代表国民大会行使中央统治权。

(2) 强调对人民权利的法律限制和人民必须承担的多种义务。在“人民之权利义务”一章中，罗列了一般资产阶级宪法通常规定的各项人民权利，但除了“人民有信仰宗教之自由”及“人民有请愿之权”两条外，一律加以“依法律”的限制；它不但规定人民有纳税及服兵役的义务，还规定人民有服工役的义务和服从行政机关执行职权行为的义务。

(3) 作了一系列空头许诺。如规定男女教育之机会一律平等、已达学龄之儿童应一律受义务之教育、改良劳工生活状况、禁止高利贷等，还规定了人民有选举、创制、罢免、复决之权。然而，这一切均无任何保障实现的措施，当政者并不为此承担任何责任。

(4) 为国家垄断资本的发展提供法律依据。如规定国家得设立农业金融机关，应兴办各种矿业，创办国营航业等。

(5) 规定由中国国民党中央执行委员会行使该“约法”的解释权。

(二)《中华民国宪法》

1. 制定经过

抗战胜利后，1945 年 10 月 10 日国共两党签署了《国共代表会议纪要》，即“双十协定”。1946 年 1 月，在共产党人和民主进步人士的努力下，在重庆召开的政治协商会议上通过了符合当时广大人民群众基本愿望的《宪法修改原则》12 条，如其规定：实行国会制、内阁制、省自治和司法独立，并强调人民的自由应受宪法保障，等等。

但是，随着内战的爆发，国民党于 1946 年 11 月 25 日召开了无共产党、民主党派和无党派人士参加的“国民大会”，并于 12 月 25 日通过了《中华民国宪法》，于 1947 年 1 月 1 日公布，同年 12 月 25 日施行。紧接着，蒋介石在 1948 年 3 月当选为总统，5 月 10 日公布了《动员戡乱时期临时条款》。

2. 主要内容和特点

《中华民国宪法》共 175 条，分为 14 章，即：总纲、人民之权利义务、国民大会、总统、行政、立法、司法、考试、监察、中央与地方之权限、地方制度、选举罢免复决、基本国策、宪法之施行及修改。

(1) 表面上的“民有、民治、民享”和实际上的个人独裁。《中华民国宪法》在总纲中规定：“中华民国基于三民主义，为民有、民治、民享之民主共和国”，“中华民国之主权属于国民全体”；在“国民大会”中规定，国民大会代表全国国民行使政权。但是，它又有其表面装潢之一面。一方面，它明确宣布国民大会的创制、复决两权暂不行使，要待全国有半数的县市曾经行使时，再决定行使的办法。这样，国民大会除了举手表决外，便无所事事了。另一方面，它赋予总统以极大的权力，包括作为国家元首，对外代表中华民国，行使缔结条约及宣战、媾和之权，统率全国陆海空军，任免文武官员，依法行使大赦、特赦、减刑及复决之权，等等。1948年的《动员戡乱时期临时条款》规定："总统在动员戡乱时期，为避免国家或人民遭受紧急危难，或应付财政经济上重大变故，得经行政院会议之决议，为紧急处分。"还规定："动员戡乱时期，总统、副总统得连选连任，不受宪法第47条连任一次之限制"，实际上确认了蒋介石的总统终身制。

（2）政权体制不伦不类。《中华民国宪法》在政权体制方面的规定，既非国会制、内阁制，又非总统制。比如，它规定行政院对立法院负责，似乎是实行责任内阁制；但又规定行政院长由总统提名，副院长、政务委员及各部会首长由总统任命，似乎又实行总统制。再如，它规定总统公布命令须经行政院院长副署，似乎是对总统权力的牵制，那么，如果总统发布关于行政院院长的免职命令，又由何人副署？所以，《中华民国宪法》所规定的是表面上的不完全的责任内阁制和实际上的总统制，其自相矛盾的条文下所掩盖的，是维护专制统治的实质。

（3）罗列了人民的各项民主自由权利。《中华民国宪法》在第2章中抄袭资产阶级宪法条款，规定了一系列"人民之权利"，如：无分男女、宗教、种族、阶级、党派，在法律上一律平等；人民享有身体、居住、迁徙、言论、讲学、著作、出版、通讯、集会、结社、宗教信仰的自由权；享有生存权、工作权、财产权；享有请愿、诉愿、诉讼、考试权；享有选举、罢免、创制、复决权。还规定："凡公务员违法侵害人民之自由或权利者，除依法律受惩戒外，应负刑事及民事责任，被害人民就其所受损害，并得依法向国家请求赔偿。"但是，其第23条规定，以上各条列举之自由权利，除为防止妨碍他人自由、避免紧急危难、维持社会秩序，或增进公共利益所必要者外，不得以法律限制之。正是以该条规定为依据，南京国民政府颁布了《维持社会秩序临时办法》《戡乱时期危害民国紧急治罪法》《戒严法》等，把《中华民国宪法》的抽象的民主自由条款，切切实实地加以否定。

（4）以"平均地权""节制资本"之名，行保护封建剥削、加强官僚垄断经济之实。《中华民国宪法》在"国民经济"一节中，在标榜"国家对于土地之分配与整理，应以扶植自耕农及自行使用土地人为原则"的同时，特别强调"人民依法取得之土地所有权，应受法律之保障"；在规定"国家对于私人财富及私营事业，认为有妨害国计民生之平衡发展者，应以法律限制"的同时，又强调"公用事业及其他有独占性企业以公营为原则"，"金融机构应依法受国家之管理"，从而在实际上为四大家族排斥民族资本、垄断经济命脉提供了宪法保障。这些规定，使所谓“平均地权，节制资本，以谋国计民生之均足”，徒成欺人之谈。

（三）《国民政府组织法》

《国民政府组织法》公布于1928年10月8日，又于10月20日公布了行政院、立法院、司法院、考试院和监察院的组织法，规定了国民政府的组织、权限及各院的职能。

在不到20年的时间里，《国民政府组织法》先后修正了11次之多，其中最重要的有3次：

第一次是在《训政时期约法》公布后的1931年6月，修正的核心是扩大国民政府主席的权力，规定五院院长及副院长、陆海空军副司令、国民政府直属机构首长，均由主席提名任免，行政院各部会长、立法院委员、监察院委员，均由各院院长推荐，由主席提出任免。

第二次是在1931年12月，由于蒋介石不再兼任国民政府主席，只担任国民党总裁，所以该次修改的要点是：主席不负实际政治责任，并不得兼任其他官职，五院院长由国民党中央执行委员会任命并对之负责，重要决策皆由国民党中执委政治会议决定。

第三次是在1943年9月，这时蒋介石重新兼任国民政府主席，于是，修改后的政府组织法又规定，国民政府主席为陆海空军大元帅，五院院长由主席提请中执委任命并对主席负责。

可见，数次对《国民政府组织法》的修改都是以主席权力为其重点的，而且是以蒋介石个人政治上的进退为转移的。

二、民法（商法）

（一）制定民法的原则和经过

南京国民政府实行“民商法合一”的制定原则。《中华民国民法》是由国民党中央政治会议在1929年通过的“编订民商法统一法典议决案”确定的。其主要根据是民法与商法并无确定的界限，两者并立既不便于立法又有碍于适用。依此原则，凡适合编入民法典的商事法律规范，如通常属于商法总则的经理人及代办商，通常属于商业行为的交互计算、行纪、仓库、运送营业及承揽运送等，一律订入民法债编；凡不宜于编入民法者，如公司、票据、海商、保险、商业登记等，分别制定单行法。

南京国民政府的民法，是由国民党中央政治会议分别制定立法原则，分编草拟，分期公布的。1929年1月，立法院设立民法起草委员会，负责草拟。

拟成后经国民党中央审议，以国民政府名义公布。其民法典的总则公布于1929年5月，债及物权公布于同年11月，亲属编和继承编公布于1930年12月。另外，1929年还公布了《公司法》《票据法》《海商法》和《保险法》等独立的商事单行法。

（二）《中华民国民法》制定的背景

继承了大革命时期广州和武汉国民政府确立的国体和立国基本原则的国民党领导的南京国民政府，于1927年4月成立之次年12月起，便设立了立法院，由胡汉民担任院长，主持法典编纂。国民政府立法的一个重要内容就是建立起“六法”体系。1929年1月，立法院设立由傅秉常、焦易堂、史尚宽、林彬、郑毓秀5人组成的民法起草委员会，并聘请司法院院长王宠惠、考试院院长戴传贤及法国人宝道担任顾问，以何崇善为秘书，胡长清为纂修，于同年2月1日开始编纂民法典。

南京国民政府成立之初，在处理民事案件上，沿用北洋政府的民事法规、判例和民间习惯。1929年开始民法典的起草工作时，把清末修律以来采用的民法典和商法典分别编纂的立法体系，改为民商合一的立法体系，将通常属于商法总则及诸如交互计算、行纪、仓库、运送营业、承揽运送等均并入民法债编，其他不宜合并者，如公司、票据、海商、保险、商业登记等，则分别制定成单行商事法规，从而形成一个以民法典为核心、单行法为基干的民商合一的立法体系。其民法体系的核心即为六法之一的《中华民国民法》。

南京国民政府这种把原来民商分立的立法体系改为民商合一体系的根据和理由，主要就是立法院长胡汉民和副院长林森在中央政治会议第183次会议上提出的编订民商统一法典的提案。胡汉民、林森的《提案》称：

“查民商分编，始于法皇拿破仑法典。维时阶级区分，迹象未泯，商人有特殊之地位，势不得不另定法典，另设法庭以适应之。欧洲诸邦，靡然相效，以图新颖。然查商法所规定者，仅为具有商业性质之契约，至法律上原则或一般之通则，仍须援用民法，而商法上最重要之买卖契约，且多在民法中规定。是所谓商法者，仅为补充民法之用而已，其体例，因已难臻美备。且社会经济制度递嬗，信用证券，日益发达，投资商业者风起云涌，一有限公司之设立，其股票与债券类分散于千百非商人之手，而签发支票、汇票等事，昔日所谓之商行为，亦非复商人之所专有。是商行为与非商行为之区别，在学说上彰彰明甚，接诸事实，已难尽符民商分编之理由，更失其理论之根据。故现世各国，如美、英、瑞士等均无商法法典，而暹罗、苏俄等国新订法典，又均将民商二法合并。是统一民商二法，已成为现代立法之趋势矣。我国商人本无特殊地位，强予划分，无有是处。此次订立法典，允宜考实际之状况，从现代立法之潮流，订为民商统一之法典。其不能合并者，则分别订立单行法规以资通用，如公司法、票据法、海商法、保险法等是。如此则无论民商同遵一法，既免法典条文之糅杂，更符本党全民之精神。”

于是，从1929～1931年，国民政府分别编纂和陆续颁布、实施了《中华民国民法》5编。

（三）《中华民国民法》的编章结构

《中华民国民法》包括总则、债、物权、亲属、继承5编，共29章，1225条。

第1编总则，1929年5月23日公布，同年10月10日施行。本编规定的是民事权利及法律关系的总的原则。下设法例、人、物、法律行为、期日及期间、消灭时效、权利之行使7章。

第2编债，1929年11月22日公布，1930年5月5日施行。本编是关于债关系的法律规定，下设通则、各种之债2章。

第3编物权，1929年11月30日公布，1930年5月5日施行。本编规定对物的直接管理与支配，并排除他人干涉的民事权利，下设通则、所有权、地上权、永佃权、地役权、抵押权、质权、典权、留置权、占有权10章。

第4编亲属，1930年12月26日公布，1931年5月5日施行。本编规定了因婚姻、血缘和收养关系而产生的人们之间的权利义务，下设通则、婚姻、父母子女、监护、抚养、家、亲属会议7章。

第5编继承，1930年12月26日公布，1931年5月5日施行。本编规定的是被继承人死亡后由其亲属继承其财产的权利义务，下设遗产继承人、遗产之继承、遗嘱3章。

此外，各编还分别编有施行法若干条，与各编同时施行。

为了使民法规范得更周延，防止因不能够将所有的民事关系全部纳入民法典的范畴以内而影响对于民事关系的调整，《中华民国民法》第一条明确规定：“民事法律未规定者，依习惯，无习惯者，依法理。”这表明习惯与法理同样是南京国民政府民事法律的渊源。

（四）《中华民国民法》的内容特点

1. 采用以“国家本位”为主的立法原则

南京国民政府的民法仿效最新的资产阶级立法原则，强调只有个人利益不违背国家利益时，才能得到保护。为此，它在一般地承认“私法自治”的同时，对于权利的行使、契约的订定以及其他民事法律行为作了较严格的限制，如规定所有人须于法令限制之范围内行使其所有权，有悖于公共秩序或善良风俗的法律行为无效。

2. 对旧民律草案作了较多修正

南京国民政府的民法虽以清末和北洋政府的民事草案为基础，但作了大量修正，并有明显的发展。如参照苏联民法的体系增设“法例”一章；仿照德国民法，不再区别“使用租赁”与“用益租赁”；效法日本民法，关于遗失物之拾得有详细规定；采瑞士民法制度，明认留置权有物权的效力。在结婚问题上采仪式婚制不采登记婚制，以及取消了嫡子与庶子的区别，不再认为妻是限制行为能力人，容许限定继承，等等。

3. 注重维护私有财产的所有权和封建地主土地的土地经营权

首先，关于所有权之取得，规定：以所有之意思，5 年间和平公然占有他人之动产者，取得其所有权；以所有之意思，20 年间和平继续占有他人未登记之不动产，得请求登记为所有人，而如为善意或无过失，其取得时效仅为 10 年，等等。此即民法之物权法理论中之“取得时效制度”。

其次，关于所有权之保护，规定：所有人对于无权占有或侵夺其所有物者，得请求返还之；对于妨害其所有者，得请求除去之；有妨害其所有权之危险者，得请求防止之，等等。此即民法之物权法之“物权请求权”制度。

再次，关于土地的所有权及经营权，它一方面规定土地所有权及于土地之上下，土地所有人得禁止他人侵入其地内。另一方面，对“地上权”“永佃权”“地役权”作了详尽的规定。如：地上权人纵因不可抗力妨碍其土地之使用，不得请求免除或减少租金；永佃权人积欠地租达 2 年之总额者，土地所有人得撤佃，等等。

4. 婚姻家庭制度带有浓厚的封建色彩

首先，肯定了包办买卖婚姻和其他封建习惯。它在结婚实质要件部分，除婚龄外，特别规定：未成年人结婚，应得法定代理人之同意。其法定成年年龄为 20 岁，而婚龄仅是男 18 岁，女 16 岁。并且又肯定了法律所未规定者，依习惯的原则。据此，其法院的“解释”便称：“习惯上之买卖婚姻，如经双方合意，得认为有效。”

其次，维护夫妻间的不平等关系。表现在姓名权上，规定妻以本姓冠以夫姓。在住所上，规定妻以夫之住所为住所。在财产权上，以联合财产制为法定财产制，即夫妻的财产联合起来由夫管理，夫对妻之原有财产有使用、收益权及孳息的所有权，妻仅保留原有财产的返还请求权。在父母子女关系上，规定子女从父姓，父母对于权利之行使意思不一致时，由父行使之。

再次，维护封建家长制度。规定“家置家长”，家长不能推定时，以家中之最尊辈者为之，家务由家长管理。另外，它肯定“亲属会议”制度，而这种属于封建的制度，除少数国家（如瑞士），均已被取消。

（五）《中华民国民法》在体系上的特色及其历史地位

南京国民政府颁布的《中华民国民法》是中国社会经济变动和发展的要求和必然结果，其揭开了中国民事立法新的一页，是传统民法向现代民法转变的重要标志。其基本上是外国法与中国国情相结合的产物，而且较完整地体现了立法者的立法意图与价值理念，对中国以后的民事立法还是产生了很大的影响，我国台湾省目前施行的民法就是这部法典的修订版，其基本原则和主要内容仍然以此为蓝本。

从体系上看，《中华民国民法》是学习西方民法立法体系的直接结果，例如，将清末以来一直把民事法典的称谓从“民律”改定为“民法”，从此，该称谓一直沿用到今天。再如，直接采用德国民法的编制方法，确立了完整的五编制的民法典编制体例，把民法典分为总则、债、物权、亲属和继承 5 编，编下分章，章下分节，等等。

从内容上看，在立法原则上撷取西方之自由平等的民法精神，直接承继西方的民法制度，包括：法人的地位、法律行为、期间期日、时效制度、权利行使、各种债的厘定、无因管理、不当得利，以及所有权制度、动产与不动产的区别、物权法定主义，甚至于亲属会议、特留分制度，等等，充分反映了南京国民政府当时急于“与世界潮流结合”的心境。

《中华民国民法》在大量吸收西方立法成就的同时，也保留了中国固有的一些制度和习惯。例如，设法例为专章；保留了典权、妻冠夫姓、允许表兄妹结婚、家制、继承的顺序等方面的制度；等等。由此可见，《中华民国民法》是一部中外混合、历史与现实、进步与保守相互妥协的产物。但是，它在立法形式和技术方面在中国历史上的成就也是不容抹杀的，毕竟这是中国第一部具有开创性的现代民法典。

（六）商事立法

南京国民政府虽然施行民商合一的立法模式，但是，并未否定商法的地位和存在，他们在民法之外颁布了大量的独立的商事单行法，并且建构起了一个具有当时中国特色的民商法体系，只是该体系是以民法为核心而建立起来的，但是，其各个商事单行法之间也是相对独立的，在司法实践中也是独立适用的，并没有真正成为民法的附庸。

1.《民法债编》中的商事规范

中国近代民法自清末修律始，共经历了 3 次编订。中国第一次民法草案是

《大清民律草案》，于宣统三年（公元1911年）九月完成，分总则、债权、物权、亲属、继承5编，该草案基本仿照德国、日本民法，由于清政府的垮台而未及颁行。1925～1926年，民国《民律草案》各编先后完成，为中国第二次民法草案，该案基本由清末第一次草案修订而成，但总则编、物权编变得更少。债权编改为债编，间采瑞士债务法。亲属、继承两编则加入现行律民事有效部分，该案曾由民国北京政府司法部通令各级法院援用。国民政府成立后，1929年5月，编成民法总则编，并于同年10月先行公布施行；1929年11月，公布民法债编、物权编，于1930年5月5日施行；民法亲属、继承两编至1930年12月公布，1931年5月施行。1929年11月，国民政府公布《民法债编》，1930年5月5日施行。《民法债编》分通则、各种之债2章，共604条（《民法》第153～756条），其中第1章通则又分债之发生、债之标的、债之效力、多数债务人及债权人、债之移转、债之消灭等6节，第2章各种之债分买卖、互易、交互计算、赠与、租赁、借贷、雇佣、承揽、出版、委任、经理人及代办商、居间、行纪、寄托、仓库、运送营业、承揽运送、合伙、隐名合伙、指示证券、无记名证券、终身定期金、和解、保证24节。

该部分商事规范的内容主要有：

（1）有关经理人及代办商的规定。《民法》第553条规定："称经理人者，谓有为商号管理事务，及为其签名之权利之人。前项经理权之授予得以明示或默示为之。经理权得限于管理商号事务之一部或商号之一分号或数分号。"对于代办商，《民法》第558条规定："称代办商者，谓非经理人而受商号之委托，于一定处所或一定区域内，以该商号之名义，办理其事务之全部或一部之人。"

（2）有关买卖的规定。《民法》第345条规定："称买卖者，谓当事人约定一方移转财产权于他方，他方支付价金之契约。当事人就标的物及其价金互相同意时，买卖契约即为成立。"在买卖一节中，就买卖效力、买卖双方的权利义务、出卖人的买回权、特种买卖进行了规定。如有关特种买卖的条款中，对试验买卖、按照货样约定买卖、分期付款买卖、拍卖等进行了规定。

（3）有关交互计算的规定。所谓交互计算，是指"当事人约定以其相互间之交易所生之债权债务为定期计算，互相抵消而仅支付其差额"之行为（《民法》第400条）。记入交互计算的项目自计算后经过1年，不得请求除去或改正，但对汇票、本票、支票及其他流通证券记入交互计算项目肘，若证券之债务人不为清偿时，当事人可以将该记入的项目除去。

（4）有关居间和行纪的规定。所谓居间，依据《民法》第565条的规定，是指"当事人约定一方为他方报告订约之机会或为订约之媒介，他方给付报酬”之行为。居间人有要求获得报酬的权利，但“居间人支出之费用非经约定不得请求偿还”。此外，《民法》第567条还规定了居间人的如实报告义务。

（5）有关仓储的规定。所谓仓储，实为保管物品，且收取报酬的一种营业行为。《民法债编》对仓库营业人的定义、仓单记载事项、仓单持有人的权利、仓库营业人的权利均作了规定。

（6）有关运送营业的规定。《民法债编》因运送标的物的不同，将运送营业分为物品运送、旅客运送两种类型。在“物品运送”中，托运人可签署记载详细囱托运单，而运送人应托运人的请求也应签发提单，此提单可背书转让（禁止背书转让的除外）。《民法》第649条明确规定除能证明托运人对于责任之免除或限制明示同意外，其免责记载不生效。这是有关格式合同条款的规定，这种规定也见于有关旅客运送的条款中。

除上述规定外，《民法债编》在“各种之债”中还对互易、租赁、承揽、出版、寄托、承揽运送、隐名合同、指示证券、无记名证券等进行了规范。

在“各种之债”中，还有关于合伙的规定。所谓合伙，根据《民法》第667条的规定，它是指“二人以上互约出资以经营共同事业之契约”。对于合伙债务，《民法》第681条规定了连带清偿责任形式，即“合伙财产不足清偿合伙之债务时，各合伙人对于不足之额，连带负其责任”。《民法债编》对合伙事务的执行、合伙的损益分配、退伙、合伙解散等事项也有明确的规定。

2. 一部比较完整的现代中国公司立法——1929年《公司法》

1928年7月，国民政府工商部考虑到“商法为处理商事之重要法规，亟应着手修订，以为实施之资”，故组织工商法规讨论委员会，编纂全部工商法规。该委员会成立后，“以我国公司林立，需用公司法甚殷，乃准乎党纲、酌诸国情，本历年事实上之经验”，拟具《公司法草案》（8章，256条）。《公司法草案》经立法院召集商法起草委员会委员、民法委员会委员以及工商部部长等人进行审查，除删去一条外，各条无多修正，大致照原案通过。于是，233条的《公司法》在1929年12月30日公布，并定于1931年7月1日起施行。此为我国近代第三次公司立法，更是一部比较完整的现代中国公司立法。其主要内容如下：

（1）关于公司种类的规定。《公司法》将公司种类划分为无限公司、两合公司、股份有限公司、股份两合公司四种。《公司法》第3条明确确定公司是法人。《公司法》对公司的对外投资进行了一定的限制，如《公司法》第11条规定：“公司不得为他公司之无限责任股东，如为他公司之有限责任股东时，其所有股份总额不得超过本公司实收股本总数四分之一。”

（2）关于无限公司的规定。“无限公司”一章分为设立、公司内部关系、公司之对外关系、退股、公司之解散、清算 6 节。根据《公司法》第 12 条规定，无限公司股东人数应在 2 人以上，且应“共同订立章程签名盖章”。对于公司的盈亏分担，《公司法》第 17 条规定：“公司盈亏之分派如章程无订定时，以股东之出资之多寡为准；章程中仅就盈余或亏损定有分派之比例者，其所定比例于盈余亏损均适用之。”《公司法》还规定，公司章程的变更以及公司营业范围外行为的作出，都须获全体股东同意方可实施。

（3）关于两合公司的规定。《公司法》第 70 条规定：“两合公司以无限责任股东与有限责任股东组织之；有限责任股东以出资定额为限对于公司负其责任。”此外，《公司法》第 73 条、第 79 条限制了有限责任股东的出资形式和权利，即“有限责任股东不得以信用或劳务为出资”，并“不得执行公司业务及对外代表公司”。

（4）关于股份有限公司的规定。“股份有限公司”一章分为设立、股份、股东会、董事、监察人、会计、公司债、变更章程、解散、清算 10 节。依据《公司法》的规定，股份有限公司应有 7 人以上的发起人；创立会应当在认足股份总数、认股人缴足一半股款才能举行；创立会应依法定程序议决一切事项，并选任董事及监察人；公司非经设立注册，不得发行股票；公司可发行无记名股票，但不得超过资本总额的 1/3；股东责任以其所认股额为限。此外，《公司法》还规定了股东会的召集、股东权力、董事或监察人的选任及职责、临时股东会的召开、公司债的发行、章程变更、资本增减、公司解散事由等多项内容。

（5）关于股份两合公司的规定。《公司法》第 215 条规定：“股份两合公司之股东至少应有一人负无限责任。”《公司法》还规定，股份两合公司的发起人应为无限责任股东，且无限责任股东可在公司创立会及股东会中陈述意见，有限责任股东“虽有有限股份亦无表决权”。根据《公司法》第 225 条的规定：“两合公司应须全体股东同意之事项，在股份两合公司除股东会决议外，更应有无限责任股东之同意。”

（6）其他规定。《公司法》第 148 条规定了董事的“注意义务”；第 151 条规定了监察人可代表公司对董事提起诉讼的制度。

《公司法》颁布后，立法院又公布了《公司法施行法》（33 条）。国民政府实业部公布了《公司登记规则》（46 条）以及《公司法施行细则》等配套法规。公司法律体系进一步系统化。

3. 既合国情又有创新的 1935 年《破产法》

20 世纪 30 年代，“因外受世界经济潮流之震荡，内感农村经济衰落之危机，工商业倒闭之事件，固属数见不鲜，即个人方面，因金融上之周转不灵，而无法偿还其负欠者，亦比比皆是。凡此债权债务之纠纷，宜有一定清理之程序”，因此，“破产法规之制定，乃有不容久缓之势”。

1933 年立法院令民法委员会起草破产法。1935 年春，该委员会正式开始起草工作。至 1935 年 4 月，《破产法草案》初稿完成，经广泛征求意见后，将初稿加以修改，拟具《破产法草案》4 章 159 条。

1935 年 6 月，对上述草案进行了审议，于 1935 年 7 月 17 日公布，同年 10 月 1 日施行。该《破产法》分总则、和解、破产、罚则 4 章，计 159 条。除第 1 章“总则”、第 4 章“罚则”外，第 2 章“和解”分法院之和解、商会之和解、和解及和解让步之撤销 3 节；第 3 章“破产”分破产之宣告及效力、破产财团之构成及管理、破产债权、债权人会议、调协、破产财团之分配及破产之终结、复权 7 节，涉及破产原因、破产管理、和解条件及其限制、债务人的监督及其行为限制、债权人利益保护、破产宣告、破产财团、撤消权、别除权、抵销权、复权等方面的内容。其基本特征是：

(1) 顺应立法趋势，确定破产立法主义。在《破产法》的适用上，不分商人与非商人，采一般破产主义；关于破产原因，采概括主义；关于债务人或破产人的财产，采属地主义；关于破产宣告，以声（申）请主义为原则，以职权主义为补充；关于破产财团，则采用膨胀主义；关于经破产程序受清偿后之债权，采用免责主义。

(2) 设立和解制度。《破产法》第 2 章规定了和解制度，债务人不能清偿债务，在进行破产申请前，可向法院申请和解（第 6 条），商人可向当地商会请求和解（以未向法院申请和解者为限，第 41 条）。法院主持的和解程序规定在《破产法》第 6～40 条中。债务人向法院申请和解时，应提出财产状况说明书及债务人、债权人清册，并附具和解方案，提供担保（第 7 条）。法院可根据情况许可和解申请或驳回和解申请（第 9 条），法院许可其和解申请的，可指定推事一人为监督人，并选任会计师或当地商会所推举人员或其他适当之人为监督辅助人（第 11 条），并进行公告（第 12 条、第 13 条），监督人与监督辅助人对处于和解程序中的债务人有监督之权（第 18 条、第 19 条）。在和解程序进行中，债务人可以继续其业务，但应受监督人及辅助监督人的监督（第 14 条）；债务人申请和解后的有偿行为、逾越通常管理或营业范围的行为，亦对债权人不生效力（第 16 条、第 17 条）。在监督人主持下，召开债权人会议，由债权人与债务人就和解条件磋商（第 25 条），债权人会议所作出的和解决议，应由出席债权人过半数之同意，而其所代表之债权额应占无担保总债权额 3/4 以上（第 27 条）。债权人会议否决和解时，和解程序终结（第 28 条）。债权人会议认可和解时，由监督人呈报法院，由法院作出认可与否的裁定。经认可之和解，除法律另有规定外，对于一切债权人的在和解申请许可前成立的债权，均有效力（第36条）；法院驳回和解申请或不认可和解时，依职权宣告债务人破产（第35条）。根据《破产法》第41～49条的规定，商会可依法主持债务人所请求的和解事项，"和解经债权人会议可决时，应订立书面契约，并由商会主席署名，加盖商会钤记"（第47条）。《破产法》有关商会主持和解的程序多准用法院和解之规定（第49条）。

（3）设立了较为规范的破产程序，并表现出较为强烈的法院职权主义倾向。除和解程序外，在破产宣告方面，《破产法》规定债权人申请宣告破产时，应叙明债权性质、数额及债务人不能清偿其债务的事实（第61条）；债务人在申请破产时，应附具财产状况说明书及债权人、债务人清册（第62条）；法院自破产申请收到7日内裁定宣告破产或予以驳回（第63条）；法院宣告破产的，选任破产管理人（第64条），并依职权采取传唤等方法调查其债务（第70条），并可在破产人逃亡或隐匿财产等情况下限制破产人的自由（第71条、第72条、第73条）；《破产法》第78条、第79条还规定了债权人或破产管理人的撤销权。在关于破产财团方面，《破产法》规定，破产宣告时属于破产人之一切财产及将来行使之财产请求权，以及破产宣告后、破产终结前破产人所取得之财产，均属于破产财团（第82条第1款）；《破产法》第82条第2款规定："专属于破产人本身之权利及禁止扣押之财产不属于破产财团"；《破产法》还设定了取回权、别除权制度。在破产债权方面，《破产法》第99条规定："破产债权非依破产程序不得行使"；第100条规定："附期限之破产债权未到期者，于破产宣告时视为已到期"；第102条规定："附条件之债权得以其全额为破产债权"；《破产法》还规定了在对债务承担连带责任时，债权人与连带债务人、连带债务人之间，以及在法人负无限责任之人受破产宣告（第106条）、别除权债权人行使别除权后未能受偿（第109条）时，破产债权的确定事项，并规定了破产债权的行使顺位、破产债权人与破产人债务可否抵消等问题。在债权人会议方面，《破产法》第116条规定："法院因破产管理人或监查人之声请，或依职权，召集债权人会议"；第117条规定："债权人会议应由法院指派推事一人为主席"；《破产法》还规定了债权人会议召集的方式、决议的作出、决议的认可、对决议异议的裁定等事项。在破产财团的分配方面，《破产法》第138条至第144条规定了破产财团的变价、分配、提存等事项。在复权方面，《破产法》第150条、第151条规定了破产人的复权申请、复权的许可以及复权的撤销事项。

从总体上看，1935年《破产法》在破产制度的设计上结合中国国情，有所创新，在立法技术上表现出简明、逻辑性强的特点，达到了中国近代破产立法的最高水平，标志着我国破产立法已走向成熟。

4. 集大成的 1929 年《票据法》

1929 年 10 月 30 日，《票据法》正式公布施行，分总则、汇票、本票、支票、附则 5 章，计 139 条；其中第 2 章“汇票”分为发票及款式、背书、承兑、参加承兑、保证、到期日、付款、参加付款、追索权、拒绝证书、复本、誊本等 12 节。此外，还规定了本票与支票的相关内容。为配合《票据法》的施行，立法院又审议通过《票据法施行法》，于 1930 年 7 月 1 日公布施行。

1929 年的票据立法，无论是其内容，还是其制定过程，都表现出明显的特色。从内容上看，1929 年《票据法》具有以下 4 个方面的鲜明特色：

（1）确立了“三票合一”的票据制度。国民政府 1929 年《票据法》采用了“三票合一”的立法模式，吸取了两大法系已有的票据立法经验。

（2）严格区分基础关系与票据关系。1929 年《票据法》顺应国际票据立法潮流，采用流通主义与信用主义的立法理念，承认票据行为的无因性，严格分离票据关系与基础关系。如“票据法草案说明书”所称：“票据因法律关系而成立，不问对价、有无瑕疵、资金曾否确定，凡有票据者即予权利，凡签名于票上者，对于善意执票人均应依票据文义而负责任。”

（3）体现票据行为的特性。1929 年《票据法》在相关条款中体现了票据行为的要式性、文义性、无因性、独立性，如第 5 条规定：“票据上虽有无行为能力人之签名不影响其他签名之权利义务”；另如第 12 条规定：“票据之伪造或票上签名之伪造不影响于真正签名之效力”。《票据法》第 2 条规定：“在票据上签名者依票上所载文义负责”；第 10 条规定：“票据债务人不得以自己与发票人或执票人之前手间所存抗辩之事由对抗执票人，但执票人取得票据出于恶意或诈欺时不在此限。”

5. 中国近代较为完整的《交易所法》

1929 年，国民政府工商部考虑到 1914 年《证券交易所法》“隙漏甚多”，而《物品交易所条例》“尤多驳杂不纯”，“遂致投机垄断者乘隙以起，于是倾家荡产者，不知凡几，金融时起恐慌，而交易所之基础，亦因以动摇，流弊所及，至今未已”，认为应另定交易所法。随后，工商部拟定了《交易所法草案》（58 条）、《交易所法施行细则草案》（27 条），由行政院决议后呈立法院。

上述提案经 1929 年 5 月 4 日立法院第 22 次会议讨论后，决定由经济委员会与商法起草委员会共同审查。立法院经济委员会将原草案逐条修正，另行拟定了《交易所法审查修正案》，提交立法院第 49 次会议讨论通过，并省略三读。《交易所法》于 1929 年 10 月 3 日公布，定于 1930 年 6 月 1 日施行，同日施行的还有工商部 1930 年 3 月 1 日公布的《交易所法施行细则》。

1929年《交易所法》分设立、组织、经纪人及会员、职员、买卖、监督、罚则、附则8章，共58条。该法在内容上有以下特色：

（1）立法体例的变化。该法统一适用于证券交易所和物品交易所，未采民初将两者分开规定的模式。这种立法体例的优点是可以避免分别立法所造成的因交易所不统一而给管理上带来的不便。

（2）对交易所的设立及经纪人资格的取得，仍采取核准制。国民政府工商部作为主管机关，在商业繁盛区域内，核准设立买卖有价证券、一种或同类数种物品之交易所。在交易所组织形式上，规定买卖有价证券或依标准物买卖货物的市场均为交易所，且应依法设立；当交易所形式为股份有限公司时，《交易所法》第6条规定："其为买卖者，以该所经纪人为限"；当交易所形式为同业会员组织时，《交易所法》第6条同时规定："其为买卖者，以该所之会员为限。"对于经纪人资格，《交易所法》第9条规定："凡欲为交易所经纪人者，应由交易所呈请工商部核准注册"；第10条规定："非有中华民国国籍之人民或法人，不得为交易所之经纪人或会员"；无行为能力、受破产宣告、被褫夺公权、处1年以上徒刑执行完毕或赦免后未满5年、在交易所受除名处分未满5年的，不得为交易所经纪人或会员。

（3）扩大经纪人的范围。《交易所法》摈弃1914年《证券交易所法》中对妇女从业资格的限制，还规定法人可以成为交易所的经纪人或会员。对于法人经纪人，《交易所法》第11条第1项规定："无限公司、两合公司或股份两合公司，其无限责任股东与执行业务之职员全体为中华民国人民"、"股份有限公司其股份额过半数及议决权过半数，并其董事、监察人三分之二以上，均为中华民国人民"的可成为交易所的经纪人或会员。

（4）增加交易所缴纳保证金及买卖期限的规定。《交易所法》第34条规定："股份有限公司组织之交易所依照前条规定负赔偿之责者，应交存营业保证金于国库。"对于买卖期限，《交易所法》第28条规定："交易所买卖之期限，有价证券不得逾三个月；棉花、棉纱、棉布、金、银、杂粮、米谷、油类、皮革、丝、糖等不得逾六个月；其他物品不得逾工商部所定之期限。"

（5）禁止内幕交易。《交易所法》第26条规定："股份有限公司组织之交易所，其职员或雇员均不得用任何名义，自行或委托他人在交易所为买卖；前项交易所之职员或雇员均不得对于该交易所之经纪人供给资本、分担盈亏，或与经纪人之营业有特别利害关系。"此外，该法还规定，证券交易所不得从事本所股票的买卖（第29条），而且规定"经纪人经核准注册为交易所之职员时，其原有经纪人之注册即丧失效力"（第14条）。

（6）强化监管。根据《交易所法》第41条，交易所的行为若有违背法令、妨害公益、扰乱治安时，工商部可以采取解散交易所、停止交易所营业或部分营业、责令职员退职、停止经纪人或会员营业、对经纪人、会员予以除名等措施。《交易所法》第42条规定，工商部认为必要时，得派员检查交易所之业务簿据；交易所职员、经纪人或会员，对于该等检查有提供物件、答复质问的义务。

（7）增加罚则。1914年《证券交易所法》仅有2条罚则，《交易所法》则大大增加了罚则条款，对交易所职员或鉴定员受贿或约定贿赂、伪造交易所公定市价、散布虚假市价文书、擅自设立交易所、违反公布市价等行为规定了1年以下徒刑、3 000元以下罚金等处罚措施。

6. 兼采日、德体例的《海商法》

1926年11月18日，前北京政府司法部命令暂行参酌采用《海船律案》。至国民政府建都南京后，亦通令暂准采用该法案。考虑到海商法对海上贸易的巨大影响，遵照中央政治会议的决议，以单行法形式进行海商立法。

1929年12月，立法院第68次会议对《海商法法案》逐条讨论，三读通过，并于1929年12月30日公布，定于1931年1月1日施行（1930年11月25日公布《海商法施行法》9条，规范《海商法》施行前发生的海商事件及其适用问题）。该法共8章，174条。第1章“通则”；第2章“船舶”，分船舶所有权、优先权及抵押权2节；第3章“海员”，分船长、船员2节；第4章“运送契约”，分货物运送、旅客运送、船舶拖带3节；第5章“船舶之碰撞”；第6章“救助及捞救”；第7章“共同海损”；第8章“海上保险”。其在内容上表现出如下的特色：

（1）适度扩大了《海商法》调整的范围。对于船舶，各国立法例的规定不尽相同，《海商法》第1条规定：“本法称船舶者，谓在海上航行，及在与海相通能供海船行驶之水上航行之船舶。”

（2）对于船舶国籍，采所有人国籍地主义。考虑到我国当时“航业不发达，当初高级航务人员多属外人，国内造船技巧又不高明，故不能以海员或制造地为标准”，《海商法》对于船舶国籍仅采船舶所有人主义。依照《海商法》第3条规定，中国官署所有的船舶、中国人所有的船舶均为中国籍船舶，此外，当船舶所有人为依据中国法律设立的在中国有本店的公司（若为无限公司，则当其股东全体为中国人的；若为两合公司或股份两合公司，则当其无限责任股东全体为中国人的；若为股份有限公司，则当其董事2/3以上为中国人并其资本2/3以上为中国人所有的）时，船舶也视作中国籍船舶。

（3）对船舶所有权的规定较为严密。《海商法》明确船舶为动产，适用《民法》关于动产之规定，但有特别规定者除外；对船舶所有权的移转采要式主义，《海商法》第10条规定，船舶全部或一部之让与，非作成书面、并呈经主管官署或中国领事官署盖印证明，则船舶所有权移转不生效力。对于船舶共有，《海商法》采单纯共有说，即“共有关系，不因共有人中一人之死亡、破产或禁治产而终止”。

(4) 船舶所有人责任以有限责任为原则。《海商法》采德国法例，于第23条规定，船舶所有人所负责任“以本次航海之船舶价值、运费及其他附属费为限”，共列举了9种应承担责任的情形。

(5) 契约形式采要式主义。《海商法》第70条规定，货物运送契约分为“以件货之运送为目的”及“以船舶之全部或一部供运送为目的”两种形式，“以船舶之全部或一部供运送为目的之运送契约应以书面为之”(第71条)，同时这种契约不因船舶所有权的移转而受影响(第73条)。再如《海商法》第146条对于海上保险契约规定：“保险契约应以书面为之。”上述规定与民初《海船律案》规定的非要式契约不同。

(6) 保护旅客利益。《海商法》第108条规定：“船舶因不可抗力不能继续航海时，船长应设法将旅客运送至目的地。”而民国初年的《海船律案》第117条规定，运送旅客契约，因船舶沉没、船舶不能航海、船舶被捕获而当然终止。

(7) 对共同海损的规定更加明了。《海商法》第129条规定，共同海损是指“在海难中，船长为避免船舶及积货之共同危险所为处分而直接发生之损害及费用”。为防范道德风险，对于货币、有价证券及其他贵重物品的损失，除非经报明船长，否则一般不作为共同海损(第134条)。对于船舶或积货是否须因海损处分而得保存，该法采残存主义，即“共同海损，应以所存留之船舶积货之价格及运费之半额，与共同海损之损害额为比例，由各利害关系人分担之”(第135条)。

7. 采营业自由限制主义的《银行法》

国民政府成立后，因“《银行通行则例》之颁行，远在二十余年以前，其条文所定不惟简单，且极疏漏，故诸多窒碍。虽随时由财政当局予以补充，而此种残破法律之存在，足以感觉不安。于是另行颁定，殊属必要……银行一业，渐趋重要，其数量异常增加，其与一般社会之关系亦更密切……故为保全固有之银行业及防患于未然计，银行法乃属必要而无疑者也”，且“法律之订立，既须应时势之要求，复须谋习惯之适合，诚不能不审慎将事也。惟国家之政策，随时更易，未可同日而语。我国从来对于法律观念，异常幼稚，民国以来，至于最近，始将各种法律次第颁行。银行法虽非重要法律，而既为斯业所希望，则其订立，亦属刻不容缓，有法胜于无法，固已为国人所承认矣”。于是，于 1930 年 4 月间特令商法起草委员会起草银行法。1931 年 2 月，《银行法草案》在立法院通过，共 51 条，并于同年 3 月 28 日公布（未定施行日期）。

1931 年《银行法》具有以下主要内容：

（1）严格银行的设立程序。《银行法》规定凡是“收受存款办理放款及或票据贴现、汇兑及或押汇”之一业务者均为银行；若经营“前项业务而不称银行者，视为银行”。

（2）《银行法》规定了“不完全”的分业模式。《银行法》第 9 条规定银行可以兼营下列业务：买卖金银及有价证券、代募公债及公司债、押汇、仓库业、保管贵重物品、代理收付款项。除了上述可以与银行业务混合经营的业务之外，银行还可以从事信托业，但《银行法》禁止银行从事保险业务。

（3）采取严格的监管。《银行法》采用了事前监管主义，即非经主管部门核准登记，发给营业证书后，不得开业；凡创办银行者，应先订立章程，载明银行名称、组织、住所地、资本额、营业范围、投资人信息等相关的事项，呈请财政部或呈由地方主管官署转请财政部核准登记后，方得设立；并规定如系招股设立之银行，须订立招股章程，呈请财政部或呈由地方主管官署转请财政部核准后，方得招募资本（第 3 条）；对于经主管部门核准登记的银行，还应经主管部门或由其委托的地方主管官署验资，如认为确实，才能予以核准登记发给银行营业证书、开始营业（第 6 条）。对于银行营业，《银行法》强化了事后监督。

8. 未获施行的《保险法》

民族保险业在 20 世纪 20 年代中期至 30 年代，有了较大的发展。据统计，至 1937 年 8 月，全国有华商保险公司总数为 40 家，仅在上海一地就有 24 家，占据一半以上；同期的外资保险公司更多达 158 家。由于外国保险公司凭借不平等条约，操纵和垄断了中国保险市场，民族保险业者为了与外资保险公司竞争，更需要法律的扶持和保护。于是，1928 年 9 月，国民政府金融监理局在全国经济会议上提出《保险条例草案》。此后，1929 年 11 月，商法起草委员会马寅初、戴修骏、卫挺生等拟具《保险契约法草案》。该草案分 3 章，共 81 条，其中第 1 章“总则”分为通则、契约之成立、契约当事人之义务、时效 4 节；第 2 章“损害保险”分为通则、火灾保险、责任保险 3 节；第 3 章分为通则、人寿保险、伤害保险 3 节，内容涉及保险契约的定义、保险契约的生效、保险契约存续时间、保险契约的形式要件、保险人的义务、投保人的义务。1929 年 12 月 24 日，立法院第 68 次会议修正通过该草案，并将法案名称中的“契约”2 字删除，于 1929 年 12 月 30 日公布。该《保险法》章节和内容基本照原草案，但未规定生效、实施时间。

对于该《保险法》，业界也多有意见，于是商法起草委员会再次进行保险立法。1933 年 4 月，商法起草委员会在聘请王效文起草新《保险法》时，请其一并起草《保险业法》。立法院于 1935 年 6 月 7 日通过该法，国民政府同年 7 月 5 日予以公布。该《保险业法》分总则、保证金、保险公司、相互保险公社、会计、罚则、附则 7 章，共 80 条。其主要内容为：

（1）采取干涉主义，对于保险业之经营加以严格监督，不准人民自由为之；经营保险业者非呈请实业部核准，并依法缴存保证金、领取营业执照后，不得开始营业。

（2）规定华洋合资只能办理损失保险，而人身保险只准国人办理。

（3）国人投资于外国登记之保险业，或向外国属地登记之保险业，不认为是本国保险业，而与外国保险业受同等待遇。

（4）保险业不得兼营他业。

（5）其他外国保险业之营业范围仅以通商口岸为限。

（6）保证金之数额定为实收资本 15%，其资本或基金实收总额超过国币 50 万元时，除 50 万元之保证金仍照前例规定缴存外，其超过部分的保证金，得照 5%缴存，但至多以国币 20 万元为限。

（7）经营保险业者以股份有限公司与相互保险社为限。

（8）保险公司资本总额不得少于 20 万元，相互保险社的基金一次缴纳者，不得少于国币 10 万元。

《保险业法》亦于 1937 年 1 月 1 日经修正后重新公布。

但是，上述《保险法》和《保险业法》并未规定实施日期。此外，1935 年 5 月 10 日，国民政府公布了《简易人寿保险法》，该法于同年 10 月 19 日修正后再次公布，共 38 条。1935 年 8 月 20 日，行政院公布《简易人寿保险章程》71 条，其中，言明与《简易人寿保险法》同日实施。1935 年 10 月 11 日，国民政府明令《简易人寿保险法》于同年 12 月 1 日起施行。

9. 具有前瞻性质的《商业登记法》

国民政府还于 1937 年 6 月 28 日公布实施了《商业登记法》。《商业登记法》第 3 条列举买卖业、赁贷业、制造或加工业、印刷业、出版业、技术业、兑换金钱或贷金业、信托业、作业或劳务承揽业、设场屋以集客业、仓库业、典当业、运送及承揽运送业、行纪业、居间业、代办业为商业，同时于第 4 条规定："凡营业虽不属于前条列举之范围，而依本法呈请登记者，亦为商业。"关于登记的效力，该法第 13 条规定："应登记之事项，非经登记及公告后，不得对抗善意第三人。"

以上是民国政府在抗日战争以前颁布的主要商事法律。战后，国民政府根据需要，又先后于 1946 年和 1947 年颁布了新的《公司法》和《银行法》。由于其在中国大陆适用时间十分短暂，因此，很少引起注意。但是，其在中国法律史上仍占有重要地位。例如，公司法的编纂体例具有鲜明的时代背景，这主要表现在两个方面：其一，由于新《公司法》在编纂体例的指导思想上，"一以英美成规为准"，新增"定义"一章，其第 1 条规定："本法所称公司谓以营利为目的依照本法组织登记成立之社团法人"，强调了公司的营利属性、社团法人属性，较以往任何一部公司法均含义确切，在第 2～7 条分别对"无限公司""两合公司""有限公司""股份有限公司""股份两合公司""外国公司"等进行了定义。这种体例与以往采用的大陆法系公司法体例不设"定义"有所不同，明显地受英美立法的影响。其二，将罚则分布于各条之后。1929 年《公司法》仿德、日的立法体例，将罚则另立一章，而新《公司法》亦采英美立法体例，将罚则分附于各条之后，使人们对因违法而产生的责任一目了然。这种立法，是为了解决"就一般经验而言，办理公司者，往往事前怠于注意，事后方知违法，防患未然"的问题。

再如，首创有限公司制度。有限公司制度起源于英国和德国，由于有限公司股东的风险较其他公司形态小，设立程序及组织机构又较为灵活简便，故一经产生便在各国迅速得到发展。新《公司法》增设有限公司组织类型，目的在于"便利政府与人民合组公司，或政府与外人合组公司，或中央政府与地方政府合组公司"，这是对 1940 年 3 月的《特种股份有限公司条例》的融合与确认。同时，其他人也被赋予组织有限公司的权利。对此，当时的学者有褒有贬。但无论如何，有限公司制度在《公司法》中的确立是我国近代公司立法中的一个重大创举，它使新《公司法》在体例上更加完整，更符合立法潮流。

此外，新《公司法》还对外国公司进行规范，彰显了中国的主权。如，新《公司法》第 292 条规定："外国公司非在其本国设立登记营业者，不得声请认许；非经认许给予认许证者，不得在中国境内营业或设立分公司。"根据新《公司法》第 293 条规定，有下列情况之一的，对外国公司不予认许：①外国公司的设立目的或业务违反中国法律、公共秩序或善良风俗的；②其设分公司的地区限制外国人居住或其业务限制外国人经营的；③专为逃避其本国法律或利用第三国法律取得法人地位向中国请求认许，企图享受第三国人民权利的；④外国公司在声请认许时，报明的事项存在虚假的。新《公司法》第 295 条规定，外国公司应在获得认许后，将章程及无限责任股东之名册存放于中国境内的分公司；第 296 条规定，外国公司经认许后，其在中国境内设立分公司的，应在设立后 15 日内呈报所在地主管官署，并转呈中央主管官署申请登记。为了规范外国公司在华的业务，新《公司法》还规定外国公司可依法购置土地，但不得募股募债，主管官署于必要时可查阅其有关营业簿册文件。

三、刑法及其关系法

（一）刑法的制定及特点

1. 制定经过

早在1927年国民政府建立之初，就以北洋政府的《暂行新刑律》改定的第二次《刑法草案》为基础，拟成其刑法草案，由国民政府于1928年3月公布，被称为旧刑法。但国民党对它不满意，遂于1931年12月组成专门委员会，于1934年完成修订草案，提交立法院讨论，再经修改后，于1935年1月1日公布，称为新刑法。

新刑法对旧刑法作了很大的增删修改，其主要特点是：（1）强调以犯罪人行为的性质，而不是客观后果为依据来定罪量刑；（2）强调发挥刑法的“保全与教育机能”，引进了保安处分制度。

2. 篇章结构

分总则和分则两篇，共357条。总则共12章，包括法例、刑事责任、未遂犯、共犯、刑、累犯、数罪并罚、刑之酌科及加减、缓刑、假释、时效、保安处分。分则共35章，规定了各种罪名及处罚，其罪名有：内乱罪、外患罪、妨害国交罪、渎职罪、妨害公务罪、妨害投票罪、妨害秩序罪、脱逃罪、藏匿人犯及湮灭证据罪、伪证及诬告罪、公共危险罪、伪造货币罪、伪造有价证券罪、伪造度量衡罪、伪造文书印文罪、妨害风化罪、妨害婚姻及家庭罪、亵渎祀典及侵害坟墓尸体罪、妨害农工商罪、鸦片罪、赌博罪、杀人罪、伤害罪、堕胎罪、遗弃罪、妨害自由罪、妨害名誉及信用罪、妨害秘密罪、窃盗罪、抢夺强盗及海盗罪、侵占罪、诈欺背信及重利罪、恐吓及掳人勒赎罪、赃物罪、毁弃损坏罪。

3. 主要内容及特点

（1）“罪刑法定”原则。它规定：“行为之处罚，以行为时之法律有明文规定者为限。”但是，由于其法定刑的弹性很大且有许多例外，所以，刑的法定完全是相对主义的，权力操之于法官。由于广泛适用解释例及判例，所以罪刑法定实际也并不存在。

（2）刑法的效力范围。在时间效力上，实行原则上的“从新从轻主义”、保安处分的“从新主义”以及裁判确定后执行的“附条件从新主义”。在空间效力上，以属地主义为原则，以属人主义作补充，兼采特定犯罪的保护主义和世界主义。

（3）刑罚及保安处分。刑罚分主刑及从刑。主刑为：死刑、无期徒刑、有期徒刑。刑期由2个月至15年，但可依规定减至不满2个月或加重至20年。拘役，刑期为1日至不满2个月，但可加至4个月。罚金，数量为1元以上。从刑为：①褫夺公权，包括为公务员之权，为公职候选人之权及选举、罢免、创制、复决4项政权。②没收。另外，还有6个月以下有期徒刑及拘役可以“易科罚金”，以及被科罚金而无力完纳者，须“易服劳役”的规定。

南京国民政府的刑法还引进了20世纪出现于欧洲的保安处分，作为刑罚的补充。规定：对无责任能力的少年犯，得置于感化教育处所，施以感化教育；精神病人，得置于监护处所，施行监护处分；对所谓有犯罪之习惯或以犯罪为常业或懒惰成习而犯罪者，得于刑罚执行完毕或赦免后置于劳动场所，强制工作。

（4）锋芒指向中国共产党领导的反帝、反封建、反官僚资本主义的革命运动。首先，设定所谓“内乱罪”，以镇压人民武装革命斗争，维护国民党专制政权。规定：意图破坏国体，窃据国土，或以非法之方法变更国宪、颠覆政府者，处有期徒刑7年以上，首谋者，处无期徒刑，预备犯或阴谋犯，处6个月以上5年以下有期徒刑。如以暴动犯者，得处死刑。

其次，设定多种罪名，镇压反抗行为和革命活动。如在“妨害公务罪”中规定：对于公务员依法执行职务时施强暴胁迫者，尤其是“公然聚众”犯此罪者，不论行为人还是在场助势之人，一律严惩；在“妨害秩序罪”中规定：凡公然聚众施强暴胁迫者及在场助势之人，以文字、图画、演说或他法，煽惑他人犯罪或违背法令、抗拒合法之命令者，参与以犯罪为宗旨之结社者，等等，均处罚金，拘役或有期徒刑。其他如“公共危险罪”“妨害名誉及信用罪”等章均有相似性质的条款。

（5）维护封建夫权和家族主义伦理关系。一方面，它肯定了男子纳妾的合法性。该刑法规定：有配偶而重为婚姻或同时与2人以上结婚者，处5年以下有期徒刑，但又以最高法院判例形式宣称：重婚罪之成立，必以正式婚为前提，如未正式结婚，纵令事实上有同居关系，仍难成立该罪。纳妾既非娶妻，自然不算重婚。另一方面，它继承封建刑法原则，从定罪和处刑的不同角度保护尊卑等级制度。例如，分则第22章“杀人罪”第272条规定：杀直系血亲尊亲者，处死刑或无期徒刑，对于犯该罪之预备犯，处3年以下有期徒刑。而同章第271条规定：杀一般人，处死刑、无期徒刑或10年以上有期徒刑，对于犯该罪之预备犯，处2年以下有期徒刑。可见，在这里，杀尊亲的处刑显然要比杀一般人处刑要重。

（二）刑事特别法

1.《惩治盗匪暂行条例》

它公布于1927年11月，后一直沿用至1935年。该条例规定：凡意图扰害公安而制造、收藏或携带爆裂物者，聚众掠夺公署之兵器、弹药、船舰、钱粮及其他军需品或公然占据军用地者，啸聚山泽抗拒官兵者，煽惑人心、扰害公安而起暴动者，等等，处死刑，执行得用枪毙；普通案件由省政府核办，军内案件由高级军官审判。

2.《暂行反革命治罪法》

公布于1928年3月。规定：凡意图颠覆中国国民党及国民政府或破坏三民主义而起暴动者，宣传与三民主义不相容之主义及不利于国民革命之主张者，组织反对国民党的团体或集会者，等等，均为所谓“反革命”，处有期徒刑、无期徒刑或死刑。同年司法院的解释宣布：共产党案件应以反革命论罪，共产党员仅有宣传行为应依反革命治罪条例办理。

3.《共产党问题处置办法》

国民党于抗战爆发后、国共开始第二次合作之1939年秘密发布，旨在推行“溶共、限共、防共”的方针。它规定：处置各地共产党问题，必须层层负责，执法以绳；共产党在各地不得假借名义，组织任何公开或秘密之组织及民众运动，如经发现，即勒令解散，并予以应得之处分；共产党外围组织，应即严令取消；关于统一战线、新阶段、拉丁化运动、新启蒙运动、民主政治问题与少数民族问题等宣传活动，应即取缔等。

4.《戡乱时期危害国家紧急治罪法》

公布于全面内战后的1947年12月，修正于次年4月。其要点有：

（1）加重对所谓“内乱罪”的处罚，将刑法所定7年以上有期徒刑改处死刑或无期徒刑；

（2）凡率部起义、煽动军人、帮助人民解放军及其他意图妨害戡乱者，处死刑、无期徒刑或10年以上有期徒刑；

（3）犯该条例所定之罪者，军人由军法审判，非军人由特种刑事法庭审判。

四、民事诉讼法

（一）立法概况

南京国民政府先后制定了两部《民事诉讼法》。第一部公布于1931年2月，第二部公布于1935年2月，1945年曾加以修正。新《民事诉讼法》共

636 条，分 9 篇，即：总则、第一审程序、上诉审程序、抗告程序、再审程序、督促程序、保全程序、公示催告程序、人事诉讼程序。其关系法规主要有：1945 年的《民事诉讼费用法》、1940 年的《强制执行法》、1943 年的《公证法》、1937 年的《提存法》，等等。

（二）主要内容特点

1. 实行“不干涉原则”

又称“不干涉审理主义”或“当事人进行主义”，也可称为“绝对的处分原则”。它源于“私法自治”原则，意为：诉讼程序的开始、进行、终结以及诉讼材料的提出，均依当事人的意思，法院不作职权上之干涉。南京国民政府的民事诉讼法规定：原告于判决确定前得撤回诉讼之全部或一部；当事人得以合意停止诉讼程序，言辞辩论以当事人声明应受裁判之事项为始，法院不得就当事人未声明之事项为判决，等等。一句话，在整个诉讼过程中以当事人的意思为决定诉讼结果和内容的唯一根据。同时，它也允许在诉讼过程中转移诉讼标的于第三人，第三人可以代当事人承当诉讼，第三人也可以以原来的两个当事人为被告，即所谓民事诉讼法中的“有独立请求权的第三人”制度。

2. 特定案件的法院调解制度

（1）调解事件。一是强制调解事件，包括房屋租赁、雇佣契约、离婚及夫妻同居、终止收养关系；二是任意调解事件，经当事人声请，由法院认可的其他诉讼事件。

（2）调解期日。调解应于起诉前进行，具体日期由法院决定。

（3）调解组织。由调解法官和调解人组成，调解人可由当事人推举，也可由法院选任。

（4）调解方式。不用开庭形式，可以不公开。

（5）调解结果。期日结束仍不能成立调解，转入诉讼程序；调解成立，其效力同于和解。

3. 规定烦琐，文字晦涩

南京国民政府的民事诉讼法在每一篇中又层层划分，不厌其详。如在保全程序中有假扣押程序和假处分程序；在民事诉讼程序中有婚姻事件程序、亲子事件程序、禁治产事件程序、宣告死亡事件程序；在禁治产事件程序中又有声请程序、调查程序、讯问程序、宣告程序、撤销程序等。而且，该法互见条文很多，“但书”比比皆是，文字也晦涩难懂，这就给一般人了解其规定和进行诉讼带来许多不便。另外，它规定：非律师而为诉讼代理人者，法院得以裁定禁止之，给贫苦百姓带来了困难。

五、刑事诉讼法

（一）立法概况

南京国民政府的刑事诉讼法与刑法一样，初定于 1935 年，1945 年曾加以修正。其第二部刑事诉讼法共 516 条，分 9 篇，即：总则、第一审、上诉、抗告、再审、非常上诉、简易程序、执行、附带民事诉讼。其关系法规有：1946 年的《监狱组织条例》《监狱行刑法》《行刑累进处遇条例》《看守所组织条例》《羁押法》及 1948 年的《假释审查规则》等。

（二）主要内容和特点

1. 采用“自由心证”原则

又称“自由判断证据原则”，指证据的取舍和证明力，由法官根据内心确信进行自由判断。该法规定：证据之证明力，由法院自由判断。

2. 严格限制自诉权

其限制主要有三点：一是同一案件经检察院终结侦查者，不得再行自诉；二是凡法定的告诉或请求乃论之罪，已不得为告诉或请求者，不得再行自诉；三是对于直系亲属或配偶，不得提起自诉，该条规定实际上是从封建家族主义出发，对卑幼和妻的诉权加以了限制。

3. 保释制度

该法规定：有犯罪嫌疑且无固定居所，或有逃亡可能的，或其罪需处 5 年徒刑以上刑罚者，可以羁押之，时间可达 1 年，羁押之被告可依法保释，条件是由被告的辅佐人或辩护人具保声请，保证书以该管区域内殷实之人或商铺所具者为限，并应记载保证金额及依法缴纳之事由，声请被接受并具保之后，即停止羁押，将被告释放。该制度有利于富有者，而不利于劳苦大众。

4. 秘密侦查制度

该法规定：检察官因告诉、告发、自首或其他情事知有犯罪嫌疑者，应立即开始侦查；侦查不公开。又规定，军、警、宪、特的主管机关及有关其他人员均有协助的职责及义务，具体人员和机关包括：县（市）长、警察局长、宪兵队长等司法警察官，警察、宪兵等。检察官在必要时，可请附近军事长官派遣军队辅助。

六、行政法

（一）地位与特征

行政法是规定行政组织及其职权与作用的法律规范的总和。在南京国民政府的法律体系中，所占比重很大，地位极隆。行政法在“六法”中的地位可以这样认为：它是在宪法之下，与刑法、民法、诉讼法等“司法法”平分秋色的、“独占半壁河山”的具有独立地位的重要法律体系。在“六法”中，除了宪法为其根本法外，其他五法实际上只包括两大类，即：行政法和刑法、民法、诉讼法等“司法法”。它具有以下主要特征：

第一，从性质上说，它是国民党实行专制统治的工具。

第二，从制定上说，它没有民主立法程序，是国民党“党治”的直接产物。

第三，从形式上说，它包括行政法律和行政法规，由诸多的单行法律、法规组成，数量繁多而体系庞杂。

（二）立法概况和体系

1. 内政类

(1) 1929 年 2 月公布的《国籍法》及其施行条例，其内容包括国籍之取得、丧失、回复等。

(2) 1929 年 10 月至 1930 年 2 月，先后公布的《工会法》《渔会法》《团体协约法》和《农会法》，力图加强国民党对工人、渔民及农民的监视，建立黄色团体，抵制工农民主运动，并企图利用“劳资协议”的办法控制工人。

(3) 1931 年 12 月公布的《户籍法》。

(4) 1932 年公布的《剿匪区内各县编查保甲户口条例》。

(5) 1940 年公布的《各县保甲整编办法》等，旨在禁锢人民，抵制革命。

(6) 1938 年的《建筑法》。

(7) 1939 年的《都市计划法》，等等。

2. 军事行政类

1933 年的《兵役法》和《海陆空军惩罚法》等。

3. 土地行政类

主要有 1930 年 6 月的《土地法》和 1946 年 10 月的《土地登记规则》。其基本精神是保护地主的土地所有权及经营权。

4. 财政类

主要有：1931 年的《银行法》，1932 年的《预算法》，1934 年的《营业税法》《印花税法》《海关缉私条例》，1935 年的《会计法》，1938 年的《决算法》《公库法》，1940 年的《契税条例》，1943 年的《所得税法》，1945 年的《使用牌照税法》，1946 年的《货物税条例》《证券交易税条例》，等等。1948 年，在政权崩溃前夕，还公布了《财政紧急处分令》《金圆券发行办法》《人民所有金银外币处理办法》《中华民国人民存放国外外汇资产登记管理办法》《整理财政及加强管制经济办法》等。

5. 其 他

包括教育行政法、经济行政法（如商标法、专利法、商业登记法）、人事行政法、司法行政法，等等。

第三节 南京国民政府的司法机构和特务组织

一、司法机构

（一）普通法院

根据国民政府于1932年10月公布的《法院组织法》的规定，普通法院分为地方法院、高等法院和最高法院。

1. 地方法院

设于县或市，设院长和推事若干人，负责审理法律规定的民、刑事第一审诉讼案件和非讼案件。

2. 高等法院

设于省、特别区和直辖市，负责审理不服地方法院一审判决的上诉案件和不服一审裁定的抗告案件，以及内乱、外患及妨害国交之刑事第一审诉讼案件。

3. 最高法院

设于国民政府所在地，置院长以及若干刑事庭、民事庭，审理不服高等法院一审或二审判决或裁定的上诉、抗告案件。

普通法院实行三级三审终审制，由高等法院一审的案件，二审即为终审。第三审仅为“法律审”，即不服二审判决而上诉于第三审法院，且该案当事人上诉的理由是由于二审的判决违反了法律的规定而引起的上诉案件。

其审判制度为公开进行，但有可能妨害公共秩序或善良风俗的案件，可以不公开审理。

在审理机构中实行审检合署制，即检察机关置于法院之中。根据《法院组织法》的规定，在最高法院中设检察署，置检察官若干人，以其中一人为检察长；在其他法院中，各设检察官若干人，以其中一人为首席检察官。检察官的职责包括实施侦查、提起公诉、担当自诉、指挥刑事裁判之执行以及履行其他法令所定职务之执行等。

（二）特种刑事法庭

特种刑事法庭最早设立于1927年，1948年公布了《特种刑事法庭组织条例》和《特种刑事法庭审判条例》。其中规定：在南京设立中央特种刑事法庭，在司法行政部指定地点设立高等特种刑事法庭，各设庭长、审判官、检察官和书记官，负责审理《戡乱时期危害国家紧急治罪条例》所规定的案件；对其裁判不得上诉或抗告，只是对处5年以上有期徒刑之判决，可声请中央特种刑事法庭复判，宣告死刑或无期徒刑的案件，由原审法庭移送复判。实际上，这些规定和该制度，是为了镇压和屠杀共产党人而专门制定的。

（三）兼理军法司法法院

此承袭于北洋政府。1938年5月，国民党军事委员会公布了《县长及地方行政长官兼理军法暂行办法》。其要点是：

（1）凡依法令应归军法审判之案件，可由县长或地方行政长官兼理，但辖区内设有卫戍、警备或戒严司令部的，与军事或治安有关案件须送该司令部审判。

（2）县长或地方行政长官兼理之军法案件，凡被告是军人的，非经中央最高军事机关授权，不得审理。

（3）县长或地方行政长官判决之军法案件，必须由中央最高军事机关核定；其审判进行中，中央最高军事机关可以随时提审、派员莅审或移转管辖。

该制度是军事审判的扩大和补充。当然，也是针对共产党人和革命志士的。

二、特务组织

除了公开的警察、司法机关之外，国民党还建立了许许多多的特务组织，形成了一个错综复杂、无孔不入的特务网，主要有以下三大系统。

（一）国民党中央委员会系统（“中统”）

1929年，以国民党的“CC”集团骨干分子为基础，成立了国民党中央组织调查科，以后扩建为“特工总部”，继而改称“党务调查处”。1937年并入国民政府军事委员会调查统计局，为第一处。不久分离出来，扩大改组为“国民党中央执行委员会调查统计局”，即“中统”。1947年改称“党员通讯局”。1949年3月划归内政部，为“内政部调查局”。

（二）国民政府军事委员会系统（“军统”）

其早期是“复兴社”中“力行社”的特务处。1937年正式组建了国民政府军事委员会调查统计局（“军统”）。1946年，其头目戴笠被谋害至死，其内部派系争夺公开化，其核心部分遂改组为“国防部保密局”，局长为毛仁凤。另外，由戴笠与美国特务共同策划建立了“中美特种技术合作所”。

（三）国防部系统

抗战期间即有“军令部二厅”。抗战后，国防最高委员会改组为国防部。1946 年 6 月合并了原军令部二厅和“军统”中公开的武装部分，组成“国防部二厅”。以后，在其属下还建立了“国防部绥靖总队”。

国民党的特务机构活动十分猖獗，它们可以不经任何法定程序，肆意监视、搜查、扣押、逮捕、监禁、拷打、杀害共产党人和爱国民主人士及无辜群众。秘密法庭、各种名目的集中营遍设于国民党统治区，其罪行累累，反映了国民党为加强其统治效能的不择手段。

复习思考

一、名词解释

《训政纲领》　《训政时期约法》　《中华民国宪法》　《国民政府组织法》　1929 年《公司法》　1935 年《破产法》　《惩治盗匪暂行条例》　“不干涉原则”　“自由心证”原则　“中统”　“军统”

二、自测题

1. 南京国民政府宪法及其关系法规主要包括：（　　）。

A.《训政时期约法》　B.《中华民国宪法》

C.《中华民国约法》　D.《国民政府组织法》

2. 下列属于南京国民政府颁布实施的商事单行法的是：（　　）。

A.《公司法》　B.《破产法》

C.《商业登记法》　D.《保险业法》

3. 下列哪些立法属于国民政府颁布的刑事特别法：（　　）。

A.《惩治盗匪暂行条例》　B.《戡乱时期危害国家紧急治罪法》

C.《共产党问题处置办法》　D.《暂行反革命治罪法》

4. 南京国民政府的普通法院分为：（　　）。

A. 地方法院　B. 高等法院　C. 上诉法院　D. 最高法院

5. 除了公开的警察、司法机关之外，国民党还建立了许多的特务组织，形成了一个错综复杂、无孔不入的特务网。主要有三大系统：（　　）。

A. 国家安全委员会　B. 军统

C. 中统　D. 国防部系统

6. 国民政府财政类立法主要包括：（　　）。

A.《都市计划法》　B.《银行法》

C.《预算法》　　D.《决算法》

7. 下列属于国民政府颁布的刑事诉讼法的关系法规有：(　　)。

A.《监狱组织条例》　　B.《监狱行刑法》

C.《行刑累进处遇条例》　　D.《刑事民事诉讼法》

8.1935 年 1 月 1 日国民政府颁布新刑法，对旧刑法作了很大的增删修改，其中根据发挥刑法的“保全与教育机能”原则而引进的制度是：(　　)。

A. 保释　　B. 假释　　C. 保安处分　　D. 数罪并罚

9. 南京国民政府制定的《民事诉讼法》中规定的特定案件的法院调解制度所包含的调解事件，包括：(　　)两大类。

A. 强制调解事件　　B. 任意调解事件

C. 约定调解事件　　D. 指定调解事件

10. 根据国民政府颁布的《法院组织法》的规定，在审理机构中实行(　　)。

A. 审检分署制　　B. 审检合署制

C. 审检联合制　　D. 审检分工制

三、论述题

1. 试述南京国民政府的商事立法。

2. 试述南京国民政府的“六法”体系。

3. 试述南京国民政府司法机构的特点。

(自测题答案：1. ABD；2. ABC；3. ABCD；4. ABD；5. BC；6. BCD；7. ABC；8. C；9. AB；10. B)

第十八章　新民主主义革命时期革命根据地的法律制度

（公元1927年～公元1949年）

本章主要内容

本章介绍的是新民主主义革命时期革命根据地的法律制度。其中论述了工农民主政权的法律制度、抗日民主政权的法律制度以及解放战争时期人民民主政权的法律制度的基本概况。

学习目标

了解新民主主义革命时期革命根据地各个时期的法律制度的基本概况及其主要特点，特别要掌握各个时期土地立法和婚姻立法的主要内容和特点。

本章的重点问题

1. 《中华苏维埃共和国宪法大纲》的基本内容、特点。
2. 革命根据地的婚姻立法。
3. 《中国土地法大纲》的内容及其特点。
4. 革命根据地时期的调解制度。
5. 革命根据地的司法体制及司法审判制度。

在中国新民主主义革命时期，中国共产党领导人民在第二次国内革命战争和抗日战争及解放战争中，都建立和开辟了大量的革命、抗日根据地和人民解放区，并且在这些地区都建立了人民革命政权，如第二次国内革命战争时期建立的苏维埃政权，抗战时期建立的抗日边区政府，解放战争时期建立的解放区的人民民主政权等。这些政权都制定了一系列服务于反对帝国主义、封建主义、官僚资本主义的新民主主义革命总目标，旨在保护人民、打击敌人、壮大人民力量、发展新民主主义革命的重要法律制度。这些法律制度对于人民民主政权的建设，开展土地革命及土地改革，支援革命战争，保障人民权利，镇压反革命活动，促进社会经济的恢复与发展，都起到了极为重要的作用。这些法律制度也是中华人民共和国法律制度的直接来源。

学习本章，应重点掌握革命根据地法制的发展概况，总结历史经验，深刻认识革命根据地法制的重要的历史意义。

第一节 工农民主政权的法律制度

一、宪法性文件、施政纲领及政权组织立法

为了统一各革命根据地苏维埃政权的政治纲领，建立全国苏维埃政权，1931 年 11 月 7 日，在中央革命根据地首府瑞金召开了有各地工农代表 600 多人参加的第一次全国苏维埃代表大会，经过讨论，通过了《中华苏维埃共和国宪法大纲》。该大纲在 1934 年 1 月召开的第二次全国苏维埃代表会议上又曾加以修改。

它是中国历史上第一个人民自己的宪法性文件，也是人民进行反帝、反封建革命的纲领性文件。全文共 17 条，其主要内容有如下几个方面。

（一）确定苏维埃政权反帝、反封建的任务与目的

大纲第 1 条明确规定：“中华苏维埃共和国的基本法（宪法）的任务，在于保证苏维埃区域工农民主专政的政权和达到它在全中国的胜利。”同时，又明确规定苏维埃政权的目的是：“消灭一切封建残余，赶走帝国主义列强在华的势力，统一中国，有系统地限制资本主义在中国的发展，进行苏维埃的经济建设，提高无产阶级的团结力与觉悟程度，团结广大贫农群众在它的周围，同中农巩固地联合，以转变到无产阶级的专政。”

为消灭封建制度，大纲号召开展土地革命，没收一切地主阶级的土地，分配给雇农、贫农，并以实现土地国有为目的。

为了反对帝国主义，大纲宣布中华民族的完全自由与独立，取消一切帝国

主义在华的经济、文化特权，废除一切不平等条约，否认一切外债，收回租界、租借地，并没收一切帝国主义控制下的银行、海关、铁路、矿山、工厂。

（二）确定苏维埃政权的阶级本质及组织形式

大纲第2条规定："中华苏维埃所建设的是工人和农民的民主专政国家，苏维埃政权是属于工人、农民、红色战士及一切劳苦民众的。"只有工农民众有权选派代表掌握政权，剥夺军阀官僚、地主豪绅、资本家、富农、僧侣及一切剥削人的人和反革命分子的政治权利。并且规定了苏维埃政权的组织形式，其最高政权为全国工农兵苏维埃代表大会。在大会闭会期间，全国苏维埃临时中央执行委员会为最高政权机关。

大纲通过后，苏维埃中央执行委员会制定通过了《苏维埃地方政府暂行组织条例》《中华苏维埃共和国地方苏维埃暂行组织法》草案、《中华苏维埃共和国中央苏维埃组织法》，从而使苏维埃政权建设逐步统一了组织法。

（三）确认并保护工农劳动群众的各项基本权利

大纲第一次为中国各族劳动人民确立了真实、广泛的各项民主权利和人身权利。规定：一切劳苦群众不分男女、种族以及宗教信仰的不同，在苏维埃法律面前一律平等，16岁以上的公民皆享有选举权、被选举权，直接选派代表参加各级工农兵代表大会；工农劳苦群众享有言论、出版、集会、结社的自由；实行妇女解放，承认婚姻自由，实现各种保护妇女的办法。

大纲宣布取消一切反革命统治时代的苛捐杂税，实行土地革命，彻底地改善农民生活，实行8小时工作制，规定最低工资标准，创立社会保险制度与国家失业津贴，工人有监督生产的权利。并规定开始施行全免费的普及教育。

宪法大纲是工农民主政权的基本法，同时又是进行人民民主革命的纲领，明确了苏维埃政权的本质、任务、目的、组织形式和政策原则，确认了工农群众的各项基本权利，极大地鼓舞了各根据地人民的革命意志。它是中国人民制定自己的宪法的首次伟大的尝试，对于以后革命政权的立宪活动提供了极其宝贵的历史经验。

二、土地革命立法

（一）初期土地革命立法（1927～1931年）

1.1928年12月井冈山苏区的《土地法》（史称"井冈山土地法"）

共9条，其主要内容为：

（1）没收一切土地归苏维埃所有，并将土地分配给农民个别耕种。

（2）土地分配方法，以乡为单位按人口平均分配为主，也可按劳动力分配，能劳动者多分一倍土地，农民分得土地必须亲自耕种，禁止土地买卖。

(3) 土地税，按收成的15%征收。

2.1929年4月兴国县苏维埃土地法

该法共8条，改正了没收一切土地的错误，规定为没收一切公共土地及地主阶级的土地。

3.1930年3月闽西第一次工农兵代表大会土地法令

史称“闽西土地法”，共10章，46条。该土地法再次规定没收一切土地，以乡为单位按人口平均分配，禁止土地买卖及抵押。

4.1930年5月全国苏维埃区域代表大会通过的《土地暂行法》

该法共9条，附有19条解释。规定无偿没收一切地主及富农利用土地所有权出租的土地，以及没收反革命活动参加者的土地。没收的土地由苏维埃政府分配给无地、少地的农民使用，禁止土地买卖、租佃、典押。

5.1930年6月由中国革命军事委员会公布的《苏维埃土地法》

共4章，31条。规定没收一切私人、团体的土地，由苏维埃政府以乡为单位按人口平均分配，豪绅地主反革命的家属也可酌量分给土地。

（二）中期土地革命立法（1931～1935年）

该时期最重要的是1931年12月由中华工农兵苏维埃第一次全国代表大会通过的《中华苏维埃共和国土地法》，共14条。其主要内容是：

(1) 规定没收一切地主、富农、反革命分子及农村公共土地，并宣布没收一切地主豪绅、军阀的动产、不动产。

(2) 规定以最有利于贫农、中农利益的方法，分配没收来的土地。或按人口平均分配，或按劳动力分配，或对中农、贫农按人口平分，对富农按劳动力分配。

(3) 在土地权利归属及使用上，也采取了变通灵活的规定。指出：土地国有化是彻底消灭封建关系的必由途径，但又认为在目前革命阶段上，分配给农民的土地应允许农民出租、买卖。

(4) 确定地主不分田、富农分坏田的原则。从而确定了在肉体上消灭地主、在经济上消灭富农的原则。

（三）后期土地革命立法（1935～1937年）

改变了“地主不分田、富农分坏田”的错误原则，规定富农自耕及雇人经营之土地，不论其土地之好坏，均一概不在没收之列。并宣布，对地主在没收土地之后，仍分给耕种份地及必需的生产工具和生活资料，从而纠正了“左倾”错误。

三、刑事立法

苏区的刑事立法主要集中在镇压反革命活动方面。各苏区都先后公布肃反条例。如1930年6月闽西苏维埃公布的《惩办反革命条例》、1932年4月的《湘赣省苏区惩治反革命犯暂行条例》1934年《川陕省苏维埃政府肃反执行条例》等。

1934年4月临时中央公布的《中华苏维埃共和国惩治反革命条例》，是影响最大的刑事法规。该条例共41条。规定：凡一切图谋推翻或破坏苏维埃政府及工农民主革命所得到的权利，意图保持或恢复豪绅地主资产阶级的统治者，不论用何种方法都是反革命。具体列举了28种反革命罪行，如：组织反革命武装军队及土匪侵犯苏维埃领土，或煽动居民在苏维埃领土内举行反革命暴动者；勾结帝国主义国民党军阀，以武力来进攻苏维埃领土，或抵抗苏维埃红军的行动者；组织各种反革命团体，实行反对和破坏苏维埃，意图维持或恢复豪绅地主资产阶级统治者；组织或煽动居民拒绝纳税或不履行其他义务，企图危害苏维埃者；以反革命为目的，故意反对或破坏苏维埃法令及其所经营的各种事业者；以反革命为目的，暗杀或谋害苏维埃政府、红军、革命团体的工作人员及其他革命分子，不论用何种方法，其指使者及执行者；以及进行各种间谍活动、进行反动宣传、以散布宗教迷信等方法破坏苏维埃及其法令者，投降反革命及教唆他人投敌，故意毁坏军械，等等。

规定对反革命处罚的原则是：严惩首犯、主犯；未遂犯、附和参与者可减轻刑罚；被胁迫、被欺骗而参与者可减轻或免除刑罚；在罪行败露前自首或检举同犯者，可以减轻刑罚；16岁以下的未成年人可减轻处罚；14岁以下的幼年人交由教育机关实施感化教育。

条例所规定的刑罚主要有：死刑及6个月以上至10年的监禁，附加刑为没收财产及剥夺公民权利。其中可判处死刑的罪名有27个，并且有唯成分论的倾向，如该条例第34条规定：工农分子犯罪而不是领导的或重要的犯罪行为者，得依照本条例各项条文的规定，比较地主资产阶级分子有同等犯罪行为者，酌情减轻其处罚。

四、婚姻立法

1931年12月，中华苏维埃共和国中央执行委员会公布了《中华苏维埃共和国婚姻条例》，共7章23条，后又于1934年4月公布了《中华苏维埃共和国婚姻法》，共7章21条，其主要内容如下。

（一）确定新婚姻制度的原则

规定男女婚姻以自由为原则，废除一切强迫包办、买卖婚姻婚姻制度，禁止童养媳，禁止一夫多妻、一妻多夫，实行一夫一妻制。

（二）关于结婚的制度

规定结婚应双方同意，不许单方面或第三方加以强迫。结婚年龄为男子20岁，女子18岁，禁止三代以内的血亲通婚，禁止危险性传染病患者、神经病者及疯瘫者结婚，废除聘礼、嫁妆等陋俗，只要经男女双方同到乡苏维埃登记，领取结婚证即可。并且规定：凡男女实行同居者，不论登记与否均以结婚论。

（三）关于离婚制度

确定离婚自由原则。如果男女一方坚决要求离婚，经乡苏维埃登记，即可离婚。结婚满1年男女共同经营增加的财产，离婚后平分，如有小孩则按人口平分。

（四）着重保护妇女、儿童权益

规定男女同居时的共同债务在离婚后由男方负责清偿，离婚后如女子生活困难，男子应帮助女子耕种土地，或维持其生活。孩子在离婚后一般归女子抚养，男子应负担2/3的生活费用，直到孩子满16岁；如女子不愿抚养，则归男子抚养。私生子女享有与婚生子女一样的权利，禁止虐待、抛弃私生子女。

五、劳动立法

1931年11月，第一次全国苏维埃代表大会通过了《中华苏维埃共和国劳动法》，1933年又进行了较大修改，1933年10月颁布了新的《中华苏维埃共和国劳动法》，共15章121条，此外，还公布了《中华苏维埃共和国违反劳动法令惩罚条例》，作为新劳动法的配套性法规。这些劳动法规的主要内容如下。

（一）废除劳资关系中的封建剥削及不合理的制度和习惯

规定废除包工制，禁止私人开设失业劳动介绍所，废除工头、招工头。规定由苏维埃政府开设劳动介绍所，一切失业工人必须向劳动介绍所登记，雇工必须经过劳动介绍所订立劳动合同。严禁出钱买工作、从工资中扣除介绍报酬等行为。

（二）规定工人有集会、结社的权利

雇主对于工会机关的活动不得有任何阻碍，各企业在工资之外还应支付工资总额的2%为工会办事经费。当时苏区建立了中华全国总工会及省（特区）、

县、区各级地方工会及支部或小组和行业工会，如农业工人工会、店员手工艺工人工会、苦力运输工人工会和纸业工人工会。

（三）规定工时、工资

规定工作时间为每天 8 小时，危害身体健康的部门可减至 6 小时。工人每星期至少应有 42 小时的休息。节假日前一天工作时间不得超过 6 小时。

各地劳动部门每 3～6 个月公布一次工资最低限度。男女同工同酬，青工、童工应按同等级发给全日工资（按 8 小时计算）。禁止使用 14 岁以下的童工。怀孕妇女不得解雇和调动工作地点。

（四）规定劳动保护与社会保险制度

规定企业未经劳动检查部门检查、许可不得开设、迁徙，机械应有防护装置。各企业应按规定缴纳社会保险基金，工人可免费医疗，等等。

第二节　抗日民主政权的法律制度

一、抗日民主政权的施政纲领

1937 年 8 月，中共中央公布了《抗日救国十大纲领》，此乃以后各抗日根据地的施政纲领的主要根据。在各根据地制定的施政纲领中，较为典型的有：1938 年《晋察冀边区军政民代表大会宣言》、1939 年《陕甘宁边区抗战时期施政纲领》、1940 年《晋察冀边区目前施政纲领》、1941 年《晋冀鲁豫边区政府施政纲领》，等等。这些施政纲领的主要内容可概括为以下几点：

（1）在抗日方面，明确规定抗日民主政府的总任务是团结边区各社会阶层、各抗日党派，发动一切人力、物力、财力、智力，开展游击战争，全民武装自卫，扩大抗日武装，惩治汉奸卖国贼，抗战到底。

（2）在团结方面，强调一切抗日的党派、团体、军队团结合作，地主减租减息，农民交租交息，改良工人生活，同时也要使资本家有利可图。在政权中贯彻“三三制”原则，即在抗日政权中，共产党员占 1/3，代表无产阶级和贫农；非党的“左派”进步分子占 1/3，代表农民和小资产阶级；中间分子占 1/3，代表民族资产阶级和开明绅士。

（3）在民主方面，规定一切抗日的人民都享有广泛的民主自由权利，保护一切抗日人民的人权、政治权利、财产权利，以及出版、集会、结社、信仰、居住、迁徙等自由。规定除了汉奸、神智不正常者外，凡年满 18 岁的公民都有选举权和被选举权，实行普遍、平等、直接、无记名投票选举制度等。

二、土地立法

抗战时期各根据地都制定了土地方面的单行法规，如1938年2月《晋察冀边区减租减息单行条例》、1939年4月《陕甘宁边区土地条例》，等等。这些法规主要有如下三个方面的内容。

（一）保护土地所有权

坚决保护农民已分得的土地的所有权，明确宣布，如地主回乡参加抗日，可以分配与农民同样的土地，但已经没收了的土地不予返还，已取消了的租债不许索取。并为已分得土地的农民颁发土地所有权证。逃亡地主的土地，由当地政府暂行代管，本人回归时，发还土地及地租，但须扣除赋税及管理费用。对于汉奸卖国贼的土地，则予以没收，由政府将土地分配给荣誉军人及其家属、贫苦抗属、无地少地的贫苦农民。

（二）减轻地租25％

规定凡未经过土地革命的地区，地主出租土地，必须按照抗战以前原租额减轻25％的地租。同时禁止地主征收“杂租”（在租额之外索取物品）、“小租”（佃户对庄头的纳款）、“大粮”（地主所放高利贷粮食）、“送工”（佃户无偿为地主服役）以及预收地租、押租等额外剥削方式。

（三）减轻债务利息

规定减轻债务利息，禁止高利贷，债主利息无论新债旧欠，年利率不准超过10％。按此利率计算还息累计已超过原本者，停利还本；付息已超过2倍者，本利停付，债务取消。

三、刑事立法

（一）刑法原则的发展

抗日根据地刑事立法的一个突出的特点是：贯彻了镇压与宽大相结合的刑法原则。《陕甘宁边区施政纲领》中指出：对于汉奸分子，除坚决不愿改悔者，不问其过去行为如何，一律实行宽大政策，争取感化转变，给以政治上之出路，不得加以杀害、侮辱、强迫自首或强迫其写悔过书。对于一切阴谋破坏边区分子，如叛徒分子、反共分子等，其处置办法仿此。总之，着重镇压惩办死不改悔、罪大恶极的汉奸及反共分子，对于一般违法犯罪分子、愿意悔改分子则采取宽大教育的政策。

抗日根据地刑事立法原则的另一个重要特点，是贯彻法律面前人人平等的原则，不再因为被告人、罪犯的本人成分或家庭出身而加重或减轻处罚。如

《山东省人权保障条例》规定：凡中华民国国民，无男女、种族、宗教、职业、阶级之区别，在法律上、政治上一律平等。《陕甘宁边区保障人权财权条例》规定：边区一切抗日人民，不分民族、阶级、党派、性别、职业与宗教，并享有平等之民主权利。从而纠正了第二次国内革命战争时期在刑法适用问题上“唯成分论”的左倾错误。对于巩固抗日民族统一战线及新民主主义的法制建设具有重要意义。

（二）刑法的主要内容

1. 惩治汉奸特务

如《陕甘宁边区抗战时期惩治汉奸条例（草案）》《晋察冀边区行政委员会处理汉奸财产办法》《山东省战时除奸条例》《苏中行政公署、苏中军区司令部联合公布处理汉奸军事间谍办法》等法规都规定对汉奸罪要处以有期徒刑至死刑，并且附加没收财产（一部或全部）。但对于不得已而加入伪军、伪政权及汉奸组织者，如果能够执行一定的抗日工作，有立功表现及悔过行为，均予以自新机会，有功者奖励，并分配适当工作，保证其生命财产的安全。

2. 保护人民坚壁财产

为了反扫荡斗争的需要，“坚壁清野”或“空室清野”是当时保护人民财产和生命安全的重要措施。为此，抗日根据地的民主政府公布了不少有关的单行法规，如《晋察冀边区破坏坚壁财物惩治办法》《胶东区惩治窃取空室清野财物暂行办法》，等等。这些法规一般都规定勾结敌伪盗毁空室坚壁财物者处10年以上有期徒刑、无期徒刑或死刑。盗窃毁坏者判处有期徒刑，比一般盗窃罪加重刑罚。

3. 惩治贪污行为

各抗日根据地都订立有严厉的惩治贪污的单行法规，如《陕甘宁边区惩治贪污条例（草案）》《晋察冀边区惩治贪污条例》《晋西北惩治贪污暂行办法》《山东省惩治贪污暂行条例》，等等。这些法规对于贪污行为规定了严厉的处罚方法。如《晋察冀边区惩治贪污条例》规定：贪污数额在500斤小米市价以上者，处10年以上有期徒刑至死刑；贪污数额在300斤以上、500斤未满者，处7年以上有期徒刑或死刑；贪污数额在100斤以上、300斤未满者，处1年以上7年以下有期徒刑；贪污数额在100斤小米市价以下者，处1年以下有期徒刑、拘役，得并科或专科300斤以下小米市价的罚金。在此贪污的含义包括挪用公款、浪费公有财物供私人挥霍享乐、收受贿赂等行为。

此外，为了防止敌寇扰乱，抗日根据地的刑事立法还包括惩治盗匪、禁烟禁毒、禁止仇（日）货、取缔伪币等内容，制定了很多刑事单行法规。

各抗日根据地刑事立法所规定的刑罚种类不尽统一。陕甘宁边区有死刑、有期徒刑（6个月以上至10年）、苦役（或称劳役，1个月至6个月以下），以及褫夺公权、没收财产、罚金这三种附加刑。晋察冀和晋冀鲁豫边区有死刑、无期徒刑、有期徒刑（6个月以上至15年）、拘役，以及褫夺公权、没收财产、罚金等。

四、婚姻立法

（一）结婚方面

各根据地对结婚方面的规定有所不同。如陕甘宁边区、晋察冀边区规定：男20岁、女18岁以下不得结婚；而晋察冀边区、晋绥边区、晋西北边区为男18岁、女16岁；山东省则为男18岁、女17岁。又如陕甘宁边区规定禁止结婚的亲属范围为“直接血统关系”，晋察冀边区规定为“直系血亲，直系姻亲。八亲等以内之旁系血统关系，但表兄姊妹不在此限。”在结婚形式上，大多数根据地都规定由双方向当地区乡政府请求登记即可。有的根据地还规定了订婚的程序，规定订婚不得索取金钱、财物报酬，必须要经区乡政府登记。婚姻不得强制履行，双方或任何一方都可请求解除婚约。

（二）离婚方面

各根据地都规定双方自愿离婚，经政府登记后即可离婚；而夫妻感情恶劣，至不能同居者，任何一方均得请求离婚。并且一般都列举一方可请求离婚的理由，如：重婚、虐待、压迫、遗弃，妻受夫之直系亲属虐待以至不能同居生活，失踪已满3年（军人不适用），一方充当汉奸，与他人通奸，患花柳病或神经病等恶疾，一方被处3年以上徒刑，一方吸毒或有不良嗜好而屡劝不改者，等等。

（三）关于离婚后的财产问题

各根据地一般都规定：婚后共同经营所得财产为共同财产，所负债务为共同债务，应由双方共同处理。有的地区规定如离婚后女子生活困难，得由男方给予相当之赡养费，至其再婚时为止（有的地区，如陕甘宁边区规定为3年）。

（四）关于子女抚养问题

各根据地都注重子女利益的保护，如规定：在女方怀孕期间及哺乳期间（有的规定为3个月，有的为1年）男方不得提起离婚；非婚生子女享有与婚生子女同等的权利，不得抛弃；男女离婚时，年幼的子女原则上归女方抚养，女方如有困难，男方应支付抚养生活费；女方如再婚，归其抚养的子女由女方与后夫共同负责抚养。

五、劳动立法

各抗日根据地在劳动立法上采取了既保护工人利益，又强调团结资产阶级、开明绅士参加抗日、发展生产，在一定条件限制下鼓励资本主义发展的立法原则。较为典型的单行法规有：《陕甘宁边区劳动保护条例（草案）》《晋冀鲁豫边区劳工保护暂行条例》《晋察冀边区行政委员会关于保护农村雇工的决定》《晋西北改善雇工生活暂行条例》《山东省改善雇工待遇暂行办法》，等等。主要内容如下。

（一）在工人的权利方面

都强调工人有自由组织工会的权利，工会费用应由雇主负担，按工资标准总额的2%的标准提供。工会有权调解劳资纠纷，可代表工人与资方订立集体合同，也有权代表工人向政府提出要求。

（二）在工作时间方面

一般规定为每日10个小时（陕甘宁边区为8个小时）。雇主要求加班应征得工人的同意，发给额外工资。

（三）在工资方面

都规定了最低工资标准。一般规定为除工人本身外再供养一个半人的最低生活费。

（四）在劳动保护方面

规定生产必须注意安全防护措施；工人因工作致伤，应由资方负责医疗费用，工资照发；工人因工作致残，应发给3个月至1年的工资为抚养金；工人因工作致死，资方应承担埋葬费用，并发给遗属3～6个月的工资为抚恤金。绝对禁止打骂、侮辱、虐待工人。工人患病在1个月以内，应由雇主补助医药费，工资照发；1个月以上可停止补助医疗费，工资依当地习惯协商解决。另外，对于女工、青工、学徒、童工的保护都有详尽的规定。

六、司法制度

（一）司法机构

在共产党领导的各抗日根据地，一般在名义上遵循国民政府法律的规定实行三级三审制，即以县地方法院为一审机关，边区高等法院为二审机关，以南京国民政府最高法院为第三审级。但实际上，从不与最高法院发生任何关系。边区高等法院的二审判决即为终审判决。以后各边区都改为自行终审的三级三审制，如陕甘宁边区采取了以边区政府审判委员会为第三审机关的办法。

各边区高等法院院长一般由边区参议会选举。高等法院除负责司法审判外，一般还兼有司法行政事务、司法教育、司法惩戒、审判监督等项职权。边区高等法院一般设有刑事庭、民事庭、检察处，以及书记室、看守所、感化院等机构。

为了适应战争的需要，边区之下设立行政专署管辖的行政分区。分区一般设高等法院分庭，作为高等法院派出机构，审理二审案件。分庭一般仅设 1 名庭长、1 名推事、若干书记员。一般很少设置基层法院，而是由县政府司法处兼理审判事务，作为一审机关。县司法处一般设处长 1 人，审判员（或称裁判员、承审员）一两名，书记员若干名。

各边区实行审检合署制，各级检察工作人员附署于法院。但各基层一般不设专职检察人员，而由县长或县公安局长兼管检察工作。

（二）诉讼与审判制度

1. 实行人民陪审制度

一般都规定陪审员由抗日群众团体互推产生，列席审判以 3 人为限。可就案件在法律上、事实上的问题陈述意见，提出问题，如庭长未采纳其意见，必须说明理由。

2. 严格复核制度

如陕甘宁边区规定：各县判处死刑的案件，无论被告是否上诉，都必须先行呈报高等法院复核批准后才可以行刑。又如晋冀鲁豫边区规定，二审机关的行政专员对于刑事案件有终审权，但必须与专署司法科长、公安督察处集体讨论死刑或 7 年以上有期徒刑的案件。执行后全部卷宗包括讨论记录必须呈送高等法院备案。对于县法院所判死刑案件，平时必须上报专署复核，讨论决定。

3. 注重人民调解制度

根据各根据地颁行的单行法规，调解的方式有民间调解、群众团体调解、政府调解、司法调解等。一般由村、区公所设立的民政委员会或调解委员会进行调解。其原则是：双方当事人自愿原则；必须按照法律并照顾到当地民间习惯；调解并非诉讼必经程序等。其范围包括民事纠纷及一般民间轻微刑事案件。其方式一般有赔礼、道歉、承认错误、赔偿损失、支付抚慰金等。一般规定调解应制成和解书。一般认定调解成立即与判决有同等效力，一方如不履行协议，另一方可申请强制执行。

该制度是抗日民主政权司法制度的重要特点之一，对于以后新民主主义法制建设具有重大影响。

4. 简化诉讼审判手续

各抗日根据地都废除了南京国民政府诉讼法所规定的繁杂的诉讼程序，实行便利民众的简便的诉讼手续。例如，一般都规定口头起诉与书面起诉的效力相同；对于不明管辖而错投的诉状，代为传递，不是一推了之；废除了诉讼费，并且免收状纸、抄录、传讯、检验等杂费；实行巡回审判、就地审判等便民制度；判决书也都强调通俗易懂，反对文辞晦涩。其中比较典型的是“马锡五审判方式”。

“马锡五审判方式”是将中国共产党群众路线的工作方针运用于司法审判工作的审判方式。马锡五（1898～1962 年）在担任陕甘宁边区陇东专署专员兼边区高等法院陇东分庭庭长期间，在巡回审判中贯彻群众路线，深入农村，调查研究；依靠群众，尊重群众意见；同时又注意在审判活动中使群众得到教育；并且方便群众诉讼，手续简便，不拘形式。他依靠群众纠正错案，解决疑难案件，被人民群众誉为“马青天”。他的审判工作经验被总结为“马锡五审判方式”，在各抗日根据地得到推广，从而使人民司法工作的面貌有了进一步的改变，得到了人民群众的拥护。

第三节　解放战争时期人民民主政权的法律制度

一、人民民主政权的政治纲领

（一）前期人民民主政权的施政纲领

根据 1946 年 1 月政治协商会议通过的关于宪法草案问题的协议，中央与地方的关系采取了均权主义，实行省自治，各省可制定省宪。于是，各解放区先后修订了抗战时期的施政纲领。陕甘宁边区还制定了《陕甘宁边区宪法原则》。该时期的施政纲领有如下几个特点。

1. 在政权形式上准备从参议会向人民代表会议制度过渡

《陕甘宁边区宪法原则》第 1 条规定：边区、县、乡人民代表会议（参议会）为人民管理政权机关。并规定由人民普遍、直接、平等、无记名选举各级代表，各级代表会选举政府人员；各级政府对各级代表会负责，各级代表对选举人负责。

2. 反对内战独裁

针对国民党企图以“统一”“服从中央”的幌子搞专制集权的阴谋，解放区的施政纲领强调各解放区民主政权的独立自治地位，强调人民的武装自卫权力，如《东北各省市民主政府共同施政纲领》规定有巩固、爱护东北民主联军和人民自卫武装，以保卫东北和平民主的内容。

3. 指出“耕者有其田”的目标，为进入土地改革做准备

都规定要没收汉奸、恶霸大地主的土地，分配给无地或少地的农民，并指出“耕者有其田”的斗争目标，为土地立法从减租减息过渡到土地改革做好了准备。

4. 强调实行民族区域自治的原则

《陕甘宁边区宪法原则》《东北各省市民主政府共同施政纲领》等都规定：各民族一律平等，少数民族聚居区可组织民族自治政权，订立自治法规。1947年5月成立的内蒙古自治政府及其施政纲领正是这一精神的体现。《内蒙古自治政府施政纲领》宣布：自治政府是“内蒙古蒙古民族各阶层联合内蒙古区域内各民族实行高度自治的区域性民主政府”。《内蒙古自治政府暂行组织大纲》也明确规定：自治政府只有在不抵触中央法令的范围内，才可制定公布单行法规。强调内蒙古自治区是祖国大家庭不可分割的一部分。民族区域自治原则的确定与实践，为解决民族问题、确定新中国的国家结构提供了重要的经验。

（二）《中国人民解放军宣言》

1947年7月，中国人民解放军开始转入战略反攻。1947年10月10日，中国人民解放军总部发布《中国人民解放军宣言》，提出“打倒蒋介石，解放全中国”的口号，并宣布了中国共产党的8项基本政策：

（1）组成民族统一战线、成立民主联合政府；

（2）逮捕、审判和惩办内战罪犯；

（3）保障人民言论、出版、集会、结社等项自由；

（4）肃清贪官污吏，建立廉洁政治；

（5）没收四大家族及首要战犯的财产，没收官僚资本，发展民族工商业；

（6）废除封建剥削制度，实行耕者有其田；

（7）承认各少数民族有平等自治的权利；

（8）否认一切卖国外交，废除一切卖国条约，否认内战外债。

其中最基本的政治纲领是：“联合工农兵学商各被压迫阶级、各人民团体、各民主党派、各少数民族、各地华侨和其他爱国分子，组成民族统一战线，打倒蒋介石独裁政府，成立民主联合政府。”后来，正是在这8项政策基础上召集了新政治协商会议。

（三）解放战争后期的人民民主政权施政纲领

在不断扩大的解放区的地域里，在土改运动广泛开展的同时，各解放区普遍召集了村、乡、区、县的人民代表会议，选举成立县区人民政府，在此基础

上逐渐形成省、市、县、区、乡的行政建制，取代过去适应战争环境的边区制、专署制。1948 年 8 月，原晋察冀边区与原晋冀鲁豫边区合并，举行华北临时人民代表大会，通过了《华北人民政府施政方针》，选举成立了华北人民政府。以后中原、东北等大解放区也先后召开了人民代表大会，成立了各大区人民政府，为 1949 年 10 月中央人民政府的成立做了充分的准备。

《华北人民政府施政方针》是这一时期人民民主政权施政纲领的典型代表。它由“序言”及“军事方面”“经济方面”“政治方面”“文化教育方面”“关于新解放区与新解放城市的政策”5 部分组成。其主要内容如下：

（1）确定华北人民政府的主要任务，是“继续以人力、物力、财力支援前线”，争取人民解放战争在全国的胜利；并有计划、有步骤地进行各种建设工作，恢复和发展生产，建设民主政治，培养干部人才，以奠定新中国的基础。

（2）确立各级人民代表会议制度。强调必须使各民主阶层，包括工人、农民、独立劳动者、自由职业者、知识分子、自由资产阶级和开明绅士，尽可能地都有他们的代表参加，并使他们有职有权。由各级人民代表大会选举产生各级人民政府，建立村、县、省、大区人民政府。规定华北人民政府设华北人民政府委员会，其委员由华北人民代表大会选举。政府委员会下设各部及委员会，以及华北人民法院、华北人民检察院。华北人民政府日后成为中央人民政府的雏形。

（3）着重阐明经济政策。规定农村实行土地改革，确认农民分得土地的所有权，并且发展农民的生产互助合作组织。努力发展工商业，坚决保护工商业。以国营工业领导私营企业，以“发展生产、繁荣经济、公私兼顾、劳资两利”为发展工商业的总方针。

（4）宣布对新解放区与新解放城市的政策。对新解放区和新解放城市采取保护和建设的方针。消灭反动武装，逮捕惩处破坏活动分子，对于一切遵守人民解放军和人民政府法令的人民和团体，不论其为劳动者、资本家或地主（包括逃亡地主在内），一律予以保护。没收一切官僚资本企业，保护一切私人财产和工商业。

二、土地立法

为了满足农民阶级对于土地的迫切要求，真正实现耕者有其田，中国共产党于 1946 年 5 月 4 日发出《关于土地问题的指示》，简称《五四指示》。该指示的发布揭开了轰轰烈烈的土地改革运动的序幕。

《五四指示》指出：解决解放区土地问题是目前一切工作的最基本的环节，强调“真正发动群众，由群众自己动手来解决土地问题”。但是，该指示并没有规定土地改革的具体方式，只是在原则上规定决不可侵犯中农，一般不变动富农土地，照顾抗日军人、干部的地主家属及中小地主，集中斗争汉奸、豪绅、恶霸。并列举了群众已创造的几种方式，如：没收和分配大汉奸土地；地主自愿卖地，佃农以先买权买得土地；地主抽回部分土地自耕，自愿将大部分土地送给农民；清算地主的各种无理剥削，迫使地主出卖土地来清偿。

根据《五四指示》精神，1947 年 9 月，中国共产党在河北平山西柏坡举行了全国土地会议，通过了《中国土地法大纲》。该大纲进一步明确了土地改革的方式和做法，成为解放战争时期土地改革最重要的法规。《中国土地法大纲》共 16 条，其主要内容如下。

1. 宣布废除封建性、半封建性剥削的土地制度

规定废除一切地主、祠堂、庙宇、寺院、学校、机关及团体的土地所有权。同时宣布废除一切乡村中土改以前的债务。旧的土地契约、债约一律撤销。并且接收地主的牲畜、农具、房屋、粮食及其他财产，征收富农上述财产的多余部分。

2. 确定以乡村为单位、按人口平均分配一切土地的土地分配方法

规定一切地主的余地及公地，连同乡村中其他一切土地，按乡村全部人口，不分男女老幼，统一平均分配。在土地数量上抽多补少，质量上抽肥补瘦，使全乡村人民均获得同等的土地。接收的牲畜、农具、房屋、粮食及其他财产也分配给贫困农民。地主及其家庭也分得与农民同样的土地与财产，国民党官兵家属也可分得与农民同样的土地与财产。

3. 确认人民对所分得土地的所有权

规定凡人民分配得到的土地归各人所有，由政府发给土地所有证，并承认其自由经营、买卖及在特定条件下（如身老孤寡、家无劳动力等）可以出租的权利。

4. 确定土地改革的合法执行机关

其合法机关为乡村农民大会、贫农团大会、区县省级农民代表大会。由乡村农会接收地主土地、财产，并由农会主持平均分配乡村一切土地，分配接收、没收得来的财产。并且规定由农民大会选派的代表与政府委派人员组成人民法庭，审判处分一切违抗、破坏土地改革的罪犯。

5. 确认保护工商业原则

规定在土地改革中应“保护工商业者的财产及其合法的经营，不受侵犯”。

《中国土地法大纲》统一了各解放区进行土地改革的基本原则；纠正了《五四指示》中对某些地主照顾过多的不彻底性；尤其是防止了苏维埃土地法中“地主不分田、富农分坏田”，不愿确认农民土地所有权的“左倾”错误再次

出现；有力地推动了各解放区土地改革运动的蓬勃发展。很多解放区还根据《中国土地法大纲》制定了当地的施行细则，如《晋冀鲁豫边区政府颁布施行中国土地法大纲补充办法（草案）》《东北解放区实行土地法大纲补充办法》，等等。

三、刑事立法

（一）镇压地主恶霸

为了保障土地改革运动的顺利开展，很多解放区制定了专门的刑事条例，如《晋冀鲁豫边区破坏土地改革治罪暂行条例》。这些条例规定：对于经常依仗政治、经济权势以及反动武装，横行乡里，霸占他人土地、财产、妻女，杀人害命，作恶多端，称霸一方的豪绅恶霸，以及破坏、违抗土地改革的地主、富农、坏分子，要予以严厉打击镇压。《晋冀鲁豫边区破坏土地改革治罪暂行条例》规定：凡带头组织、勾结反动武装，对农民实行反攻倒算，杀害干部、农民，或以其他方式严重危害农民利益者，处以死刑；次要分子以及帮助、包庇分子，处 1 年以上 5 年以下劳役；一般盲从、胁从分子分别判处 1 年以下劳役或其他处分。

（二）惩办战争罪犯

《中国人民解放军宣言》宣布："逮捕、审判和惩办以蒋介石为首的内战罪犯"，并宣布"对于罪大恶极的内战祸首蒋介石和一切助蒋为恶、残害人民而为广大人民所公认的战争罪犯，本军必将追寻他们至天涯海角，务使归案法办"。1948 年 11 月 1 日，解放军总部又发布了"惩治战争罪犯命令"；同年 12 月 25 日，公布了第一批战争罪犯名单，总共 43 名。

（三）肃清政治土匪

为了保卫刚刚建立起来的人民政权，严厉打击国民党残匪和反动武装，各解放区都公布了肃清土匪的法令文告，实行首恶必办，胁从不问、立功受奖的政策，很快肃清了土匪。

（四）取缔反动党团、特务组织

在各解放区，人民政府及军管会都发布文告，宣布取缔解散国民党、三青团、中国青年党、民主社会党等反动党团组织及附属的反革命组织，尤其取缔中国国民党党员通讯局（原"中统"）、国防部保密局（原"军统"）等特务间谍组织，收缴其武器，禁止其活动，查封机关，没收所有财产、档案；并勒令反动党团骨干分子、特务分子在一定期限内向公安机关登记，交出武器证件，并依法剥夺其公民权，由人民群众进行管制。凡抗拒登记或在登记后仍从事破坏活动者，依法逮捕严惩。反动党团一般成员可免予登记，凡能够自动报告或协助政府捕获潜伏特务而立功者，可以免罪并给予奖励。

（五）解散一切反动会道门迷信组织

1949年1月，华北人民政府颁布《解散所有会道门封建迷信组织的布告》，规定解散一切会道门封建迷信组织，不得再举行活动。会道门首要分子必须向公安机关登记，如与匪特勾结进行破坏活动，予以逮捕严惩。一般会员如停止参加活动，即不予追究。

除此而外，解放区刑事立法，还禁止并严惩扰乱金融、盗窃、诈骗、贩毒吸毒、倒卖铁路器材等犯罪行为。并且在抗战时期反贪污、反浪费法令基础上，进一步制定了很多这方面的法规，以巩固人民民主专政。

四、经济立法

（一）没收官僚垄断资本的政策法令

《中国人民解放军宣言》宣布："没收蒋介石、宋子文、孔祥熙、陈立夫兄弟四大家族和其他首要战犯的财产，没收官僚资本。"1949年4月，中国人民革命军事委员会发布《中国人民解放军布告》规定："凡属国民党反动政府和大官僚分子所经营的工厂、商店、银行、仓库、船舶、码头、铁路、邮政、电报、电灯、电话、自来水和农场、牧场等，均由人民政府接管。"并具体规定：凡在官僚企业供职的人员，应在接管前负责保护资财档案等，保护有功者奖，怠工破坏者罚。

（二）保护民族工商业的政策法令

1. 对工商地主的政策

在土改过程中，解放区还专门制定法令，规定对地主、富农经营的工商业加以保护，不得没收平分。中共中央还专门发布指示，在新解放城市不允许农民团体随便进城捉拿、斗争工商地主。

2. 对民族工商业的保护

在没收官僚资本的同时，必须注意保护民族工商业。规定：一般官僚、地主的工商业不在没收之列；被官僚资本强占的民族资本股份，查实后可发还者一律发还；官僚资本中如有民族资本股份，经调查属实，承认其所有权。

3. 对工商业的政策方针

1948年2月，中共中央发出《关于工商业政策的指示》，强调"发展生产、繁荣经济、公私兼顾、劳资两利"的方针，防止将农村中斗争地主富农、消灭封建剥削势力的方法应用于城市。根据该指示，不少解放区发布了保护工商业的法令规章。如陕甘宁边区发布《关于保护工商业的布告》，宣布免征当年的商业税和临时营业税。工商业者的财产及合法营业如被侵犯，可以向边区司法机关提出控告。晋察冀边区有关保护工商业的规章规定：凡在土改中被农会没收了的地主或旧式富农的工厂、作坊、商店，政府应说服农会交还原主，并尽可能予以补偿。工商户之间的债务一律不得废除，农民对工商户之间的赊卖继续有效。

4. 对城市工商业的管理政策

在城市问题上，也只没收官僚资本的房屋地产，而确认保护一般私人房屋地产的所有权。各新解放城市都由军管会发出布告，保护各阶层人民的房屋所有权，并保证所有者正当经营、买卖、出租的权利。

（三）劳动立法

1948 年 8 月，在哈尔滨召开了第六次全国劳动大会，通过了《关于中国职工运动当前任务的决议》及《中华全国总工会章程》。这些文件成为人民民主政权劳动立法的基本原则。

这一时期的劳动立法有以下几个特点。

1. 强调工人有参与企业管理的权利

1949 年 8 月，华北人民政府批准发布《关于在国营、公营工厂企业中建立工厂管理委员会与工厂职工代表会议的实施条例》，规定在国营、公营工厂成立由厂长、总工程师、工会主席、工人职员代表等组成的管理委员会。

2. 制定公营企业劳动保险法规

东北解放区于 1948 年制定了《东北公营企业战时暂行劳动保险条例》，详细规定了劳动保险基金、劳动保险事业的制度。

3. 强调“劳资两利”原则

1949 年 7 月，全国工会工作会议制定通过了《关于劳资关系暂行处理办法》《关于私营工商企业劳资双方订立集体合同的暂行办法》《劳动争议解决程序的暂行规定》3 个文件，规定以各城市人民政府劳动局为调解和仲裁一切劳资争议的专门机关。劳资纠纷发生时，先由双方直接协商；协商无效，由劳动仲裁委员会仲裁。最后仍不能解决时，可向司法机关起诉。

五、司法制度

（一）完善人民法院体制

各行政大区一般都建立了大区、省（行署）、县三级审判体制。审判机构一律改称人民法院，推事改称审判员。各级人民法院一般设有院长及审判委员会。有的审判委员会分为民事组、刑事组，分别审理民、刑案件。

大多数解放区将审级定为三级三审制，当事人如对判决不服，可以逐级提出上诉。刑事案件上诉期限一般为7～10天，民事案件上诉期限一般为20天。同时规定，县级司法机关所判处有期徒刑5年以下的案件，必须按月将判决书装订成册，由省或行署人民法院核阅；如认为有复核之必要，应即调卷复核。县级司法机关所判处有期徒刑5年以上的案件，一律由上级人民法院复核。凡判处死刑的案件，一律必须经过华北人民法院复核，经华北人民政府主席的批准，始为确定之判决。人民法院不再征收诉讼费。

（二）确定各级公安机关的职责

各解放区都建立了公安机构。一般都实行审检合一或由公安机关代行检察职责（主要为提起公诉），不设专门的检察机构。解放战争后期，华北、东北等大区都明确了公安机构与司法审判机构的职责分工。规定：对于汉奸、特务、内乱、反革命案件，必须由公安机关进行侦查，并根据情节向人民法院提起公诉或不起诉。法院不得干涉其不起诉的案件。对于普通刑事案件，公安机关有权采取紧急与必要的措施，然后将案犯、材料移交人民法院。

（三）设立土地改革人民法庭

为了保卫土改成果，在乡村普遍建立了土地改革人民法庭。人民法庭一般分为区、县两级，受理破坏违抗土改运动的案件，例如：造谣生事，阴谋犯罪；隐瞒分散，私相授受；宰杀牲畜，砍倒林木，破坏农具、财产、水利、建筑物、农作物及其他物品；妨碍农民接收、登记、清理及保管一切转移的土地及财产；妨碍土地及财产之公平分配；一切浪费、侵吞、贪污、偷窃、强占、私自赠送以及贩卖农民斗争所得果实；等等。人民法庭可以判处当众坦白、赔偿、罚款、劳役、褫夺公民权、有期或无期监禁、死刑。其中死刑必须依其性质，经省、县以上政府批准执行。土改结束后，人民法庭即撤销。

（四）废除国民党《六法全书》，确定解放区司法原则

中共中央于1949年2月发出《关于废除国民党〈六法全书〉与确定解放区的司法原则的指示》，华北人民政府也在1949年4月公布《为废除国民党的〈六法全书〉及一切反动法律的训令》，从而一举废除了国民党政府的法律体系。

中共中央关于废除《六法全书》的主要指示精神如下。

1. 宣布废除国民党的全部法律制度

规定：人民的司法工作，不能再以国民党的《六法全书》为依据，在司法中不得再援引《六法全书》及国民党法律的条文。

2. 确定解放区司法原则

规定人民司法工作必须以人民政府新的法律为依据，在新的法律还没有系

统发布以前，司法机关的办事原则是：以人民政府、人民解放军已发布的各种纲领、法律、命令、条例、决议为依据；以上纲领、法律、命令、条例、决议也无规定的，以新民主主义政策为依据。

3. 确定教育、改造司法干部的指导思想

指出：司法机关应该经常以蔑视和批判《六法全书》及国民党其他一切反动的法律、法令的精神，以蔑视和批判欧美、日本资本主义国家一切反人民法律、法令的精神，以学习和掌握马列主义、毛泽东思想的国家观、法律观及新民主主义的政策、纲领、法律、法令、条例、决议的办法来教育和改造司法干部。

提出：要以批判蔑视旧法律、学习掌握新法律的运动，来提高司法干部的理论、政策、法律水平，彻底批判学过旧法律而泥古不化的人的错误及思想，消除留用司法人员炫耀国民党《六法全书》、自高自大的恶劣现象。

通过对国民党《六法全书》的废除，使得解放区的司法工作出现了新的局面，为新中国成立后的法制建设奠定了基础。

复习思考

一、名词解释

《中华苏维埃共和国宪法大纲》　井冈山土地法

《中华苏维埃共和国土地法》　《中华苏维埃共和国惩治反革命条例》

《中华苏维埃共和国婚姻法》　《中华苏维埃共和国劳动法》

“马锡五审判方式”　《中国人民解放军宣言》

《华北人民政府施政方针》　《中国土地法大纲》

二、自测题

1. 工农民主政权的土地立法中，最具代表性的土地立法是：(　　)。

A.《井冈山土地法》　B.《兴国土地法》

C.《中华苏维埃共和国土地法》　D.《中国土地法大纲》

2.《中华苏维埃共和国宪法大纲》规定中华苏维埃共和国最高政权是：(　　)。

A. 人民委员会　B. 全国工农兵苏维埃代表大会

C. 政府主席　D. 临时中央执行委员会

3. 1934 年 4 月临时中央公布的(　　)，是影响最大的刑事法规。

A.《中华苏维埃共和国惩治反革命条例》

B.《惩办反革命条例》

C.《镇压反革命条例》

D.《暂行反革命治罪法》

4. 在中华苏维埃共和国政权的最高组织形式全国工农兵苏维埃代表大会闭会的期间，全国苏维埃(　　)为最高政权机关。

A. 人民委员会　　B. 政府主席

C. 临时中央执行委员会　　D. 中共中央政治局

5. 抗日战争时期，我党实行“三三制”，包括哪三种势力：(　　)。

A. 共产党员　　B. 非党的“左派”进步分子

C. 中间派　　D. 民族资产阶级

6. 解放战争时期，(　　)中宣布：“逮捕、审判和惩办以蒋介石为首的内战罪犯”，并宣布“对于罪大恶极的内战祸首蒋介石和一切助蒋为恶、残害人民而为广大人民所公认的战争罪犯，本军必将追寻他们至天涯海角，务使归案法办”。

A.《华北人民政府施政方针》　　B.《中国土地法大纲》

C.《中国人民解放军宣言》　　D.《五四指示》

7. 1948 年 8 月，在哈尔滨召开了第六次全国劳动大会，通过了《关于中国职工运动当前任务的决议》及(　　)。

A.《中华全国总工会章程》

B.《关于废除国民党〈六法全书〉与确定解放区的司法原则的指示》

C.《关于在国营、公营工厂企业中建立工厂管理委员会与工厂职工代表会议的实施条例》

D.《东北公营企业战时暂行劳动保险条例》

8. (　　)是将中国共产党群众路线的工作方针运用于司法审判工作的审判方式。

A. 人民陪审员制度　　B. 人民调解制度

C. 法官巡回审判　　D. 马锡五审判方式

9. 1948 年 2 月中共中央发出(　　)，强调“发展生产、繁荣经济、公私兼顾、劳资两利”的方针，防止将农村中斗争地主富农、消灭封建剥削势力的方法应用于城市。

A.《中国人民解放军宣言》　　B.《关于工商业政策的指示》

C.《中国土地法大纲》　　D.《五四指示》

10. 为了保卫土改成果，在解放战争时期，在解放区各乡村普遍建立了(　　)。

A. 巡回法庭　　B. 调解法庭

C. 土地改革人民法庭　　　　　　　　D. 临时法庭

三、论述题

1. 试述《中华苏维埃共和国宪法大纲》的基本内容及特点。

2. 试述各个时期革命根据地的婚姻立法。

3. 试述《中国土地法大纲》的内容及特点。

4. 试述马锡五审判方式的特点。

5. 试述中共中央关于废除“六法全书”的主要指示精神。

（自测题答案：1. C；2. B；3. A；4. C；5. ABC；6. C；7. A；8. D；9. B；10. C）

参考文献

[1] 叶孝信. 中国法制史 [M]. 2 版. 北京：北京大学出版社，2000.
[2] 王立民. 中国法制史 [M]. 2 版. 北京：北京大学出版社，2008.
[3] 马志冰. 中国法制史 [M]. 2 版. 北京：北京大学出版社，2012.
[4] 肖永清，等. 中国法制史简编 [M]. 太原：山西人民出版社，1982.
[5] 韩秀桃，等. 中国法制史（教学参考书）[M]. 北京：法律出版社，2001.
[6] 胡留元，冯卓慧. 夏商西周法制史 [M]. 北京：商务印书馆，2006.
[7] 郭建，金敏，等. 中国法制史 [M]. 杭州：浙江大学出版社，2011.
[8] 苗延波. 中国商法体系研究 [M]. 北京：法律出版社，2007.

21世纪高等院校网络教育示范教材书目

公共课教材

市场营销学　政治经济学　行政管理学教程　组织行为学
管理学原理

专业课教材

中国法制史　宪法学　民法学　刑法学（第2版）
经济法学（第2版）　行政法及行政诉讼法　公司法学
项目投资与评估　微观经济学　行政管理学教程
农业概论　农业企业财务管理与分析　农村社会学
社会调查研究方法